「特別展 武田勝頼」図録正誤表

頁	番号等	誤	正
18	No.13 解説文 3 行目	義元の生母	義元の義母
52	No.40 解説文 4 行目	南無大慈悲観世音菩薩	南無大慈大悲観世音菩薩
81	No.74 解説文 4 行目	帯上の曲輪	帯状の曲輪
87	No.79 解説文 11 行目	加津野隠岐殿昌春	加津野隠岐守昌春
141	No.106 資料名	景徳院縁起	景徳院略縁起
144	謝辞【コラム執筆者欄】	閏間俊明（韮崎市教育委員会文化財課）	閏間俊明（韮崎市教育委員会文化財担当）

36頁　No.31 図版画像不明瞭のため再掲載

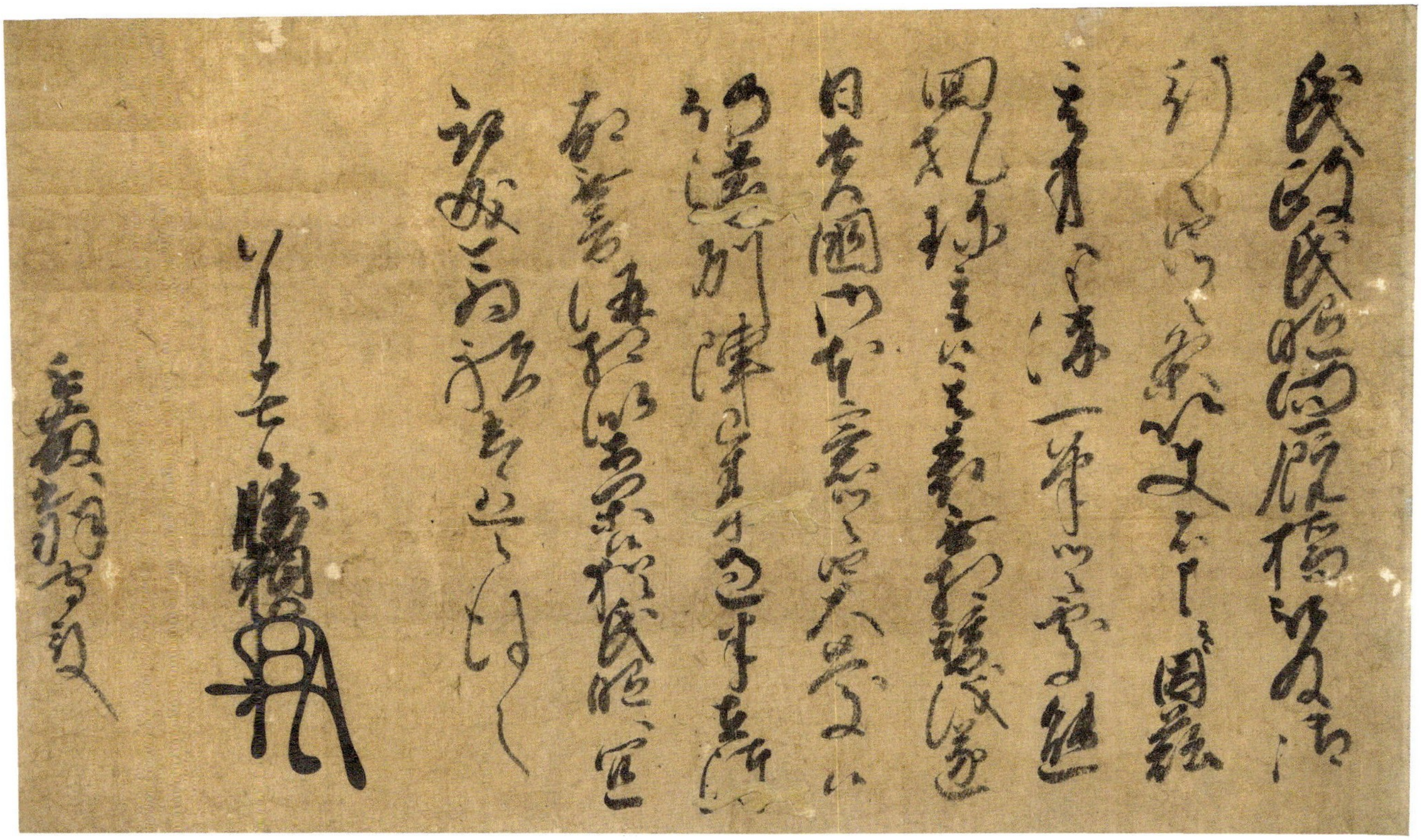

山梨県立博物館 開館20周年記念特別展
山梨放送 開局70周年記念

日本に隠れなき弓取

武田勝頼

山梨県立博物館開館20周年記念

特別展 武田勝頼 日本に隠れなき弓取

会　場　山梨県立博物館

会　期　令和七年三月十五日(土)～五月六日(火)

主　催　山梨県立博物館、山梨日日新聞社、山梨放送

後　援　韮崎市教育委員会、甲州市教育委員会、朝日新聞甲府総局、ＮＨＫ甲府放送局、エフエム甲府、エフエム富士、産経新聞甲府支局、テレビ朝日甲府支局、テレビ山梨、毎日新聞甲府支局、山梨新報社、山梨中央銀行、読売新聞甲府支局

協　力　武田氏研究会、日本通運株式会社、山梨郷土研究会、山梨交通株式会社

連携協定　長野県立歴史館

協　賛　日本ネットワークサービス

ごあいさつ

山梨県立博物館は平成十七年十月十五日に開館し、皆様方のご協力のお陰をもちまして、本年開館二十周年の節目を迎えます。これを記念した特別展の第一弾として「武田勝頼　日本に隠れなき弓取」を開催いたします。

武田信玄の後継者となった武田勝頼については、武田氏滅亡時の当主であったことや、父信玄の偉大な業績と比較されて、これまで「暗君」「愚将」のイメージで語られてきました。しかし近年では、研究の進展とともに勝頼に対する評価の見直しも行われ、新たな勝頼像が提示されるようになっています。

副題としている「日本に隠れなき弓取」とは、武田氏滅亡の直後に、勝頼を滅ぼした張本人である織田信長が、勝頼に対して述べた言葉とされます。宿敵であったにもかかわらず、信長は勝頼を武将として高く評価していたといえましょう。

それゆえにこそ、なぜ勝頼は滅亡の道を辿ってしまったのか、勝頼の事績を正しく読み解きながら考える必要があるのではないでしょうか。

本展では、武田勝頼の生涯を関連資料から振り返るとともに、近年の研究成果をもとにその人物像に迫ります。勝頼とはいかなる武将だったのか、皆様とともに考える機会となれば幸いです。

最後になりますが、本展の開催にあたり、貴重なご所蔵品を快く出品いただきました所蔵者の皆様方をはじめ、多大なお力添えを賜りました関係各位に深く感謝申し上げます。

令和七年三月

山梨県立博物館　館長　守屋　正彦

山梨日日新聞社・山梨放送　社長　野口　英一

目　次

凡例

●本書は山梨県立博物館開館二十周年記念特別展「武田勝頼　日本に隠れなき弓取」（開催期間　令和七年三月十五日（土）～五月六日（火））の展示図録である。

●本書に掲載されている資料の図版番号は、展示会場の展示資料番号と一致するが、展示の順序とは必ずしも一致しない。また、本図録は展示品・図版のすべてを掲載したものではない。

●掲載資料を本文中で紹介する際には、図版番号を（№　）と表記した。

●資料の解説の表記は、資料番号、資料名、文化財指定の状況、判明するものは作者名、制作時期、所蔵者名の順とした。

●資料翻刻の表記においては、長文の場合は改行を／で示した。欠損などにより判断できない文字は□で示し、字数が推定できないものは、［　　］で示した。

●年代の表記は和暦を主として、（　）内に西暦を示した。

●旧地名を表記する場合は、適宜現在の地名を（　）内に示した。

●本書における武田信玄の呼称については、出家前も含め「信玄」で統一した。

●本文中の数字の表記は、万・億などの四桁ごとの単位語を使用し、十・百・千は使用しない。ただし年号、日付等には「十」を用いている。

●本展の企画および展示図録の編集は、海老沼真治・松田美沙子（いずれも山梨県立博物館）が行った。

●掲載写真は、久保田陽一（サンニチ印刷）、青柳茂氏、竹本春二氏が撮影したほか、所蔵者ならびに次の各位より提供を受けた。
高野山霊宝館、東京大学史料編纂所、長野県立歴史館、韮崎市教育委員会

●参考文献は、本書の巻末に一括して示した。

●本展はJSPS科研費JP23K00861による成果の一部である。

《表　紙》武田勝頼像（部分、恵林寺（信玄公宝物館保管））
長篠合戦図屏風（部分、犬山城白帝文庫）
《裏表紙》諏方勝頼書状（部分、個人）

概説

新たな勝頼像をもとめて

海老沼 真治

本展は、武田勝頼の生涯を様々な資料から振り返り、勝頼はいかなる武将だったのかを考えることを目的のひとつとしている。勝頼に関する評価は、父信玄の偉大な業績と比較され、また勝頼の代で武田氏が滅んだこともあり、武将としての資質を疑問視する見解が根強く残っていた。ただ、そのような評価の多くは、長篠合戦での大敗や武田氏滅亡といった結果から導き出されたものではなかろうか。私たちは歴史を知っているが、いわゆる「結果ありき」の評価を下しても、問題の本質に迫れるとは限らない。『甲陽軍鑑』では勝頼のことを「強過ぎたる大将」と評しているが、これとて長篠合戦という結果を前提とした言説である。大事なことは、勝頼が直面した問題やその対応等を、残された資料から一つひとつ詳らかにしていくことだろう。

近年、武田氏研究の進展とともに、勝頼に関する研究も数多く発表されている。本展はそうした研究成果をもとに、勝頼の事績を振り返りながら、その人物像を考えようと企画したものである。展示を準備する間にも、勝頼は本当に「強過ぎたる大将」だったのか、父信玄を超えるために戦っていたのだろうかという疑問が大きくなったと感じる。こうした問いを意識しつつ、ここでは本展で取り上げられなかった勝頼の事績を中心に紹介する。

「諏方の子」から武田家家督へ

武田勝頼は天文十五年（一五四六）に武田信玄の四男として生まれた。母は信玄が天文十一年に滅ぼした諏方頼重の息女（乾福寺殿）である。幼少期の勝頼の動向を確認できる史料は残されておらず、幼名も未詳である。一般には諏方氏の後継者として入嗣したと言われてきたが、勝頼が入嗣したのは諏方惣領家ではなく、高遠諏方家であることが明らかにされている。

『甲陽軍鑑』によると、勝頼が高遠城に入ったのは永禄五年（一五六二）六月のことという。勝頼十七歳のことで、これ以前に元服し、仮名四郎、諱勝頼を名乗ったのだろう。勝頼の諱は、父信玄の幼名から「勝」の字と、諏方氏の通字「頼」を合わせたものである。信玄の男子の諱には、武田氏の通字「信」が用いられたが、勝頼が信玄正妻三条殿の子ではないこと、諏方氏を継承したことなどから、このような諱が与えられたのだろう。

ただし、勝頼の異母兄弟三人のうち、次男龍芳は失明、三男信之は早世しており、勝頼元服の時点で元服済かつ健在の信玄子息は、長男義信ただ一人であった。したがって勝頼は国衆家に入嗣しながら、信玄後継者の二番手という立場でもあったのである。それでも、義信が健在である以上は、勝頼はあくまでも武田氏当主を支える御一門衆で、高遠領支配を委ねられた郡司という立場を超えることはないはずだった。その状況が大きく変わったのが、義信事件である。

事件の詳しい経緯は省略するが、この過程で勝頼と織田信長養女遠山氏との婚儀が成立し、甲斐武田・尾張織田両氏の同盟が成立した（甲尾同盟）。義信が駿河今川氏との同盟を象徴する存在であったように、勝頼も織田氏との同盟を象徴する存在となるはずだった。そして義信は幽閉された後に死去し、勝頼は思いも寄らない形で信玄の後継者となったのである。

信玄の遺言

武田信玄は死の直前に、外交方針を大きく転換し、織田信長との敵対へと舵を切った。この判断にいたったのは、遡れば駿河侵攻時における徳川家康との齟齬に始まるが、畿内周辺における反織田勢力からの要請という点も大きい。しかし、信玄は信長との戦いを前に死去し、後継者となった勝頼がその役を負うことになった。勝頼自身は本来、織田氏との同盟の象徴的存在だったにもかかわらず、である。

信玄の遺言の中には、三年の間は死を秘し、対外戦争を控えることなどが指示されていた。だが信玄が生前に構築した反織田の同盟関係は、信玄死後、信長の攻勢により急速に解体されようとしていた。勝頼には同盟国を支援するために戦わざるを得ない状況となっており、同盟勢力も勝頼の軍事行動を大いに期待していた。天正二年（一五七四）における一連の軍事行動も、勝頼が自身の力を家中に示そうとしたという従来の見解以上に、同盟関係に基づくものという見解が重視されつつある。

長篠合戦

長篠合戦をめぐる勝頼の動向は第三章で紹介しているので、ここでは織田信長の動向を確認しておこう。

信長は天正三年三月に大坂本願寺を攻めるために河内国へ出陣しており、このことは同盟国から勝頼にも伝えられていた。勝頼が三河へ出陣したのも、信長を牽制するという意味が含まれていた。信長は四月にいったん帰陣するが、秋に本格的な本願寺攻めを実行するつもりであったという。したがって徳川を救援するために三河へ出陣する際にも、味方の損害を極力少なくしたいという思惑があったと考えられている。それ故にこそ、武田から視認しづらい場所に布陣し、柵や逆茂木を厳重に設けた陣を構築し、武田方を迎え撃つために鉄炮を大量に持ち込んだのだろう。勝頼自身も合戦後に書状で「敵が陣城を構築していた」と述べており、信長は防御に徹するなかでの攻撃を考えていたらしい。

ただし、五月二十日までに、信長は武田軍を殲滅できる見通しが立てられていたらしい。そこで、鳶巣山砦を奇襲させて武田の背後を脅かし、勝頼の選択肢を奪うことに成功した。信長は刻々と変化する状況を的確に把握し、最善に近い策を立てることができていたといえよう。信長はこの時四十二歳、信玄が川中島で謙信と決戦した年齢とほぼ同じであり、すでに様々な激戦を戦い抜いてきた。その経験も勝頼との大きな差だったのではないか。

新たな体制へ

ここでは長篠合戦後の外交関係のみを取り上げておこう。天正四年六月、安芸毛利氏に庇護されていた将軍足利義昭が、甲斐武田・相模北条・越後上杉の三者に和睦を促した。この三和は前年にも打診があり、武田・上杉との和睦は成立していた。最終的に北条・上杉間の和睦は実現しなかったが、勝頼にとっては北条・上杉両氏との安定的な関係を築くことに成功した。また交渉の過程で、毛利氏や伊予河野氏との同盟も成立し、織田信長に東西から対峙する同盟関係を構築したのである。

その後まもなく、武田氏の外交政策を大きく変える事件が勃発する。越後で上杉謙信が急死し、後継者をめぐる内乱となった（御館の乱）。この過程で勝頼は上杉景勝と同盟を結び、北条氏とは敵対することとなる。この後、武田氏の外交は北条氏対策の性格が強くなり、天正七年に常陸佐竹氏と、同九年に安房里見氏と同盟を結んだ。

関東における武田氏の軍事・外交は順調に進んだが、その割を食ったのが、北条・徳川との二正面作戦を強いられた駿河・遠江である。その解消のために試みたのが、織田信長との和睦（甲濃和親・甲江和与）交渉であったが、信長からほとんど相手にされることなく頓挫した。そして勝頼の支援を得られないまま遠江高天神城が陥落し、駿河・遠江を中心とする家臣たちの心が離れていくことになる。

結果からみれば、御館の乱を契機とする勝頼の外交方針転換は失策といえ、武田家臣の間でもそのように考える者は少なくなかった。しかし、我々がなすべきことは勝頼を鞋じることではない。勝頼がどのような問題に直面し、いかなる意図でその問題に取り組んだのかを検討していくことであろう。

他にも論じるべきことは多いが、詳しくは巻末の参考文献をご参照いただきたい。本展は新たな勝頼像の提示を目指しているが、勝頼を優れた人物とも愚かな人物とも断じるつもりはない。展示を通して、皆様一人ひとりの勝頼像を見つけてもらえれば幸いである。

武田勝頼 勢力図

天正8年(1580)末段階

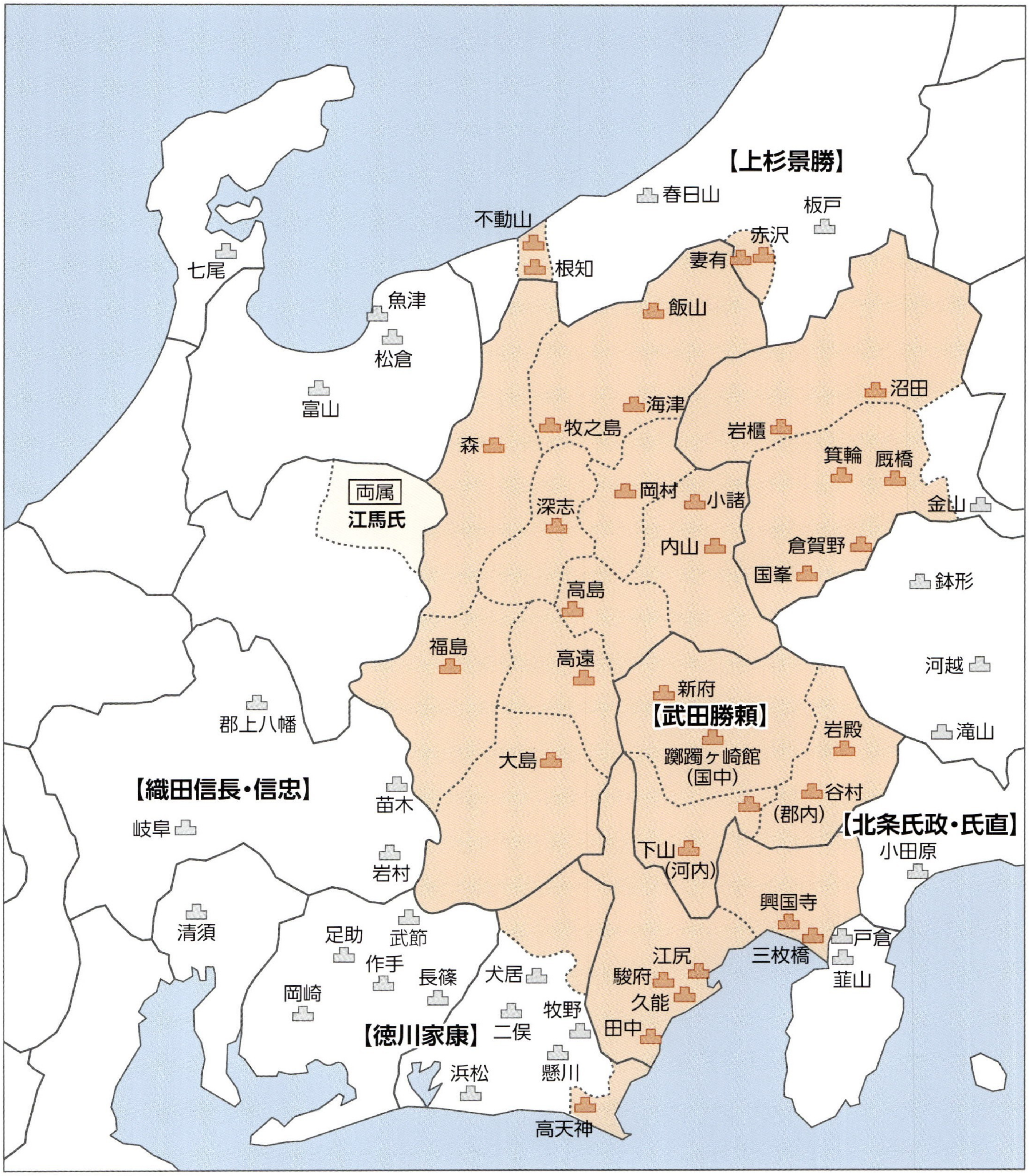

(丸島和洋『武田勝頼』(平凡社、2017年)所収図をもとに作成)

序章

勝頼は「強過ぎたる大将」か？

武田勝頼に対する評価は同時代を生きた人々も語ってはいたが、影響力という点で、『甲陽軍鑑』の存在は大きなものがあったとみられる。同書の「命期《みょうご》の巻」という部分では、国を滅ぼしてしまう大将の四つ類例をあげ、勝頼はその中のひとつ「強過ぎたる大将」であると断じた。

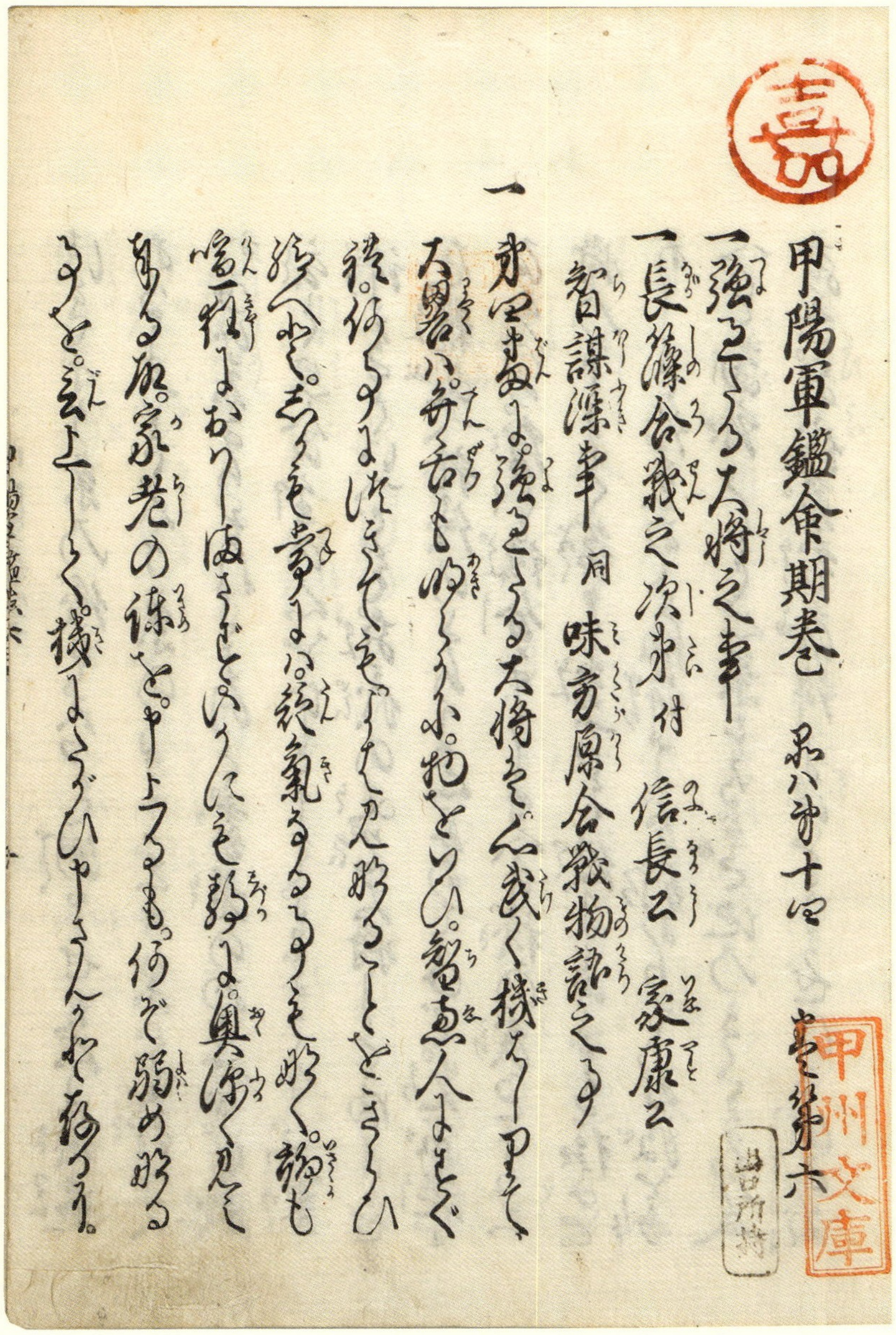

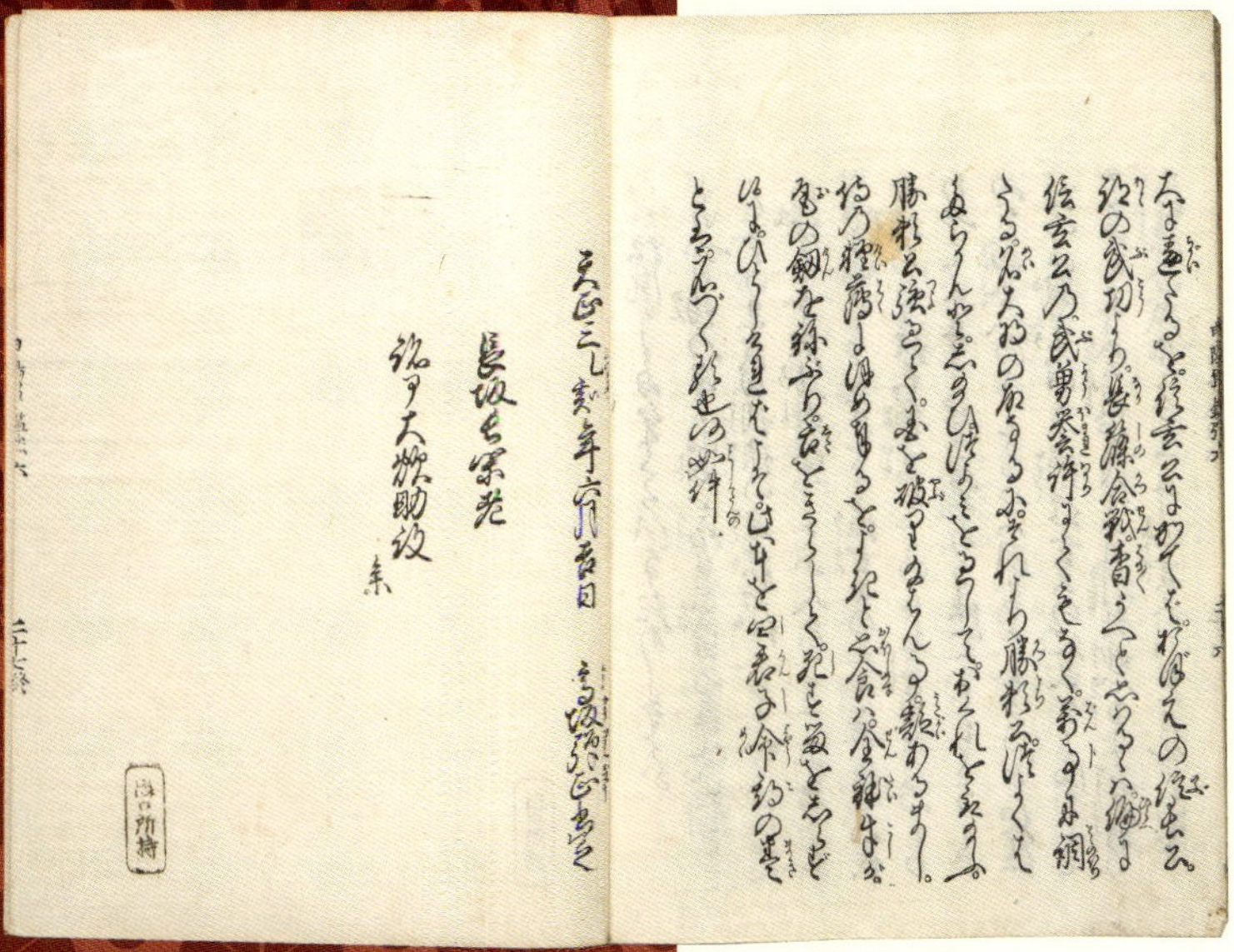

1
甲陽軍鑑《こうようぐんかん》　巻第六
江戸時代（17世紀）刊
山梨県立博物館

『甲陽軍鑑』は、天正三年（一五七五）の長篠合戦後に、武田家宿老のひとりであった春日虎綱（高坂弾正）が、武田信玄や優れた家臣たちの行いや心構えなどを語り、その内容を筆記させたものが原形といわれる。巻六では「強過ぎたる大将」として勝頼をあげ、父信玄を超えようとして弱みを見せず何事にも強く働こうとするあまりに、長篠合戦で大敗して国を危うくしていると警鐘を鳴らしている。長篠敗戦という結果から導き出された言説である点には注意を要するが、江戸時代以降、本書を読んだ人々が勝頼に対するイメージを形成する上で、この巻が大きな影響を及ぼしていた可能性があろう。

甲冑姿の勝頼

勝頼の肖像画は父信玄に比べると少ない。そして遺された肖像は、甲冑姿で描かれたものが多い。「強過ぎたる大将」のイメージが影響したものであろうか。

2

武田《たけだ》勝頼《かつより》像《ぞう》

松本楓湖筆
明治四年（一八七一）
甲州市　恵林寺（信玄公宝物館保管）

武田信玄の三百回忌にあたり恵林寺に奉納された「武田二十四将」のなかの勝頼像。右手で扇子を、左手で太刀を握っている。兜の吹返しに花菱の紋が見える。作者の松本楓湖は常陸国（茨城県）出身の画家で、とくに歴史画を得意とした。

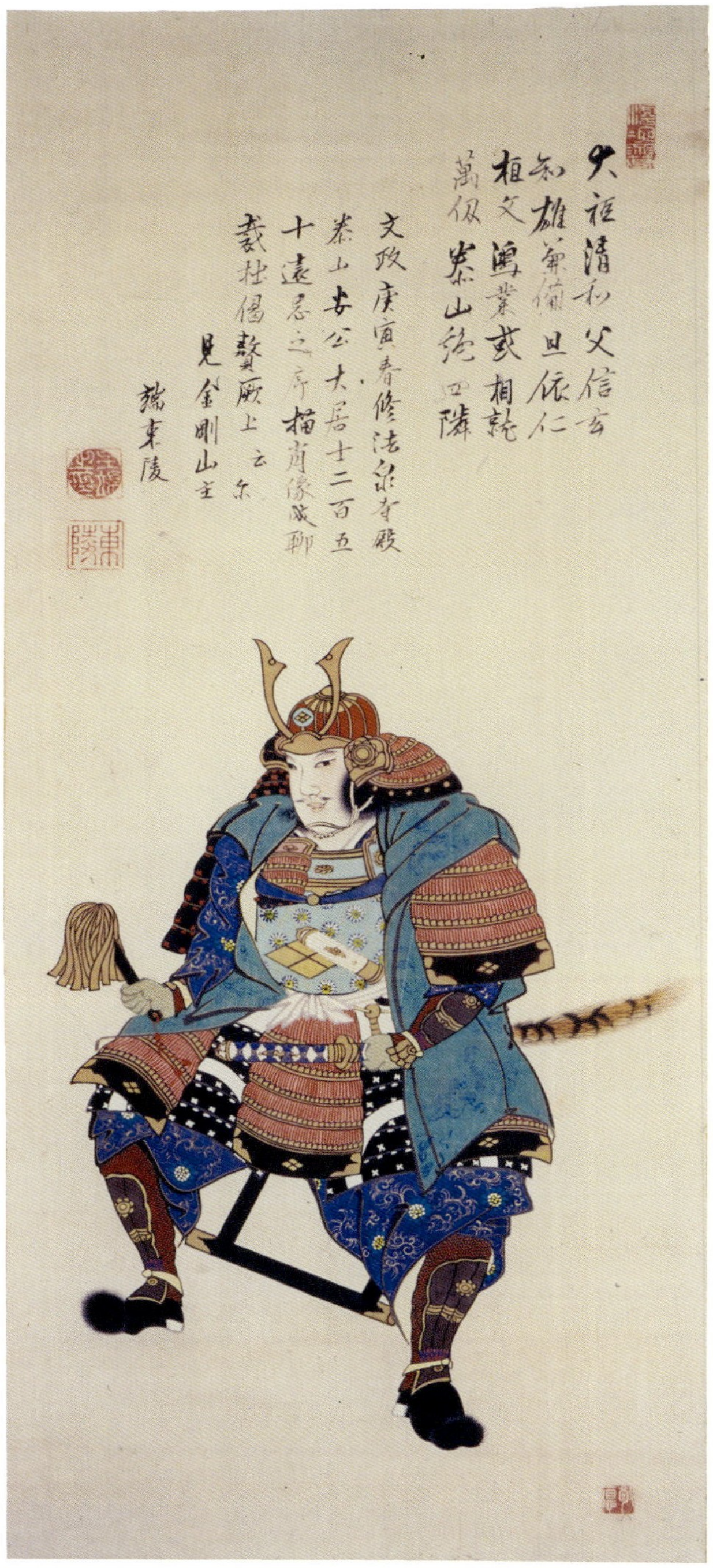

3

武田《たけだ》勝頼《かつより》像《ぞう》

文政十三年（一八三〇）
甲府市　法泉寺（展示は複製）

勝頼の二百五十回忌を迎えるにあたり制作された画像で、随所に武田菱があしらわれた甲冑をまとい、床几に腰かけ采配を握る姿が描かれる。法泉寺は勝頼没後にその歯髪をもらい受けて葬り、現在も勝頼墓所を伝えている。

第一章

「諏方の子」から武田家家督へ

天文十五年（一五四六）に武田信玄の四男として生を受けた勝頼は、その血筋において他の兄弟たちと異なるルーツを有していた。信玄が滅ぼした諏方頼重の息女を母としていたのである。勝頼は武田家一門として、また諏方氏の後継者としての役割も期待された。これはあくまでも当主を支える一門のひとりという存在であったが、勝頼二十歳のときにその状況が大きく転換する。信玄の嫡男義信とその家臣たちによる謀反が発覚し、義信は嫡男の座を追われ、三十歳の若さで世を去った。義信に代わる信玄の後継者に指名されたのが、勝頼であった。

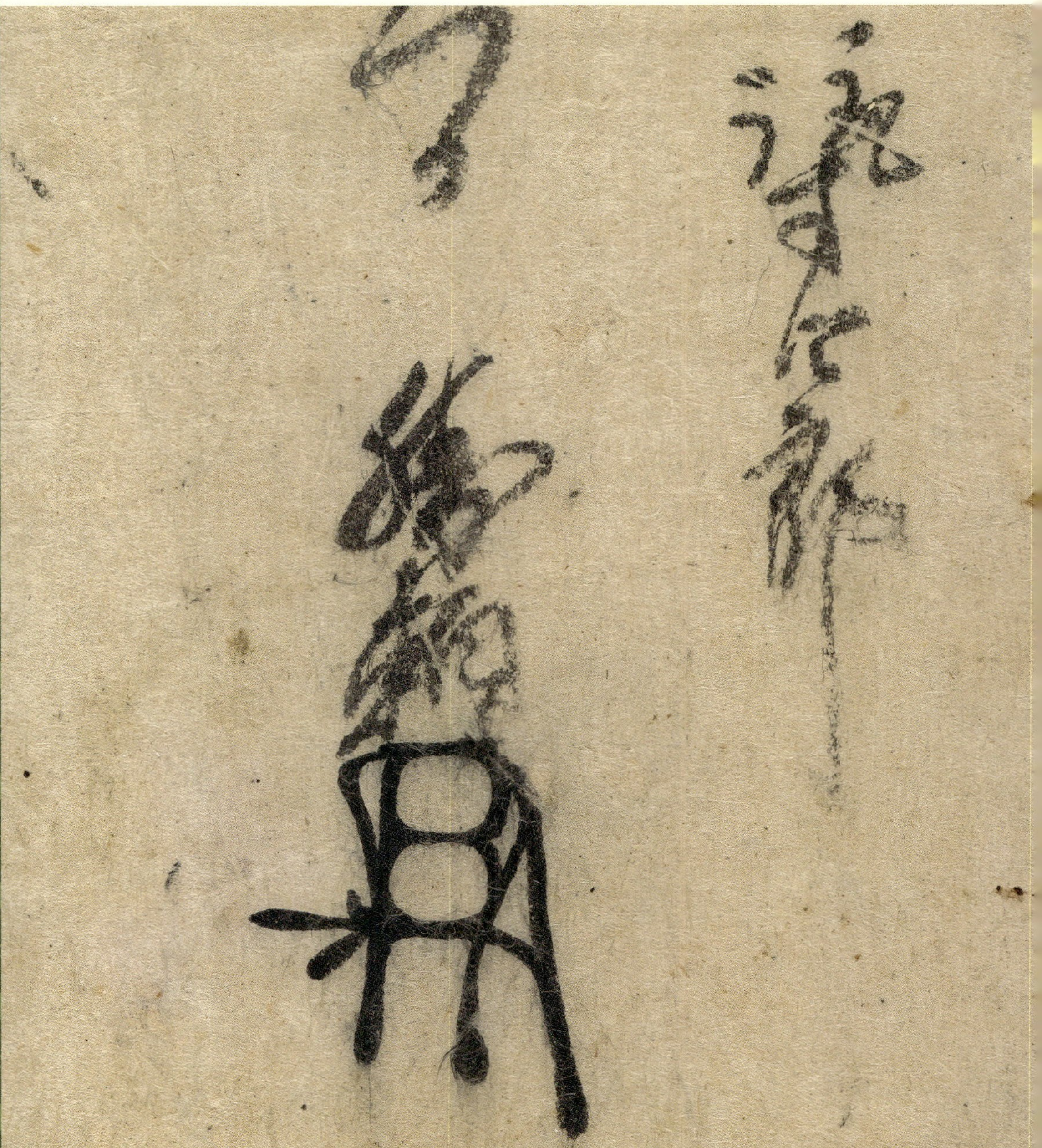

諏方勝頼書状（No.14、部分）

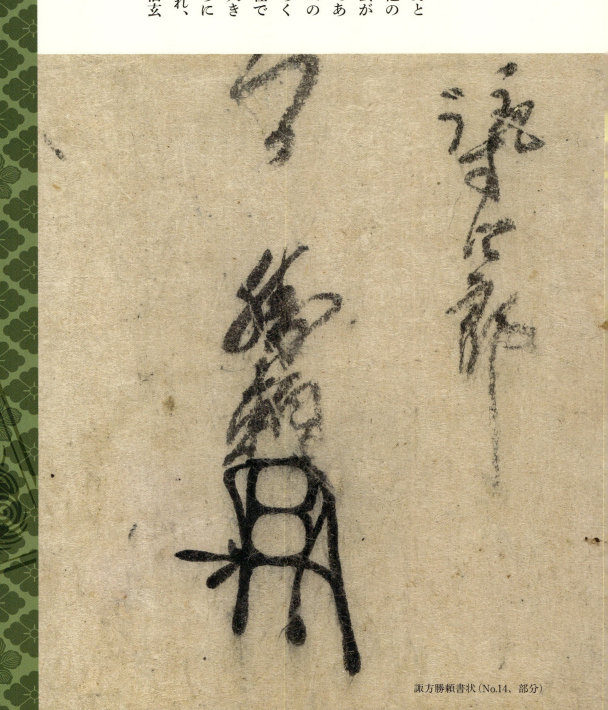

勝頼のルーツ

勝頼の生母は諏方頼重の息女である。頼重は信玄によって滅ぼされており、信玄と頼重息女との結婚にも賛否両様の意見があったようだ。勝頼は生まれる前から武田家中における微妙な立場を宿命付けられていた。

4

武田源氏一統系図《たけだげんじいっとうけいず》

大正五年(一九一六)写

山梨県立博物館

武田氏系図のなかでも広く知られる系図のひとつで、室町時代までに成立した原本をもとに、戦国時代以降にも加筆されて伝わったもの。勝頼は信玄の四男だが、ここでは義信に次ぐ次男のように記されている。その説明には「家督請取」などと武田の家督を相続したとする記述と、「敵諏方腹」の子であったため、正式な相続は認められず、武田の通字「信」の字も与えられなかったなどの記述がある。武田家における勝頼の微妙な立ち位置がうかがわれる。

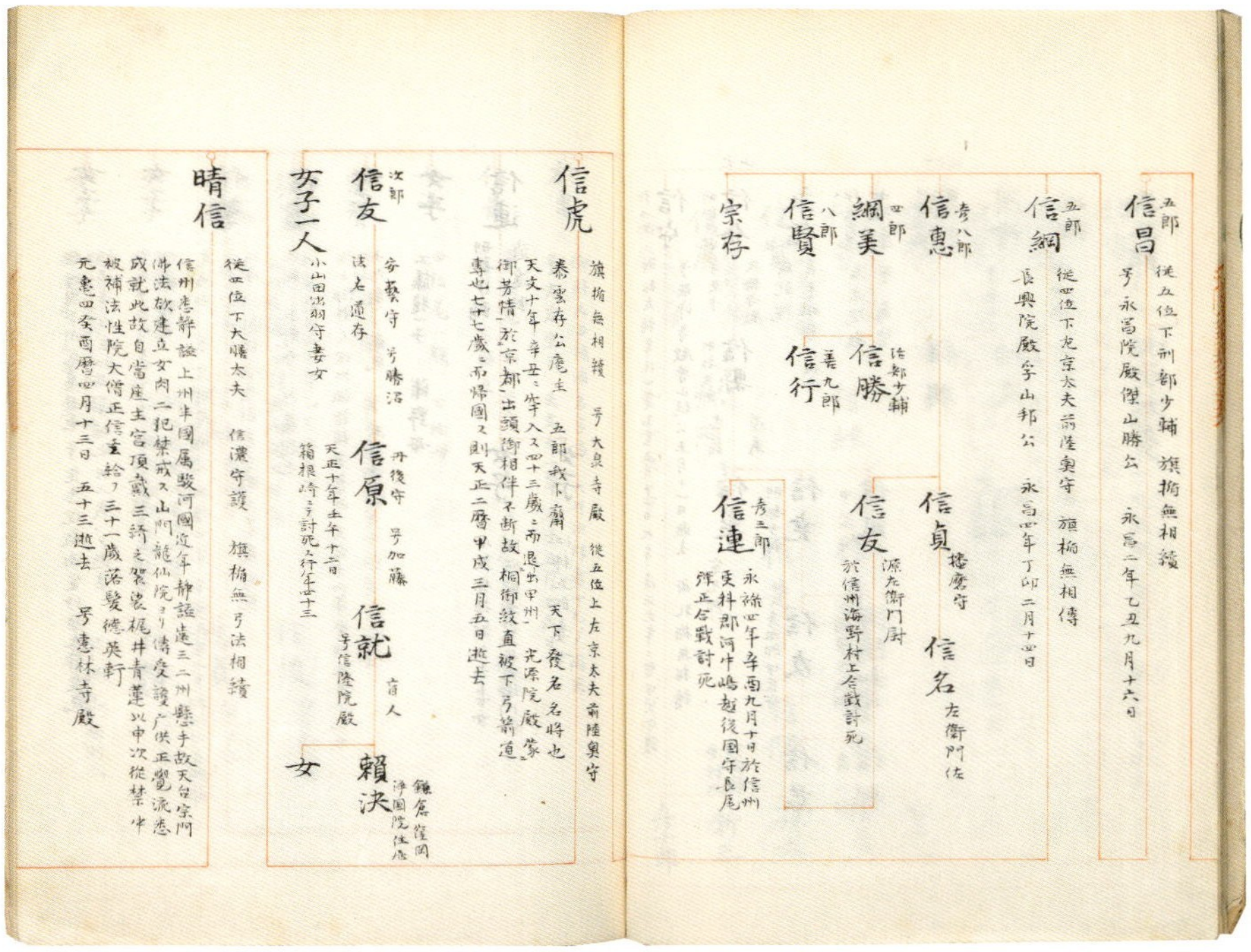
信昌 信綱 信恵 綱美 信賢 宗存 信勝 信行 信貞 信友 信連 信名 信虎 信友 女子一人 信原 信就 晴信 女

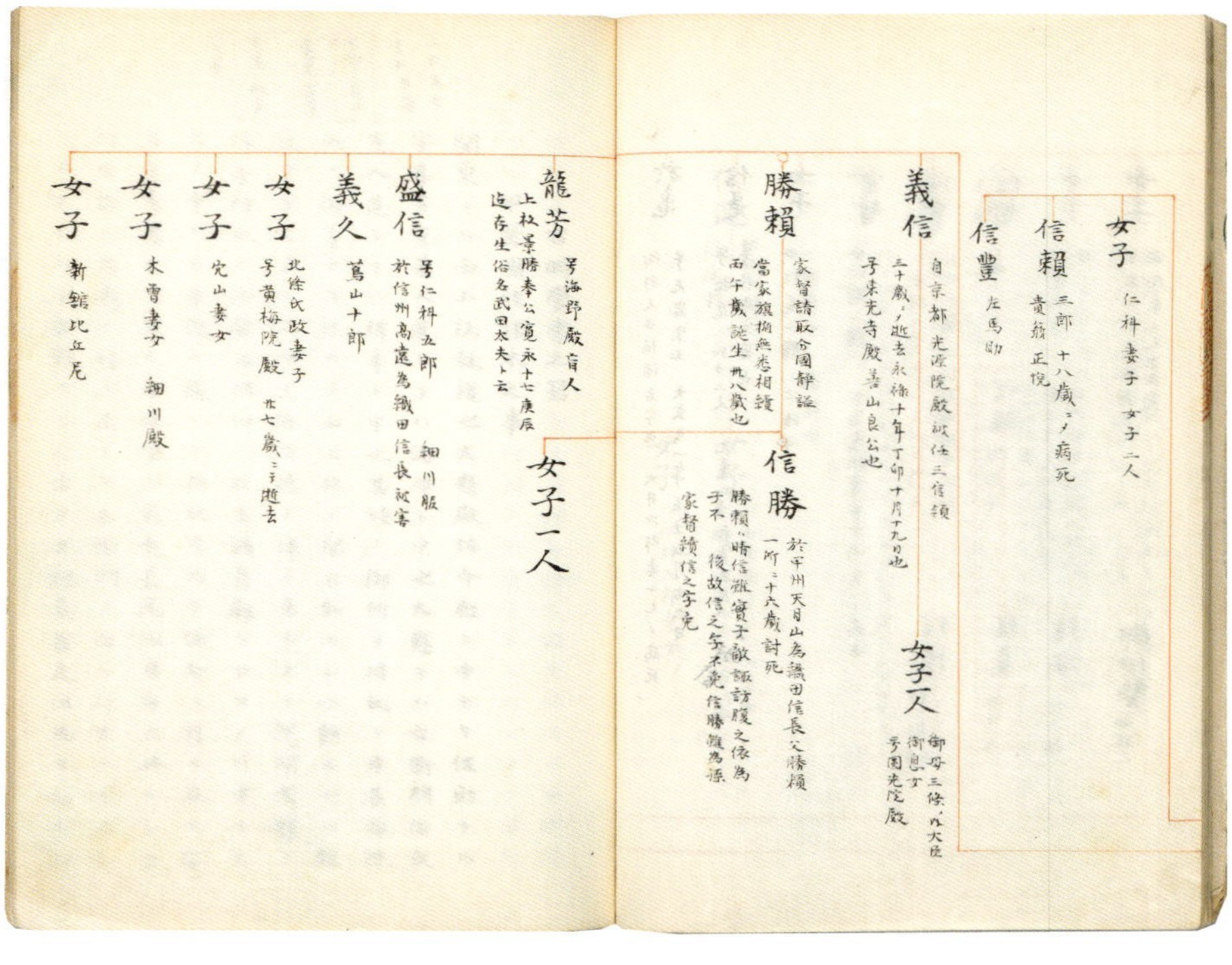
女子 信頼 信豊 義信 勝頼 信勝 女子一人 龍芳 女子一人 盛信 義久 女子 女子 女子 女子

母・乾福寺殿《けんぷくじでん》の墓(伊那市建福寺)

勝頼生母は、弘治元年(1555)に死去した。享年は未詳だが、二十代だったとみられる。勝頼十歳の時であり、幼くして母と別れることとなった。

父 信玄

武田信玄には、勝頼を含め七人の男子がいた。勝頼の兄三人のうち次男龍芳は病気により失明、三男信之は早世したため、勝頼は諏方氏を継承しながらも、信玄の事実上の次男で、嫡男義信に次ぐ家督後継の二番手という立場にあった。

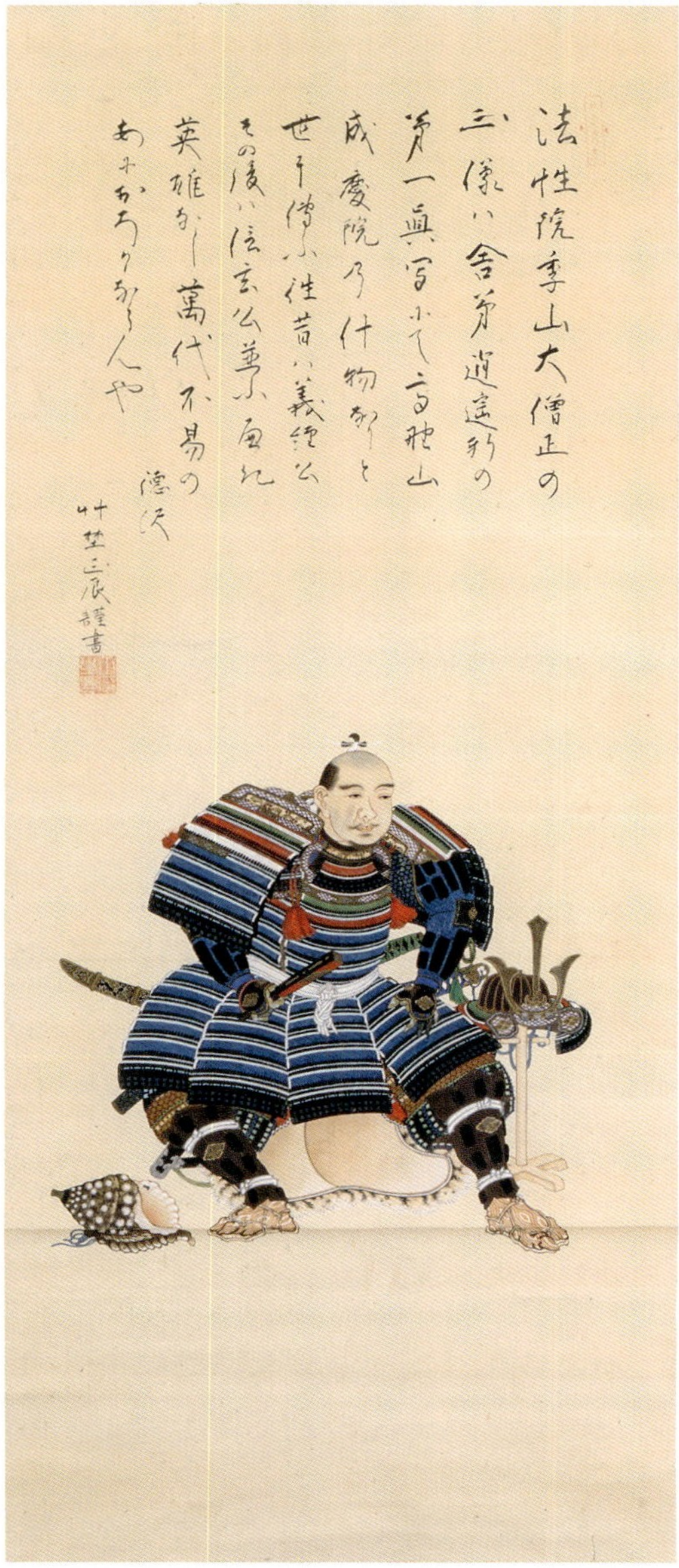

5
武田《たけだ》信玄《しんげん》像《ぞう》
江戸時代
山梨県立博物館

花菱紋の金具が随所に施された色々威の鎧をまとった信玄像。賛によれば、信玄の弟逍遥軒（信廉）が描いて高野山に奉納した肖像を筆写したものであるという。

6
武田《たけだ》二十四《にじゅうし》将図《しょうず》
石湖筆
江戸時代
身延町　南松院（山梨県立博物館寄託）

頂点に信玄、その周囲に家臣たちが描かれる武田二十四将図の多くに、勝頼の姿も描かれている。位置もほぼ固定されており、信玄の左の膝元が定位置のようだ。ただ、信玄の左右を固める一門の武田信廉（逍遥軒）・穴山信君（梅雪斎）に比べると、少し目立たない存在だろうか。

高遠城主　諏方勝頼

勝頼は高遠諏方氏を相続したとみられ、永禄五年（一五六二）、十七歳の時に高遠城に入ったとされる。これによって勝頼は、高遠領（概ね現在の上伊那地域）を支配する「郡司」として、武田氏による領国支配の一翼を担った。

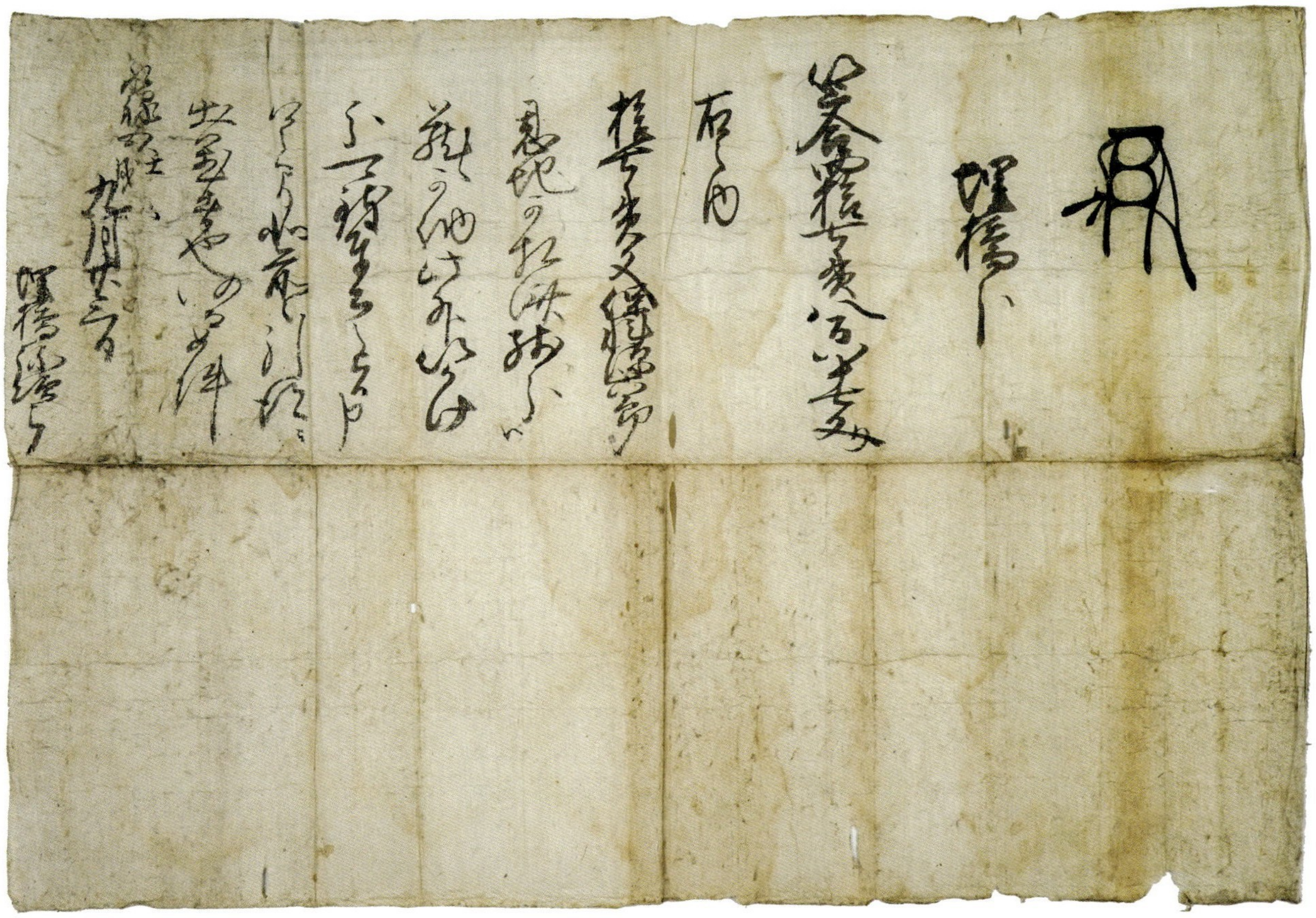

7
諏方勝頼判物《すわかつよりはんもつ》
永禄五年（一五六二）
個人（伊那市立高遠町歴史博物館寄託）

勝頼が出した文書として現在知られる最初のもの。埋橋《うずはし》氏の年貢高を四七貫文余と定め、それ以外は井掛（用水路等の管理）のため「前々のごとく（従来通り）」埋橋氏の取り分とすることを認めている。勝頼が高遠領支配を開始したことを示すものであるとともに、それが前代の高遠頼継の支配を受け継いでいたことがうかがわれる。

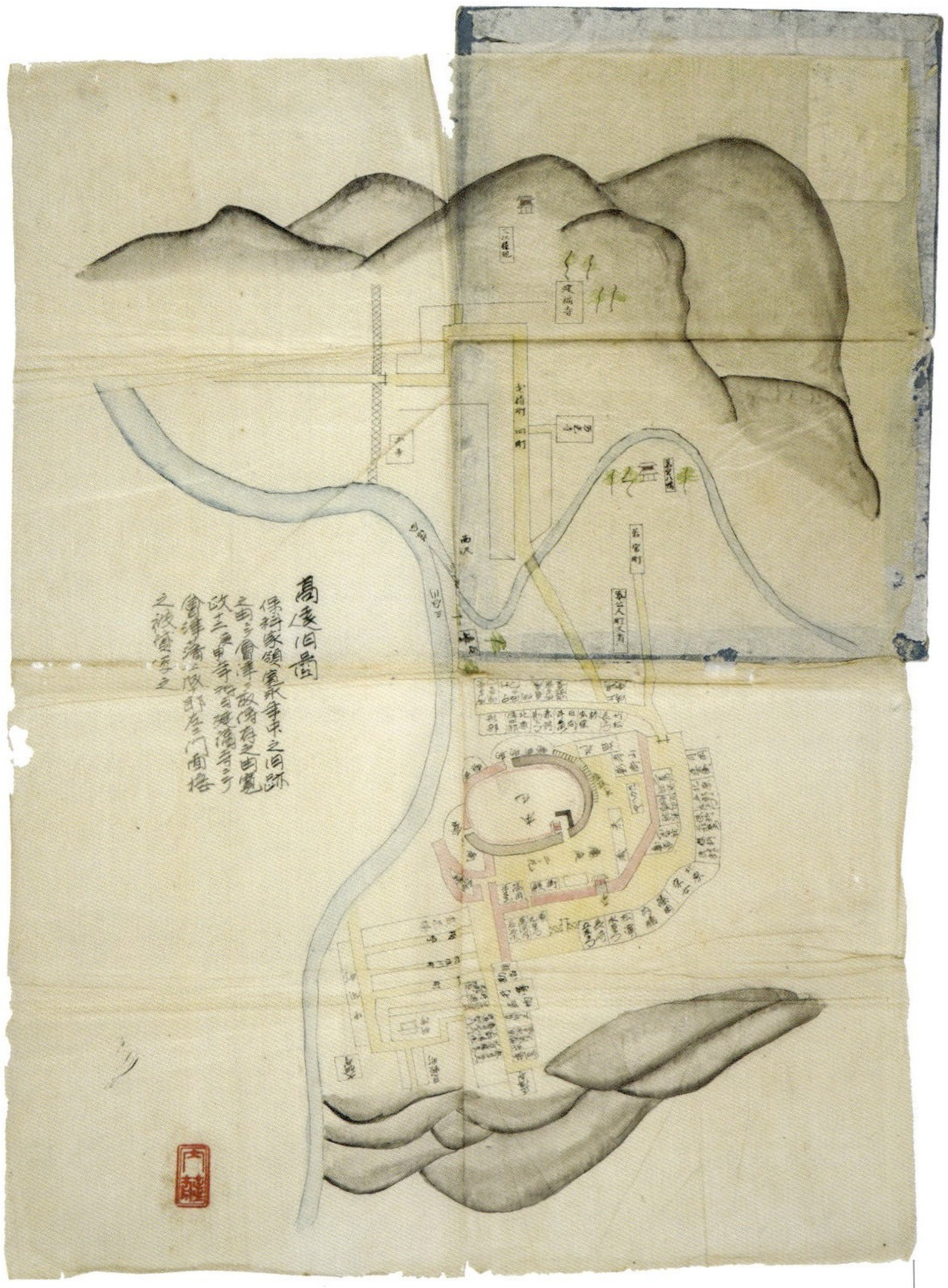

8
高遠城図《たかとおじょうず》
近代写
伊那市立高遠町図書館

高遠の城下町を描いたもので、添書によると保科氏が藩主であった寛永年中（一六二四～三六）の状況が示されているという。高遠城下町は近世に形成されたが、勝頼の高遠統治時代に最も近い時期の状況を描いた可能性がある資料として貴重なものといえよう。

「郡主」勝頼が奉納

塩尻市指定文化財

9

梵鐘《ぼんしょう》

永禄七年（一五六四）

長野県　小野神社

勝頼が信濃国二之宮の小野神社に奉納した梵鐘。銘文によると、「郡主」勝頼が皃（加茂か）氏に命じて造った大鐘に、慈雲寺（長野県下諏訪町）の天桂玄長に偈を依頼したという。「郡主」とは高遠領の郡司であることを示しているのだろう。また氏を「神」《じん・みわ》と名乗っており、武田氏＝源氏ではなく諏方氏としての立場を出していることも注目できよう。なお、天桂玄長はこの直前まで甲斐恵林寺の住持を務め、快川紹喜と交代して恵林寺を辞し、慈雲寺に入ったものと考えられる。

銘文

（第一区）

信州小野大明神宮鐘之銘

夫海岸有一獣、謂之蒲牢、其声
如鐘而性畏鯨、故鋳者作蒲牢
形、亦復造鯨魚、以撃則大鳴矣
叢林古規、清廟一法器也、朝聞者停苦
絶悪、暮聞者脱迷出厄、今茲郡主神
勝頼、於小野神前命皃氏造
大鐘、仍就慈雲山主玄長、請解
此義、拙偈一篇、述而以而以応其命、
寸莛撞巨鏞、其斯之謂歟、偈曰

（第二区）

神廟法鐘新鋳成、蒲牢形体
甚分明森羅万象廿功徳、月白
霜天百八声
永禄七年甲子年仲冬下澣日
大檀那諏方四郎神勝頼

一門として、郡司として

勝頼には武田の一門として当主を支える役割と、諏方氏を継承し上伊那郡司として地域支配を担う役割が期待された。

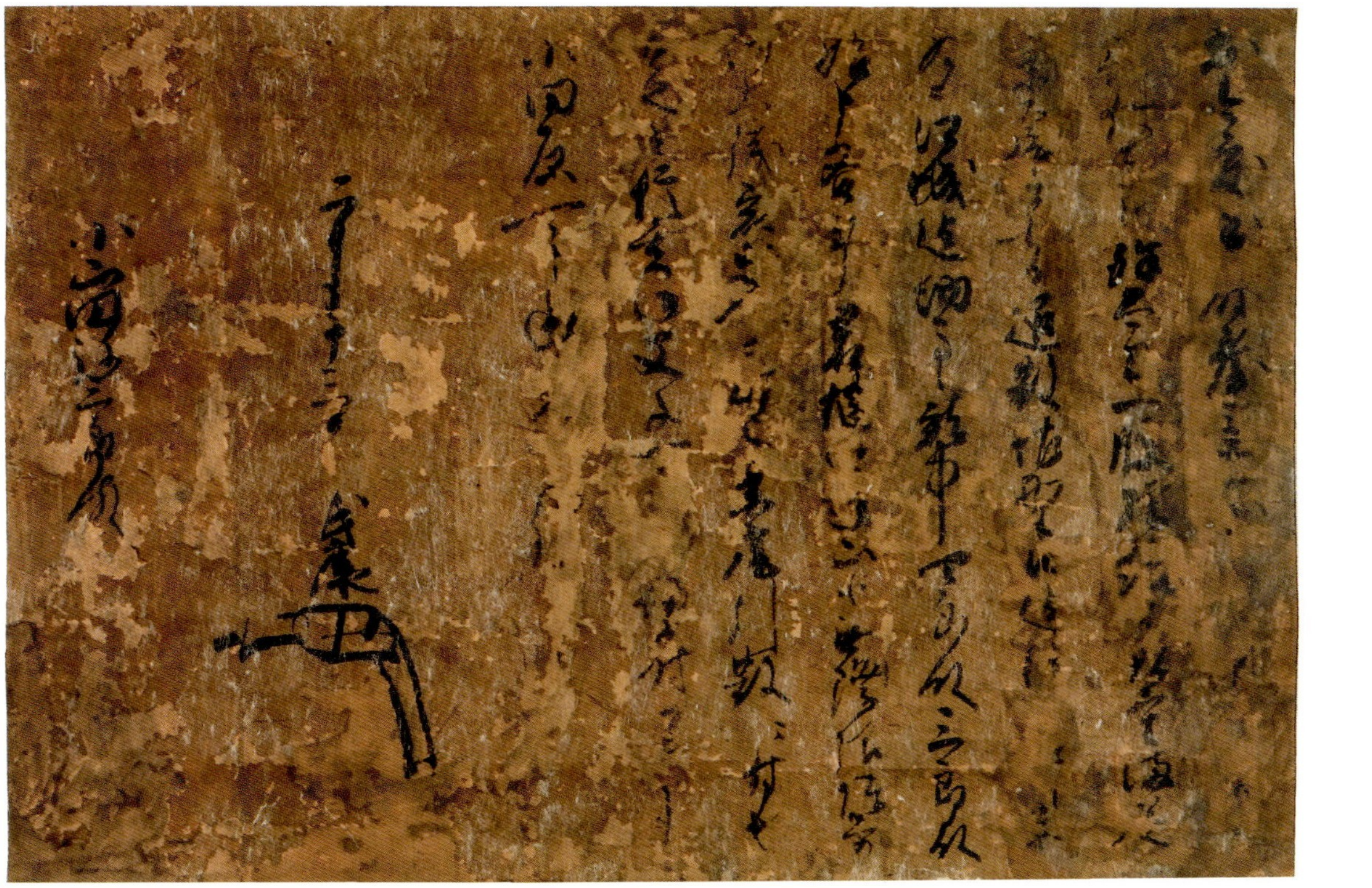

10

北条氏康書状《ほうじょううじやすしょじょう》

永禄七年（一五六四）

山梨県立博物館

武田氏の同盟者である相模の北条氏康が小山田信有に出した書状。その後半部分では武田氏の動向にも触れ、前年攻略した上野国岩櫃《いわびつ》城に「四郎殿・三郎殿」が入ったことなど、度重なる軍事行動を労っている。「四郎殿」は勝頼であり、「三郎殿」は信玄の弟信繁の子息である望月信頼とみられる。勝頼は同じ一門の若武者とともに、上野での軍事行動に従事していた。

11

諏方勝頼朱印状《すわかつよりしゅいんじょう》

永禄十一年（一五六八）

和歌山県　高野山成慶院

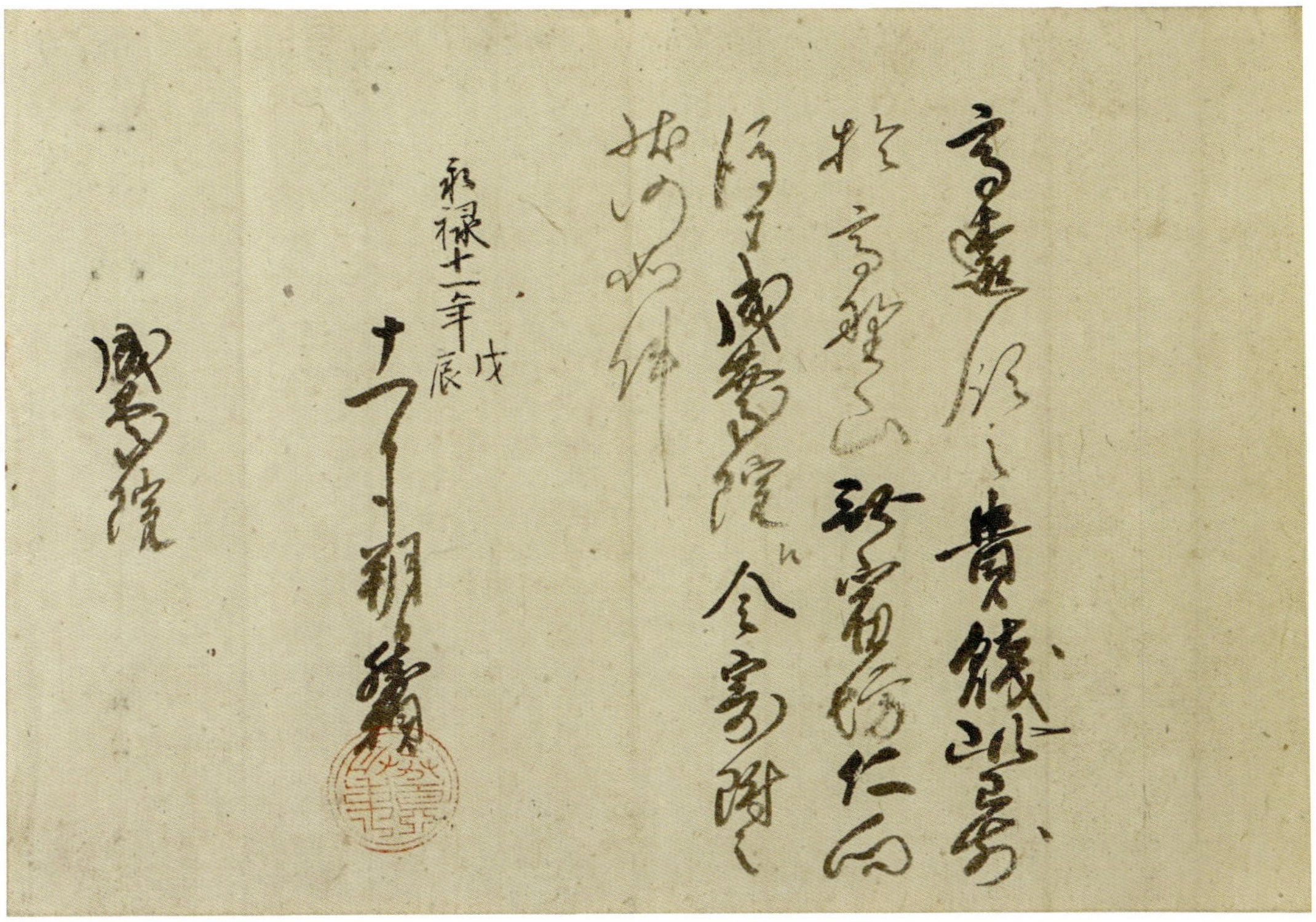

勝頼が高野山成慶院に対して、いまだ高野山での宿坊が決まっていない高遠領の住民については、成慶院を宿坊とすることを定めている。上伊那郡司としての働きの一環であろう。また署名には「勝頼」の字を刻んだ円形の朱印を使っている。同時期に武田氏領国内で朱印を用いていたのは、他に甲斐小山田氏と穴山氏、信濃木曾氏が確認される程度である。早い段階での印判の使用という点は、有力一門という性格を反映したものとみられる。

義信事件　勝頼、信玄の後継者へ

永禄八年（一五六五）十月、信玄の嫡男義信と、義信に近い家臣たちによる謀反が発覚し、首謀者として飯富兵部少輔らが成敗された。義信も甲府東光寺に幽閉され、二年後に死去した。武田家中を二分するような事件の末に、勝頼は予期せぬ形で信玄の後継者となった。

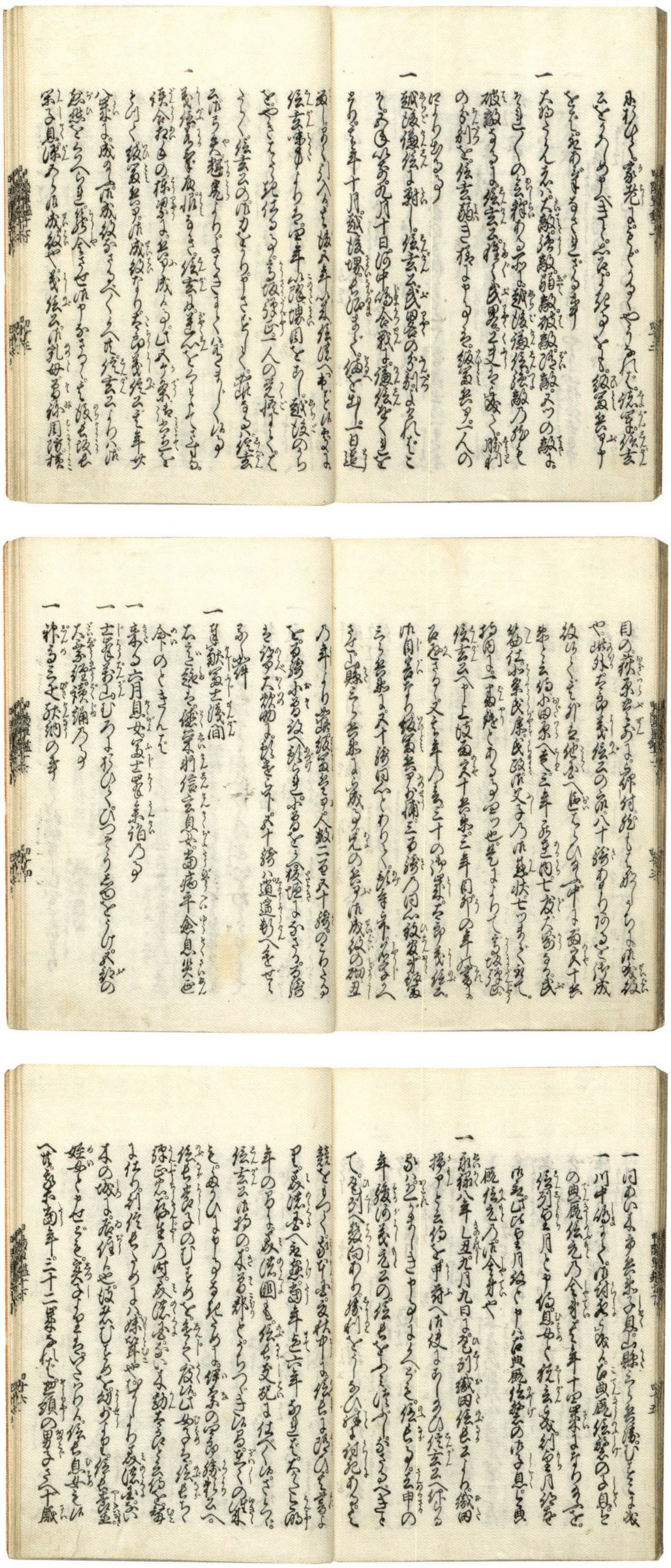

12
甲陽軍鑑《こうようぐんかん》　巻第十下
江戸時代（一七世紀）刊
山梨県立博物館

義信事件を語る記録はごくわずかしかなく、詳細は『甲陽軍鑑』に依るところが大きい。また事件の背景として、武田氏と尾張織田氏との同盟交渉と、それに伴う両者の縁組が指摘される。縁組は、織田信長の養女遠山氏が勝頼に嫁ぐというもので、永禄八年九月に交渉が行われ、十一月に遠山氏が高遠に輿入れした。義信は駿河今川氏の息女を妻に迎えており、信玄が今川氏の仇敵である織田氏と同盟を結ぶことを阻止するため、謀反を企てたと考えられる。

結婚した勝頼と遠山氏の間には、永禄十年に男子が誕生した。幼名は武王、後の信勝である。

「武田勝頼」へ

武田義信の死去後も、勝頼はしばらく「諏方勝頼」として活動を続けていた。その一方で、父信玄と行動を共にする機会も増えたとみられる。そして、御一門衆「諏方勝頼」から、信玄後継者「武田勝頼」へ、その立場と名を変えることとなる。

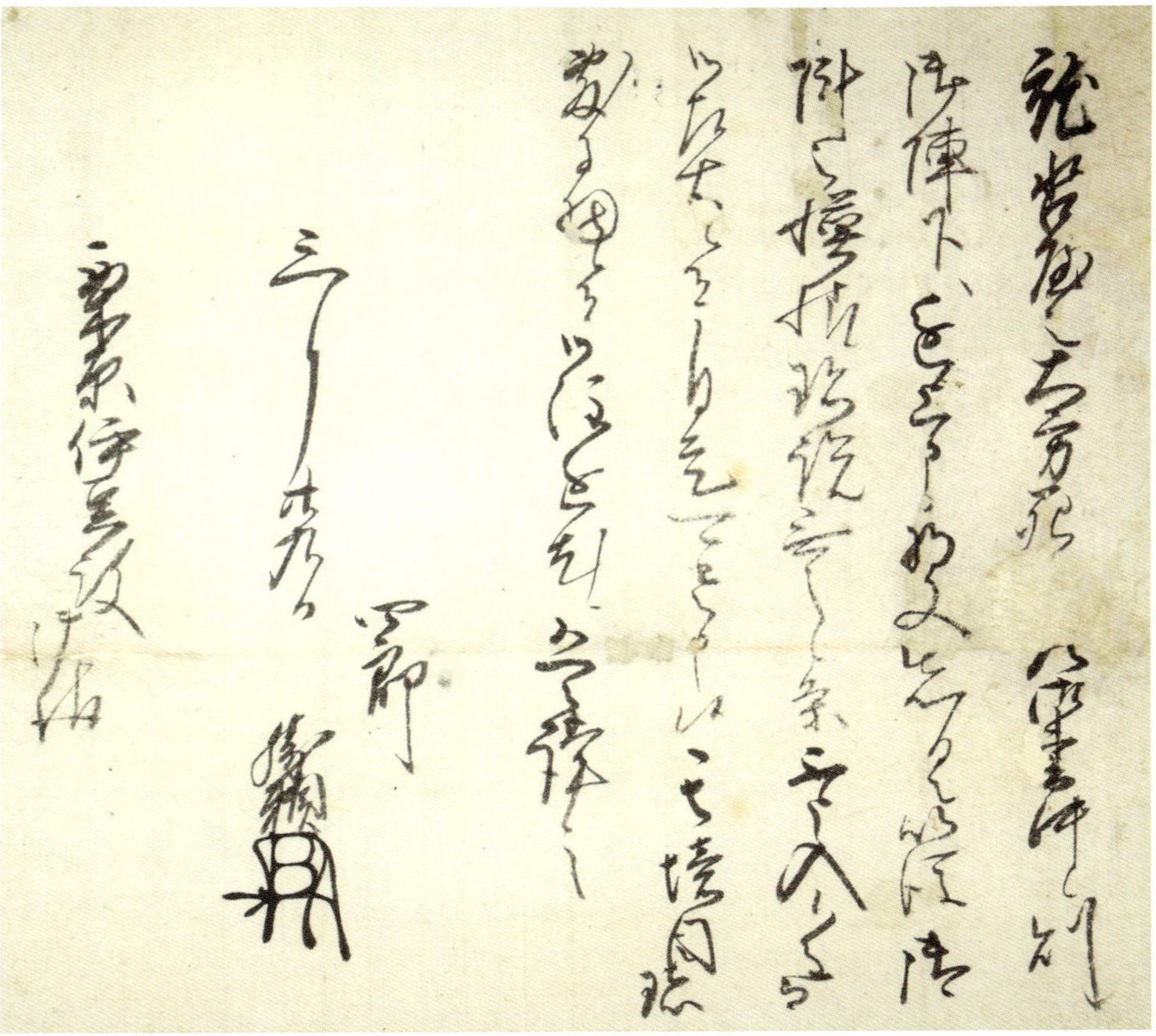

13
諏方《すわ》勝頼《かつより》書状《しょじょう》
永禄十一年（一五六八）
甲州市　恵林寺（信玄公宝物館保管）

勝頼が親類衆栗原氏に出した書状。冒頭「沓屋《くつのや》の大方《たいほう》」とは今川義元の生母寿桂尼《じゅけいに》のこととみられる。栗原が寿桂尼の死を出陣中の勝頼に報せたことに対し、勝頼は栗原氏からの書状を「御陣下」すなわち父信玄に届けると伝えている。このころ、信玄は越後へ向けて出陣しており、勝頼も信玄と同陣していたのであろう。これが義信の死後に、勝頼が信玄とともに出陣した事例として確認できる最初のものである。

14
諏方《すわ》勝頼《かつより》書状《しょじょう》
永禄十一年（一五六八）
個人

勝頼が親類衆栗原氏に出した書状。駿河で陣触れがなされているとの報告を受けたものの、その後の情報が届けられず不安でいると述べる。また栗原氏の在番する城において用心や普請を怠りなく実施することを求めている。栗原氏は甲斐・駿河国境付近の城郭に入っていたとみられ、勝頼は武田氏との関係が悪化していた今川氏の動静に関わる情報を集め、それに対処するという、かなり重要な役割を担っていたようだ。

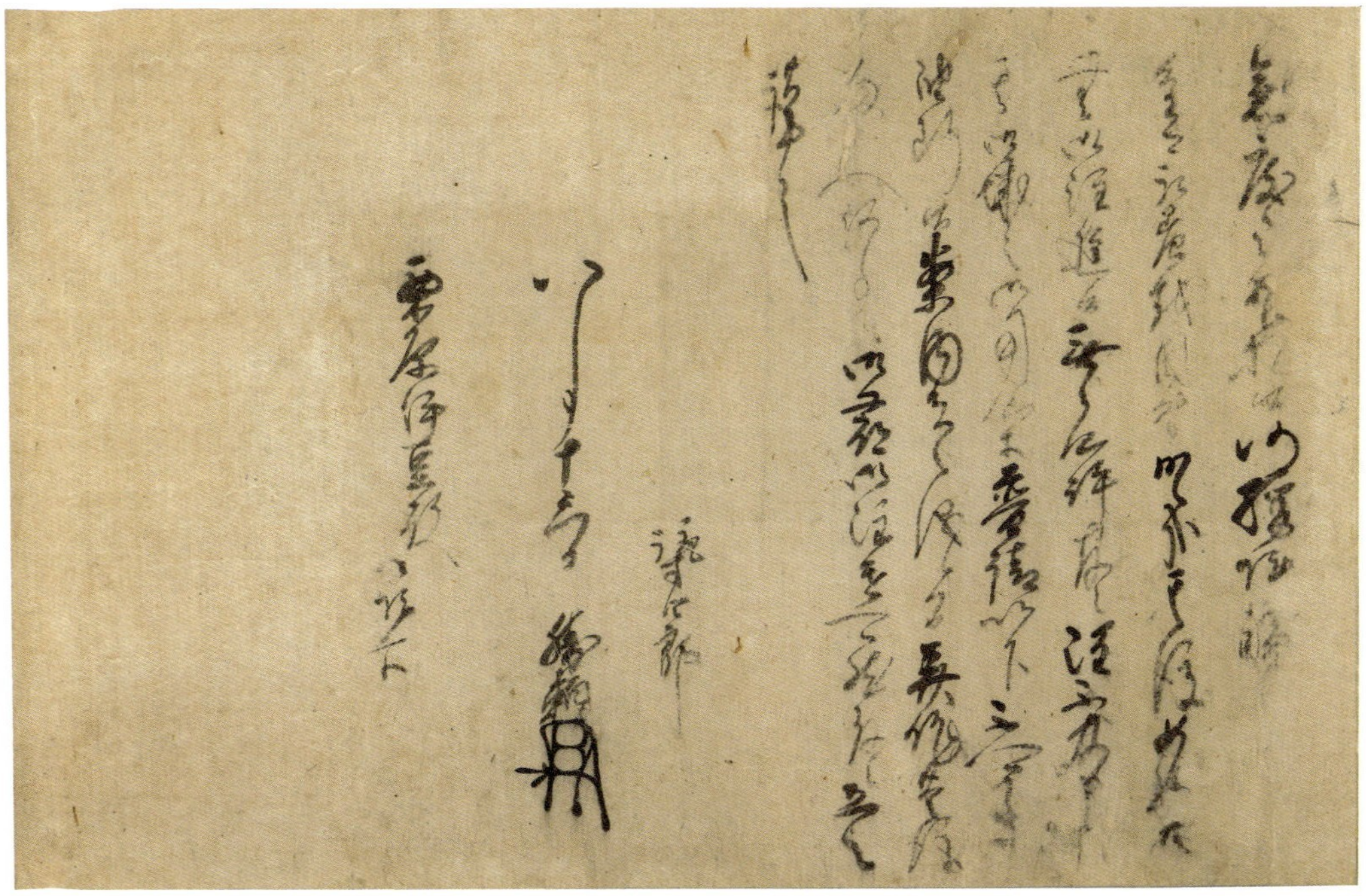

駿河侵攻への参戦

永禄十一年（一五六八）十二月、信玄は今川氏との同盟を破棄し、駿河へ侵攻した。もう一つの同盟国であった北条氏は、武田と断交して今川氏を支援したため、信玄は二大名を相手に戦うことを強いられた。勝頼も、信玄とともに合戦に加わり多くの武功を立てる。勝頼にとっては、家臣たちから信玄の後継者として認知される機会でもあった。

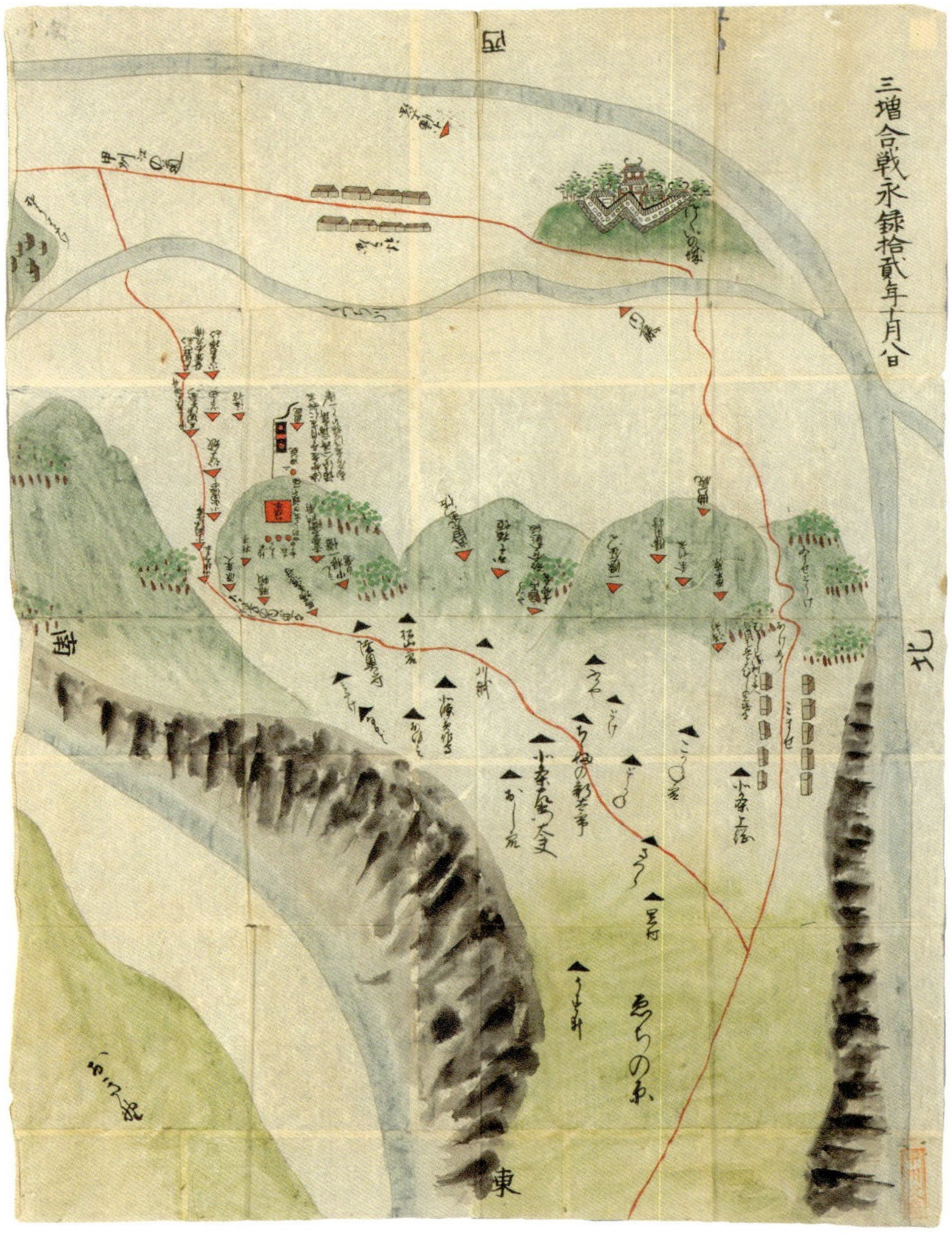

15
三増峠合戦図《みませとうげかっせんず》
江戸時代
山梨県立博物館

信玄は永禄十二年（一五六九）四月に一度甲斐へ撤兵した後、相模北条氏を攻めるべく兵を動かし、十月には小田原城まで迫った。しかし城を攻撃することなく兵を引き、甲斐へもどる途中、相模三増峠周辺で北条軍と一戦に及び、勝利した。『甲陽軍鑑』では、勝頼も参戦し活躍したことが伝えられる。『甲陽軍鑑』をもとにしたとみられる本図には、武田軍が赤い印で記され、勝頼の陣は馬場信春らとともに信玄旗本の前に配置されている。

16
武田信玄書状《たけだしんげんしょじょう》
永禄十二年（一五六九）
甲州市　恵林寺
（信玄公宝物館保管）

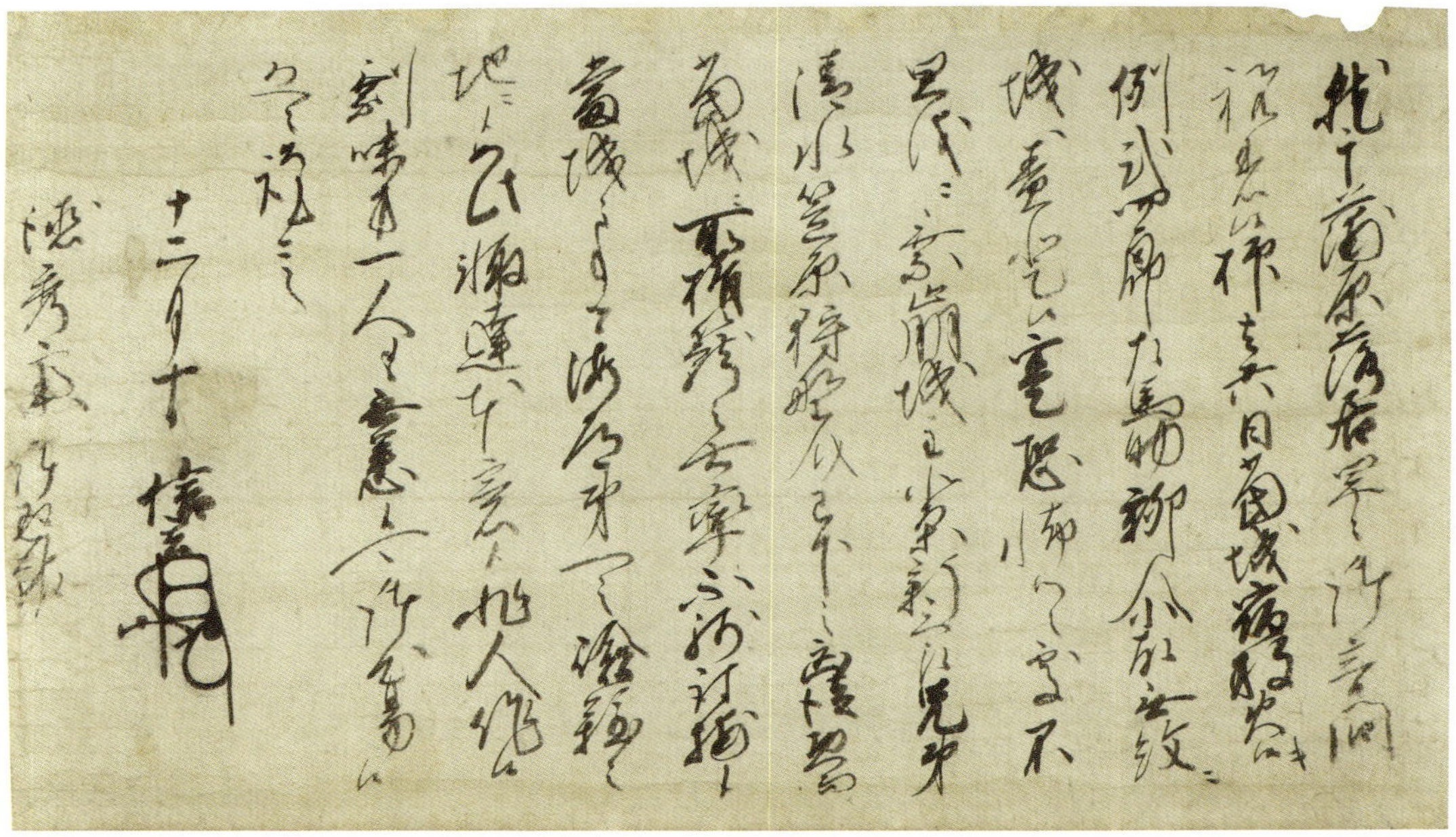

三増峠の合戦後、甲斐に戻った信玄は、すぐさま駿河への再度の侵攻を実行し、十二月六日に蒲原《かんばら》城（静岡市清水区）を攻略し、同十三日には駿府を再占領した。この書状は蒲原攻略の四日後に、勝頼の働きを信玄が詳しく述べている。「いつものように四郎勝頼・左馬助信豊は軽々しく城へ攻め登ったためハラハラしたが、不思議にも敵を攻め崩し、城主以下の城兵を討ち取ることができた。人の所行とは思えない」など、要は息子自慢であろう。ただし一連の戦で、勝頼が信玄に代わる大将として指揮をとった形跡はなく、他の重臣たちとならぶ一指揮官としての働きだったとみられる。

勝頼が奉納した「諏方」の鎧

17

静岡県指定文化財

紅《くれない》糸《いと》威《おどし》最上《もがみ》胴丸《どうまる》

戦国時代

静岡県　富士山本宮浅間大社

駿河国一宮の浅間大社に伝わる鎧で、勝頼が奉納したとの記録が残る。武田の家紋である花菱の紋鋲が用いられており、勝頼奉納の伝も信憑性が高い。かつてこの鎧とともにあったとされる兜には元亀三年（一五七二）の銘があり、鎧も同時期で勝頼が武田家を継承する直前の作とみられる。これによく似た鎧が大祝《おおほうり》諏方家に伝えられており、本鎧も諏方氏の鎧の系譜を引くものであった可能性があろう。「武田」と「諏方」双方の血を受け継ぐ勝頼を象徴する鎧といえよう。

（参考）

本《ほん》小札《こざね》紅《くれない》糸《いと》威《おどし》胴丸《どうまる》

戦国～江戸時代

諏訪市博物館

コラム―①　武田氏と諏方氏

海老沼　真治

武田氏と諏方は非常に深い縁がある。遡れば源平合戦の時代、甲斐源氏は治承四年（一一八〇）八月に伊豆で挙兵した源頼朝に同調し、翌月信濃へ攻め込んだ際、諏方社の神官から戦勝の託宣を賜っている。信玄も「孫子の旗」とならぶ軍旗として「諏方神号旗」を掲げ、また「諏方法性の兜」を所用していたと伝えられる。諏方明神は武田氏にとって戦の守護神のような存在だったといえよう。

武田氏と諏方社との関係は、神社を司る諏方氏との関係にも発展する。諏方氏は諏方上社の大祝を継承する一方、長じて大祝職を辞すると諏方氏の惣領職を継承し、諏方郡の領主（国衆）という性格も有した。武田氏との関係が見出せるのは、早くは室町時代中期、寛正五年（一四六四）のことで、甲斐守護武田信昌は守護代跡部氏を成敗するため、諏方惣領職の信満に援軍を要請した。これを受けて諏方信満は甲斐に軍勢を派遣している。この段階では武田氏と諏方氏は良好な関係にあったと考えられる。

十六世紀に入ると、両者の関係は対立へと転じていく。永正十五年（一五一八）、諏方頼満が諏方下社の金刺氏と争ってこれに勝利し、金刺氏を追放した。その金刺氏を支援したのが武田信虎である。信虎は享禄元年（一五二八）に金刺氏を擁して諏方への侵攻を開始したが、境川（立場川か）での合戦で諏方軍に大敗し甲斐に撤退した。

また、諏方頼満は信虎に反抗する甲斐の国衆とも結び、享禄四年正月には浦城（獅子吼城・北杜市）の今井信元が頼満に支援を要請した。頼満は甲斐に出兵して反信虎の国衆とともに四月に河原部（韮崎市）で武田軍と一戦に及んだが、今度は武田方が大勝し、信虎はその翌年に今井信元を降伏させ、甲斐の「一国御無為」（勝山記）を実現する。

武田信虎はこの後、駿河今川氏・相模北条氏との戦闘を激化させていき、諏方氏とは和睦へと方針を転換する。天文四年（一五三五）九月に、信虎と諏方頼満は境川で諏方社の宝鈴を鳴らして相互に和睦を誓約した。頼満は天文八年十二月に死去し、諏方氏惣領職は嫡孫の頼重が継承した。頼重は天文九年に信虎の息女禰々を妻に迎え、武田氏と諏方氏の関係は婚姻による同盟へと発展した。禰々は天文十一年四月に頼重の嫡男寅王丸を出産している。

天文十年六月、武田信玄が父信虎を追放して国主の座に就くと、諏方氏との関係も変化していく。同年七月、関東管領上杉氏が武田氏の領有する信濃小県・佐久両郡に侵攻するという事件が起きる。武田氏は信虎追放直後のことでこれに対処することができなかった一方、諏方頼重は単独で出兵し、武田氏に無断で上杉氏と和睦したうえ、武田氏の佐久・小県両郡の所領を分割したのである。武田氏はこれを重大な盟約違反とみなした。

翌年六月、信玄は前年の諏方氏の行動に対する報復として諏方へ出陣する。武田軍は六月二十九日に諏方郡内に侵入し、七月三日には頼重の籠る桑原城（諏訪市）を包囲し、翌日降伏させた。頼重は甲府に送られ東光寺に幽閉された後、七月二十一日に自害し、諏方氏惣領家は滅亡した。

武田軍の諏方頼重攻撃には、高遠城を本拠とする高遠諏方頼継（以下、高遠頼継）も武田に協力して出兵している。高遠諏方氏の祖は諏方氏の大祝・惣領職を継承していた経緯があり、高遠頼継も両職の奪取を目指したものとみられる。諏方郡は武田氏と高遠頼継とで宮川を境に分割したが、頼継はこれを不服とし、九月十日に宮川を越えて諏方下社などを攻撃した。

信玄はこれに対し頼重の遺児千代宮丸（虎王丸改名）を擁して出馬し、二十五日に高遠勢と諏方安国寺付近で合戦に及んだ。結果は武田方の大勝となり、頼継を高遠に敗走させ、諏方郡一円は武田氏の支配下となった。

この段階で諏方氏惣領家の継承者は、信玄にとって甥でもある千代宮丸と目されていたが、信玄はその道をとらなかった。そして諏方頼重息女を妻に迎え、彼女が出産した男子＝勝頼に諏方氏を継承させることとした。しかし、千代宮丸が後継者から外されることに対する、諏方衆の不満も少なくなかった。勝頼が誕生した天文十五年には、諏方頼重の叔父諏方満隆が、信玄の命により切腹している（『神使御頭之日記』）。原因は武田氏に対する謀叛が発覚したためと考えられている。満隆は千代宮丸擁立を主導していたため、千代宮丸が廃嫡されることに強く反発した可能性が高い。このような状況で勝頼に諏方氏惣領家を継承させることは、諏方衆のさらなる反発を招くと信玄は判断した可能性があろう。

従来、勝頼は諏方頼重の後継者として諏方氏惣領家を継承したと考えられてきた。これに対し近年、新史料の確認や上記のような諏方氏周辺の状況をふまえ、勝頼が継承したのは高遠諏方氏であったとの指摘がなされている。勝頼は諏方氏としても武田氏としても、微妙な立場にならざるを得ないという宿命を負わされたといえよう。

なお、廃嫡された千代宮丸のその後については不明な点が多いが、後世の史料から以下のような経緯が知られている。長笈《ちょうきゅう》と名乗る諏方頼重の子は、幼いころから信玄を恨み、信玄が昼寝をしている時に小刀で刺そうとした。これに驚いた信玄は、長笈を一条寺（甲府一蓮寺か）に入れて出家させた（正確にはこの時に長笈と名乗ったか）。その後、長笈は駿河今川氏のもとに脱出を試みるも、甲州川内村（未詳）で捕えられ、信玄の命で殺害されたという（『寛永諸家系図伝』、『千曲之真砂』ほか）。

この話がどこまで真実を語っているかは検討の余地があろう。ただし、信玄が将来的に勝頼の地位を脅かしかねない千代宮丸を出家させ、政治的生命を断つということは、十分有り得た話といえよう。なお、長笈の墓と伝えられる石塔が、箱原（富士川町）の本能寺に遺されている。また諏方氏は、大祝を継承した頼忠が、武田氏滅亡や本能寺の変の後に自立して大名となり、近世には諏方高島藩主として明治まで存続した。

《参考文献》
平山　優『川中島の戦い 上』学研M文庫、二〇〇二年
同「武田氏と諏訪氏」（柴辻俊六・平山優編『武田勝頼のすべて』新人物往来社、二〇〇七年）
同「諏方頼満・頼重」（平山優・花岡康隆編『戦国武将列伝4 甲信編』戎光祥出版、二〇二四年）
長谷川幸一「高遠頼継」（前掲『戦国武将列伝4 甲信編』）
丸島和洋『武田勝頼』（平凡社、二〇一七年）

虎王丸（千代宮丸）の墓（本能寺）

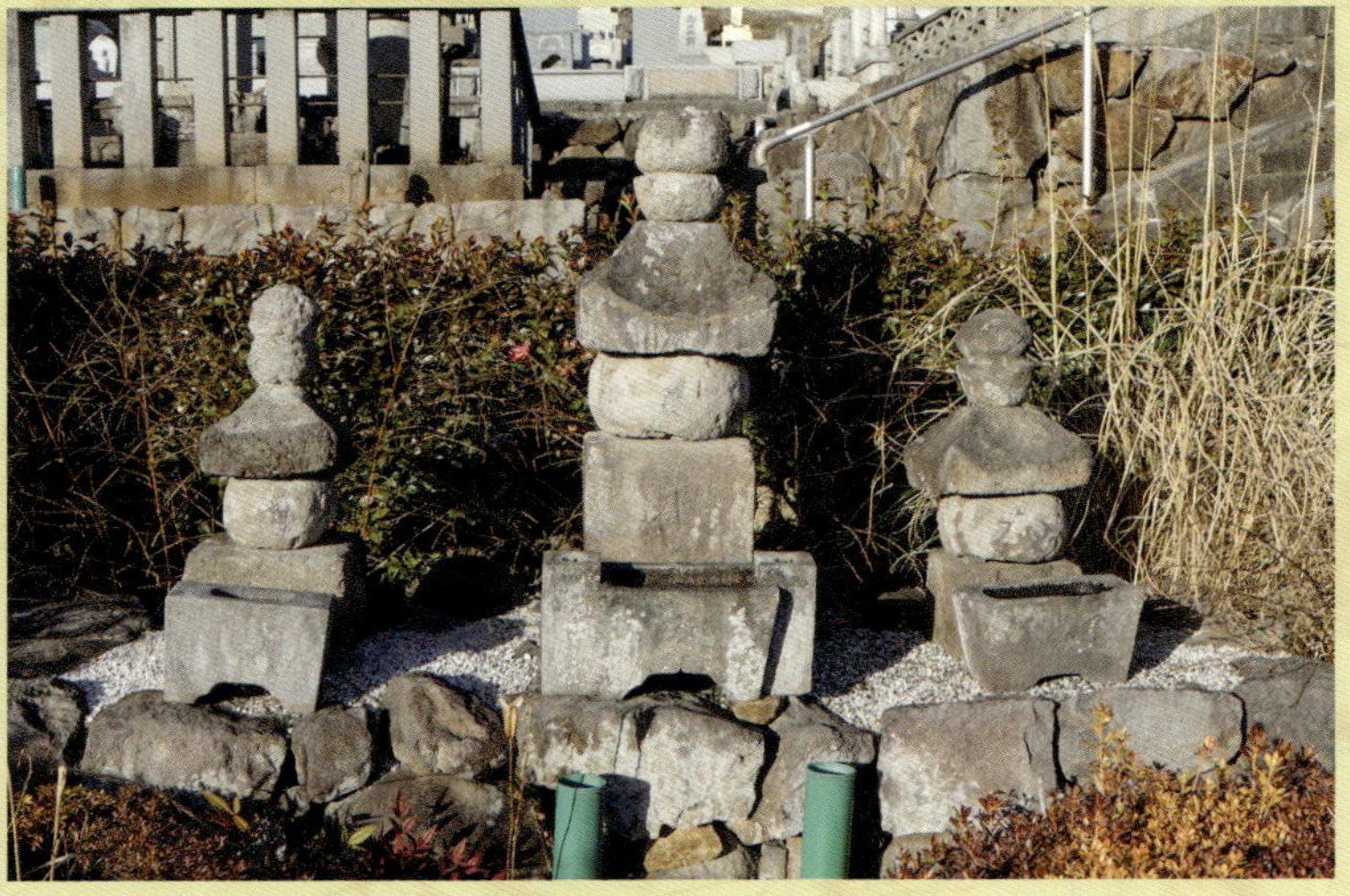
諏方頼重の墓（東光寺）

第二章 信玄の遺言

元亀四年（一五七三）四月十二日、武田信玄は織田信長・徳川家康との戦いの陣中で没した。死の直前、信玄は勝頼や重臣たちを集め、信玄亡き後の武田氏がとるべき方策について、様々な指示を出した。勝頼は信玄の跡を継ぎ、信玄の遺言をもとに武田の舵取りを行うこととなる。一方で、信玄が生前に展開した軍事行動や外交策によって、武田氏をめぐる情勢は大きく変化しようとしていた。将軍足利義昭や武田に味方する諸勢力は、信玄の死を契機として存亡の危機に陥り、信長に滅ぼされる者も出たのである。勝頼は信玄が遺した課題を解決するため、信玄の遺言に背かざるをえない状況に立たされていた。

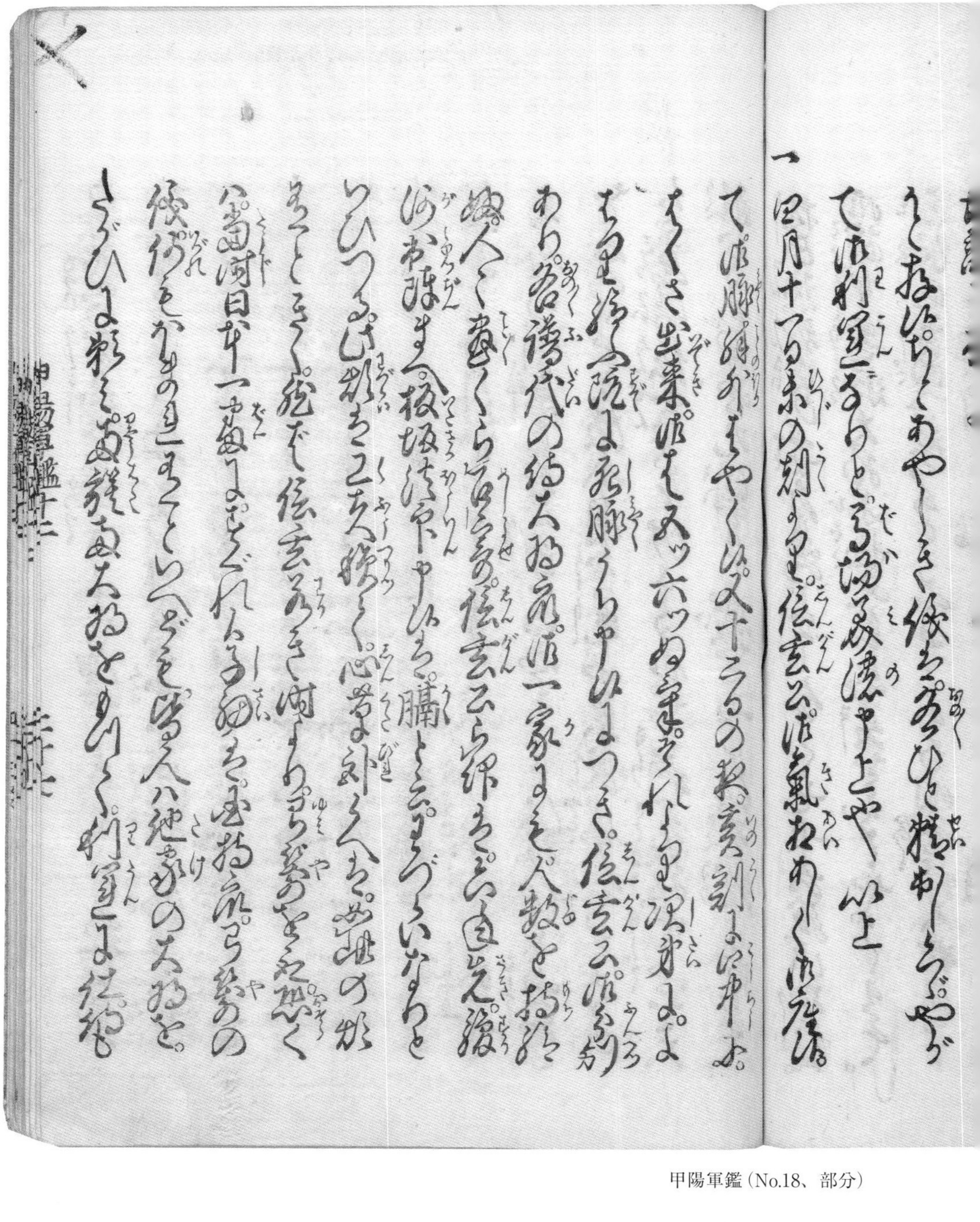

甲陽軍鑑（No.18、部分）

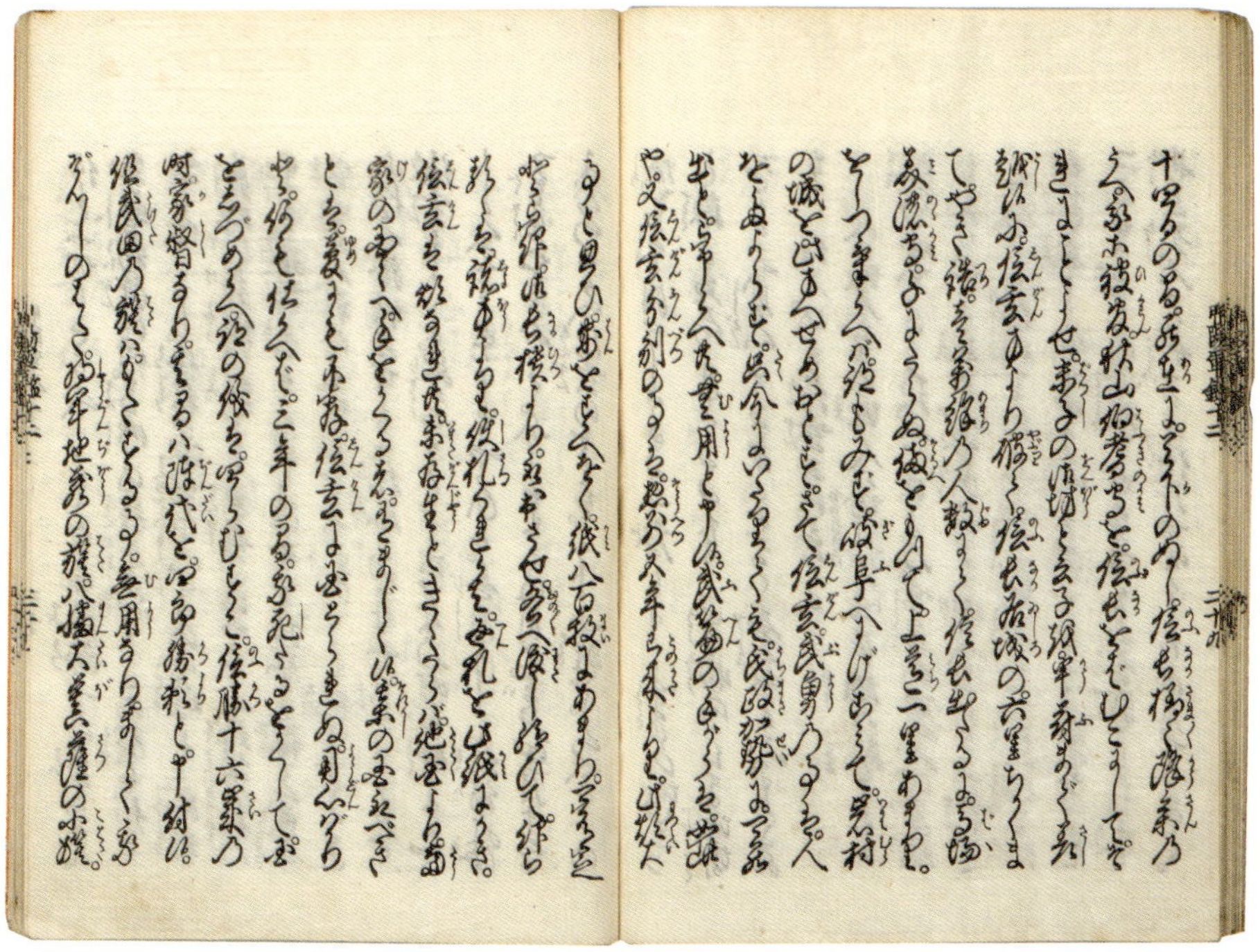

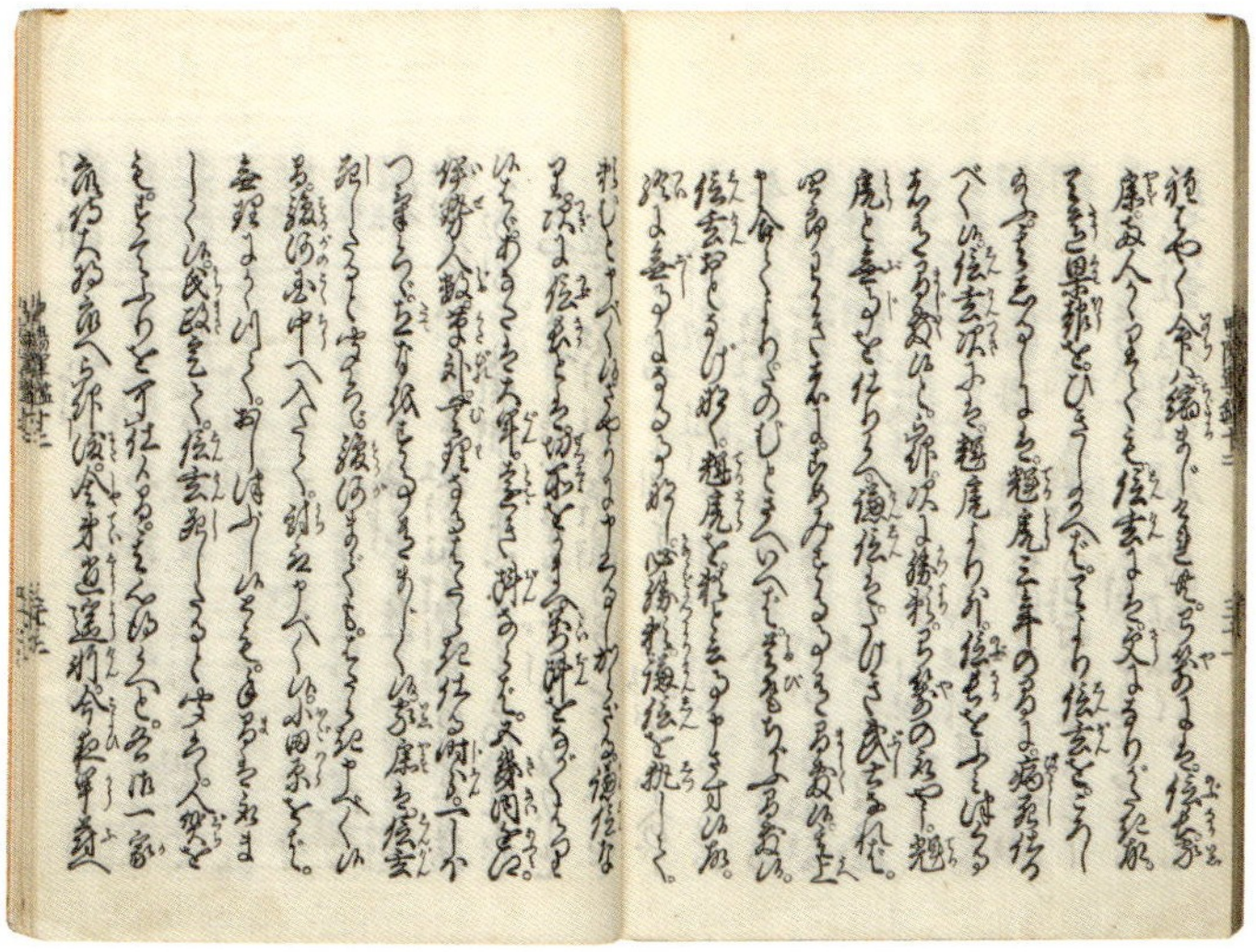

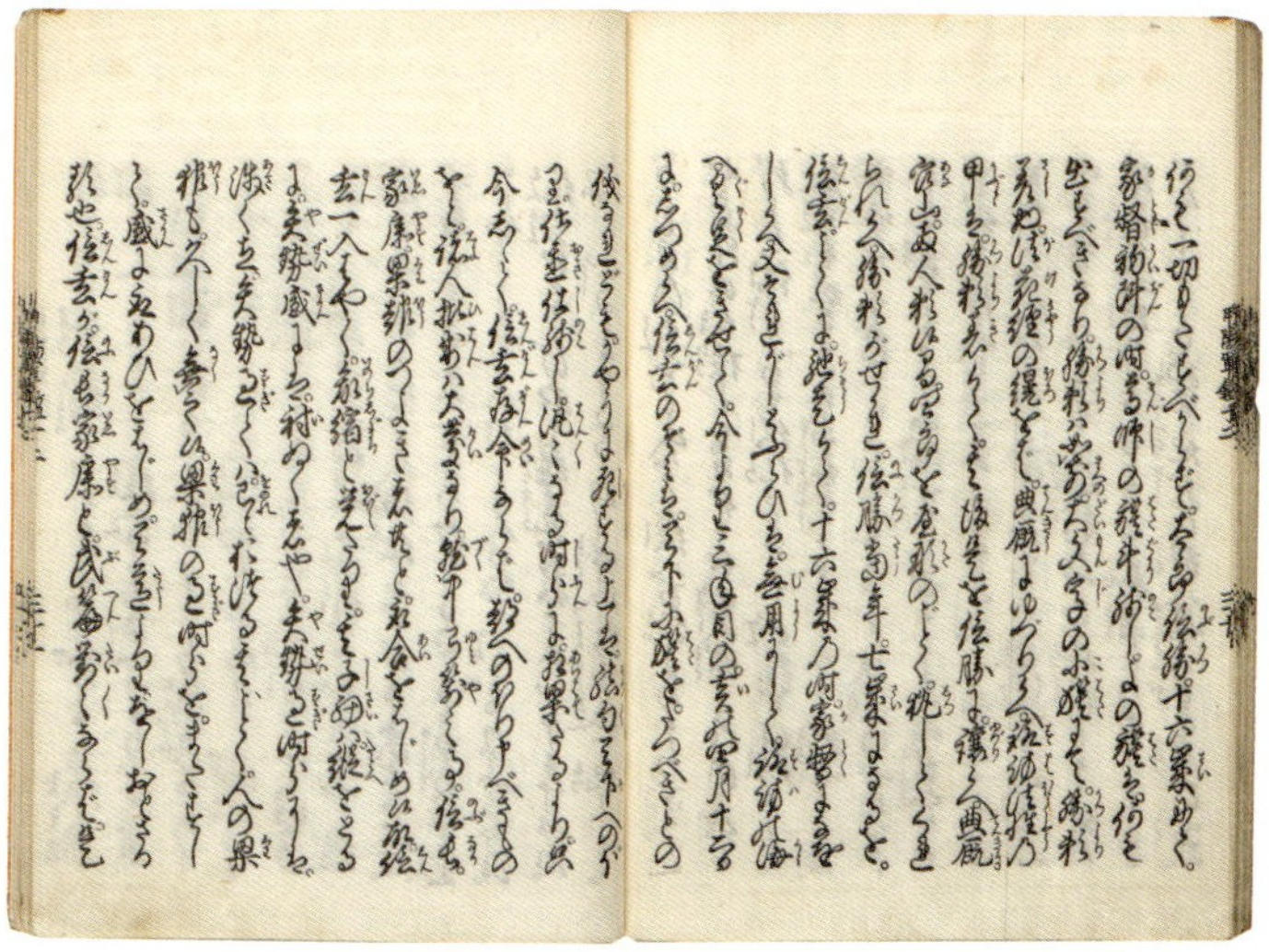

遺言の内容

18 甲陽軍鑑《こうようぐんかん》 巻第十二

江戸時代（十七世紀）刊
山梨県立博物館

信玄が死の直前に勝頼らに伝えた遺言の内容が記されているが、分量は刊本の見開きで七ページを超え、死を前にした人が本当にこれを全て言い遺したのかは検討を要する。内容は、信玄の花押や朱印だけを押した白紙の文書（判紙）の存在や、信玄の死を三年間隠すことなど、事実を伝えるものがある一方、勝頼を正式な家督と認めないとする部分など、正確性を欠く記述も見える。しかし、武田と諏方、双方ともに中途半端に位置づけられた勝頼の立場を示したものと言えるのかもしれない。

《主な遺言の内容》

①信玄の花押や朱印を据えた紙を八〇〇枚程用意したので、他国からの使者や書状に対し、返信をこの紙に認めて、信玄が生きているようにみせよ。

②自分の死を三年間は隠すこと。その間に領国の体制を整えておくこと。

③信玄の跡目は、勝頼の息子信勝が十六歳になったときにこれを家督と定めること。信勝が十六歳になるまでの間は、勝頼を陣代とする。

④勝頼が「武田の旗」を持つことは認めない。ましてや「孫子の旗」「将軍地蔵の旗」「八幡大菩薩の小旗」は、一切用いてはならない。

⑤典厩（武田信豊）・穴山（信君）に補佐を任せる。勝頼に対しては「御館様」として仕えること。信勝に対しては、信玄と同様に仕えること。

⑥上杉輝虎（謙信）とは和睦せよ。若い勝頼からの頼みを見放すような人ではない。

⑦織田信長に対しては、守りを固めて対陣を長引かせれば、敵は疲労して十分な働きができなくなろう。徳川家康は、信玄が死んだと聞けば駿河まで攻めてくるだろう。駿河の国中までおびき寄せてから討ち取れ。

家督相続直後の問題

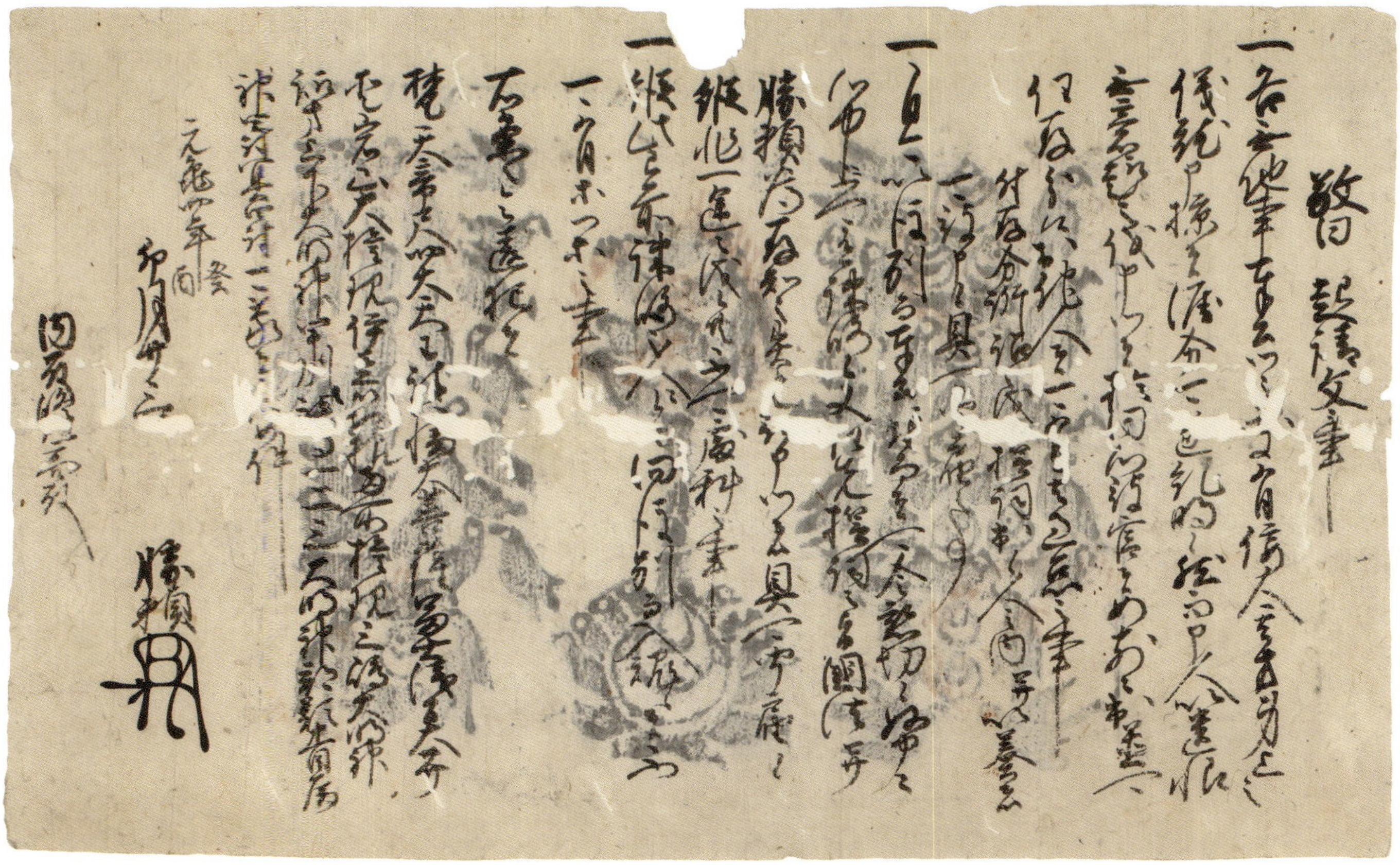

19 武田勝頼起請文《たけだかつよりきしょうもん》
元亀四年（一五七三）
京都大学総合博物館

信玄の死から十一日後に、勝頼が重臣のひとりで上野国箕輪城代を務める内藤昌秀に渡した起請文。大名が代替わりした際には、家臣たちと起請文を取り交わして主従の確認をすることがあった。ただし、第一条の追記で意見などを勝頼に直接訴えることを禁じ、第三条で勝頼と疎遠になっている人がいることを記した点は注目される。勝頼が家臣との関係を構築するのに苦労していた様子がうかがわれる。その背景として、勝頼が信玄の後継者に定まってから、次期当主の立場で家臣たちと行動する機会が多くなかったことなどが影響していたと考えられる。

敬白　起請文之事
一、各無他事、奉公候処、有佞人、其方身上之儀、就申掠者、涯分可遂糺明候、然而申人以遺恨、無意趣之儀申候者、於同心被官者、如前々出置、可任存分候、於他人者、可有其過怠之事
付、存分訴訟之儀、誓詞出候人之内、并以奏者、可被申候、具可聞届之事
一、自今以後別而奉公ニ付而者、可令懇切候、努々心中ニ不可有疎略候、又任先誓詞之旨、国法并勝頼為存知之異見被申候者、具可聞届候、縦非一途之儀候共、不可処科之事
一、縦此已前疎略之人ニ候共、向後別而入魂候者、不可有等閑之事
右条々令違犯者、
梵天・帝釈・四大天王、殊八幡大菩薩・富士浅間菩薩・
愛宕山大権現・伊豆箱根両所権限（現）・三島大明神・
諏方上下大明神・甲州一二三大明神、部類眷属
神罰冥罰可蒙者也、仍如件
元亀四年癸酉
卯月廿三日　勝頼（花押）
内藤修理亮殿

コラム―② 武田勝頼の家督相続と宿老たち

丸島 和洋

勝頼は武田信玄と諏方頼重娘（乾福寺殿）との間に生まれ、高遠諏方氏の家督を嗣いで、諏方氏惣領職をあわせて継承した。次兄海野龍芳が失明し、三兄安田信之が夭折したため、信玄子息としては長兄義信に次ぐ序列二位に位置していた。つまり永禄八年（一五六五）に義信がクーデターを企て（義信事件）、同十年に幽閉の末に死去するまでは、あくまでその立場は有力御一門衆であり、信濃高遠領の支城領主に過ぎなかった。

信玄が勝頼を新たな後継者と定めた時期は、元亀二年（一五七一）説が有力である。しかし筆者は、永禄十三年（元亀元年・一五七〇）四月以前という見解を示したことがある。それは、信玄が将軍義昭に駿河において御料所を献上し、勝頼に対する朝廷官職の吹挙と、将軍偏諱を求めた条目（『玉英堂古文書目録』一一四号掲載文書、『戦国遺文武田氏編』一五三五号、以下『戦武』と略）が、同年四月の文書と考えられてきたためである。

しかしながら、同条目と関連文書を再検討したところ、信玄が駿河平定をほぼ完了した元亀二年四月に比定するのが適切であると考えを改めた。

もちろん勝頼は、元亀元年十二月に本願寺顕如から書状を送られている他（『顕如上人御書札案留』『戦武』四〇四二）、元亀二年十二月に上杉謙信麾下の毛利北条高広が和睦を求めてきた際に、信玄側近跡部勝資が「信玄・勝頼に申し聞かせるまでもない」と一蹴しているなど（「高橋耕田氏所蔵文書」『戦武』一七六二）、外交参加を確認できる。しかし元亀元年の本願寺顕如書状案は、顕如から勝頼への初信であり、信玄が積極的に勝頼を起用したとまでは断言できない。勝頼の外交面での活動本格化は、元亀三年である。

この問題を考える上で、黒田基樹氏が注目したのが、高野山成慶院『信州日牌帳』に載せられた勝頼室龍勝寺殿（織田信長養女、実は苗木遠山直廉娘）の供養記事である。元亀二年九月に死去した彼女の供養は、同年十一月に稲村清右衛門尉と富沢平三が高野山に赴いて行われている。問題は龍勝寺殿の注記で、「信州高遠諏方四郎殿御前様ノ御為ニ」とある。龍勝寺殿近臣が登山した依頼である上、同供養帳は紙質・筆致の検討から同時代の成立であることが明らかなもので、記載に誤りはないだろう。つまり元亀二年十一月の段階で、勝頼はまだ甲府入りをしていなかったことになる。

この背景には、同年四月に行われた勝頼の朝廷官職任官（具体的には信玄の官職大膳大夫の譲渡）と将軍偏諱授与交渉の失敗が影響しているのではないか。勝頼は、蒲原城攻略など、駿河制圧で大きな功績を立てていた。信玄はさらに朝廷・幕府からの栄転授与を得て勝頼の立場を強化した上で、甲府に迎えようとしたのだろう。しかし信玄は義昭との交渉に失敗し、勝頼は「将軍のお墨付き」を得ることはできなかった。

信玄が勝頼を新たな後継者と定めることに慎重を期したのは、「義信事件」による家臣団の動揺が収まっていなかった上、信玄自身も含む、武田氏の御家騒動の歴史が去来したためではなかろうか。戦国大名は、一定の年齢に達すると嫡男に家督を譲り、隠居として最高権力者としての立場を維持することが多い。しかし信玄は、家督譲渡どころか、勝頼に軍事・内政・外交上の権限を委ねることすら躊躇してしまった。

『甲陽軍鑑』によると、武田家では毎年末に翌年の軍事行動を決める「御備えの談合」を開いていたという。そこには、筆頭家老山県昌景をはじめ、馬場信春・内藤昌秀・春日虎綱・秋山虎繁・原昌胤といった宿老と、書記として小山田信茂が参加し、元亀元年には若手の土屋昌続・武藤（真田）昌幸・曾禰昌世・三枝昌貞が聴講を許されたという。山県・原は駿河、馬場・春日は北信濃、秋山は南信濃、内藤は西上野の軍政を担っており、年末に集まるのは、正月儀礼を甲府で行うためと思われる。

問題は、ここに勝頼の姿がないことである。それだけではない。信玄死後、宿老達は勝頼に「御備えの談合」参加を要請した。ところが、勝頼が固辞したため、宿老達は自身の屋敷を回り持ちする形で談合を続けたという。これが事実なら、勝頼も宿老たちに遠慮しがちであったことになる。

信玄が死去した元亀四年（天正元年・一五七三）四月、勝頼は二八歳であり、他例からすれば既に家督相続を済ませていてもおかしくはない。勝頼が正式に家督を相続したことは、同盟国の北条氏政や本願寺顕如が、勝頼に家督相続祝いの書状を出していることからも明らかである。ただ、『甲陽軍鑑』が記す著名な遺言「三年秘喪」を勝頼は真面目に実施しており、信玄が病気で隠居したため、家督を相続したと発表した。そのため勝頼は信玄の花押を用いた文書の発給や、「御隠居様」（信玄）の命令伝達の体裁を取るなどして、死せる信玄を生かし続けようとした。しかしこれでは、勝頼の権威確立は難しい。

特に困惑したのが、信玄が抜擢した宿老たちである。勝頼家督時、筆頭家老兼江尻城代山県昌景（「義信事件」で処断された飯富虎昌の甥か）は六〇歳前後、牧之島城代馬場信春（地侍教来石氏出身）は六〇歳、海津城代兼川中島郡司春日虎綱（豪農の子）は四九歳、箕輪城代兼西上野郡司内藤昌秀（武田信虎に殺害された工藤氏の子か）は五一歳であった。一代の武功で成り上がった宿老からみれば、勝頼は子か孫の世代といえる。

しかも生前の家督譲与どころか、後継者指名から数えても二年に満たず、権力の移譲すらほとんど受けてこなかった勝頼を、宿老たちがいきなり「御屋形様」と仰ぎ見ることは難しい。このことは、箕輪城代として西上野の軍政を担っていた内藤昌秀の要求を受け、勝頼が「佞人の讒言を信じない」と約束した起請文を出したことからも伺える（「京都大学総合博物館所蔵文書」『戦武』二一二二、本図録№19）。信玄死去からわずか一二日、早くも内藤は勝頼側近への不信感を表明したのである。

この背景には何があるのか。勝頼を支えるべき一門は、叔父の武田信廉ですら四二歳、「竹馬ノ友」として信頼篤い従兄弟の信豊は二五歳と、宿老と比べると若い。勝頼は側近として跡部勝資と長坂釣閑斎を頼ったが、六一歳の長坂はともかく、跡部勝資は四〇代半ばとみられ、信玄が晩年に重用した側近土屋昌続にいたっては、二九歳に過ぎない。

さらに宿老達は、各地の城代として軍政を任されており、甲府を離れていた。遅れて甲府に入った勝頼が、最初に信玄から権限分与を受けたのは外交であり、信玄側近の補佐を受けた。家督継承後は、高遠時代の家臣も抜擢するようになっていく。宿老からすると、信頼関係の確立していない勝頼の進める側近重視が、密室政治と映っても不思議ではない。

ただ、天正三年の長篠合戦の前哨戦で、筆頭家老山県昌景が「御屋形様御眼前之事候条」と奮い立った（「孕石家文書」『戦武』一七〇四）ことも見逃してはならない。勝頼は、家臣団統制に意を尽くしていた。ただ長篠の大敗の結果、それは宿老の壊滅による強制的世代交代というまったく別の形で、実現するという皮肉な結果を招いたのである。

《参考文献》
黒田基樹『武田信玄の妻、三条殿』（東京堂出版、二〇二二年）
服部治則「長篠合戦における武田将士の年齢について」（同著『武田氏家臣団の系譜』岩田書院、二〇〇七年。初出一九七五年）
丸島和洋『武田勝頼　試される戦国大名の「器量」』（平凡社、二〇一七年）
丸島和洋「武田・徳川同盟の成立と決裂」（同著『戦国大名の外交』講談社、二〇二五年）

長篠城を失う

信玄の死を察知した徳川家康は、武田に奪われた領地を取り戻すべく、三河や遠江への攻勢を強めた。その標的のひとつとなったのが、三河長篠城である。激しい攻防の末、城は徳川の手に落ちた。長篠城は、勝頼が当主として初めて失った城となった。

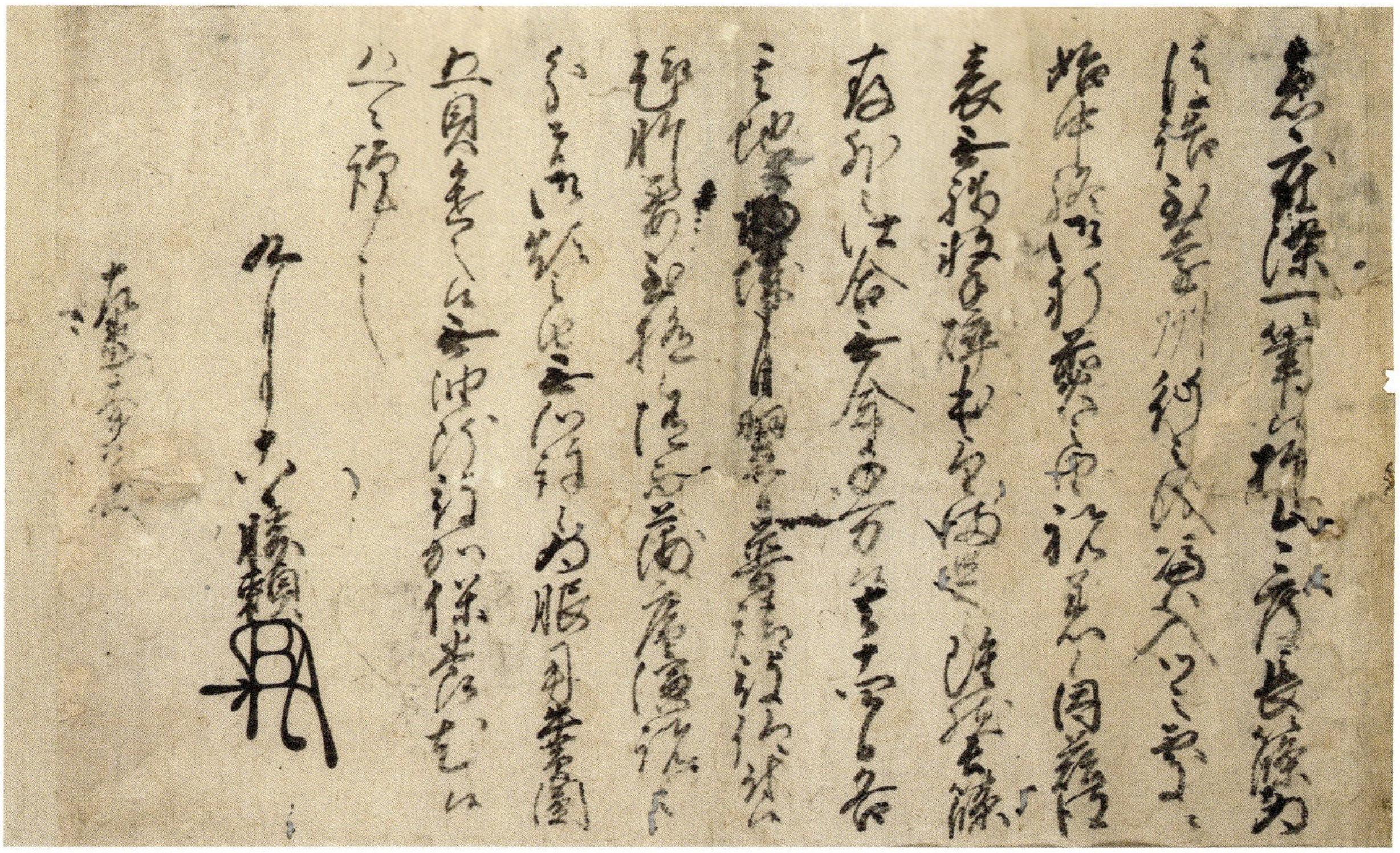

20

武田《たけだ》勝頼《かつより》書状《しょじょう》

天正元年(一五七三)

静岡県　本成寺

勝頼が長篠へ出陣していた穴山信君に出した書状。勝頼は信君に長篠の後詰と遠江での軍事行動の指揮を委ね、信君もこれに応えて活躍したことを謝す一方、長篠城を失ったことは「無念千万」と述べている。また信君は帰陣後に病を得たらしく、勝頼は薬を送り、養生に努めるよう伝えている。

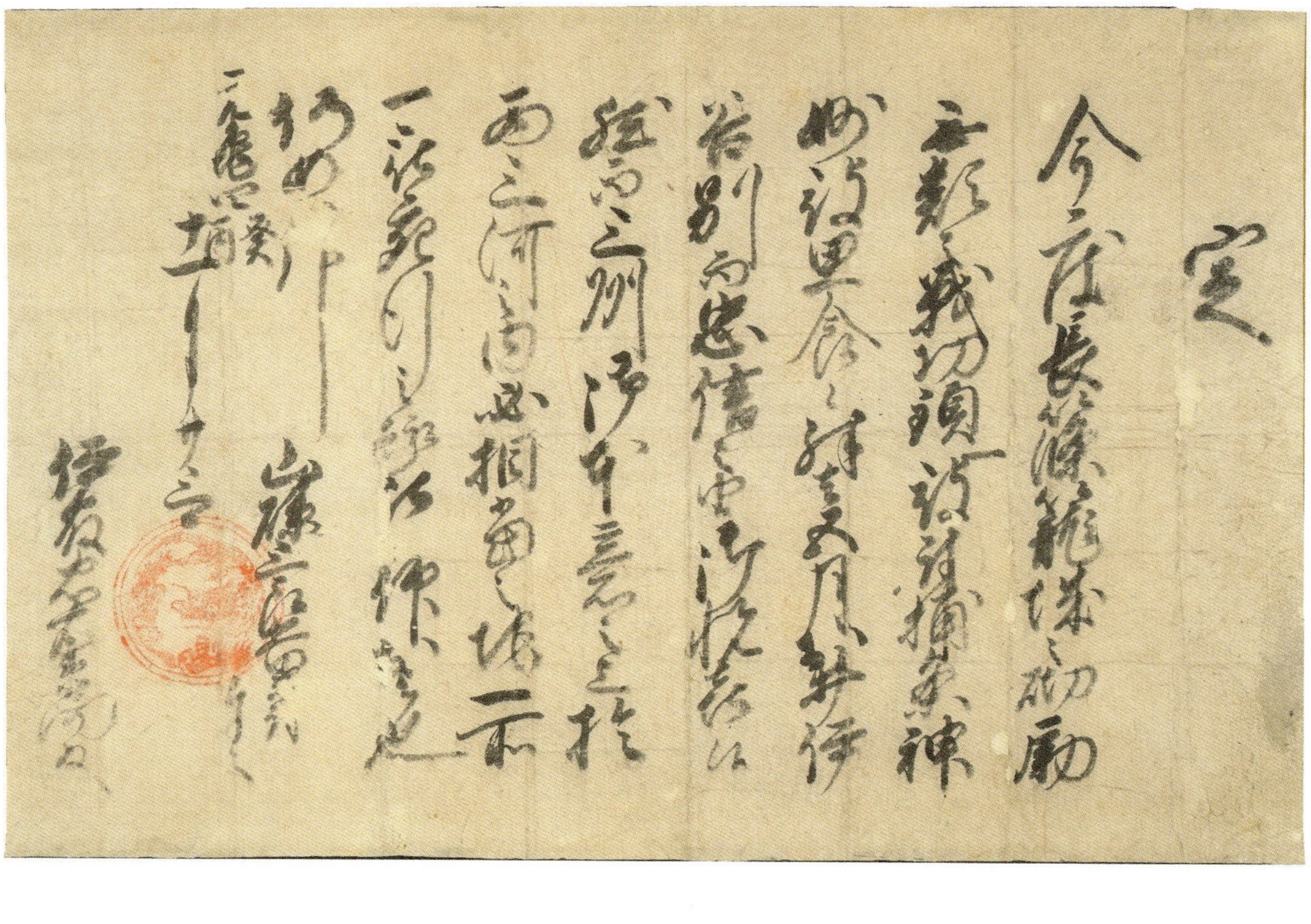

21

武田《たけだ》家《け》朱印状《しゅいんじょう》

天正元年(一五七三)

山梨県立博物館

武田方として長篠城籠城や井伊谷での戦いに武功があった家臣に対して、「三州御本意」つまり武田が三河を制圧した時には、相応の知行を与える旨を伝えた朱印状。勝頼にとって、三河の奪取は重要な意味を持っていたと考えられ、二年後にも三河侵攻の兵を挙げることとなる。

勝頼と戦い続けた、後の天下人・徳川家康

武田家当主となってから滅亡までの足かけ十年、勝頼が戦い続けた宿敵のひとりが、遠江・三河の徳川家康であった。家康はたびたび危機に陥りながらも、遠江・三河から武田の勢力を排除する戦いを繰り広げていく。

22

徳川家康像《とくがわいえやすぞう》（模本）

原本は江戸時代（十七世紀）
東京大学史料編纂所

いずれも徳川家康を神格化した「東照大権現」として描かれた肖像。江戸時代初期に家康側近として活動した天海（一五三六?～一六四三）が賛を記しており、家康の死後それほど時間を経過していない時期に描かれたものとみられる。

23

徳川家康像《とくがわいえやすぞう》（模本）

原本は江戸時代（十七世紀）
東京大学史料編纂所

コラム―③

徳川家康と「強敵」武田勝頼

茶園 紘己

武田家のなかで徳川家康と対峙した人物といえば、武田信玄のイメージが強い。その反面武田勝頼は、長篠合戦において、家康との戦いに敗れたことで、武田家滅亡に導いた愚将のイメージが強く残されている。しかし、勝頼は父信玄に劣らず、家康を追い詰めた人物である。

徳川家康はもともと、今川氏の一門衆として大事に扱われたが、永禄三年(一五六〇)桶狭間の戦いの翌年四月に今川氏と対立し、永禄九年(一五六六)頃までに三河国を平定する。永禄十一年(一五六八)十二月に、信玄は駿河国へ、家康は遠江国へ、協力して今川領国に攻め入る。ところが、永禄十二年(一五六九)五月に今川氏が滅亡したとき、家康が今川氏と北条氏と和睦したこと、さらに元亀元年(一五七〇)に、越後上杉氏と同盟関係を結んだことで、信玄と家康の関係が悪化し、元亀三年(一五七二)に、信玄が徳川領国へ攻め入り開戦するにいたる。そして、信玄は死去する元亀四年(天正元年・一五七三)四月までに、三河国の長篠城(愛知県新城市)を攻略しており、家康は本国三河国に攻め込まれる危機的な状況となっていた。

勝頼は、家康に対して優位な情勢のなかで武田家の家督を継いだ。ただし、もともと諏方氏へ養子に入っていたことが影響してか、家督相続した当時は、勝頼は個々の家臣らとの関係が上手くいっておらず、家臣団統制に苦慮していたようである(『戦国遺文武田氏編』二一二二号)。信玄の死と勝頼が家督継承して間もないことが、武田家内に不安定な状況を作りだし、家康に三河国と遠江国の失地回復を許すことになった。

家康は天正元年(一五七三)九月に長篠城を攻略し、その後も東海道の要衝である掛川城(静岡県掛川市)と、家康の本城である浜松城(同県浜松市)の命運を握る、高天神城(同県掛川市)を攻略することに成功している。しかし、勝頼は同年十一月から反撃を開始し、家康の本城浜松城を攻め、諏訪原城(静岡県島田市)の築城、そして天正二年(一五七四)には高天神城を奪還している。ついに、天正三年(一五七五)五月長篠城を攻囲し長篠合戦にいたる。勝頼は家康を再び危機的な状況に追いやっているのである。長篠合戦のとき、勝頼は家臣の多くをなくしてしまうが、その後体勢を立て直し、天正九年(一五八一)まで高天神城をめぐり、家康と一進一退の攻防を繰り広げている。

家康は自身を窮地に追い詰めた、勝頼をどう評価していたのだろうか。長篠合戦に勝ったあと家康は、昔にもこれほど味方を損じることなく強敵を倒したことはないだろうと語ったとされ(『信長公記』)、また『当代記』にも、家康が勝頼を「強敵」と認識していたことが記されている。さらに、長篠合戦の四か月後の天正三年九月に勝頼が遠江国小山城に大軍を率いて、後詰めに出陣してきたときには、早急に大軍を整えた勝頼を賞賛していたとされる(『当代記』)。

武田勝頼は、ただ一方的に徳川家康に抗することもできず、武田家を滅亡させたのではなく、家康を窮地に追い詰めた「強敵」であった。

《参考文献》
柴 裕之『徳川家康―境界の領主から天下人へ』(平凡社、二〇一七年)
丸島和洋『武田勝頼―試される戦国大名の「器量」』(平凡社、二〇一七年)
平山 優『徳川家康と武田勝頼』(幻冬舎、二〇二三年)

天正二年の大攻勢

天正二年（一五七四）正月、勝頼は東美濃の織田領国へ向けて出陣し、明知城（恵那市）をはじめとする織田方の諸城を攻略する。信玄の遺言に背く行為ではあるが、武田と連携する反織田信長勢力を支援するうえで、重要な軍事行動であった。

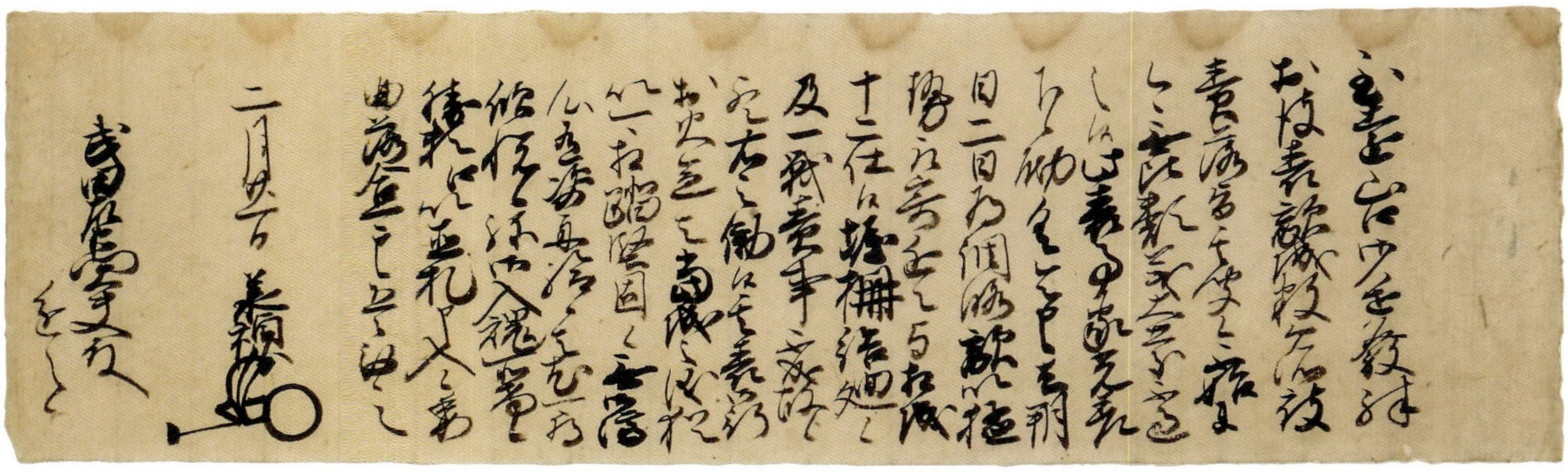

24
六角承禎《ろっかくじょうてい》書状《しょじょう》
天正二年（一五七四）
山梨県立博物館

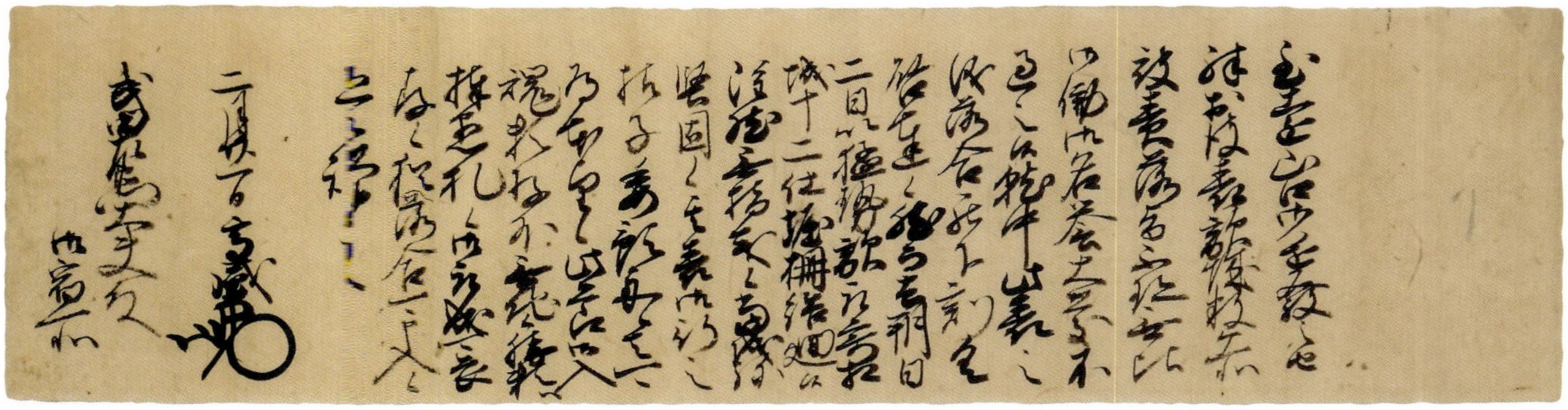

25
六角高盛《ろっかくたかもり》書状《しょじょう》
天正二年（一五七四）
山梨県立博物館

近江南部で織田方と争う六角承禎とその次男高盛が、同日付で穴山信君に出した書状で、内容もほぼ同一のものである。勝頼が東美濃の「遠山口」に出陣し、敵城を数ヶ所攻め落としたことに祝意を示すとともに、六角氏の戦況も伝えている。承禎の書状では、この後に「（勝頼が六角を）軽んじていないという姿を示してもらいたい」と、勝頼のさらなる織田領国侵攻を期待する言葉が記されている。勝頼による織田・徳川へ向けた軍事行動は、畿内周辺で織田氏と敵対する諸勢力が、何よりも期待することだったのだろう。

高天神城の攻略

東美濃への攻勢から帰陣した勝頼は、遠江二俣城などを攻撃する徳川家康に対抗するため、四月に遠江へ出陣した。その標的となったのが、遠江東部の要衝・高天神城である。

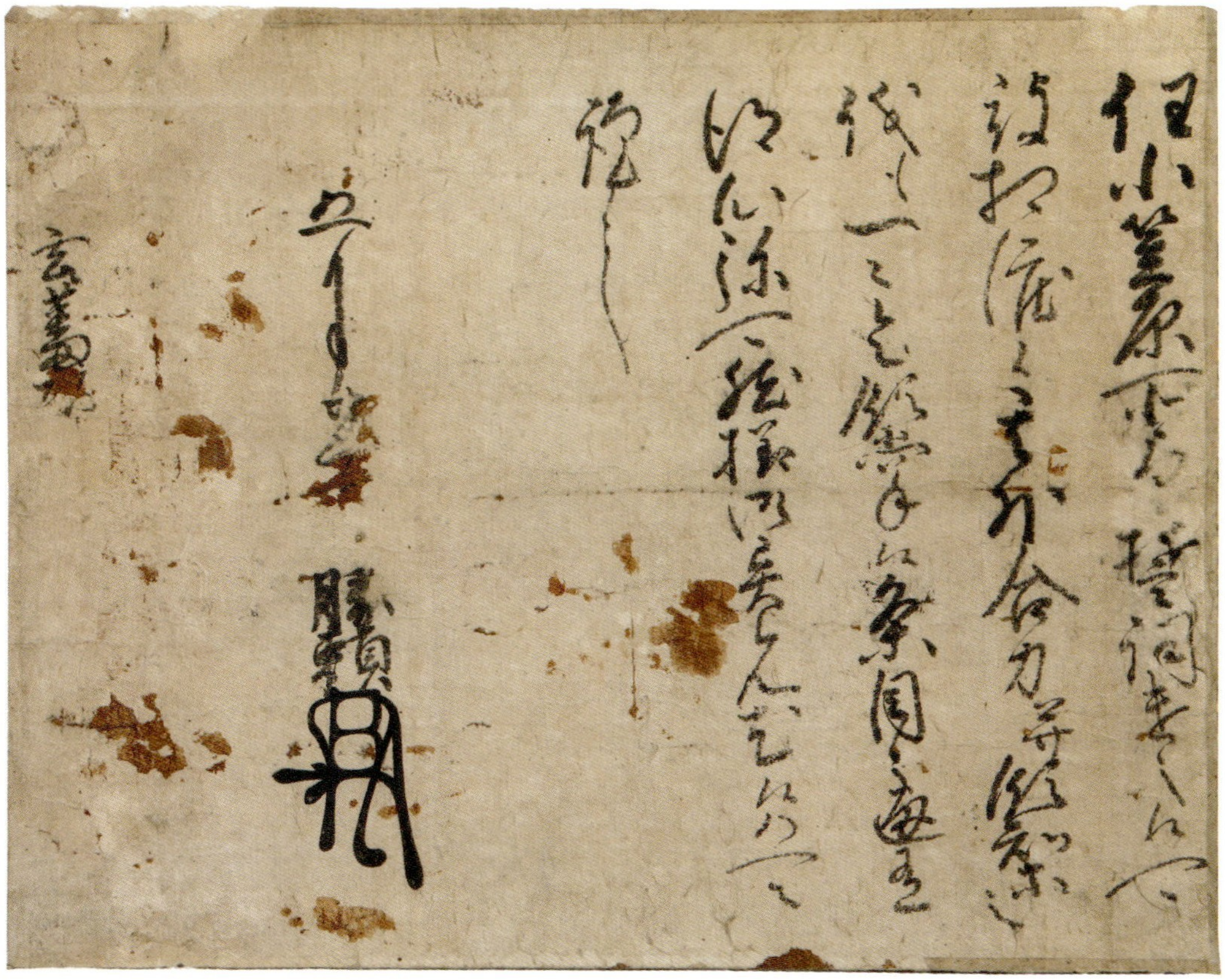

26

武田《たけだ》勝頼《かつより》書状《しょじょう》

天正二年（一五七四）
個人（山梨県立博物館寄託）

勝頼が高天神城の処置について穴山信君に送った書状。武田軍は五月十二日までに城を包囲しており、城主小笠原氏助は降伏する意向を示してきた。その際、氏助が勝頼からの起請文などを求めており、勝頼はその要求に応じる旨を信君に伝え、氏助への取次を依頼した。城はすぐにでも開城するかに見えたが、小笠原氏一族の抵抗などもあって、籠城は翌月まで及び、六月十一日頃に開城した。

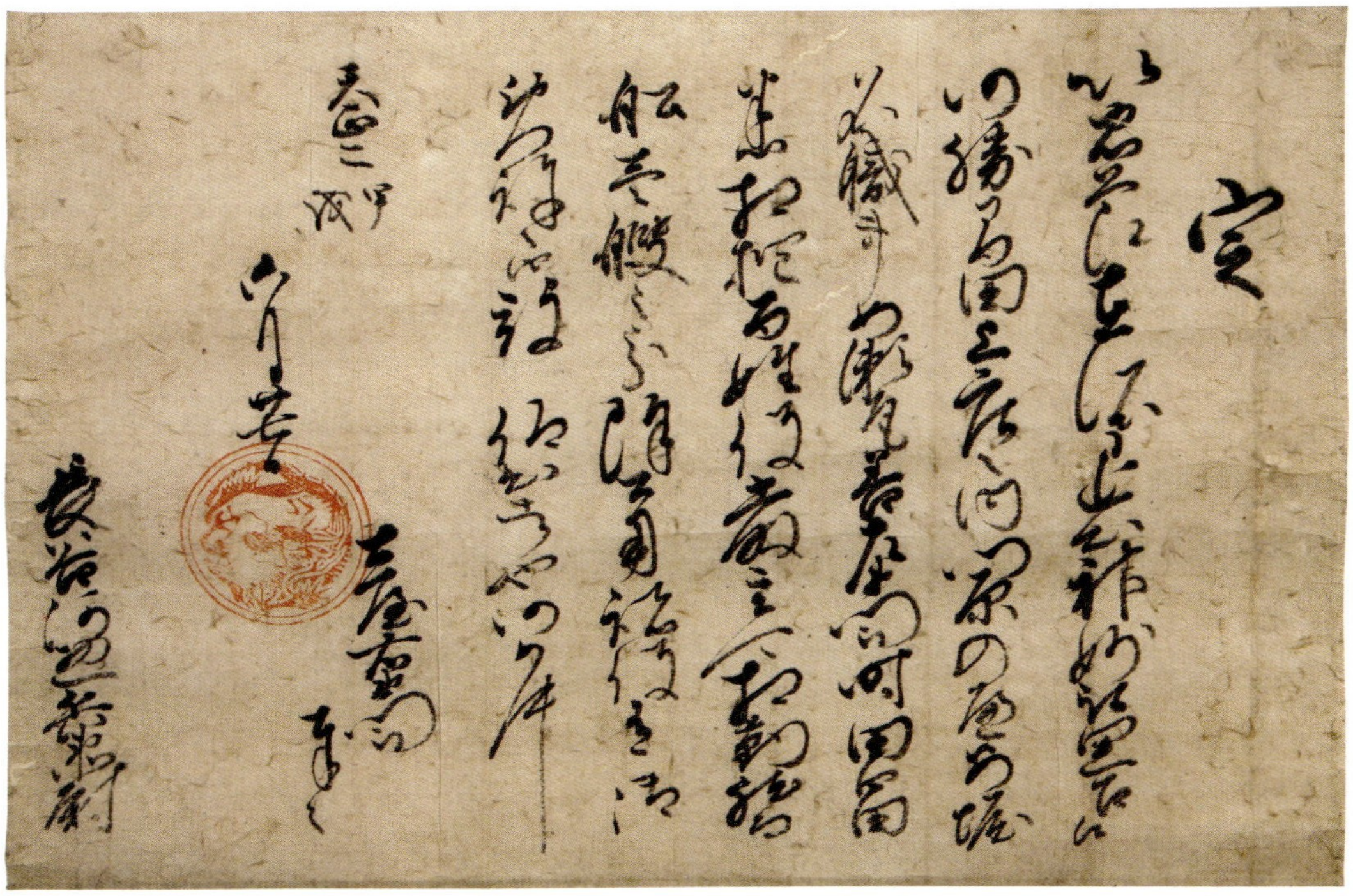

27

武田《たけだ》家《け》朱印状《しゅいんじょう》

天正二年（一五七四）
山梨県立博物館

武田氏に従って在所を退去した長谷河物兵衛尉に対し、遠江国勝間田荘（牧之原市）の所領を与えることなどを伝えた朱印状。勝間田は武田氏による高天神城攻めの進軍ルートにも近かったので、武田軍の攻勢を目の当たりにして、従属を決意したのであろう。そして忠誠の証として「在所（自身の所領）」を放棄し、武田氏もこれを受け入れた。

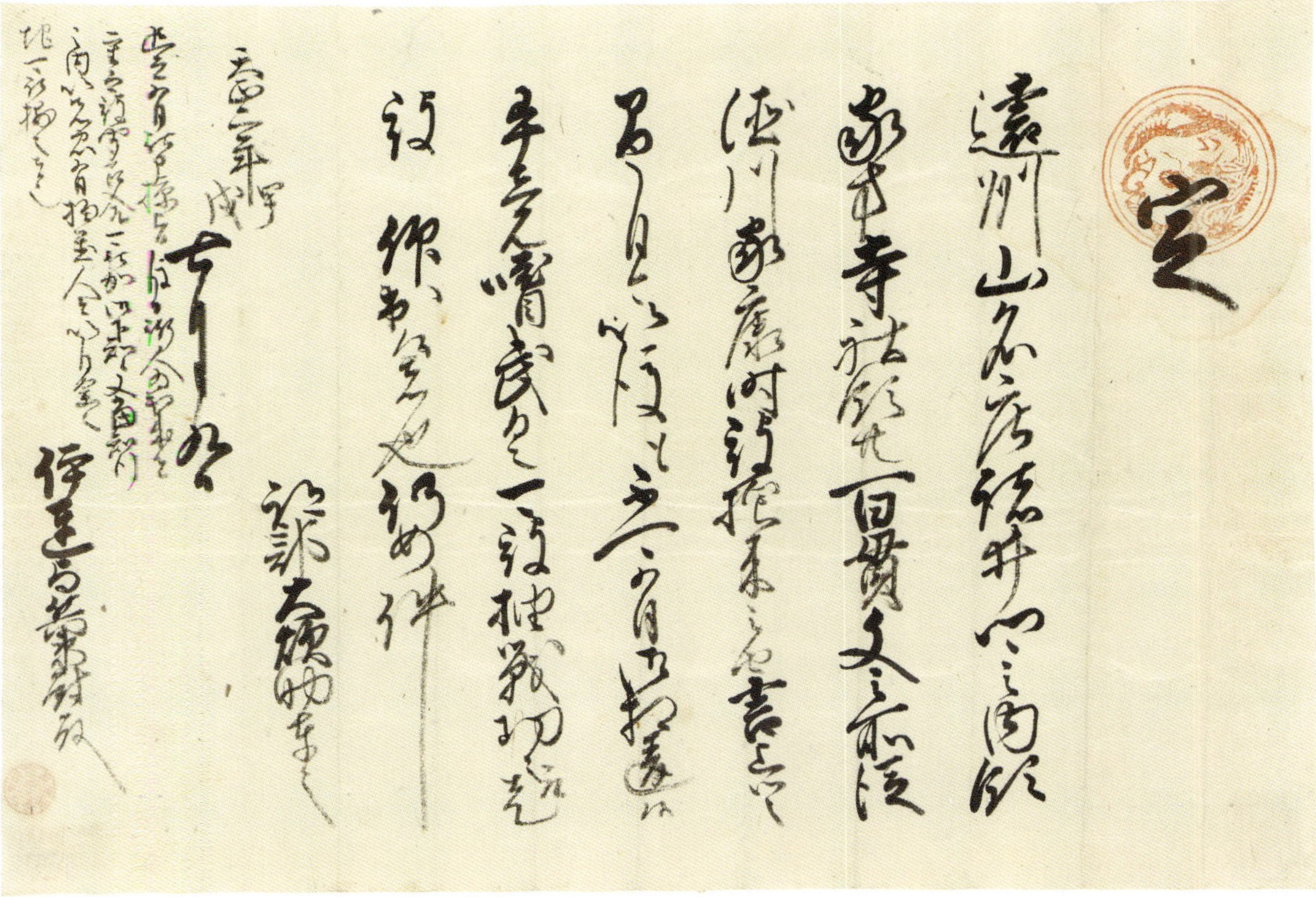

28
武田《たけだ》家《け》朱印状《しゅいんじょう》
天正二年（一五七四）
京都大学総合博物館

武田氏が駿河衆の伊達氏に対し、所領の安堵等を認めた朱印状。伊達氏が知行する遠江山名荘諸井郷（袋井市）について「徳川家康の時から所持している」という伊達氏の主張を認定した。高天神城をはじめ遠江の徳川領を占領した勝頼は、家臣の知行地への配分や、寺社領の安堵などを進めていった。

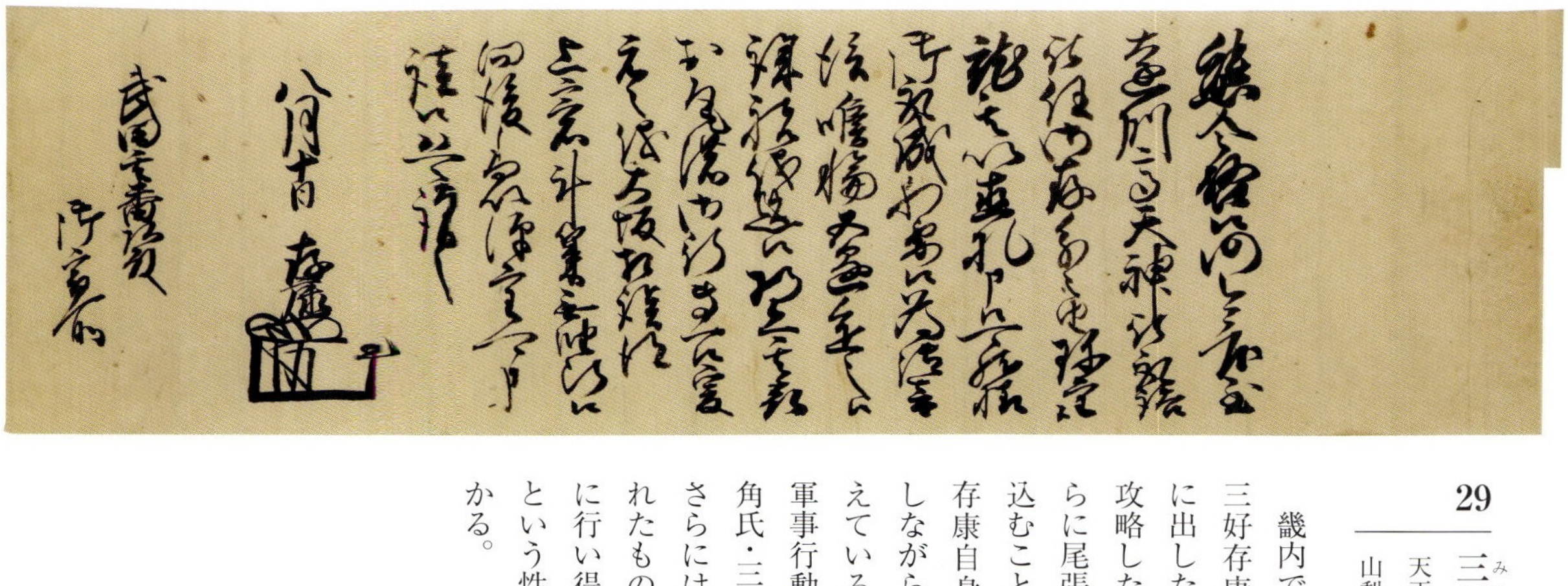

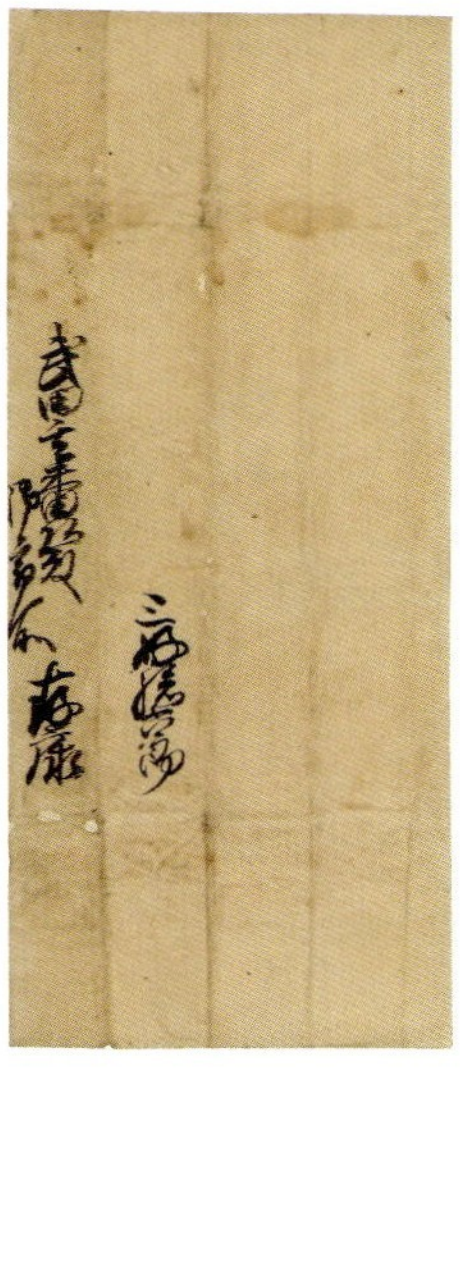

29
三好《みよし》存康《まさやす》書状《しょじょう》
天正二年（一五七四）
山梨県立博物館

畿内で織田信長に敵対していた三好存康（十河存保）が穴山信君に出した書状。勝頼が高天神城を攻略したことを祝うとともに、さらに尾張・美濃の織田領国へ攻め込むことも期待している。そして存康自身は大坂（本願寺）と相談しながら策を立てていることを伝えている。天正二年の勝頼による軍事行動は、将軍足利義昭や、六角氏・三好氏ら畿内の反織田勢力、さらには大坂本願寺からも期待されたもので、勝頼にとっても前年に行い得なかった同盟国への支援という性格を有していたことがわかる。

「勝頼侮り難し!」一変した勝頼への評価

勝頼による東美濃、遠江への大攻勢は、武田方の一方的な勝利となり、織田信長と徳川家康はほとんど反撃することができずに終わった。この結果は、勝頼に対する周囲の評価をも変えることとなる。

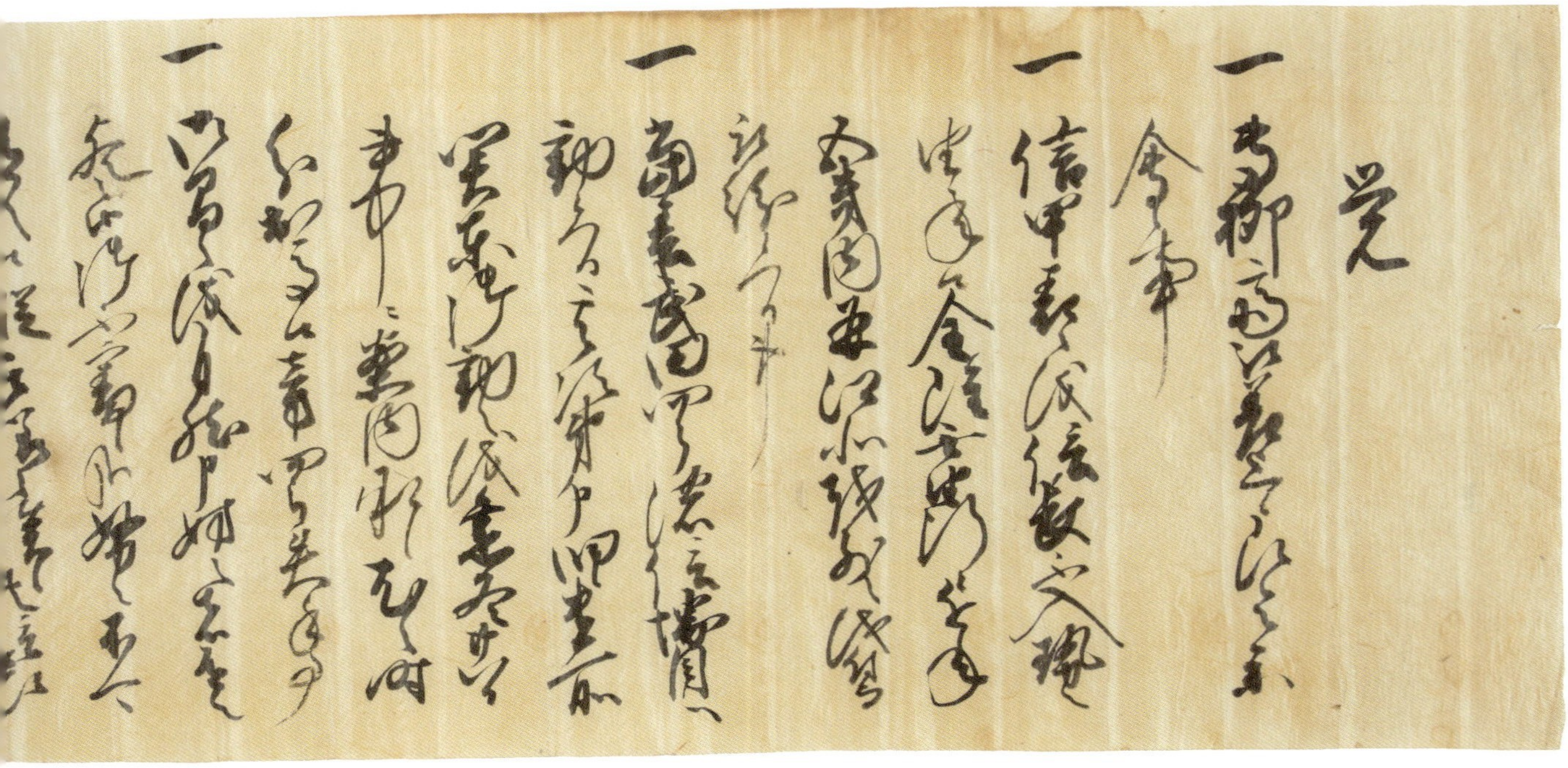

30

織田《おだ》信長書状《のぶながしょじょう》

天正二年(一五七四)

長野県立歴史館

織田信長が越後の上杉謙信へ送ったとみられる書状で、特に武田勝頼への対策に関する内容が多く記されている。注目されるのは六条めで、信長が「勝頼は若輩であるが、信玄の掟を守り謀略を駆使するので油断できない。五畿内の備えを疎かにしてでも、甲斐・信濃への戦いに集中すべきという意見はもっともだ」と、勝頼を油断ならぬ相手と認識した点である。このことは上杉謙信も同意見であると読め、信長・謙信ともに勝頼を信玄に劣らぬ強敵と評価したこととなる。両者とも前年までは勝頼のことを侮った言説が認められるが、勝頼による大攻勢は、そうした評価を一変させるほどのインパクトを持ったものだったといえよう。

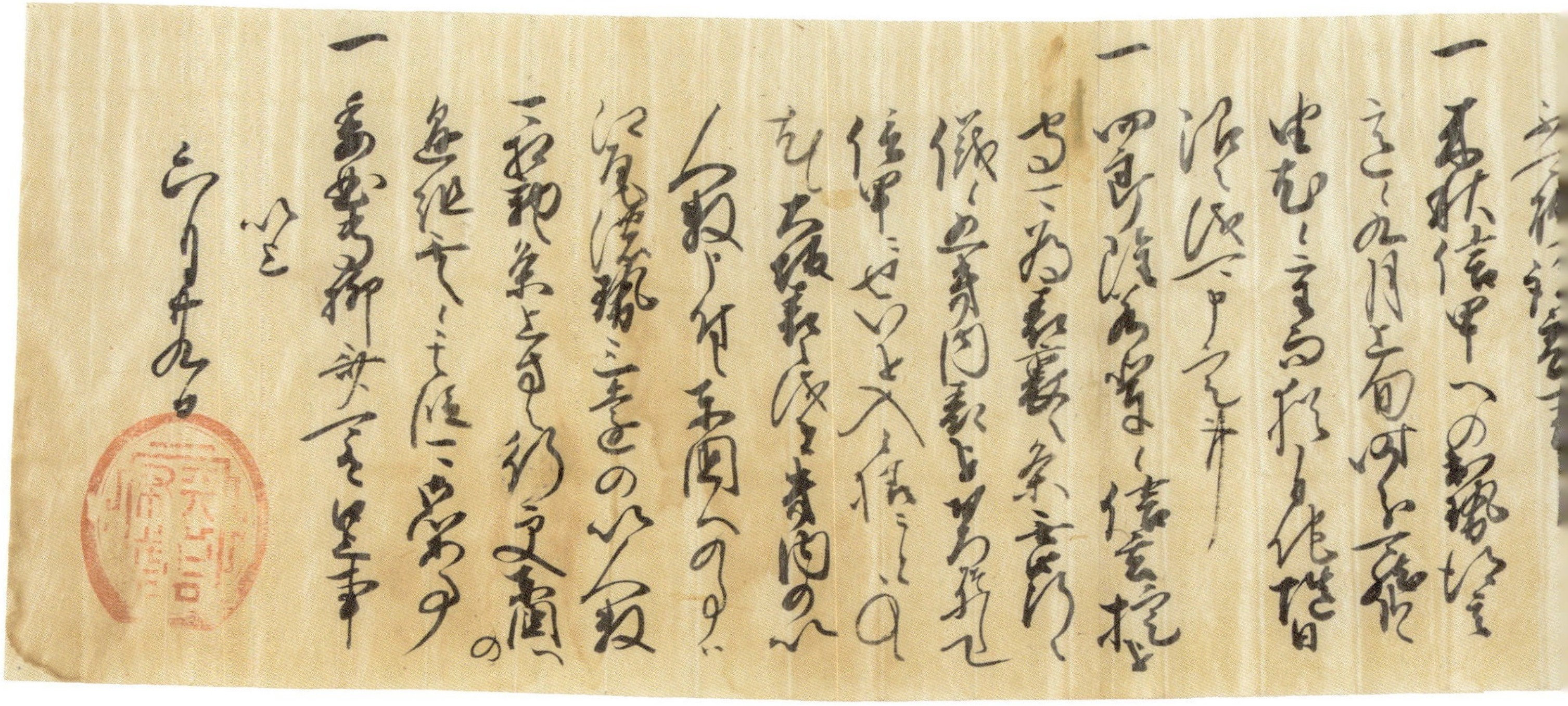

覚

一、専柳斎被差上候、則令参
会候事

一、信・甲表之儀、信長不入勢之
由承候、全雖無由断候、近年
五畿内并江北・越前之儀付而
取紛候つる事

一、当春武田四郎、濃・信境目へ
動候つる、其次第申旧候、貴所
関東御動之儀、旧冬廿八日
書中ニ案内承候、尤候時
分出馬候、旁四郎失手事

一、御間之儀、自然申妨候者有之
歟之由、御不審候哉、努々不可
有之候、縦左様之族候共信長
不可能許容事

一、来秋信・甲への御出勢得其
意候、九月上旬時分可然哉之
由尤候、重而猶自他慥日
限之儀可申定事

一、四郎雖若輩候、信玄掟を
守、可為表裏之条、無由断之
儀候、五畿内をおろそかにして、
信甲ニせいを入候様ニと承候、
尤候、大坂表之儀者、畿内の以
人数申付候、東国への事ハ、
江・尾・濃・勢・三・遠の以人数
可相動候条、上方之行更東国への
懸組無之候、其段可御心安事

一、委曲専柳斎可有口上事

以上

六月廿九日（「天下布武」朱印）

勝頼が同盟国へ戦果を伝える

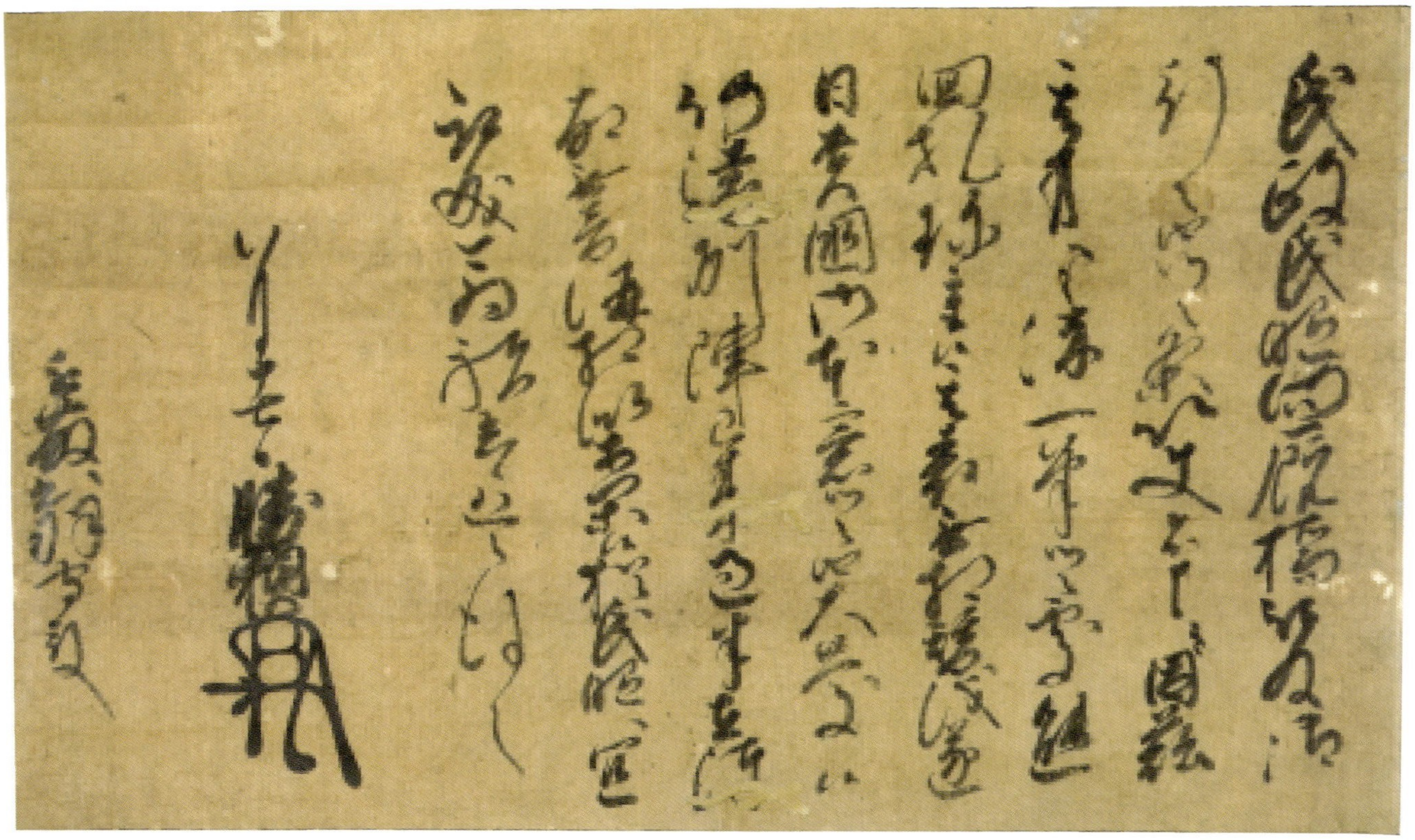

31
武田勝頼書状《たけだかつよりしょじょう》
天正二年（一五七四）
山梨県立博物館

武田勝頼が相模北条氏の家臣近藤綱秀に送った書状。北条氏の厩橋（群馬県）方面の戦況について意見を述べ、勝頼自身は遠江への出陣以来、在陣することが多く、返信が遅れたことを詫びている。同じころ、勝頼は上野国衆小幡氏に対し、北条氏への援軍派遣を指示するなど、関東の情勢にも注意を怠らなかった。

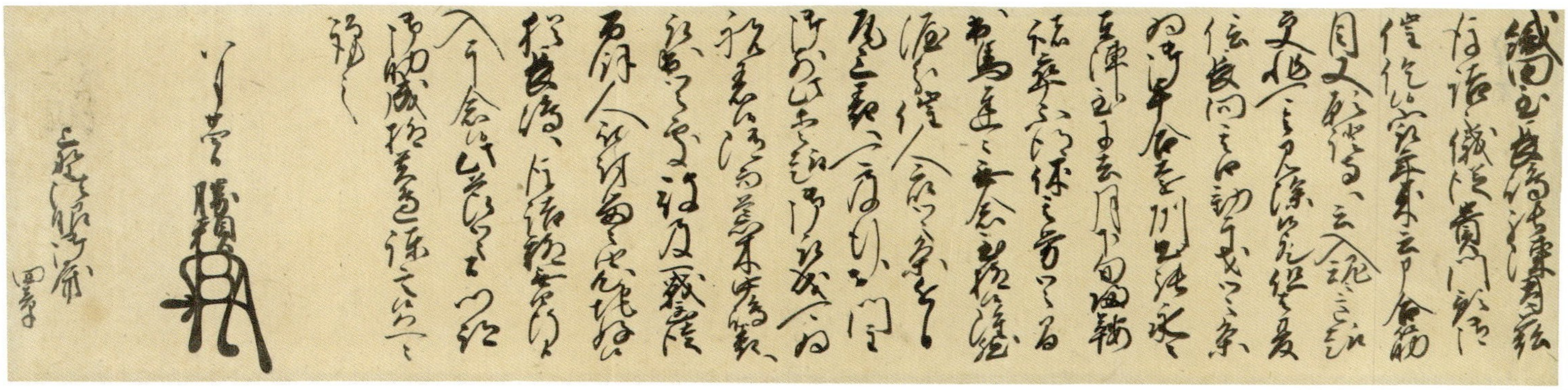

32
武田勝頼書状《たけだかつよりしょじょう》
天正二年（一五七四）
山梨県立博物館

勝頼が大坂本願寺の坊官下間《しもづま》上野法眼に出した書状。織田信長が伊勢長嶋の一向衆徒を攻撃しており、本願寺が勝頼に援軍を要請したことに対し、夏に信長に対する「御手合」のため遠江へ出陣していたため、出兵が遅れていることを伝えている。勝頼の遠江出兵は、本願寺を支援する目的を有していたことが読み取れる。

第三章 長篠合戦

長篠合戦図屏風（No.37、部分）

天正三年（一五七五）五月二十一日、武田勝頼は三河国長篠において織田信長・徳川家康の連合軍と衝突するも大敗を喫し、信玄以来の重臣をはじめ多くの将兵を失った。この戦いは、鉄炮を駆使した信長の革新性に対し、騎馬隊での突撃を繰り返す武田の古さ、また勝頼の指揮官としての低能といった形で語られることが多かった。しかし近年では、信長、勝頼双方の戦い方に関する見直しが進められ、鉄炮対騎馬というような単純な図式は改められつつある。また合戦前後の両者をとりまく情勢に関する研究も進み、合戦の背景や意義についての議論も深化している。勝頼はいかなる意図で出陣し、いかに戦おうとしたのか、残された資料からその思惑を探る。

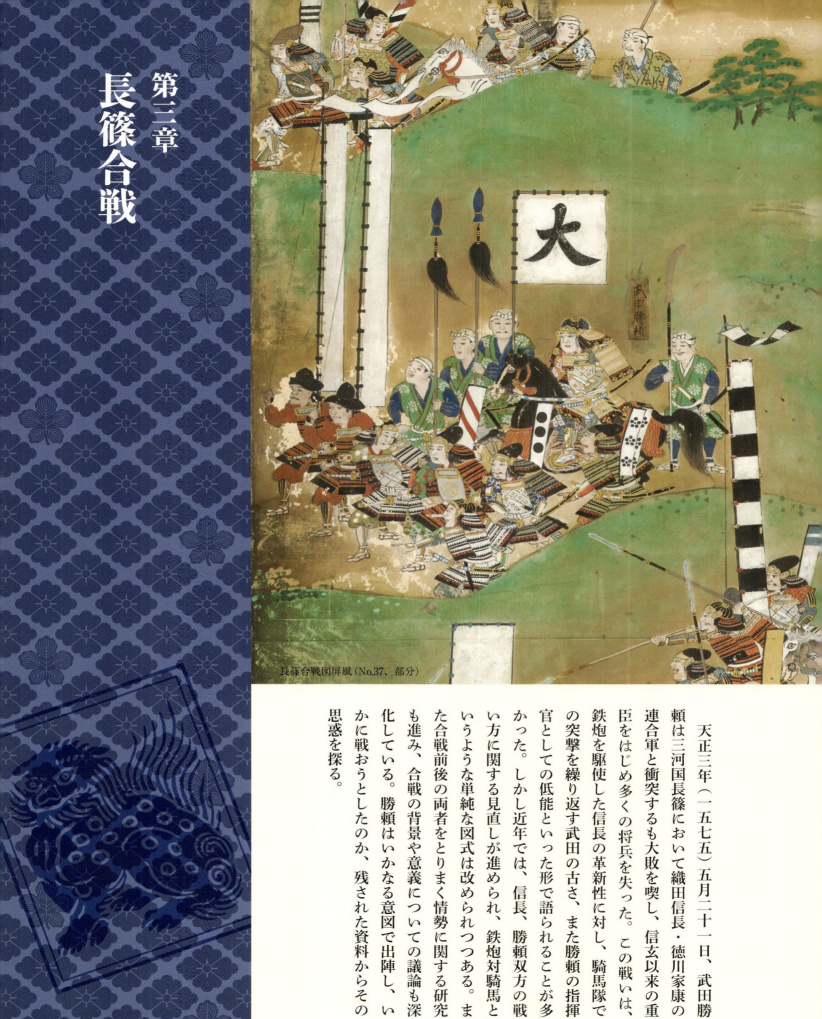

勝頼への出陣要請

天正三年四月、勝頼は徳川領へ向けて出陣し、各所で徳川勢と戦いつつ、最終的に長篠へと向かっていくこととなる。この軍事行動も、勝頼の判断だけで行ったことではなく、勝頼と手を結ぶ反織田勢力の動向に対応するものであった。

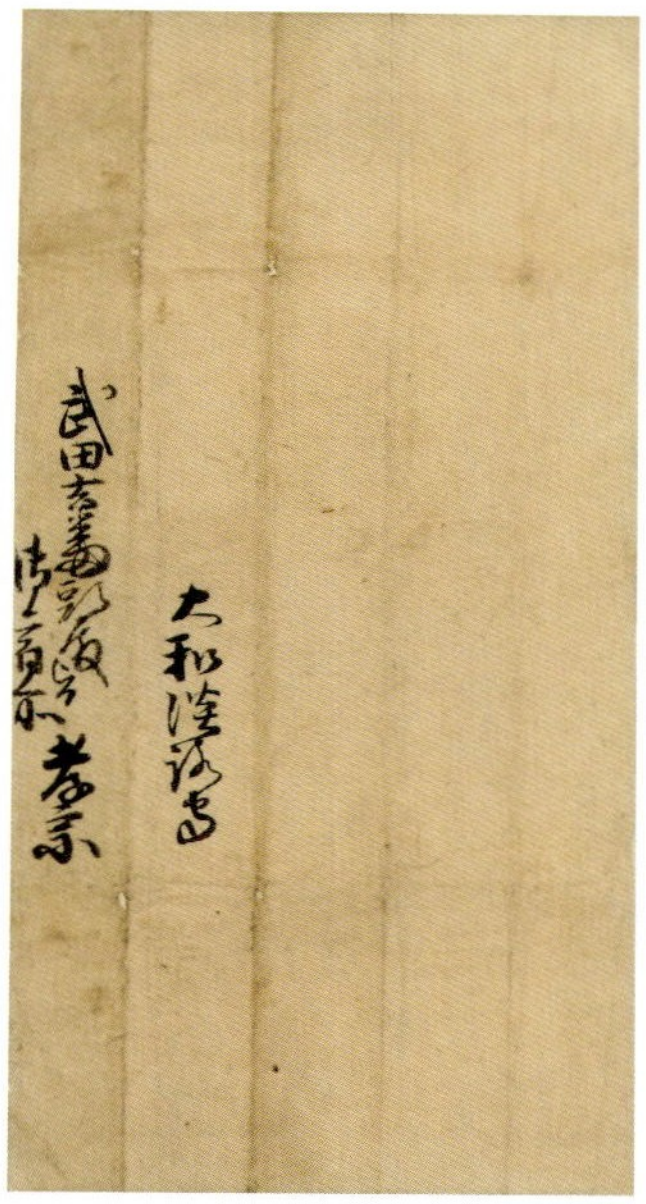

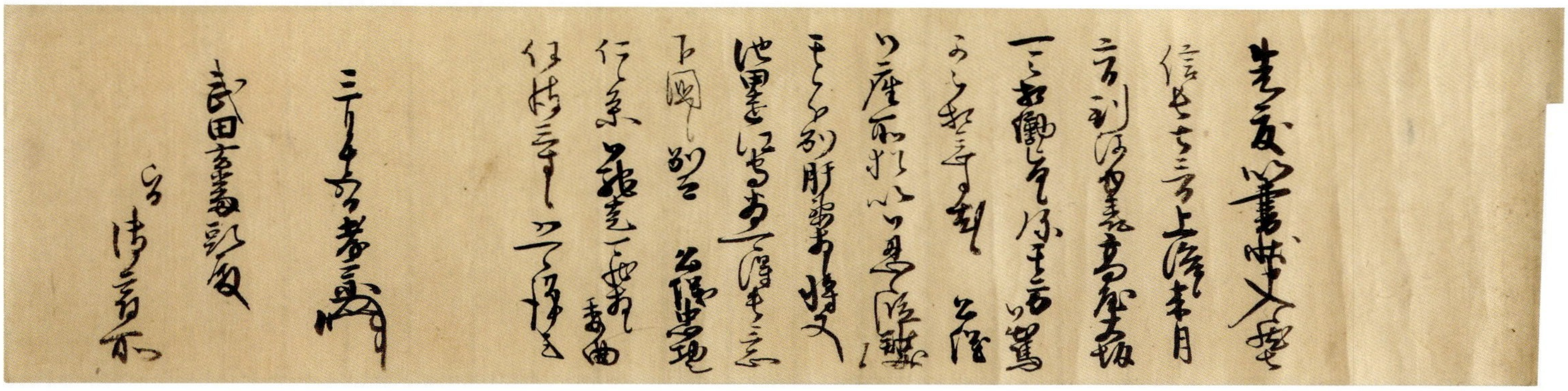

33 大和《やまと》孝宗《たかむね》書状《しょじょう》

天正三年（一五七五）
山梨県立博物館

将軍足利義昭の側近大和孝宗が穴山信君に送った書状。織田信長が三月三日に上洛し、翌月には河内国高屋や大坂本願寺を攻めるという情報を知らせ、勝頼の出馬を求めている。勝頼のもとには反織田勢力からこのような畿内の情勢が寄せられ、武田氏の軍事行動の判断材料となったのだろう。勝頼はこの直後から出陣の準備に入るが、これも将軍や他の同盟勢力からの求めに応じるという側面もあったことがわかる。信長の注意を勝頼に向かせることで、本願寺など畿内の反織田勢力を支援するねらいであろう。そして、出兵にあたり勝頼が標的としたのが、二年前に「本意」を達すると表明していた三河国であった。

（懸紙うわ書）

「　　大和淡路守
武田玄蕃頭殿参　孝宗
　　御宿所　」

先途以書状申入候、然者
信長去三日上洛候、来月
六日到河内表高屋・大坂
可被相働と存候、弥其方御出馬
可被相念事尤候、　公儀
御座所猶以御忍候段難成候、
其御分別肝要存候、将又
池田遠江守為可得貴意
下国候、別而　公儀忠功之
仁候条、御馳走可然存候、委曲
任彼三方候、恐々謹言
　三月十五日　孝宗（花押）
武田玄蕃頭殿
　　参　御宿所

出陣前の調略

勝頼は出陣にあたり、徳川領国内に調略を仕掛けていた。徳川を内から崩し、その本拠のひとつを奪取しようとするものであった。

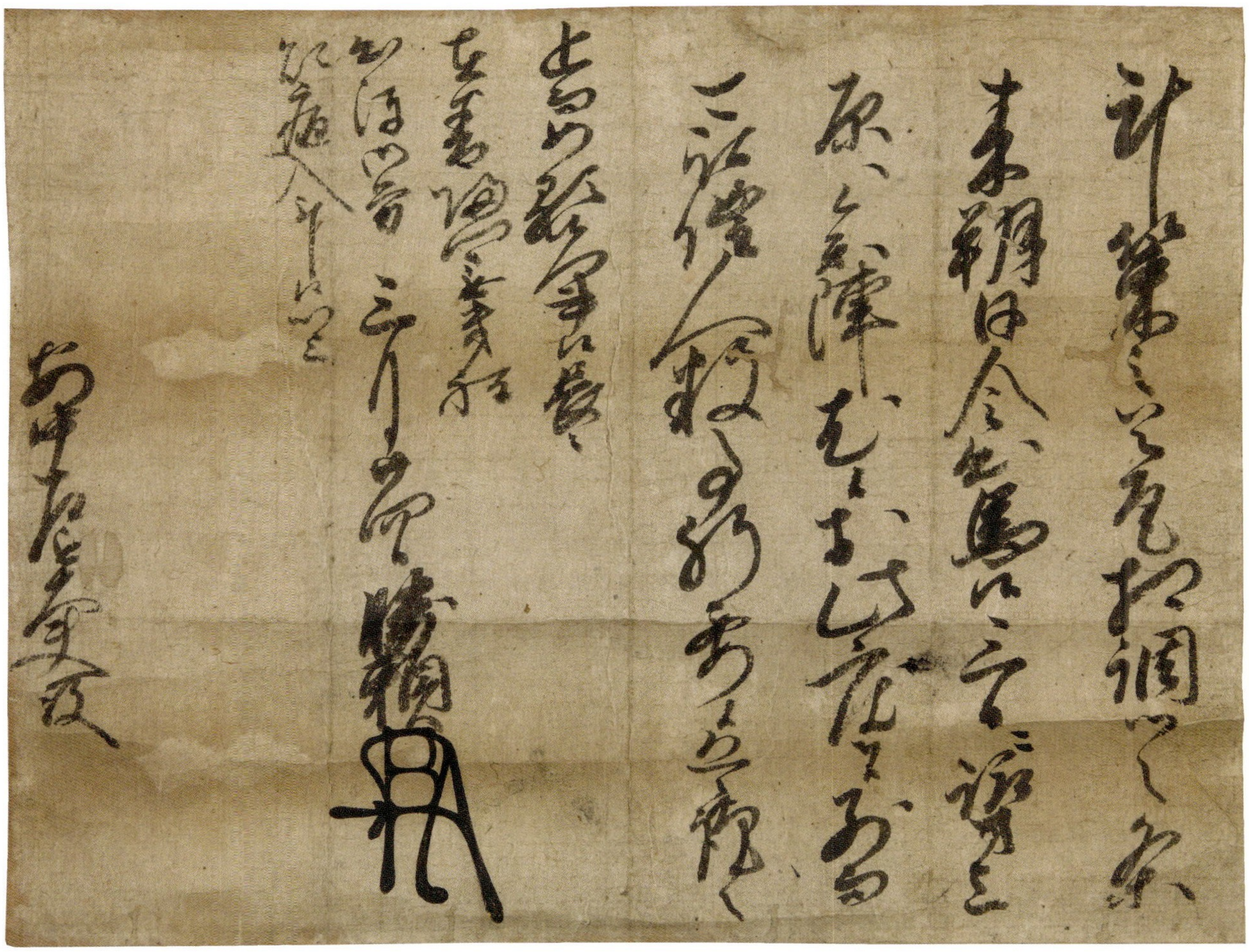

34

武田勝頼書状《たけだかつよりしょじょう》

天正三年（一五七五）
甲州市　慈雲寺

勝頼が上野国衆の安中氏に対し、来る四月一日に出陣することを伝え、同月三日までに諏方上原（茅野市）に参陣するよう求めた書状。出陣の契機を「計策の首尾が整った」ためとしている。この「計策」とは、三河岡崎の町奉行を務める大岡弥四郎が武田氏に内通し、徳川に謀反を起こし岡崎城の占拠を図るもので、勝頼は弥四郎の謀反が成功したと同時に岡崎に攻め込む手筈だったという。

しかし謀反は失敗に終わり弥四郎が成敗されたため、勝頼は岡崎城攻めを断念し、矛先を東に向け、吉田城（豊橋市）、次いで長篠城に向かうこととなった。

計策之首尾相調候之条、
来朔日令出馬候、三日ニ諏方上
原へ参陣尤候、於此度者別而
可被催人数事肝要候、恐々謹言
追而如顕御書候、長々
在番帰郷無幾程
出陣御労　三月十四日　勝頼（花押）
煩痛入計候、以上
安中左近大夫殿

長篠城の包囲
鳥居強右衛門の逸話

天正三年五月一日、長篠城は武田の大軍によって取り囲まれ、連日激しい攻撃を受ける。城兵は十日以上にわたってよく防戦するも、落城間近というところまで追いつめられていた。この危機を家康に知らせて援軍を求めるため、一人の武士が密かに城を出発した。

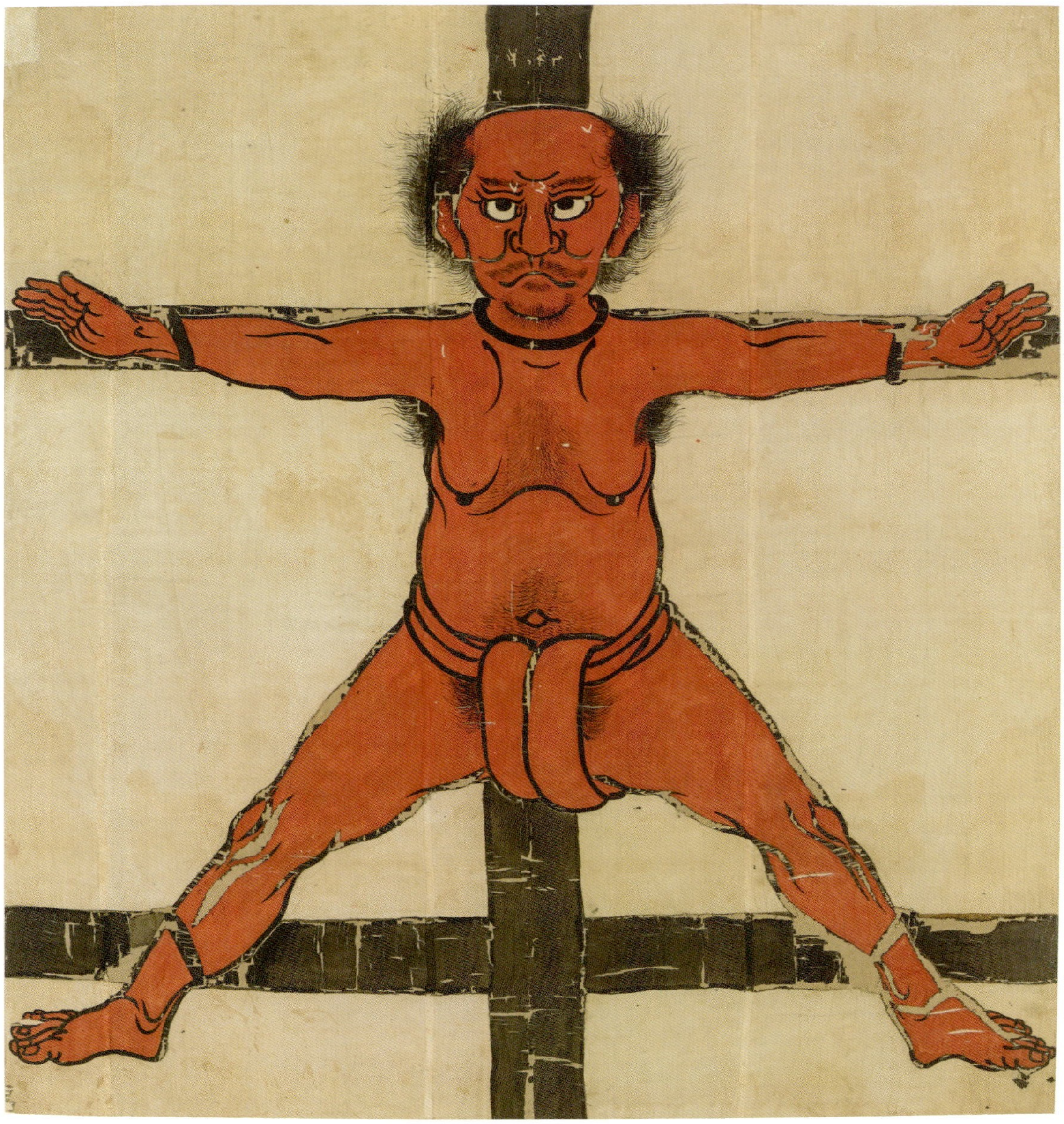

35

落合《おちあい》左平次《さへいじ》道次《みちつぐ》背旗《せばた》

戦国時代(十六世紀)

東京大学史料編纂所(展示は国立歴史民俗博物館所蔵復元品)

徳川家臣の落合佐平次道次が用いた指物。描かれた磔の人物は、家康に長篠城の危機を知らせるため城を出た鳥居《とりい》強右衛門《すねえもん》である。強右衛門は五月十四日の夜に城を出て、翌日夜に岡崎城にたどり着き、信長と家康に状況を報告し、すぐに長篠城へと引き返した。しかし十六日に城を目前にして武田軍に捕まり、勝頼から助命と引き換えに城へ向かって援軍は来ないと伝えるよう命じられた。強右衛門はこれを受諾するも、城へもうすぐ援軍が到着することを伝えたため、磔刑に処されたという。強右衛門の激励を受けた城は抵抗を続け、援軍の到着まで持ちこたえた。

なお、本図は逆磔(頭が下の状態での磔)を描いたものとする見解もあったが、近年の研究により普通に立った磔の図であることが明らかにされている。

合戦前日、戦への自信を語る勝頼

信長・家康の援軍は、五月十八日に長篠城の近くまで進軍し、陣地の構築を始めた。勝頼は敵軍の動きを確認したうえで決戦を決断し、二十日に包囲軍を残して大部分の軍勢を連吾川《れんごがわ》とその両岸に広がる有海原《あるみはら》の手前まで動かした。川を越えれば敵陣という地で、戦が目前に迫るなか、勝頼は書状で勝利への自信を述べた。

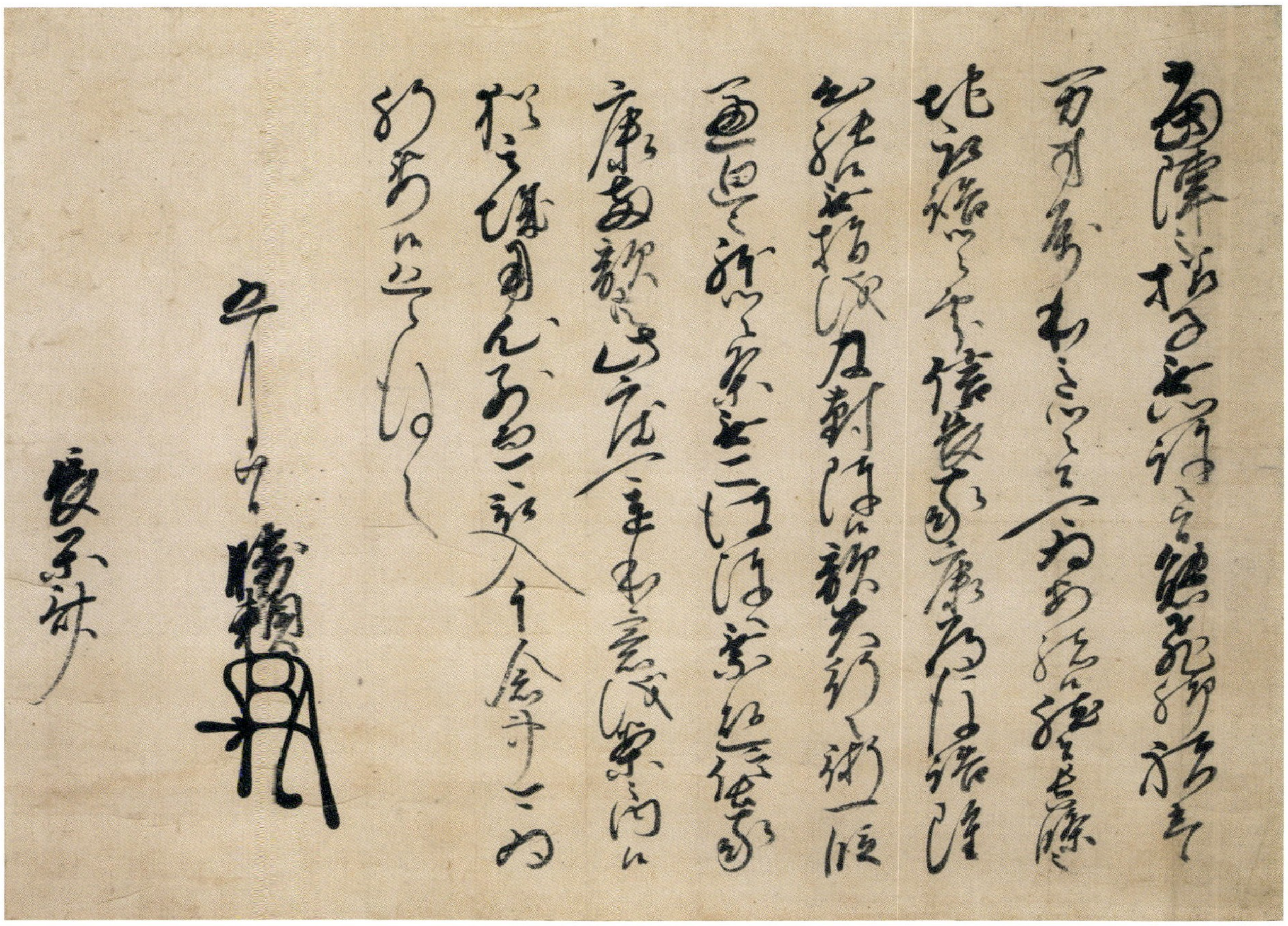

36
武田勝頼書状《たけだかつよりしょじょう》
天正三年（一五七五）
東京大学史料編纂所

勝頼が、家臣で駿河久能城代を務める今福長閑斎《じょうかんさい》へ出した書状。今福は駿河に留まっていたとみられ、長篠で対陣する勝頼を心配した手紙への返信である。勝頼は万事自分の思い通りであるから安心するよう伝え、さらに長篠の戦況については「信長・家康が援軍として出陣してきたが、さしたることもせず対陣するのみである。敵は為すすべもなく逼迫しているようなので、直ちに敵陣に攻め懸かり、信長・家康ともに討ち果たせるだろう」と述べている。

織田・徳川軍が布陣をした場所は、武田から見えにくい地にあったとみられ、また着陣後も柵などの構築をするばかりで、攻め込んでくる様子はない。こうした状況を、勝頼は敵が武田軍を前に為すすべもなく行き詰っていると判断し、勝利への自信を見せたのである。手紙で相手を安心させるため、ことさら自分が有利であると誇張している可能性もあろうが、勝頼は敵軍を過小評価していたといえよう。

なお、同じ日に織田信長も配下の長岡藤孝に書状を出している（永青文庫所蔵細川家文書）。「敵陣は難所にあるが、十八日に鉄炮衆を配置し、通路は（大軍での）通行が難しいので、（敵が攻めてくれば）逆に袋の鼠にして敵を皆殺しにできるだろう」と、こちらも勝利を確信したような言い方である。

結果的にみれば、勝頼は致命的な判断ミスを犯し、信長は状況を正確に把握したうえで判断を下していたということになる。

両軍の激突

五月二十一日早朝、長篠城を包囲する武田軍の陣のひとつである鳶巣山《とびがすやま》砦が、織田・徳川軍別働部隊の奇襲により壊滅した。これを受けて、対陣していた両軍の戦闘も始まる。連吾川を挟んで広がる有海原の地で、激戦が繰り広げられた。

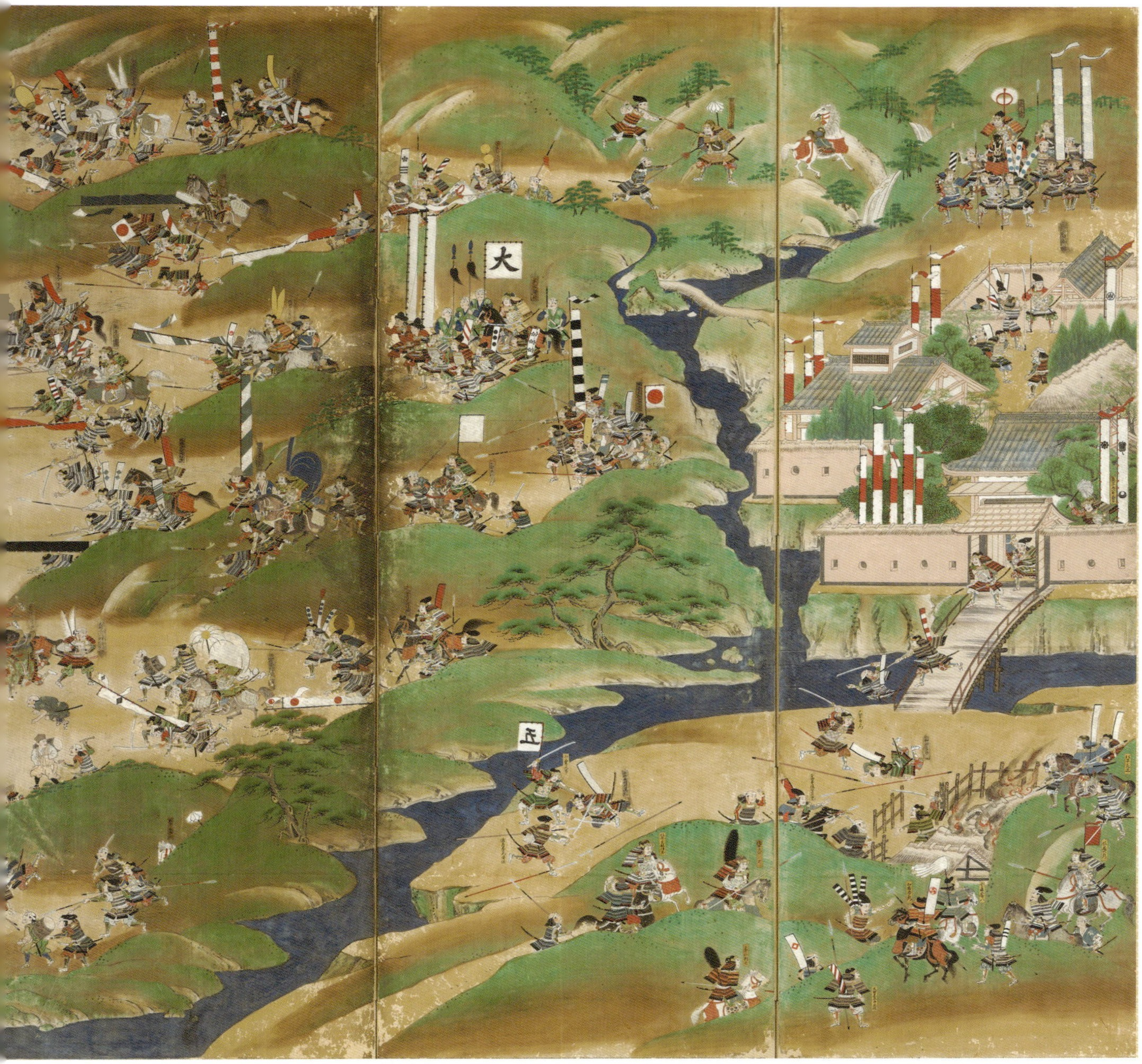

武田勝頼本陣

37

犬山市指定文化財

長篠《ながしの》合戦《かっせん》図《ず》屛風《びょうぶ》

江戸時代(十七世紀)

愛知県　犬山城白帝文庫

徳川家臣で近世に犬山城主となった成瀬家に伝わる合戦図。現存する長篠合戦図屛風で最も多い構図の祖型と位置づけられている。向かって右に武田軍、左に織田・徳川両軍を配し、中央に連吾川と織田・徳川が構築した柵が描かれている。鳶巣山の奇襲や、柵を挟んで繰り広げられる激戦、馬場信春の討死など、長篠合戦の主要なエピソードが各所に盛り込まれている。

徳川家康本陣

織田信長本陣

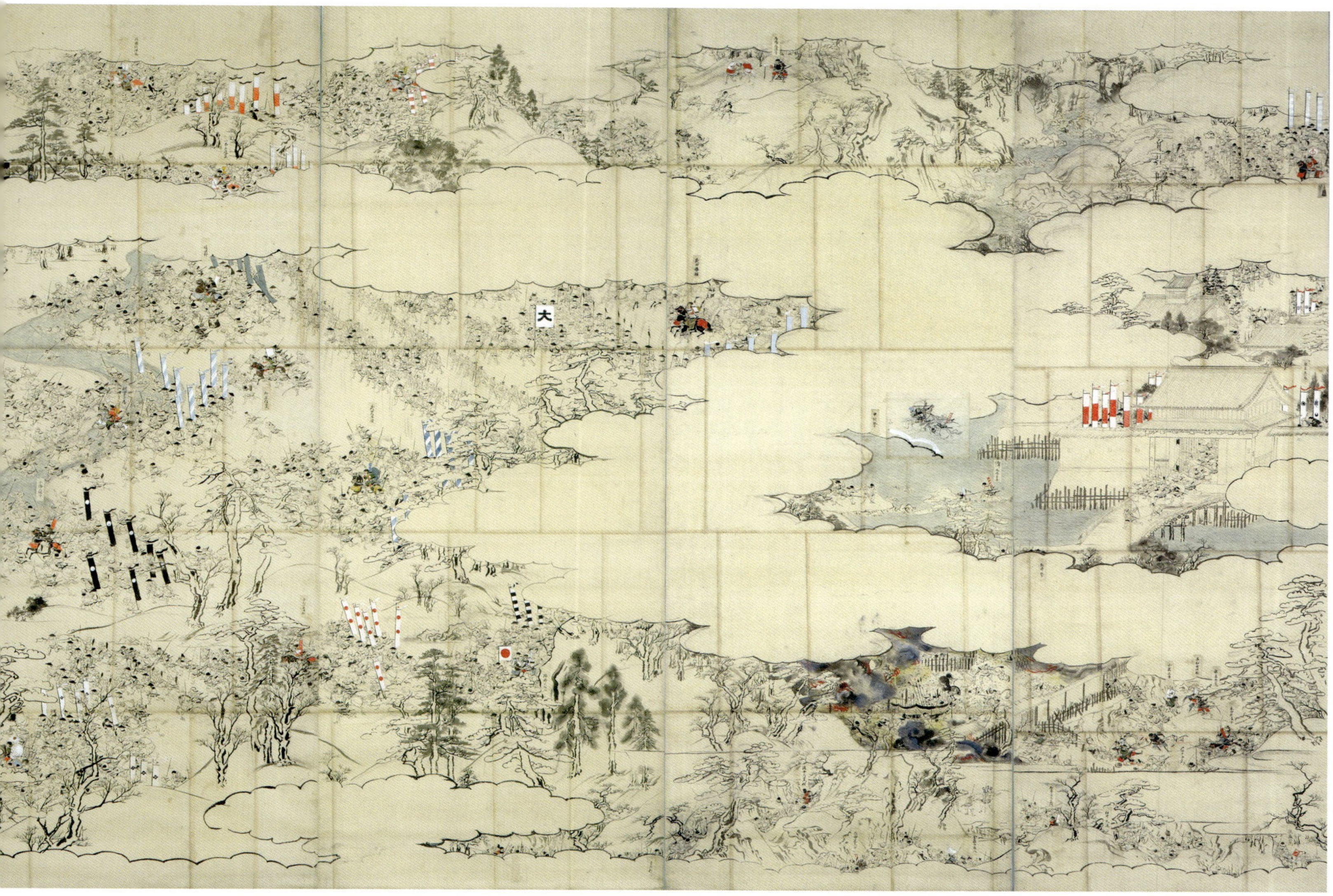

38 長篠《ながしの》合戦《かっせん》図《ず》屏風《びょうぶ》(下絵)

江戸時代(十九世紀)
東京国立博物館

八曲屏風の下絵として描かれたとみられる長篠合戦図で、現在は八幅の掛軸に仕立てられている。江戸幕府奥絵師の木挽町狩野家が、将軍家の命によって制作したものと考えられる。構図は№37をもとにしたものだが、全部で三五〇〇人近い人物、六〇〇頭近い馬で画面を埋め尽くすように描かれている。また合戦の状況では、真田信綱・昌輝兄弟が織田軍の柵に殺到し、今にも柵を破って敵陣に押し入ろうとする場面など、他に例のない内容が描かれている点も注目される。

武田勝頼本陣

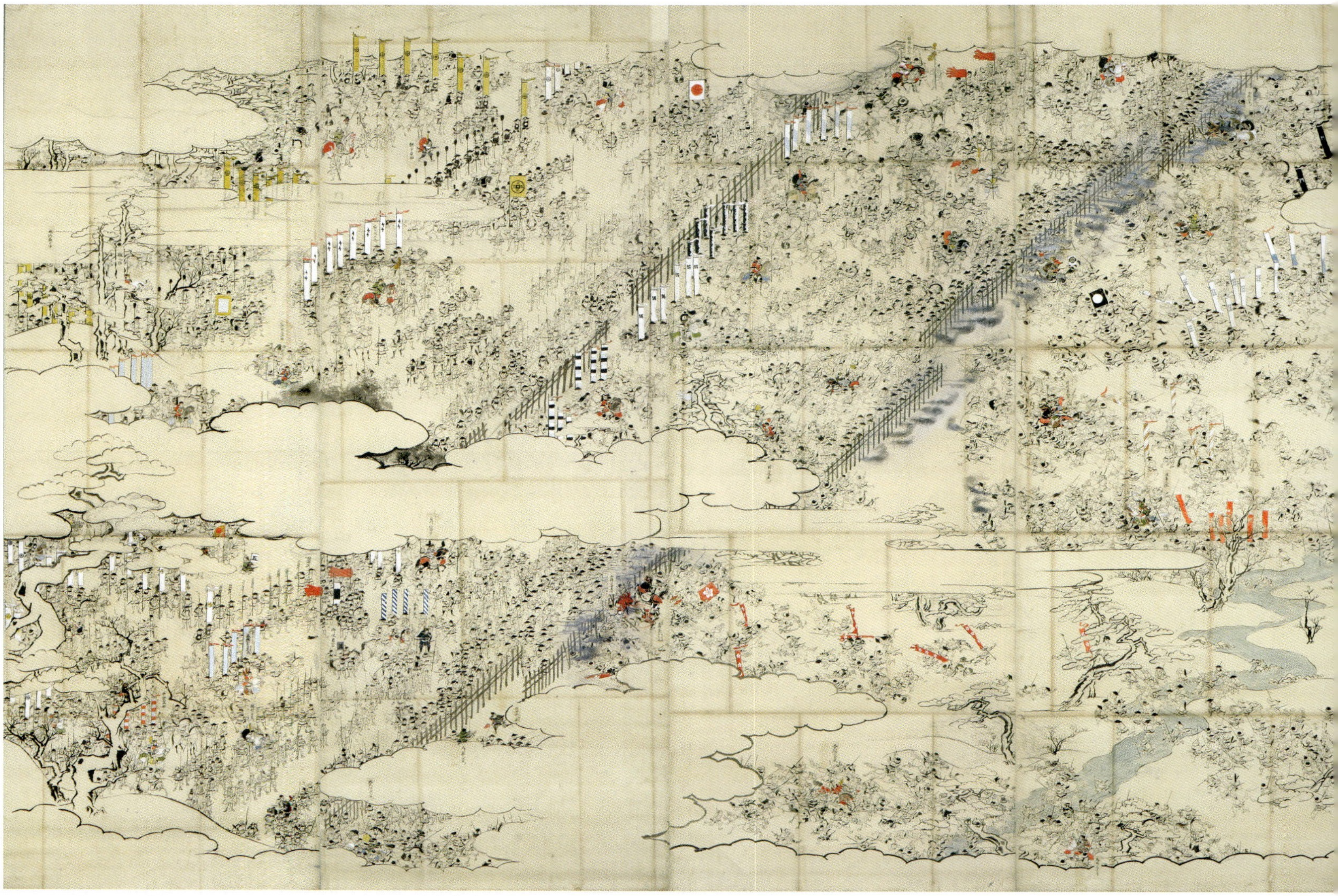

Image : TNM Image Archives　※８幅の画像を結合している。

徳川家康本陣

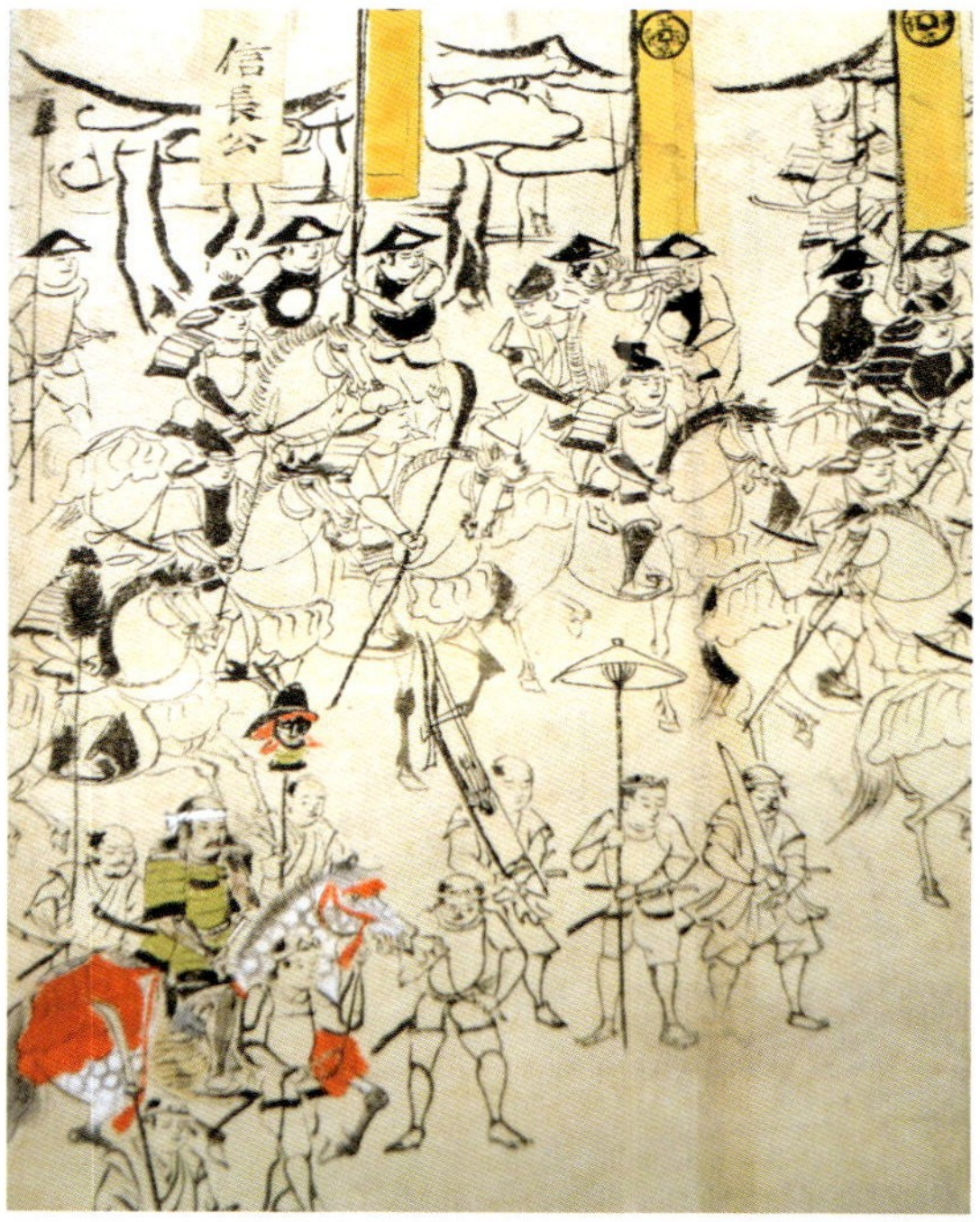

織田信長本陣

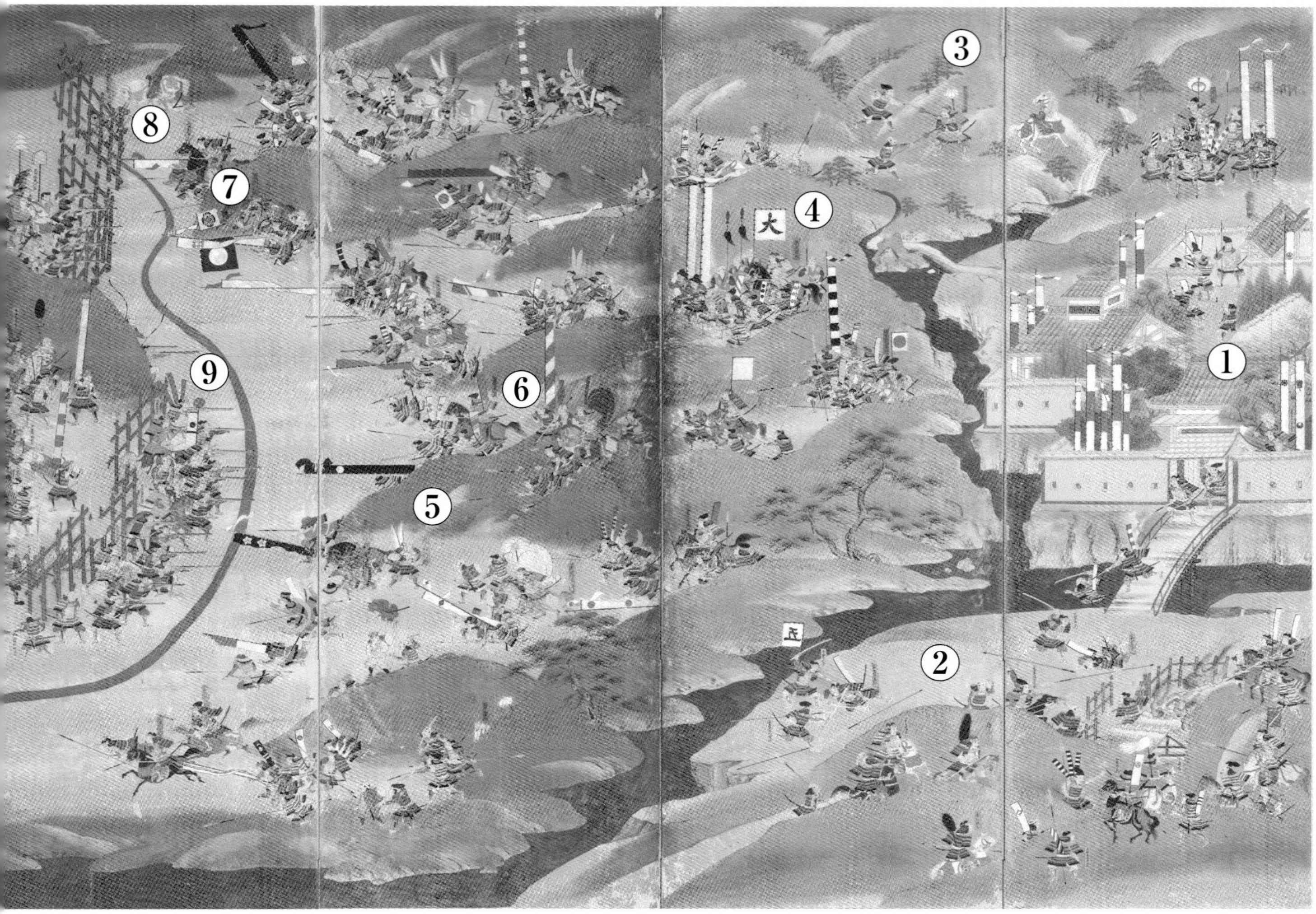

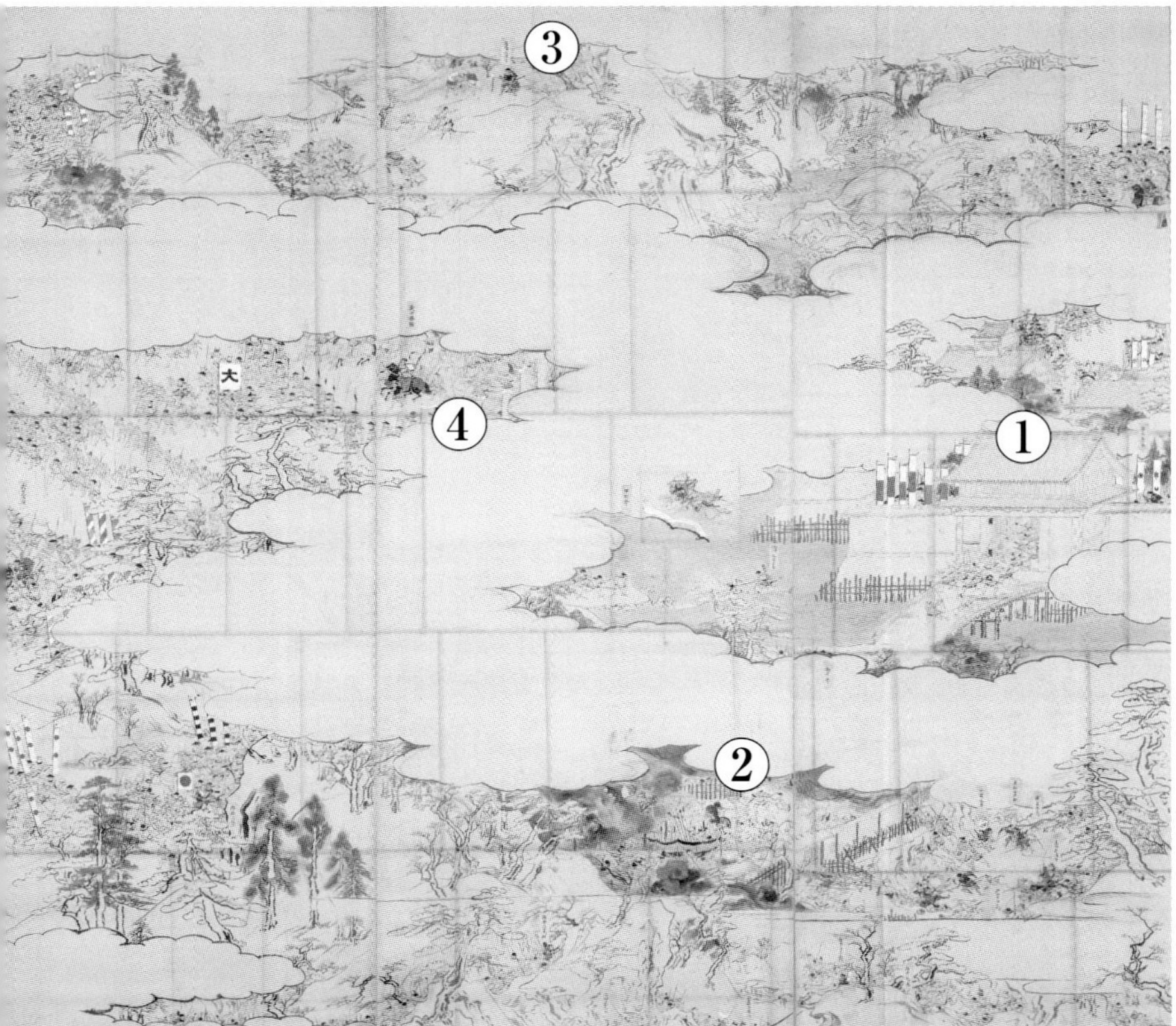

①長篠城
②奇襲を受ける鳶巣山砦
③馬場美濃守信春の討死
④武田勝頼本陣。その下の日の丸の旗は跡部勝資
⑤討死する山県昌景と、その首を持ち帰る志村又右衛門
⑥小幡上総介。『信長記』では赤備で馬上巧者とされる
⑦真田信綱・昌輝兄弟
⑧柵内に攻め入ろうとする土屋昌続
⑨柵の外で武田軍を迎え撃つ大久保忠世・忠佐兄弟
⑩徳川家康本陣
⑪織田信長本陣

長篠合戦図屏風　犬山城白帝文庫

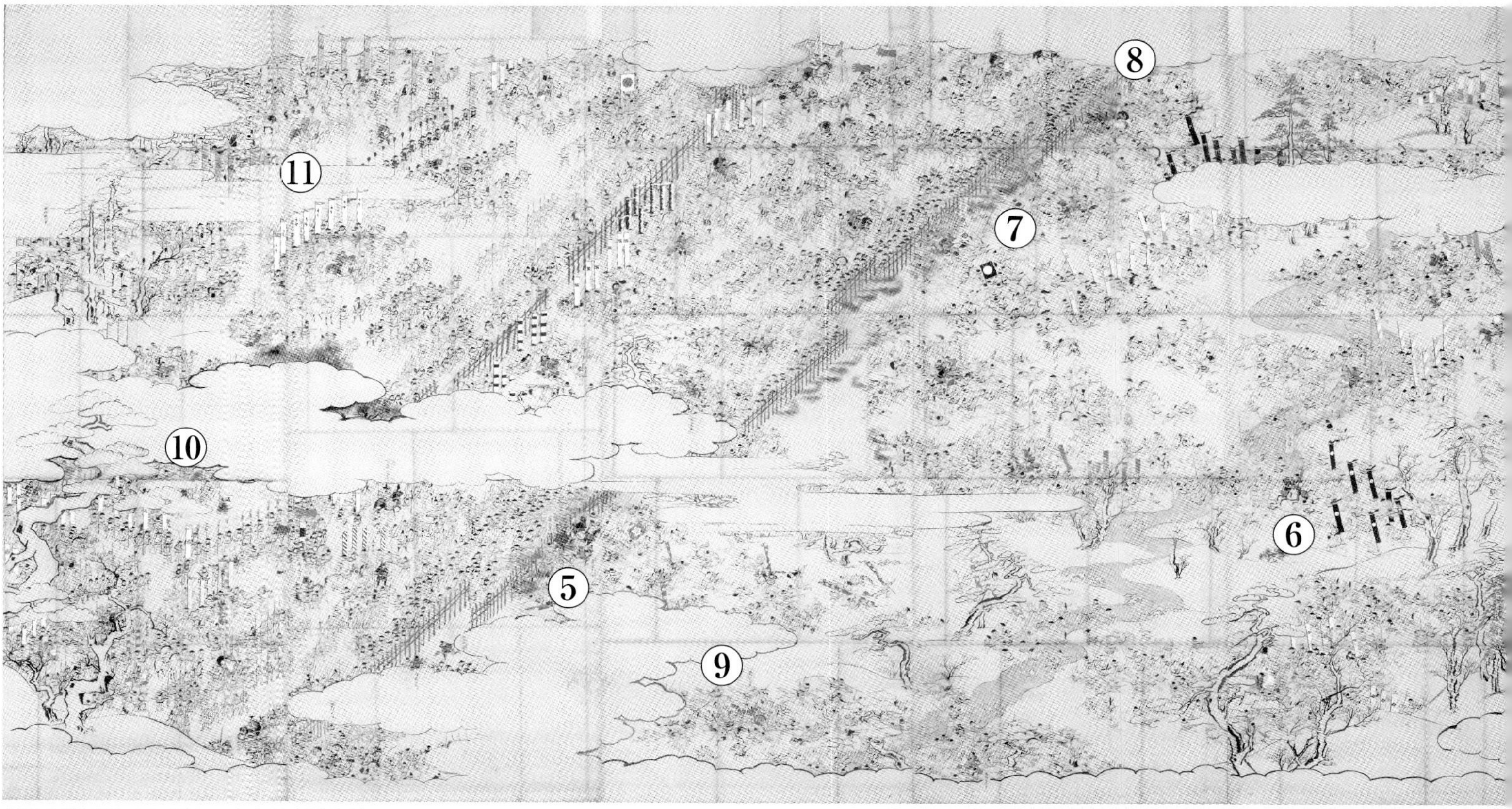

長篠合戦図屏風（下絵）　東京国立博物館

コラム―④ 長篠合戦への道

平山 優

織田・徳川との凌ぎを削る戦い

元亀四年(天正元年・一五七三)四月、武田信玄が病歿したとの噂に接した徳川家康は、その実否を確かめるべく、駿河国岡部などに放火し、武田方の動きが鈍いことから、それが事実と確信した。家康は、元亀三年十月から同四年四月にかけて、武田方に奪われた遠江、三河の諸城を奪回し、失地回復につとめたが、武田氏の反撃はほぼなかった。

そこで家康は、天正元年七月、長篠城を包囲しつつ、敵方となった三河国衆奥平定勝(道紋)、定能、信昌らに調略を仕掛け、定能・信昌父子の誘引に成功した。この時家康は、信昌の正室に長女亀姫を娶せるという破格の条件をも提示していた。それほど徳川氏は、武田の攻勢に追い詰められていたからである。

同年八月、奥平定能・信昌父子は、武田方の監視をかいくぐって、居城作手亀山城を出奔し、徳川方の宮崎砦に走った。長篠城救援に向かっていた武田方は大混乱に陥った。その際に徳川軍は九月八日、長篠城を降伏、開城させたのである。

勝頼は、天正二年一月から二月にかけて、東美濃に侵攻し、明知城を始めとする一八の城砦を攻略した。この時、奥三河の武節城も奪取している。織田信長は、勝頼と対決すべく出陣したが、山岳地帯に阻まれ思うに任せず、空しく撤退した。また、この時家康は、織田支援のため、武田方の遠江犬居城攻めを行うが、反撃にあい大敗を喫した(「犬居崩れ」)。

続いて勝頼は、六月、遠江高天神城の小笠原氏助を包囲した。氏助は、信玄に従属していたが、離叛していた。家康は、信長に支援を要請し、織田軍と合流することに成功したものの、城は同十七日に降伏、開城したため、双方の決戦は回避された。勝頼は、九月にも浜松周辺を荒らし回り、遠江諏訪原城を築き、着々と家康包囲網を形成した。かくて、三河・遠江・東美濃の戦線で勝頼は優位に立ち、徳川方は動揺していた。

合戦の発端

天正三年二月、家康は最前線の長篠城に、奥平信昌を配置し、五井松平景忠らが援軍として入城させた。だが、城兵はわずか二五〇余であったと伝わる。信長は、武田の徳川領国侵攻を予想しており、近江より兵粮二〇〇〇俵を重臣佐久間信盛に託し、家康に贈らせた。このうち、三〇〇俵が長篠城に搬入され、その他は「境目城々」へ配分された。

武田の脅威が迫るなか、同年四月、三河岡崎の信康家臣の多くが、武田方に内通する事件が発生した(大岡弥四郎事件)。首謀者大岡弥四郎は、岡崎町奉行三人のうちの一人であったばかりか、もう一人の松平新右衛門までもが同調していたといい、この他に信康家臣や石川一族の一部も勝頼に内通したとされる。

勝頼は、信長が大坂本願寺攻めに出陣し、岐阜を留守にしていたことと、岡崎の徳川家中の内通を好機と判断し、自らは父信玄の三回忌を執行していたため、三月下旬、信濃衆を先衆として三河足助に出陣させた。武田方による岡崎攻略は成功するかにみえたが、大岡らの内通は発覚してしまい、弥四郎らの与党は処断され、クーデターは失敗に終わった。

いっぽう武田軍先陣は、四月十五日に足助城を包囲し、まもなくこれを攻略すると、奥三河の徳川方諸城は、相次いで自落した。大岡らの壊滅を知らぬ武田方の一部は、三河小丸・安戸に乱入、放火し、月輪(あらち、以上岡崎市)で徳川方と戦い、青山忠門らを討ち取ったと伝わる(『寛永諸家系図伝』)。しかし、大岡らの内通が発覚で撤退している。

長篠城攻防戦と長篠合戦へ

勝頼は、四月下旬に先陣と三河で合流すると、野田の浄古斎城の普請を進めていた菅沼定盈を追放し、二十九日、吉田城攻撃に向かった。家康が、軍勢を率いて浜松を出陣し、吉田に入城するとの情報を摑んでいたからである。だが、二連木城の戸田康長の奮戦で、武田軍は足止めされ、同城を攻略したものの、家康を城外で捕捉、殲滅することが出来なかった。勝頼は、吉田城外を荒らし回り、家康を城外に引き出そうとしたが、彼はそれに乗らなかった。

勝頼は吉田攻略を諦め、五月一日、長篠城の包囲と攻撃を開始した。その間、武田軍は五月六日に牛久保城周辺に放火し、橋尾堰を破壊して徳川方を挑発した。誘いに乗らぬ家康をみて、勝頼は再び長篠攻撃に専念する。

追い詰められた奥平信昌は、家臣鳥居強右衛門を十四日夜、城から脱出させ、岡崎に派遣し、家康に援軍要請を行った。折しも、信長も到着していたため、強右衛門は援軍の確約を得て、城に引き返したものの、武田方に捕縛され、十九日に磔にかけられた。だが、死の寸前に、城方へ援軍到着の伝達に成功した。

織田・徳川軍接近を知った勝頼は、二十日、家臣らと軍議を開催した。決戦か、撤退かで軍議は紛糾したといわれる。勝頼は、敵が設楽原で行軍を停止したことを、「作戦に行き詰まり、逼塞している(武田軍を恐れている)」と認識した。信長・家康二人が目前に現れたことが、勝頼を幻惑したのだろう。勝てると認識して、勝頼は二十一日、決戦に踏み切った。それが「長篠おくれ」と呼ばれる大敗へと繋がったのである。

長篠合戦は、著名な『長篠合戦図屏風』の影響もあって、武田軍の一方的敗北と膾炙されるが、近年発見された織田信長書状(五月二十二日付・北畠具房・具教宛)に「身方手負等少々有之様ニ候」と味方にも被害があったことを伝えている。信長が、味方の被害を書状に記すのは珍しく、それを隠せぬほどの損害が、織田・徳川軍にも出たことがうかがわれる。

後世の徳川方の軍記物や家譜類などでも、武田軍が三重柵を破って、陣所に突入してきたため、乱戦になったとの記述が散見される。数こそ少なかったものの、銃撃をかいくぐり、敵陣に突入した武田勢がいたのは事実であろう。また、馬防柵の際で戦死した武田の重臣層は、土屋昌続と甘利信康(鉄砲衆の大将)だけであり、山県昌景、原昌胤、内藤昌秀、真田信綱、馬場信春らほとんどが退却時の殿戦で戦死している(『信長公記』)。総崩れになった武田軍は、勝頼を逃がすため、命をかけて奮闘したのである。

《参考文献》
平山　優『長篠合戦と武田勝頼』吉川弘文館、二〇一四年
金子　拓『長篠の戦い』戎光祥出版、二〇二〇年

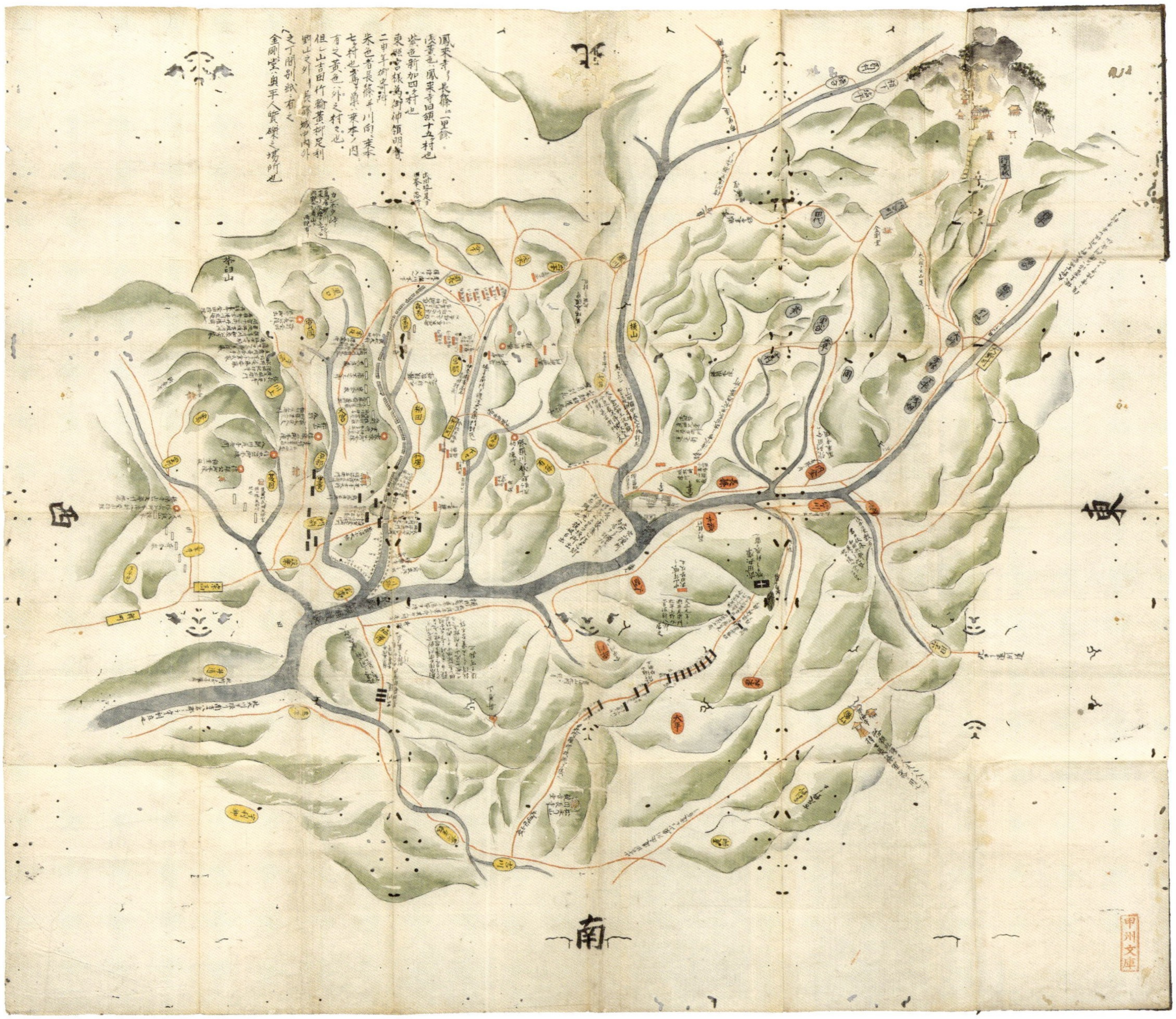

盛んに描かれた両軍の配置図

39 長篠合戦場図《ながしのかっせんじょうず》

江戸時代
山梨県立博物館

長篠合戦の舞台となった地域の平面図に、両軍の配置と動きを示した図。織田・徳川軍が設置した柵や、鳶巣山砦を奇襲する部隊の行軍路など、合戦のポイントとなる状況も盛り込むほか、武田方の武将が戦死した場所や、鳥居強右衛門が磔となった場所、さらに信玄塚など史跡の位置も示されている。合戦図屏風のような臨場感は無いものの、勝頼による長篠城包囲から有海原における決戦までの状況を、俯瞰的に把握することができる。

現在の有海原（柳田激戦地付近から北方の馬防柵復元地をのぞむ）

長篠合戦布陣図

金子拓『シリーズ実像に迫る 021　長篠の戦い』（戎光祥出版、2020 年）所収の図をもとに作成

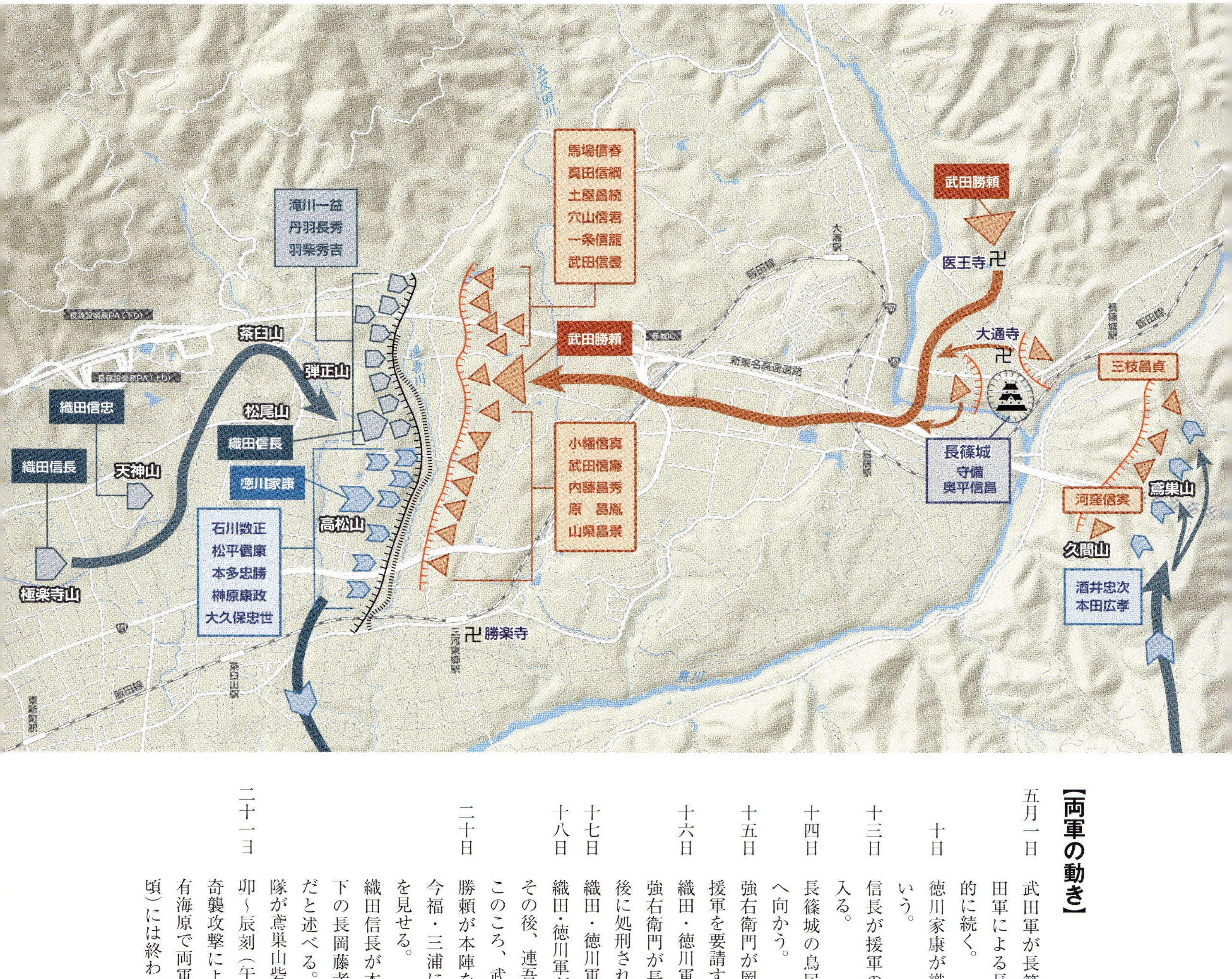

【両軍の動き】

五月一日　武田軍が長篠城を包囲する。この後、武田軍による長篠城攻撃は十八日まで断続的に続く。

十日　徳川家康が織田信長に援軍を要請したという。

十三日　信長が援軍のため出陣し、翌日岡崎城に入る。

十四日　長篠城の鳥居強右衛門が城を脱出し岡崎へ向かう。

十五日　強右衛門が岡崎に到着し城の状況を報告、援軍を要請する。

十六日　織田・徳川軍が牛久保まで兵を進める。強右衛門が長篠城付近で武田軍に捕まり、後に処刑される。

十七日　織田・徳川軍が野田原まで兵を進める。

十八日　織田・徳川軍が設楽郷極楽寺山に布陣する。その後、連吾川沿いに馬防柵を構築する。このころ、武田軍も兵を動かしたか。

二十日　勝頼が本陣を有海原へ移す。また配下の今福・三浦に書状を送り、勝利への自信を見せる。織田信長が本陣を茶臼山に移す。また配下の長岡藤孝に書状を送り、勝利は目前だと述べる。夜、織田・徳川軍の別働部隊が鳶巣山砦に向けて出陣する。

二十一日　卯〜辰刻（午前六〜八時頃）、鳶巣山砦の奇襲攻撃により武田方の守兵は壊滅する。有海原で両軍が衝突。戦は未刻（午後二時頃）には終わったという。

討死した武田方武将の遺品

40

千曲市指定文化財

長篠《ながしの》合戦《かっせん》戦《いくさ》装束《しょうぞく》経帷子《きょうかたびら》

戦国時代（十六世紀）

千曲市教育委員会

長篠合戦に参陣した信濃埴科郡の国衆屋代正長が着用した帷子（甲冑の装着時の下着）。正長は小県郡の国衆室賀氏の出身で、屋代氏へ養子に入り、長篠で討死した。帷子の表面は、ほぼ全面にわたって妙法蓮華経の「観世音菩薩普門品第二十五」「陀羅尼品第二十六」の経文が書写されている。また背面中央には「南無大慈悲観世音菩薩」が大きく書されており、特に観世音菩薩の力による陣中守護を願ったものであろうか。脇の下部分は大きく破損しているが、戦傷によるものかは未詳である。

武田軍の真の姿

長篠合戦では、大量の鉄炮で待ち構える織田・徳川両軍に対し、武田軍は「旧式」の騎馬隊による突撃を繰り返す「無謀」な戦いを挑んだという理解が根強く残っていた。近年、長篠合戦における両者の戦い方についても見直しが進められている。勝頼と武田軍は、どのような軍勢で戦に臨んだのか。

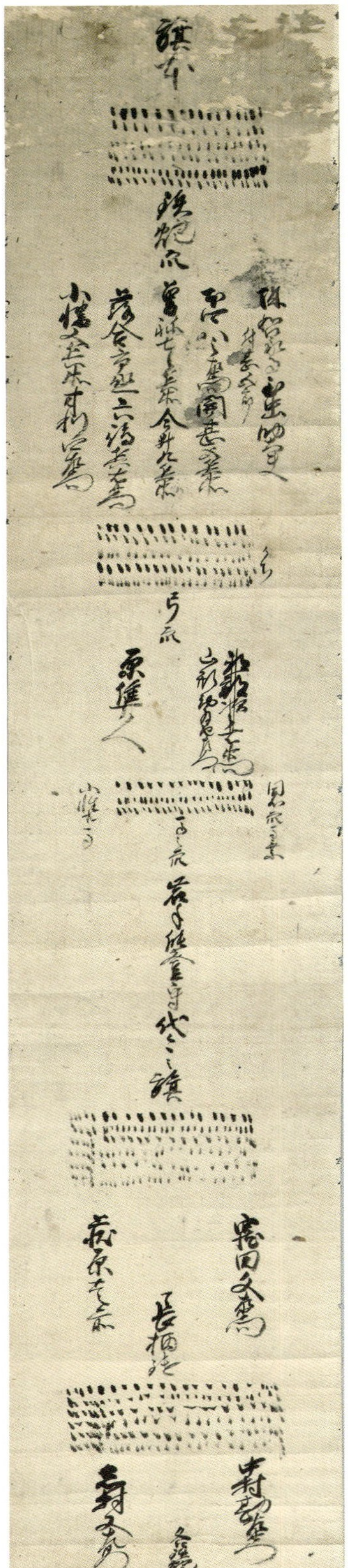

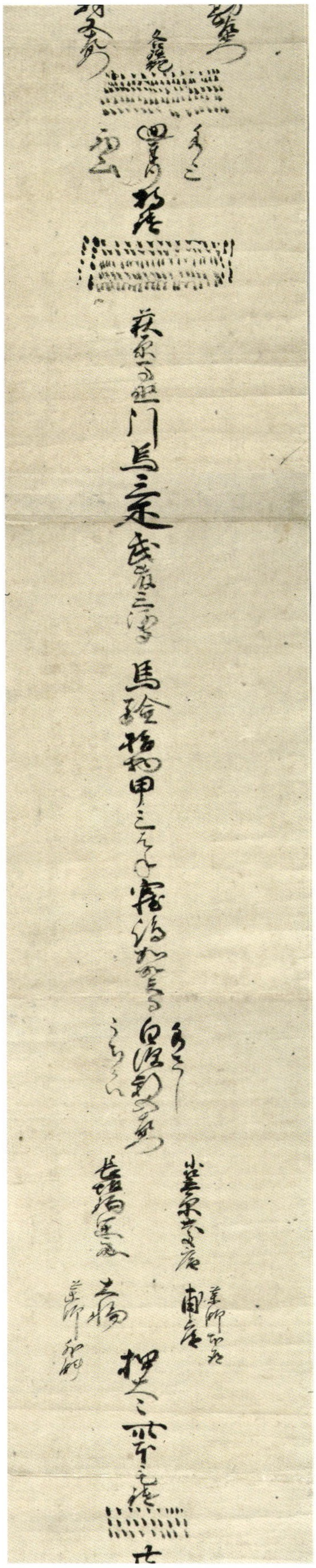

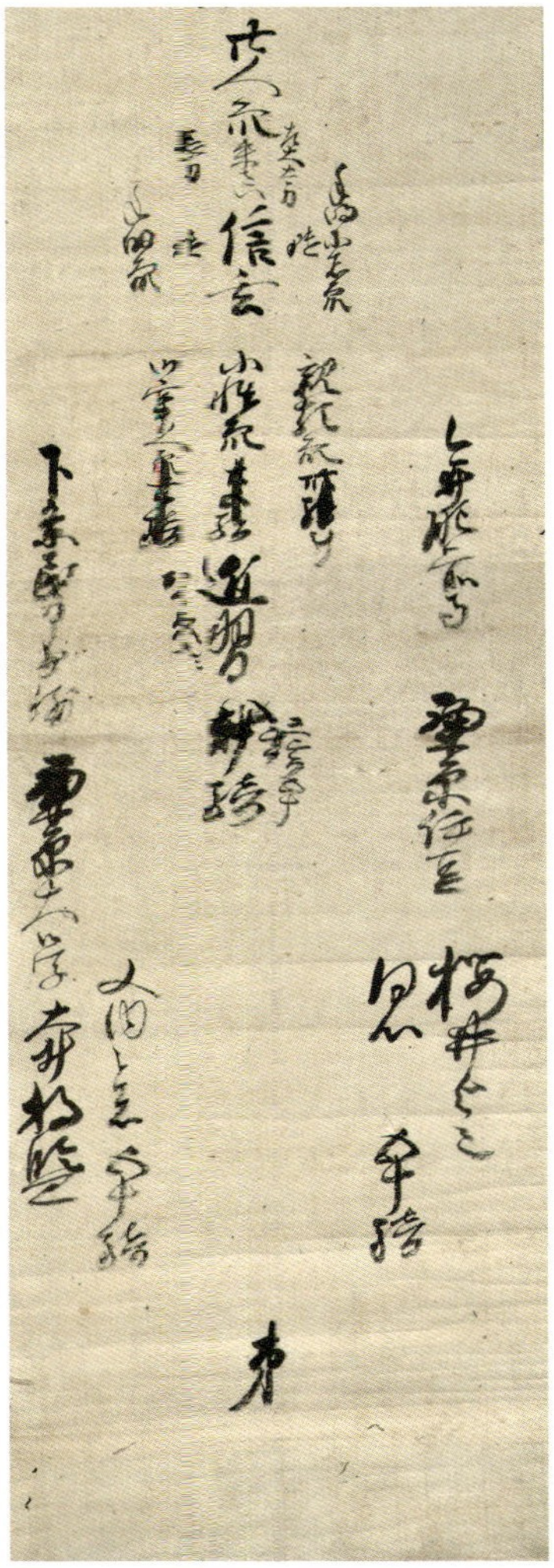

41
武田《たけだ》信玄《しんげん》陣立書《じんだてがき》
戦国時代（十六世紀）
山梨県立博物館

武田の軍勢のうち、旗本（信玄本隊）の陣立を記したもので、一五六〇年代後半頃の状況を示したものと考えられる。信玄時代の内容ではあるが、構成は勝頼にも引き継がれたものとみてよいだろう。

鉄炮衆を先頭に、弓衆・馬之衆・長柄鑓などの隊が続き、後方に信玄（総大将）が位置する構成で、兵を武器の種類ごとに組織する戦国時代の合戦に適ったものといえる。鉄炮衆も相当の規模で組織（図の墨点一つが一人とすると、一一五人程度）しており、決して鉄炮を軽視していたわけではなかった。また騎馬衆（馬之衆）も存在し、合戦の局面に応じて騎馬による攻撃も行っていたのである。そして信長も、武田軍の騎馬衆を警戒していたことは間違いない。

戦の結果を伝える両陣営

42 武田《たけだ》勝頼《かつより》書状《しょじょう》

天正三年(一五七五)
長野県　真田宝物館

長篠合戦から約二か月半後に、勝頼が大和国で武田氏と連携する岡修理亮に出した書状。「長篠城を包囲していたところ、後詰として出兵してきた織田・徳川両軍と戦い、多くの兵を討ち取った。さらに信長の陣に押し寄せたが、相手は陣城を構えて籠っており、攻め込んだところ先鋒の部隊が少し敗れた」などと述べている。一部とはいえ合戦での敗北を認めつつも、同盟勢力の動揺を抑えるため、損害は小さかったことを主張している。また織田方の陣を「陣城」と表現している点は、この合戦で信長がとった策をよく示したものと言えるだろう。

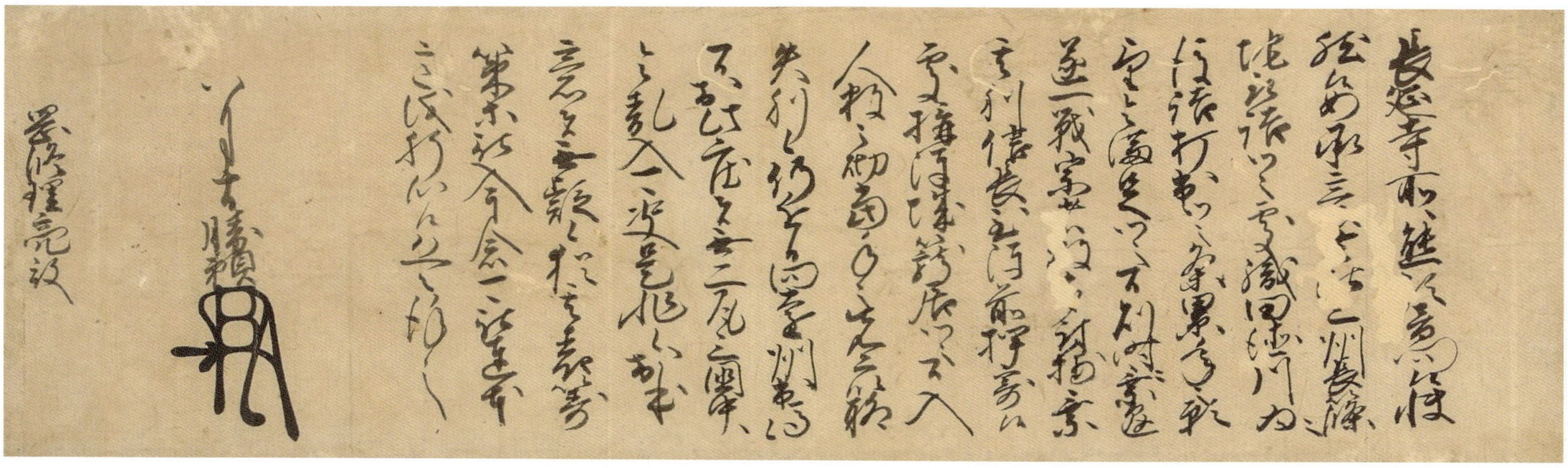

〈参考〉

宣教卿記《のぶのりきょうき》

天正三年五月二十一日条　天正三年(一五七五)
早稲田大学図書館

武田方に大勝した織田信長は、その戦果を知らせるため討ち取った武将のリストを送っていた。京都の公家・中御門宣教の日記には、信長から「首注文」が届いたとして、その内容を書き留めている。実際には戦死していない武田信廉(逍遥軒)等の名もあるが、合戦直後で首の確認が十分に取れていない状況の中、一刻も早く勝利を伝えるために作成したのであろう。

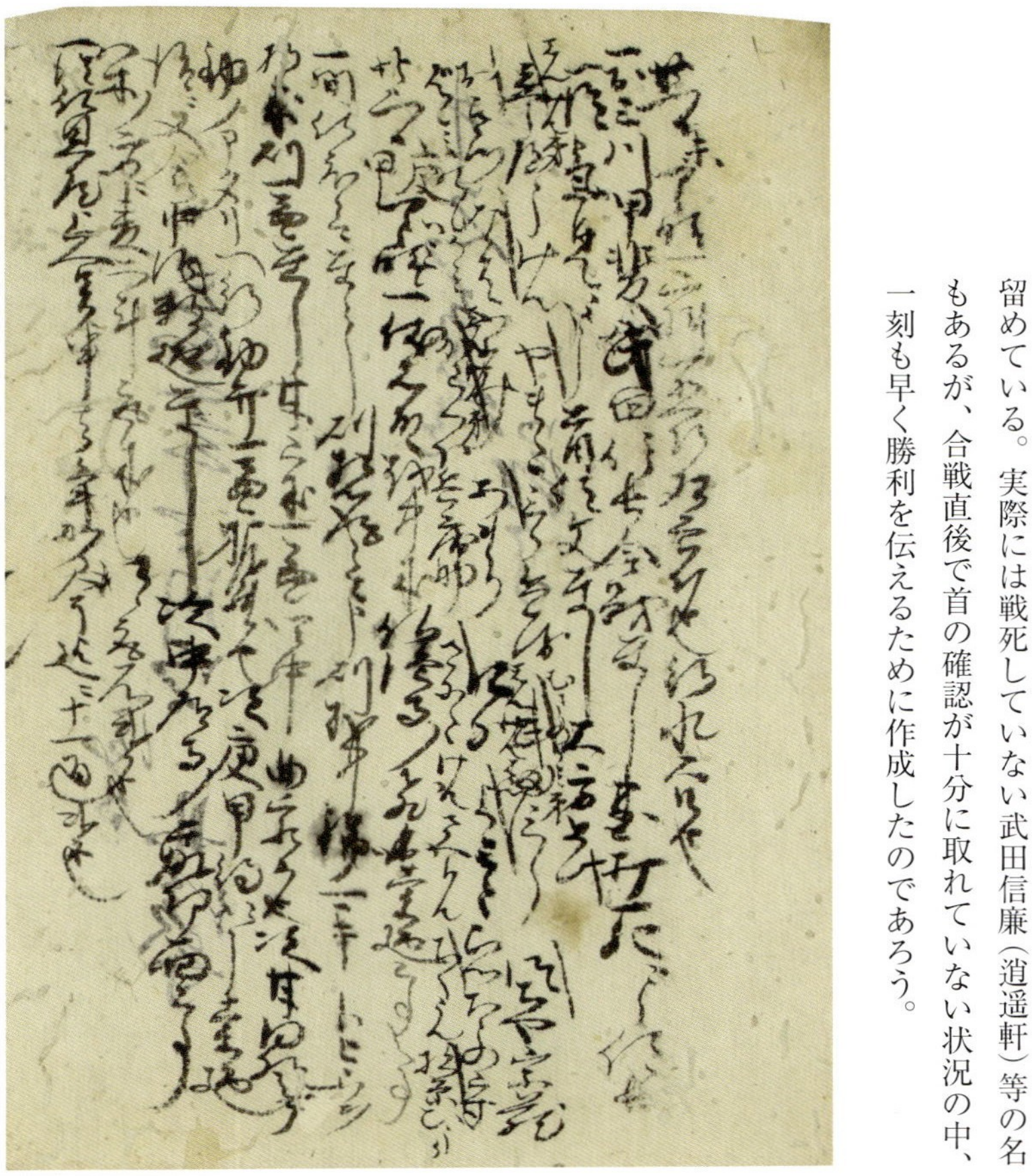

〈翻刻〉

一、於三川、甲斐武田・信長合戦在之、尽打死云々、信長
ハ従気見云々、首注文在之、大形如此、
しんけん弟
しやうやうけん(逍遥軒、武田信廉)　やまかた(山県)三郎兵衛(昌景)　むまのかミ弟 武田三郎(望月信永)　つちや(土屋)宗蔵(昌続か)
おきつ(興津)　なはふすけ(名和無理助)　あまり(甘利)　にな(仁科、盛信か)　しんけんはつし よこたひつちうの守(横田　備中、康景)
ばゝミのゝかミ(馬場美濃守、信春)　しんけん弟 かわくほ(河窪)兵庫助(信実)　さなたけんさえもん(真田源太左衛門、信綱)　ちくうん(竹雲)　杉原ひうか(日向、直明)

長篠合戦はいかに語られてきたか

長篠合戦は、武田、織田、徳川の三者いずれにとっても、大きな意味をもつ重要な合戦となった。後世にも様々な形で戦が語り継がれていくが、時代を追うごとにその内容も変化し、合戦の実態とかけ離れていくものもあった。

武田方の視点

43
甲陽軍鑑《こうようぐんかん》　巻第六・十九
江戸時代（十七世紀）刊
山梨県立博物館

『甲陽軍鑑』における長篠合戦の記事は主に巻六、巻十九に記される。共通しているのは、武田の敗因を兵力差と敵陣が「柵」や「せつしょ（節所）」を構え「城」のようだったためとする点で、大量の鉄炮によるものとしていない点である。また武田軍と馬については、武田が騎馬で突撃してきたというのは織田方による主張であり、実際の戦場は馬を十騎と並べて乗ることができなかったと否定している。鉄炮や馬については検討の余地が残るものの、敵陣を「城」と捉える点は、勝頼の書状（No.42）でも示されている。

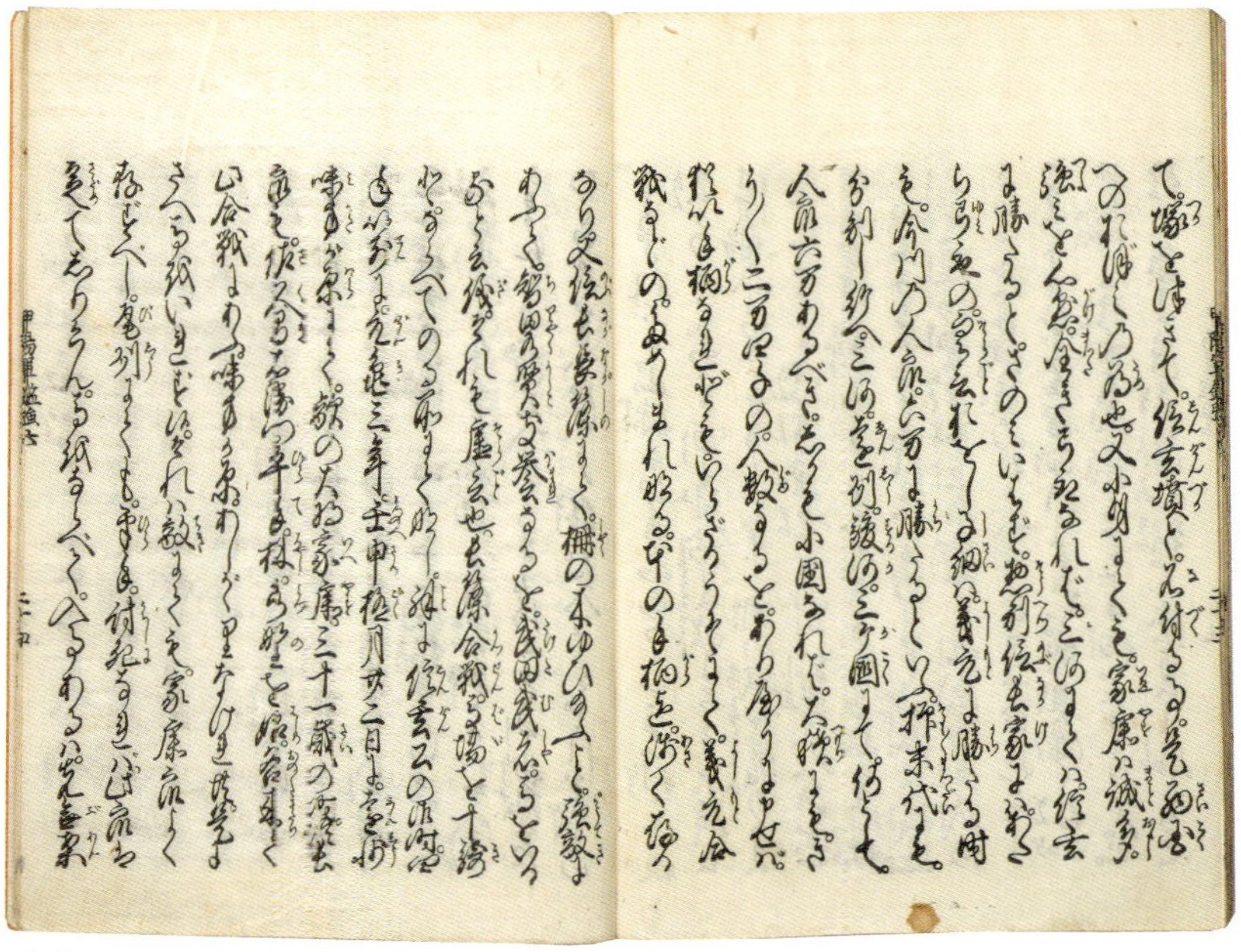

巻第六

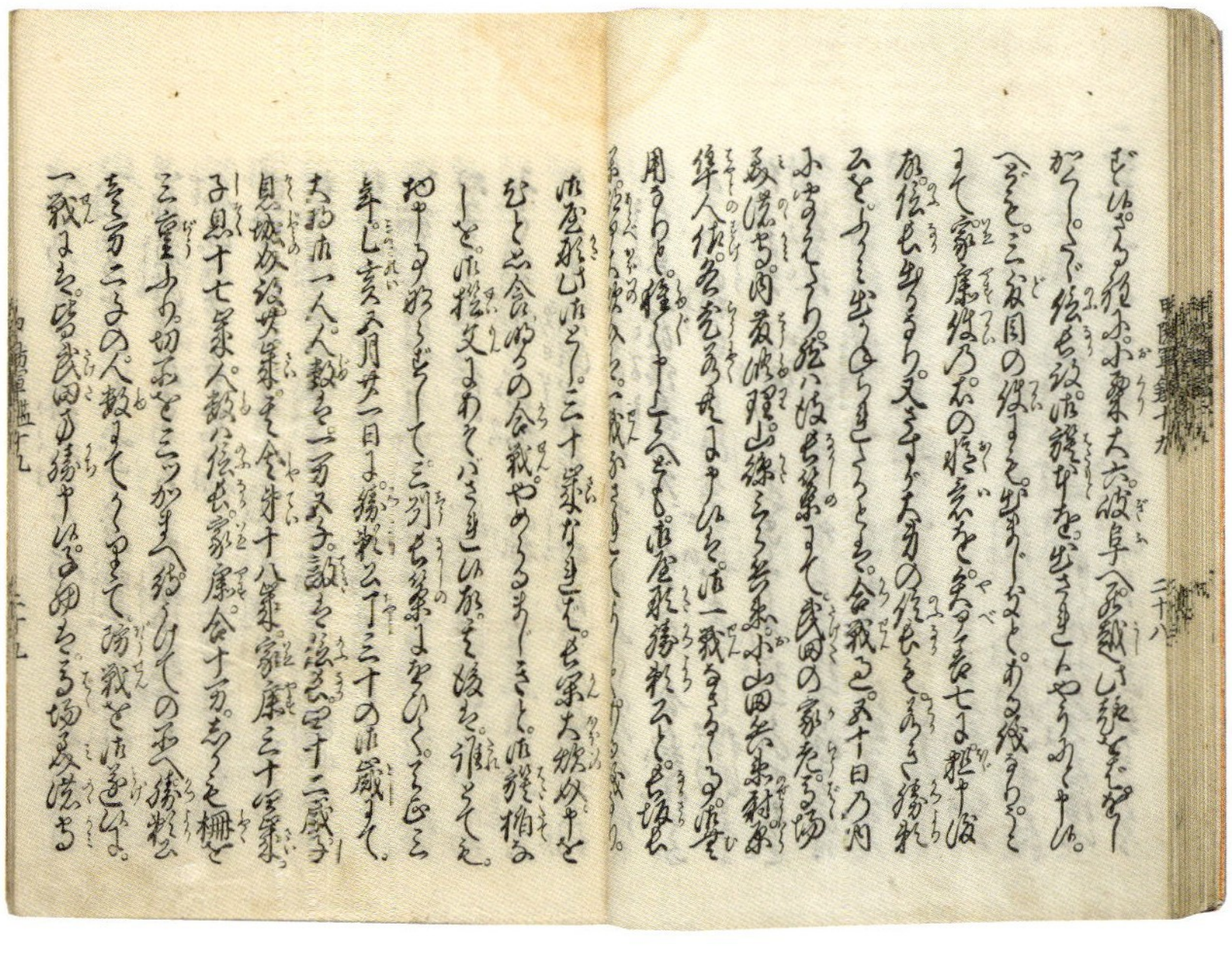

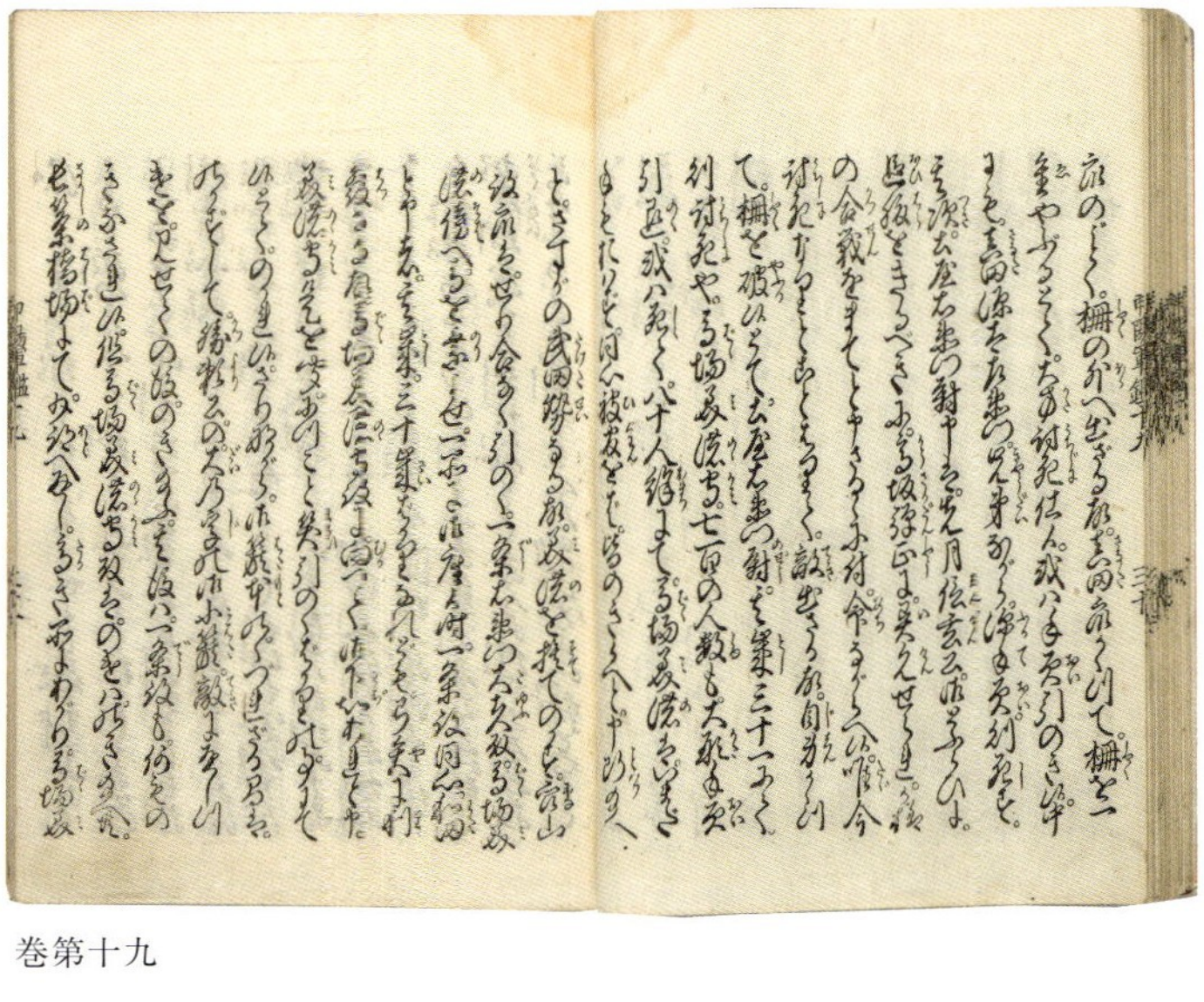

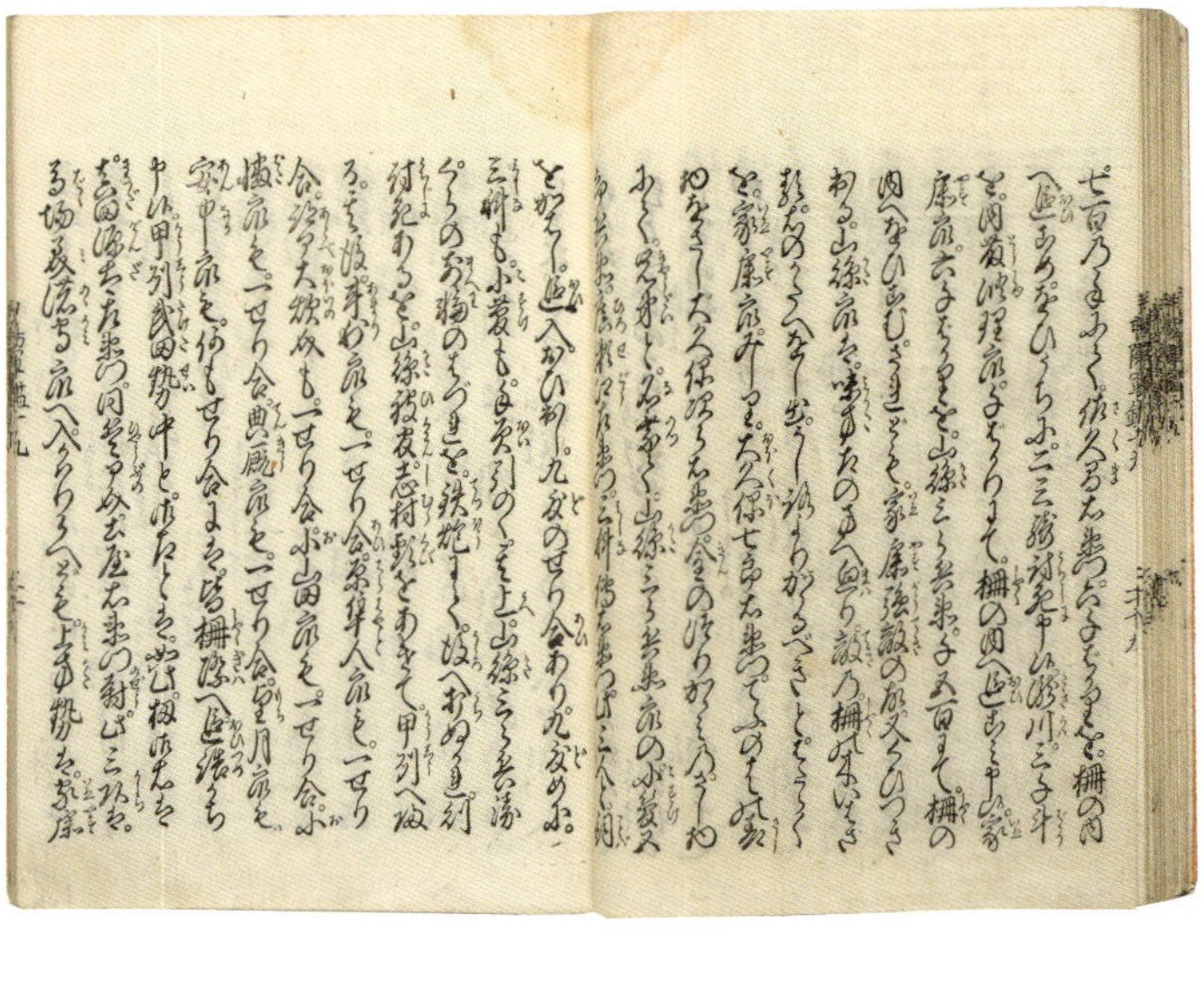

巻第十九

織田方の視点

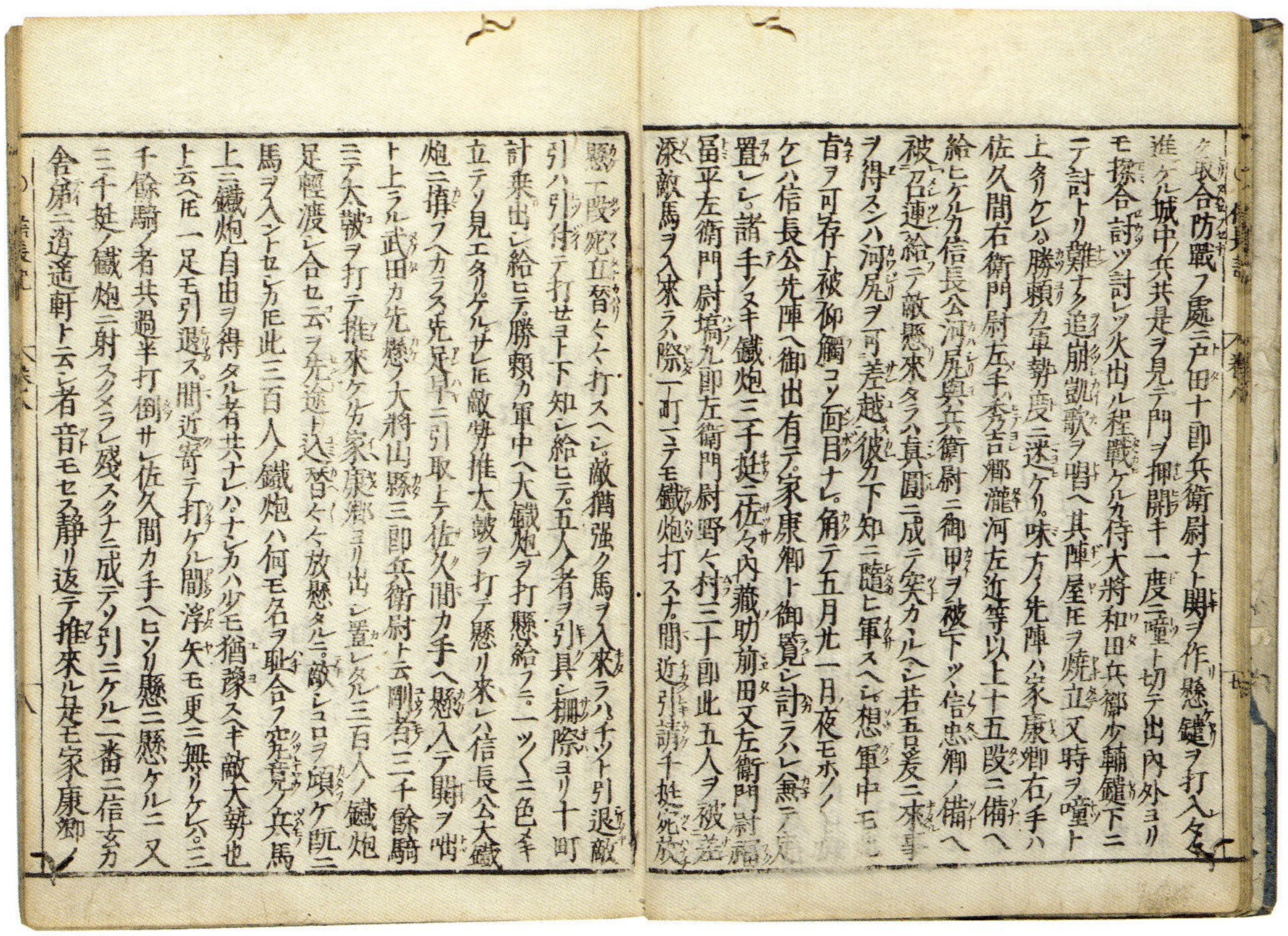

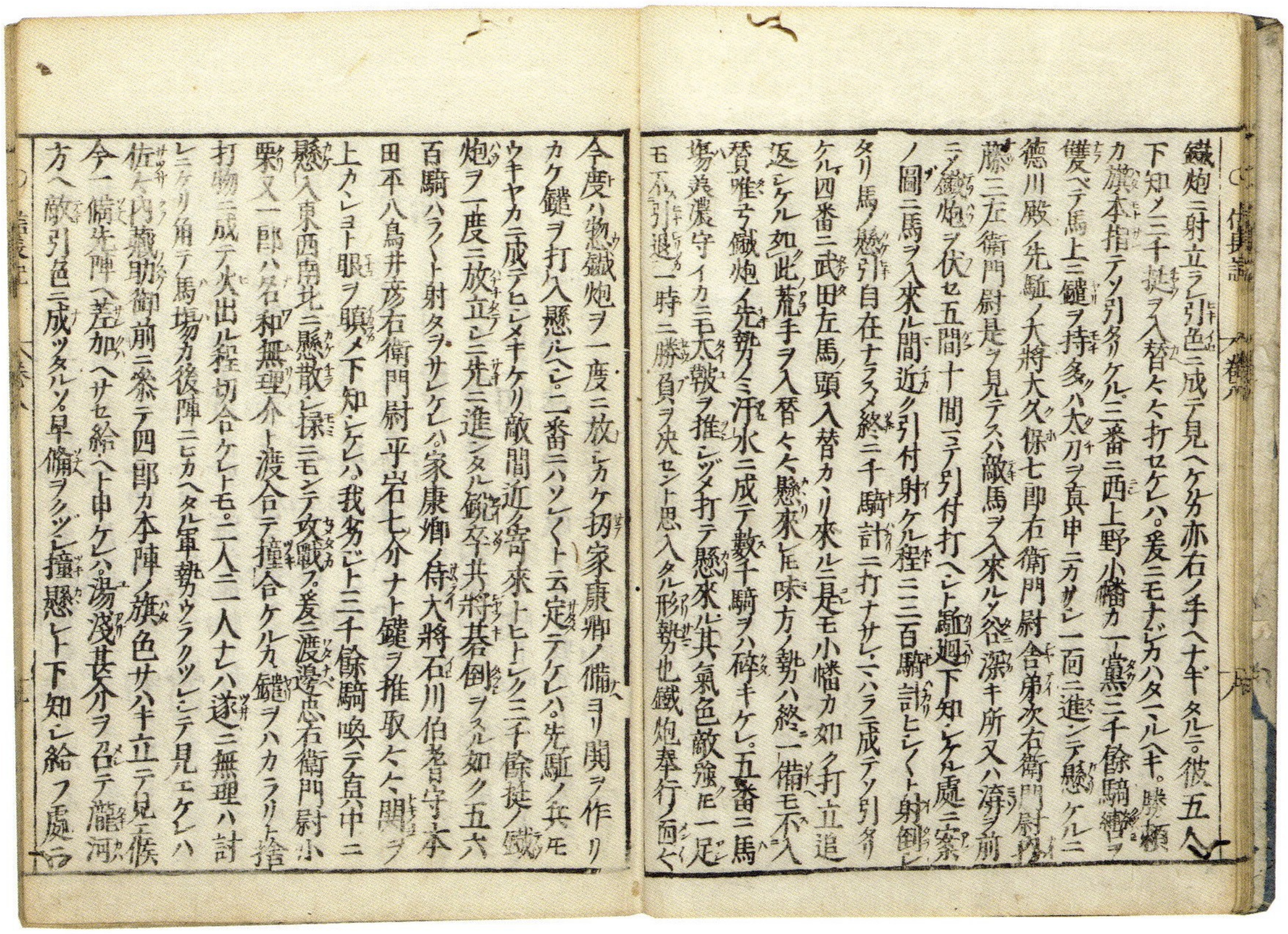

44

信長記《しんちょうき／のぶながき》

寛文十二年（一六七二）刊

山梨県立博物館

織田信長の家臣・太田牛一が記した信長の一代記『信長記』を物語化させて出版したもの。初版は寛永元年（一六二四）、その後も版が重ねられ、信長に関する物語として江戸時代には最も流布した本のひとつとなった。牛一の『信長記』にはない記述をふんだんに盛り込んでおり、長篠合戦では織田軍による三〇〇〇挺の鉄炮の使用について、信長が「千挺ずつ放ち懸け、一段ずつ立替々打つべし」と指令したことを記している。いわゆる「三段撃ち」の作戦を想起させる記述は、本書によってはじめて出されたものである。

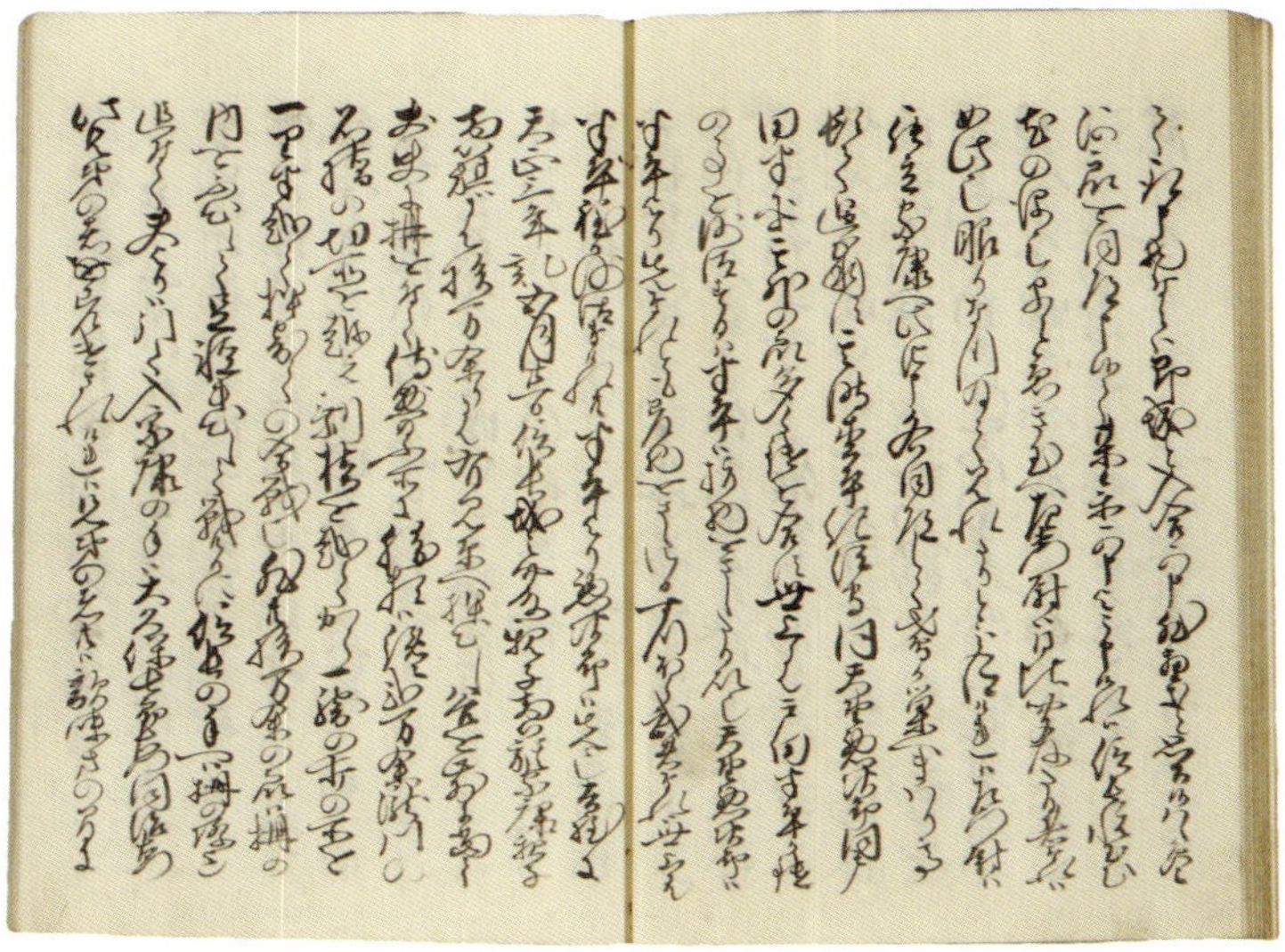
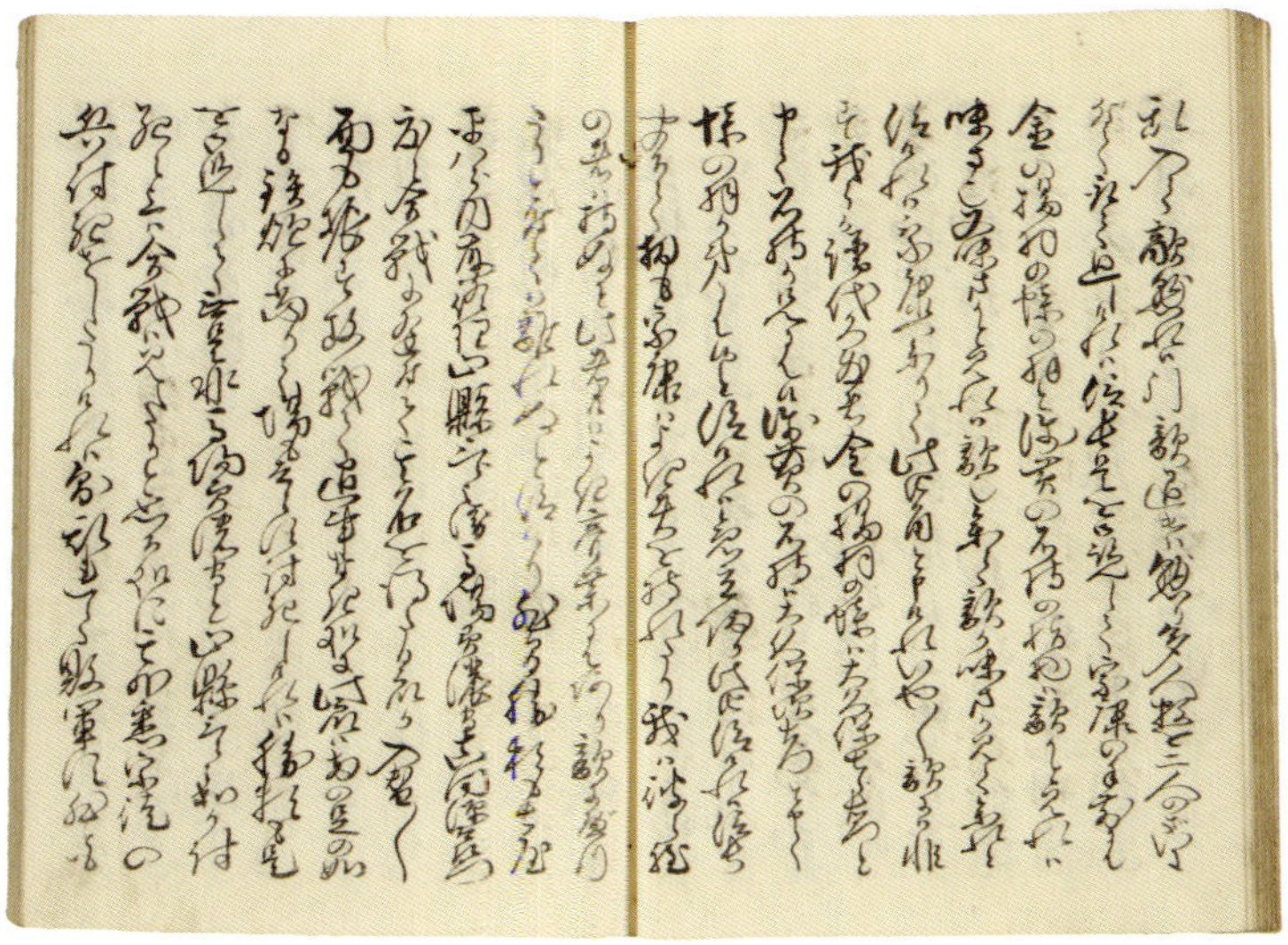

徳川方の視点

45
三河物語《みかわものがたり》
江戸時代（十八世紀）写
名古屋市蓬左文庫

江戸時代初期の旗本大久保忠教による著作。徳川氏の先祖から家康にいたる事績と、その過程で大久保一族があげた軍功等を中心に記している。長篠合戦では、兄である大久保忠世の活躍が勝利の一因となったことを強調している。一方で鉄炮に関する記録は、攻めかかる武田軍に対して「雨の足のごとくなる鉄炮」で応戦し、多数の損害を与えたことを記すが、具体的な運用方法は書かれていない。

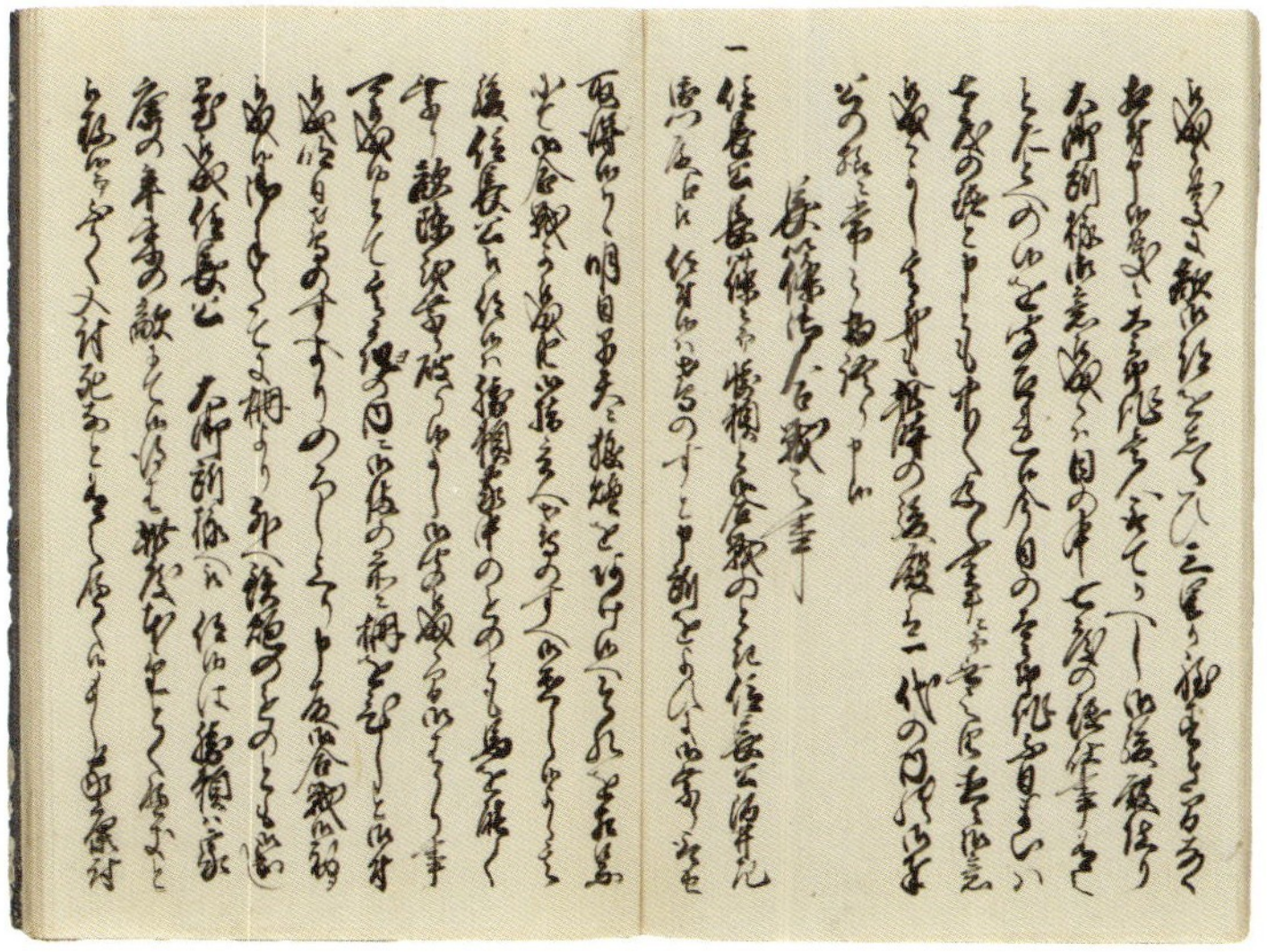
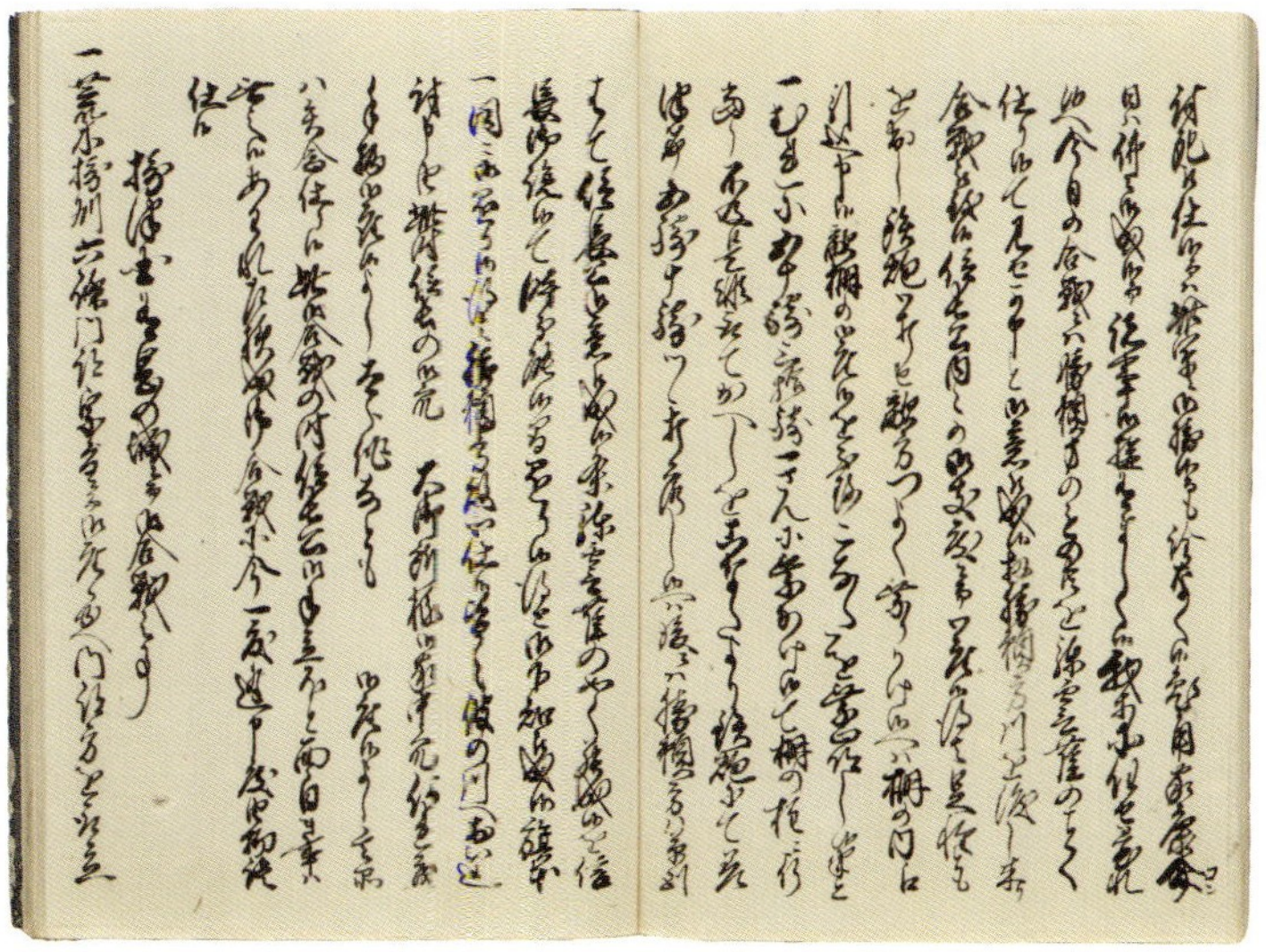

織田・徳川双方に関わりある武将の記録

46
水野自記《みずのじき》
享保十七年（一七三二）
個人（茨城県立歴史館寄託）

水野勝成（忠重）とその家臣清久が立てた軍功に関する記録。水野氏は惣領の信元が織田氏に仕えていたが、弟の勝成はこの頃徳川配下にあった。長篠合戦は清久の軍功のひとつとして記録されるが、清久自身の活躍はほとんど記されていない。合戦では信長の命で鉄炮衆が柵の内側で待ち構え、敵が柵前に殺到してきたところを狙い撃ちにしたことが記されている。

増幅される長篠合戦像

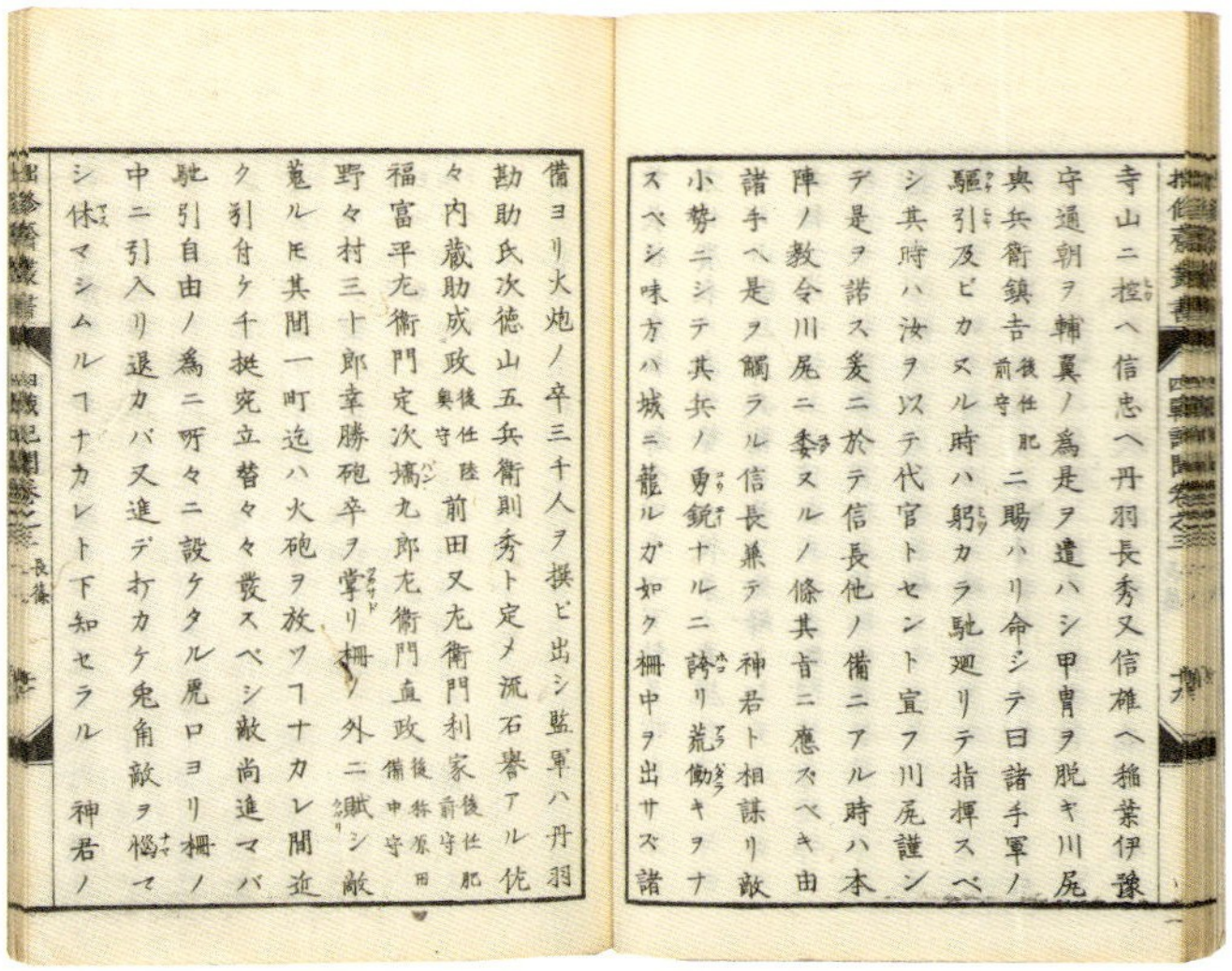

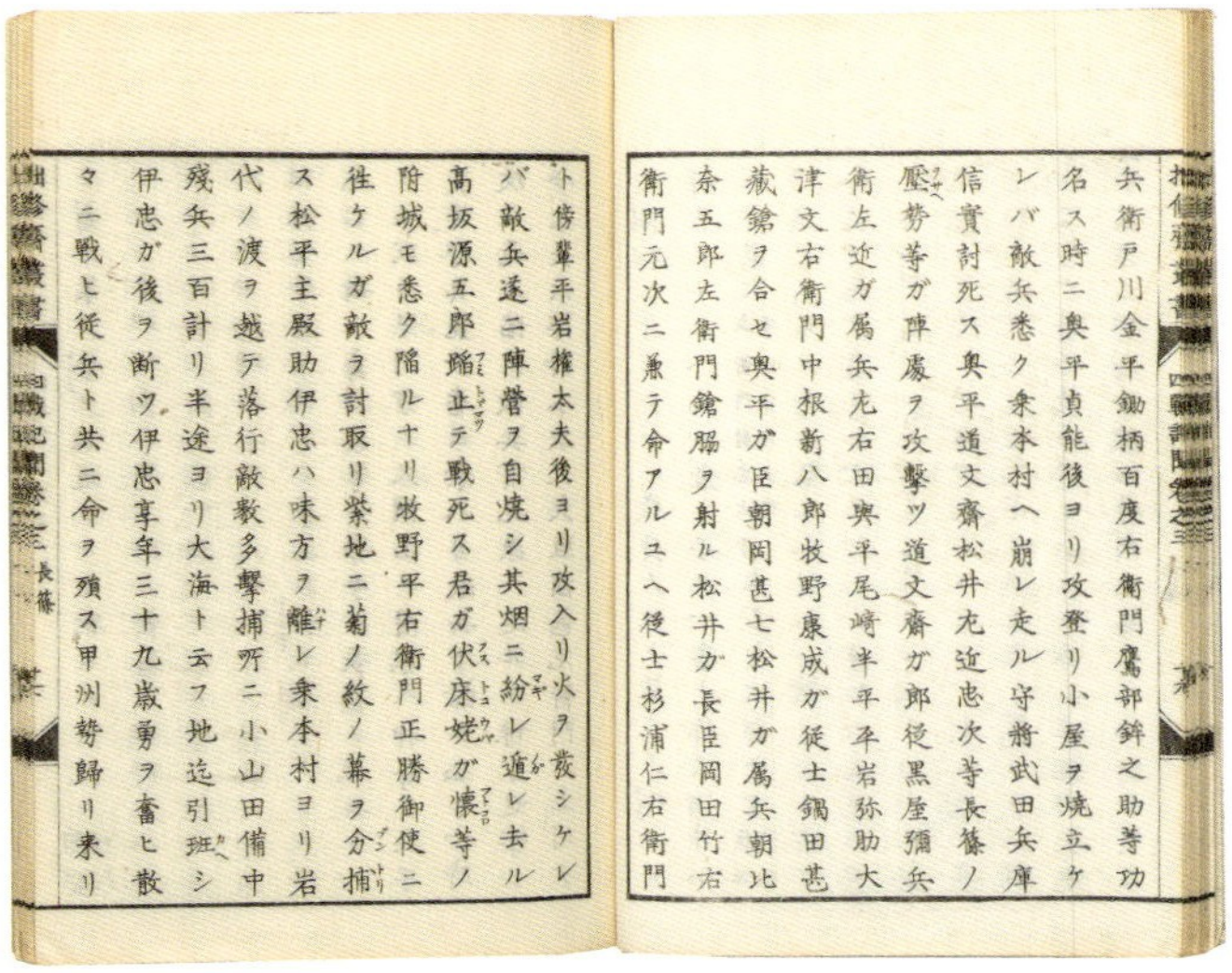

47

四戦紀聞《しせんきぶん》(参州長篠戦記《さんしゅうながしのせんき》)

弘化三年（一八四六）刊

山梨県立博物館

旗本根岸直利・木村高敦父子が編纂した、徳川氏創業期における重要な四つ（姉川・三方原・長篠・長久手）の合戦を、それぞれ一冊にまとめたシリーズ書籍。初版は宝永二年（一七〇五）。長篠戦記では、徳川方の酒井忠次による鳶巣山砦攻撃が大きく取り上げられるほか、有海原における決戦では、信長が「諸備より火炮三千人」を選び出して柵内で待ち構え、敵が接近してきたら「千挺ずつ立替々発すべし」と命じたという。小瀬甫庵の『信長記』（No.44）を踏襲したような、三段撃ちの戦術として記されている。

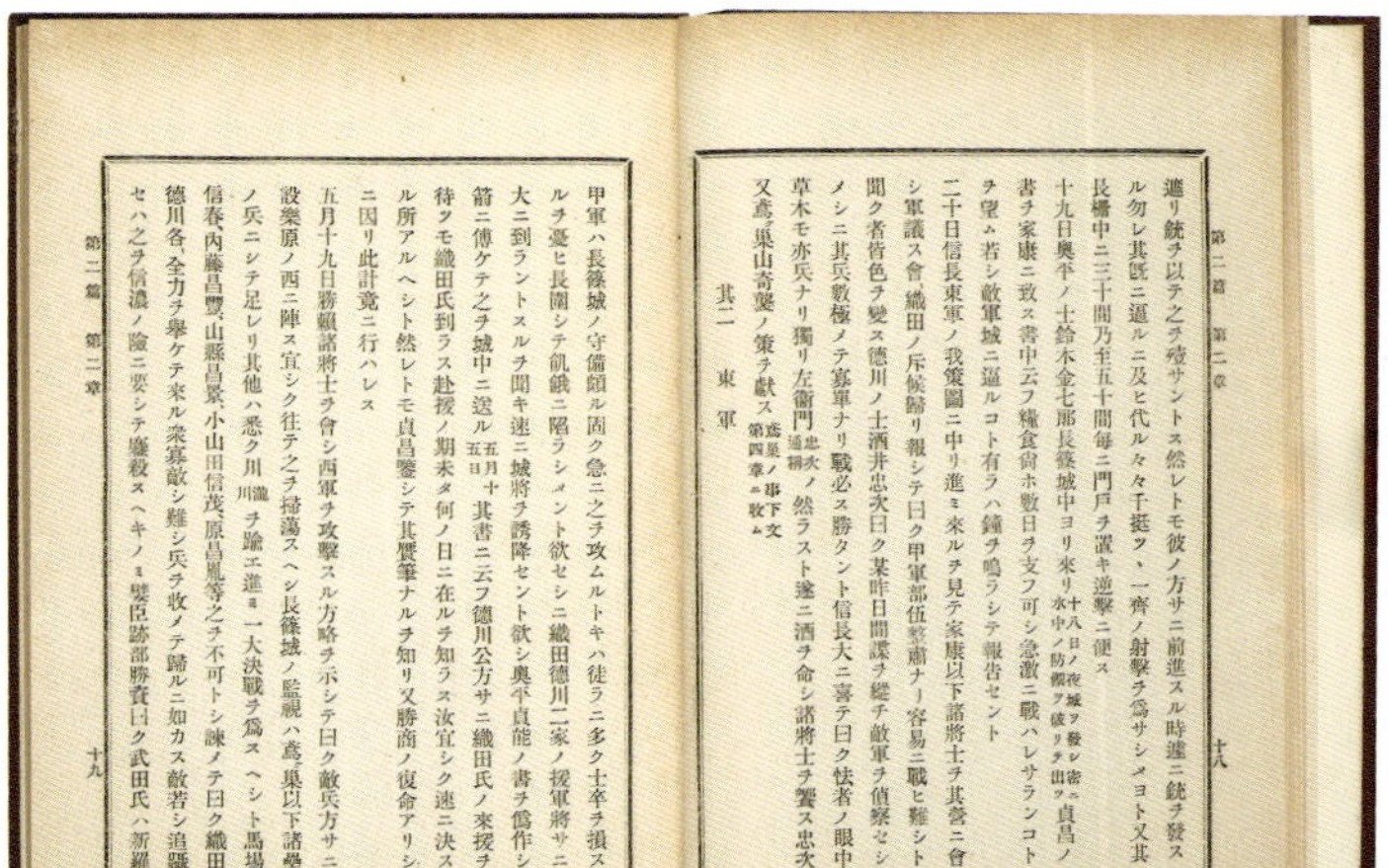

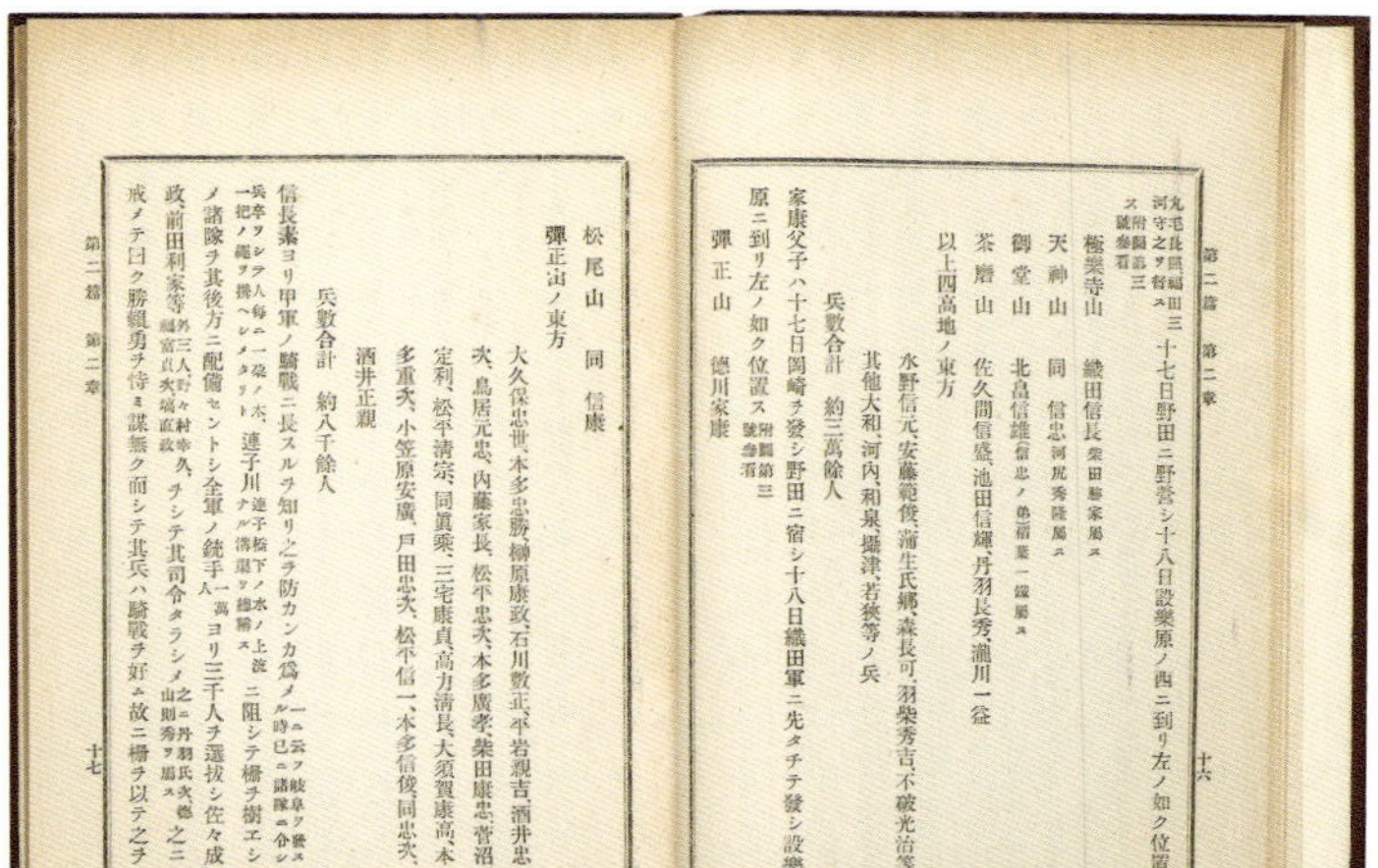

48

日本戦史《にほんせんし》　長篠役《ながしのえき》

大正五年（一九一六）刊

個人

帝国陸軍参謀本部が、日本の歴史上有名かつ大規模な合戦を解析し、研究することで、軍の作戦立案に役立てる基礎資料とするため編纂した『日本戦史』のうち、長篠合戦の記録。初版は明治三十六年（一九〇三）。織田・徳川軍の戦術として、信長が全軍の鉄炮兵一万人（！）のうち三〇〇〇人を選抜し、勝頼は無謀にも騎馬兵での攻撃を仕掛けてくるだろうから、柵でこれを防ぎ、「代る々々千挺ずつ一斉の射撃」をするよう命じたとする。江戸時代に形成された「三段撃ち」をさらに増幅するような表現となり、参謀本部という編集者の権威も相まって、「鉄砲対騎馬」という長篠合戦のイメージ定着に大きな影響を与えたものと考えられる。

第四章
新たな体制へ

長篠での敗戦は、武田氏にとって滅亡への道を進む大きな要因になったと考えられてきた。しかし勝頼は、敗戦後に家臣団や軍事力の再編、織田・徳川両氏に対抗する外交策などを打ち出し、領国の整備充実に取り組んだ。武田氏の領国は西（美濃・三河・遠江）においては大幅な縮小を余儀なくされたが、天正六年（一五七八）に勃発した越後の内乱を契機に、東とくに上野では拡大をみせ、父信玄の最盛期に劣らぬ規模の勢力圏を築いたのである。勝頼は長篠敗戦後の立て直しにある程度成功したといっても過言ではなかろう。ただしその過程では、新たな同盟者を得た一方、これまでの同盟が破綻することもあり、勝頼をとりまく情勢は刻一刻と変化していった。

獅子朱印

勝頼朱印

軍事力と家臣団の再編

勝頼にとって、長篠合戦で失った多くの将兵の後継者・後任者を定めることは急務であった。ただし、織田・徳川氏に対する防衛や反転攻勢の体制を早急にとる必要があり、戦死した武将の実子が幼年の場合は、他の成年近親者を後継者にするなど、通常とは異なる対応を迫られていた。

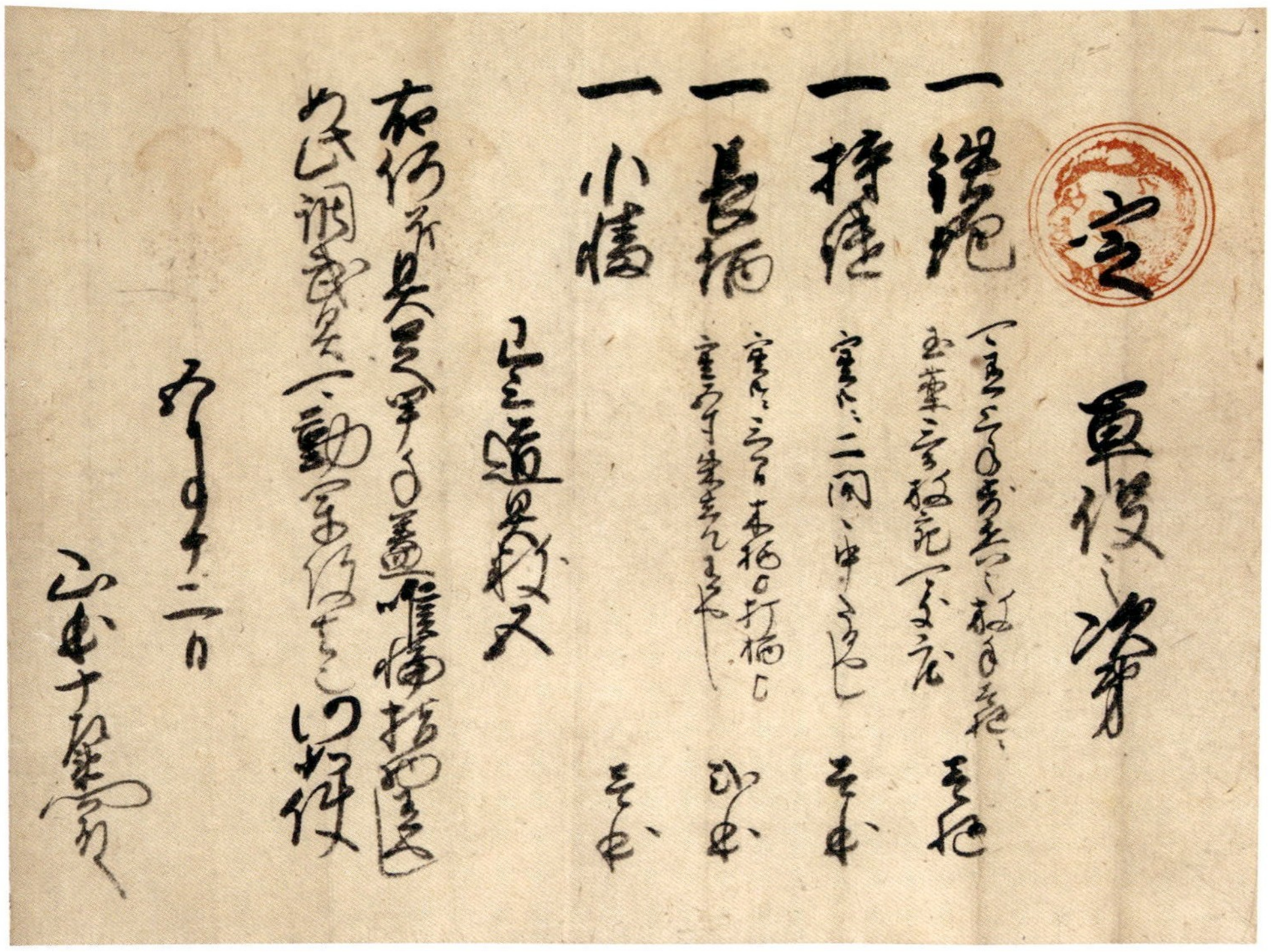

49
武田家《たけだけ》朱印状《しゅいんじょう》
天正四年（一五七六）
個人（安中市学習の森 ふるさと学習館寄託）

長篠合戦後に山本菅助家を継承した山本十左衛門尉に対して、負担するべき兵と武器の種類・数量を定めた朱印状。十左衛門尉は饗場《あいば》氏の出身で、初代山本菅助の婿養子となり、その後生まれた二代菅助の成人まで陣代を務め、家督を譲ったとみられる。しかし長篠合戦で二代菅助が戦死し、まだ実子もいなかったらしい。そこで勝頼から山本菅助家を継承するよう命じられたのであろう。長篠合戦後、戦死した家臣の実子以外による相続の事例は少なくない。すぐにでも軍役を負担できる成人を優先したとみられる。

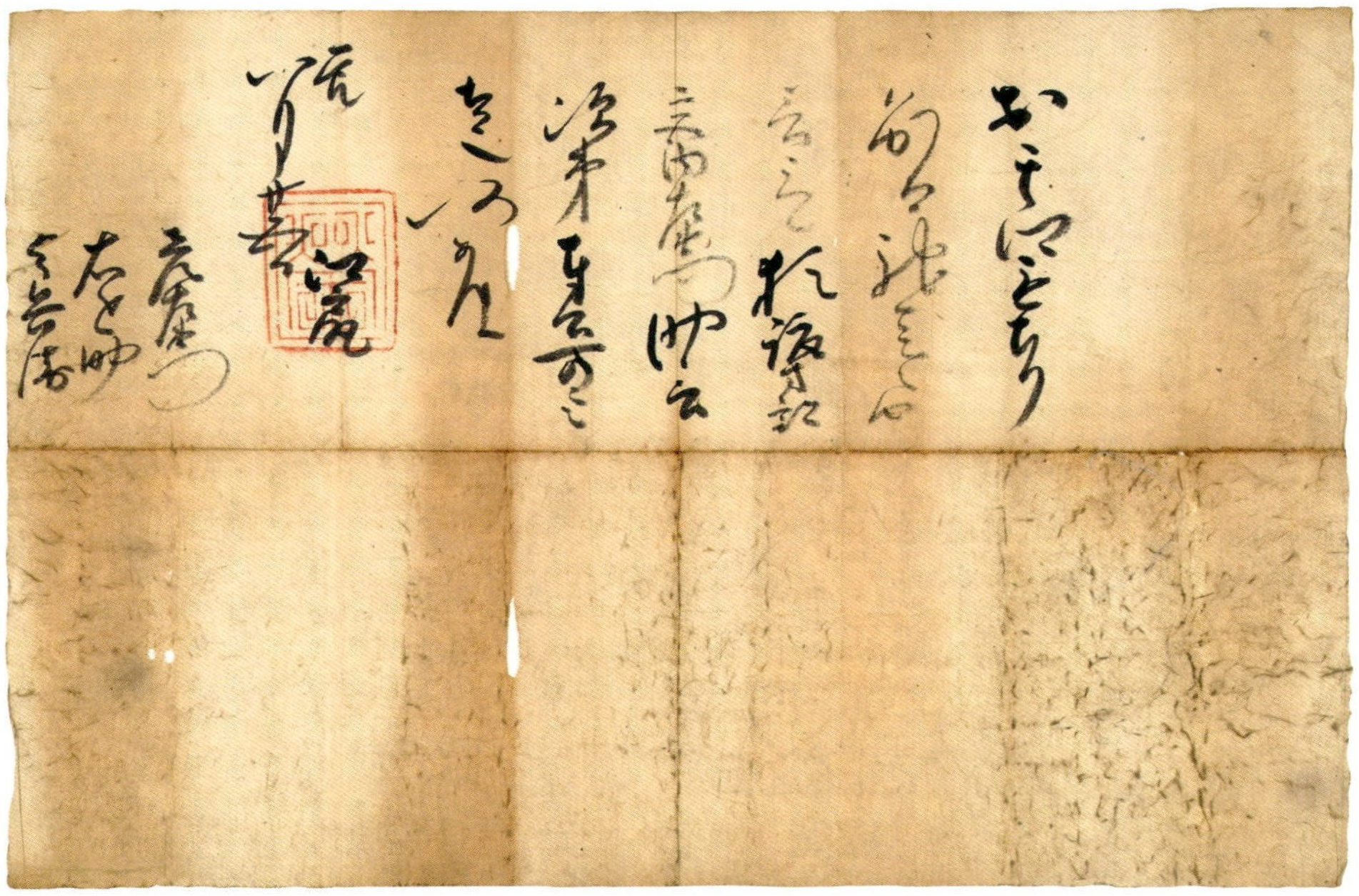

50
穴山信君《あなやまのぶただ》朱印状《しゅいんじょう》
天正八年（一五八〇）
個人（山梨県立博物館寄託）

穴山信君が駿河国橋上（富士宮市）の森彦左衛門らに対し、もじり漁の奉公を勤めるよう命じた文書。信君の朱印に「江尻」の墨書が重ねられており、この文書が江尻城（静岡市清水区）において出されていたことを示す。信君が同城代に任じられたのは、長篠合戦以前に江尻城代を務めていた山県昌景の戦死を受けてのことである。国衆家に入った者を除いて、御一門衆の人物に甲斐国外の拠点城郭を預けるということは、それまでほとんど例のないことであった。駿河西部・遠江の軍事状況が緊迫化する中、昌景に匹敵する経験と実力を有する人物として、信君以外の選択肢はなかったのだろう。

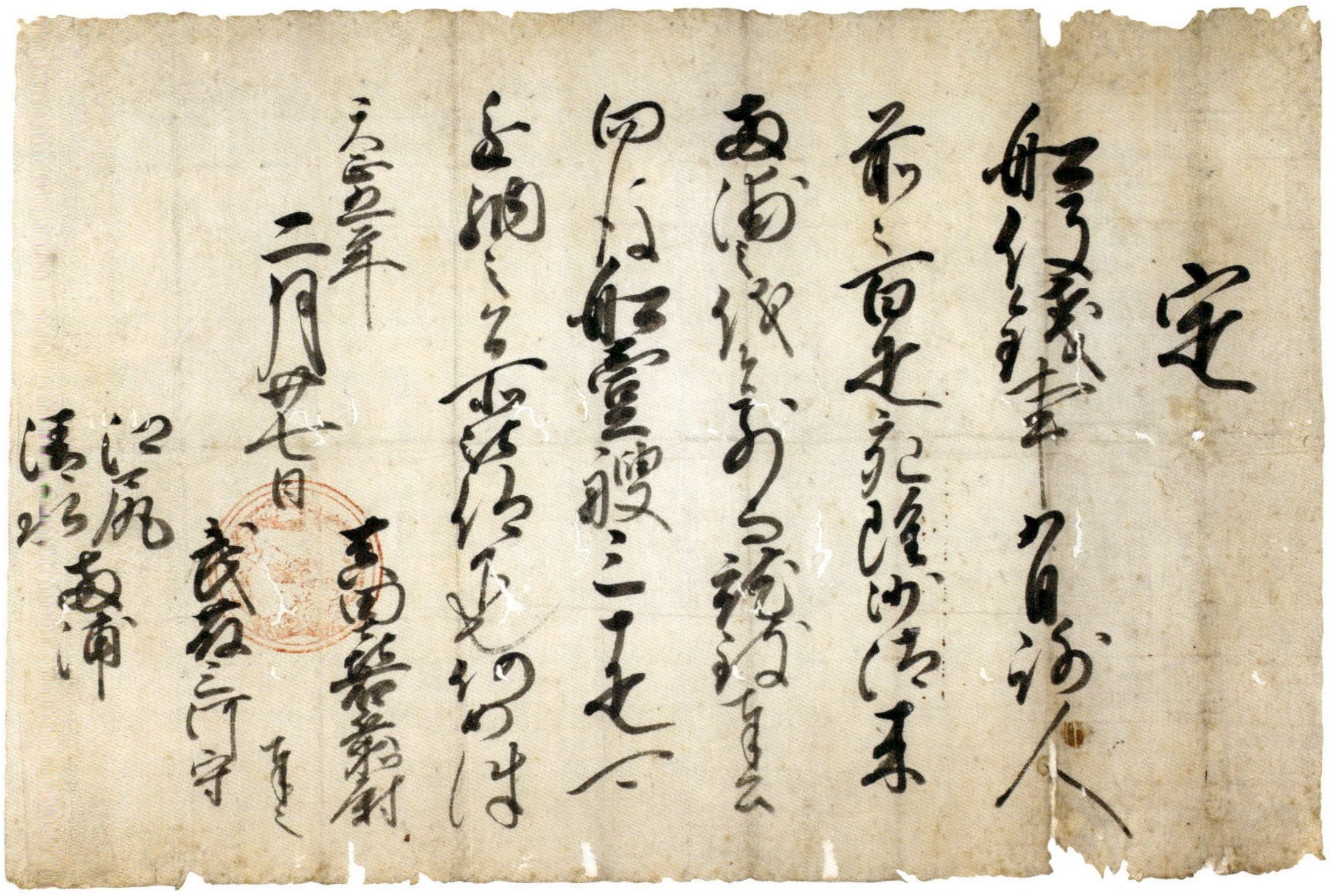

51

武田家朱印状《たけだけしゅいんじょう》

天正五年（一五七七）
京都大学総合博物館

武田氏が駿河江尻・清水の両浦に対して、賦課していた船役銭を減額する旨を伝えた朱印状。奉者は真田喜右兵衛尉（昌幸）と武藤三河守の連名となっている。真田昌幸は信玄の時代に親類衆の武藤家に入っていたが（武藤喜兵衛尉）、長篠合戦で兄信綱・昌輝が戦死したことを受け、真田氏を継承・復姓した。ただし親類衆として果たしていた朱印状奉者などの役割は続け、国衆家当主でありながら武田氏の宿老としても遇されるようになる。

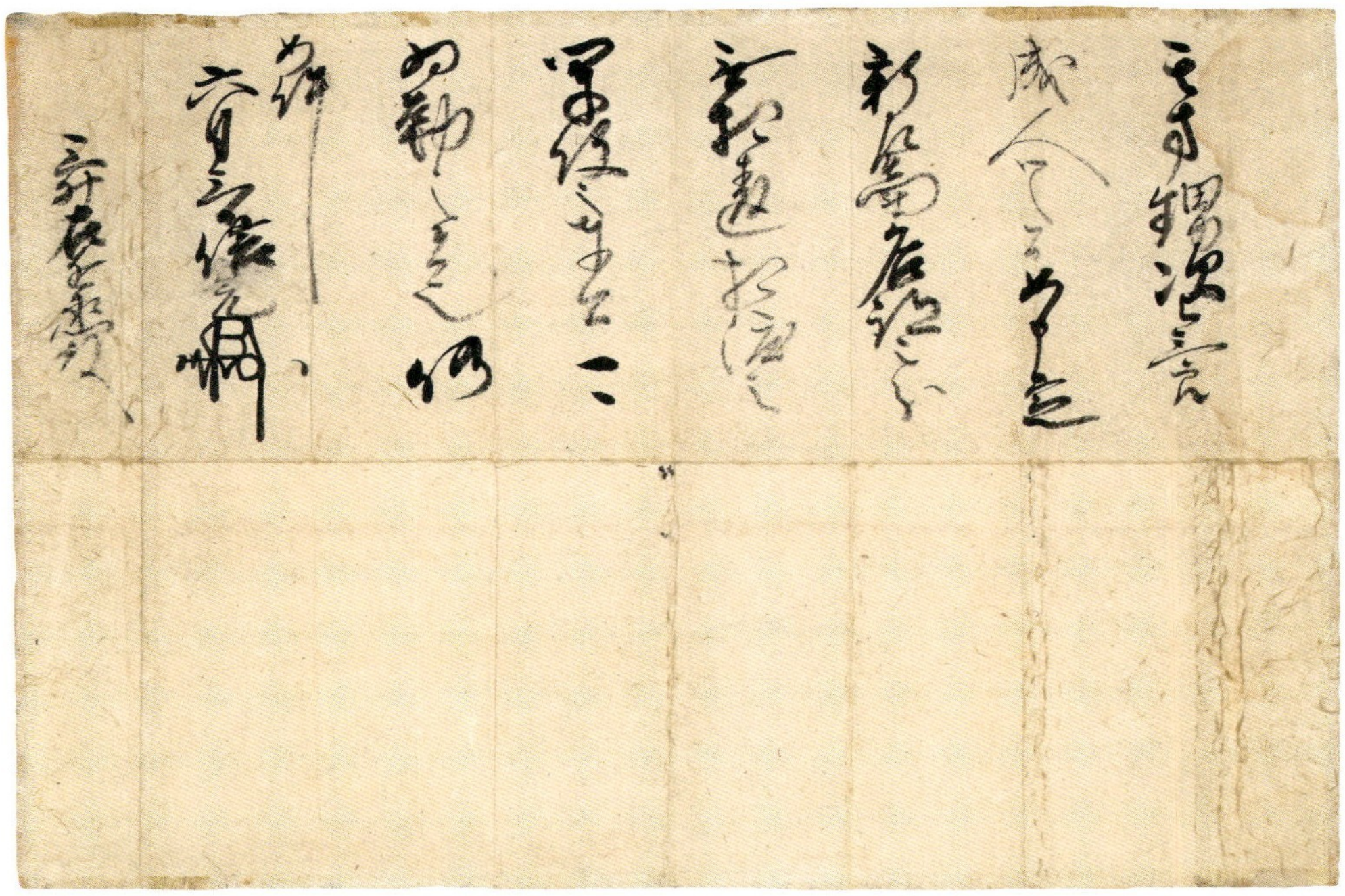

52

中央市指定文化財

武田信堯判物《たけだのぶたかはんもつ》

戦国時代（天正年間か）　個人（山梨県立博物館寄託）

御一門衆の武田信堯が山之神村の土豪三井右近尉に対し、成人した嫡男の次郎三郎に所領を譲り、軍役を勤めさせるよう指示した文書。信堯は武田信虎の駿河追放時に同道した子息信友の子で、御一門衆としての本格的な活動は勝頼の時代に入ってからのこととみられる。また駿河の有力国衆葛山氏の一門・御宿友綱の妹を正妻に迎えるなど、駿河での活動が期待されたのだろう。

勝頼は長篠敗戦後、仁科盛信（信玄五男）や安田信清（同七男）ら若い御一門衆の起用を進めることで、戦死者の穴を埋めようとしていたことが指摘される。

代替わりの安堵

天正四年四月、勝頼は父信玄の本葬儀を執行し、その死を正式に公表した。同時に、代替わりの安堵証文を多数発給し、領内の秩序維持に努めている。

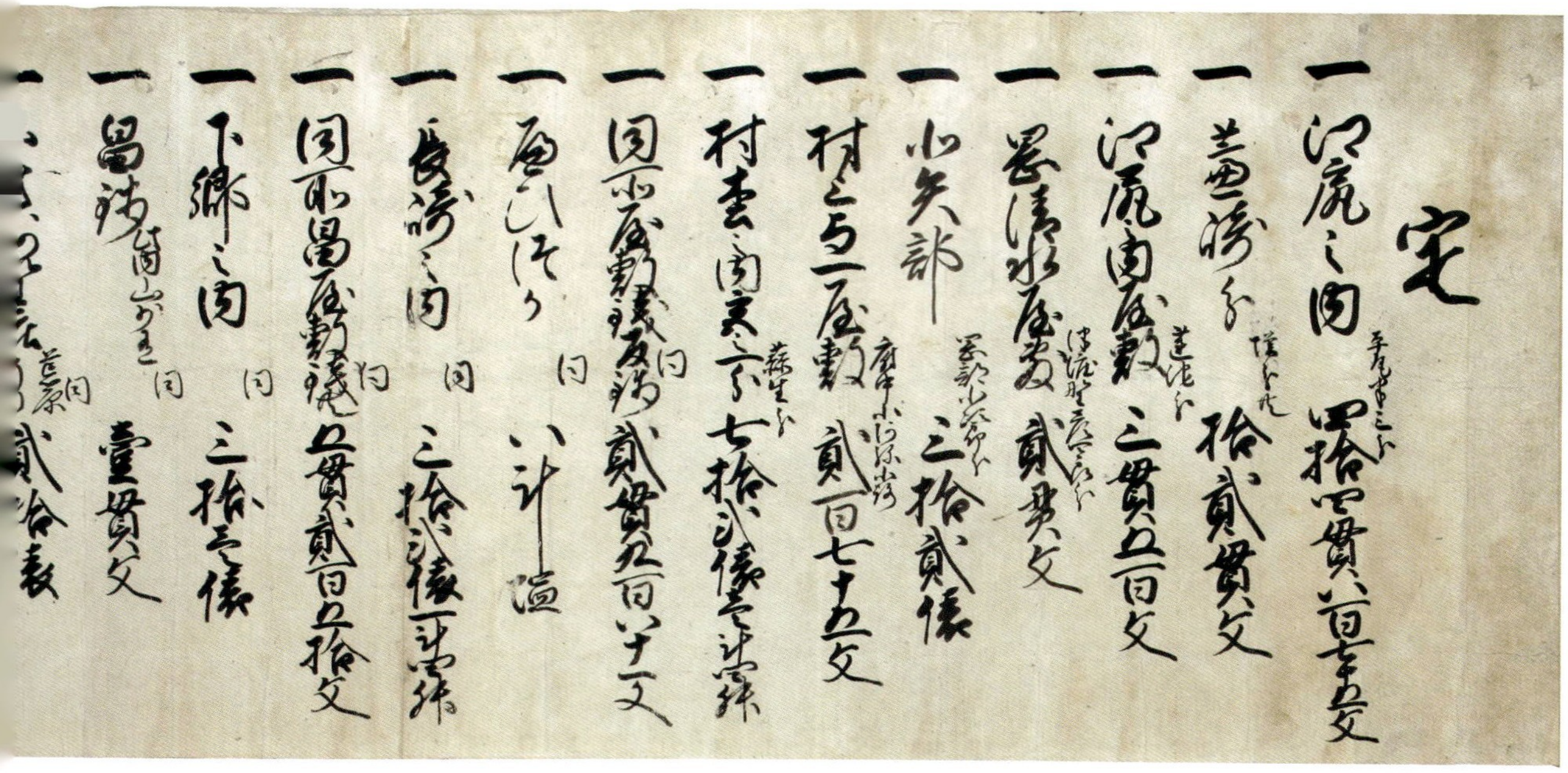

53

武田勝頼判物《たけだかつよりはんもつ》

天正四年（一五七六）

早稲田大学図書館

勝頼が駿河の海賊衆土屋杢左衛《もくざえ》門尉《もんのじょう》に対し、法性院殿《ほっしょういんでん》＝信玄に与えられた江尻ほかの所領を安堵し、今後の忠節を求めた文書。信玄の本葬儀が行われた後に、正式な代替わりの安堵として出されたものだろう。追而書には「敵地へ内通」した場合などには、この安堵が取り消される旨が書かれている。この部分も信玄が出した文書の内容とほぼ同一だが、「敵地」の対象は、この段階では徳川家康ただ一人を想定したものといえよう。

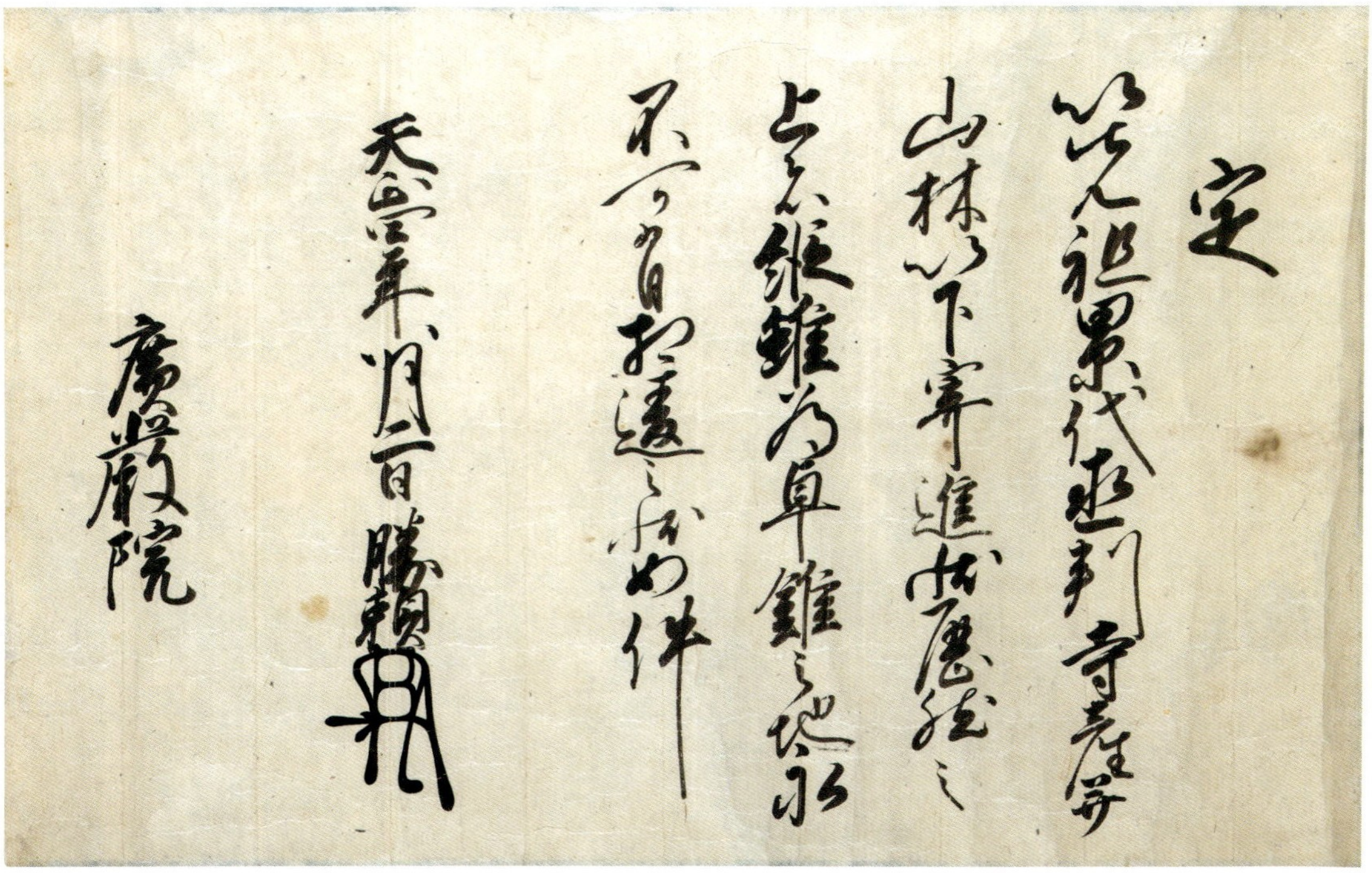

54

山梨県指定文化財

武田勝頼判物《たけだかつよりはんもつ》

天正四年（一五七六）

笛吹市　廣厳院（山梨県立博物館寄託）

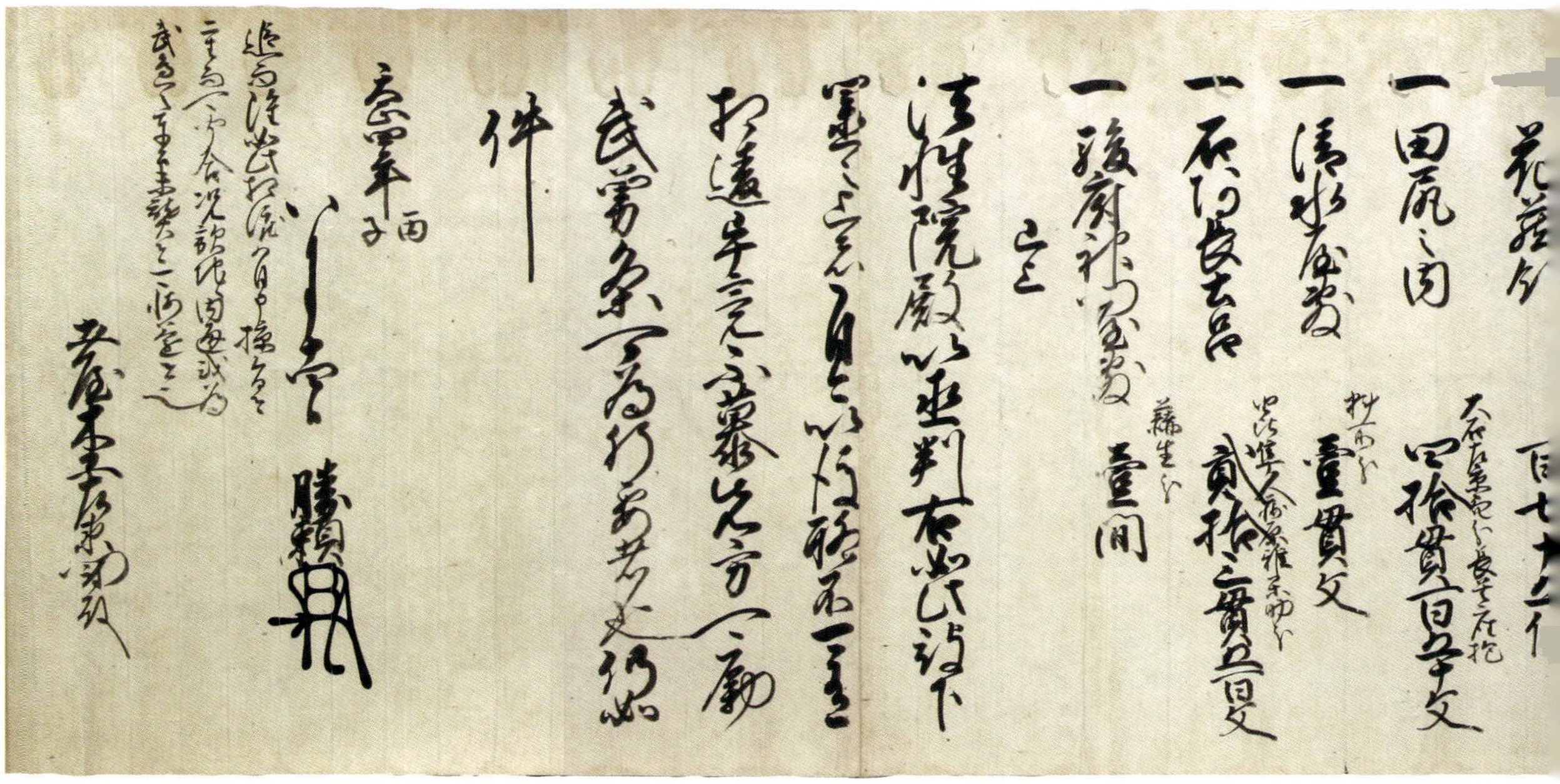

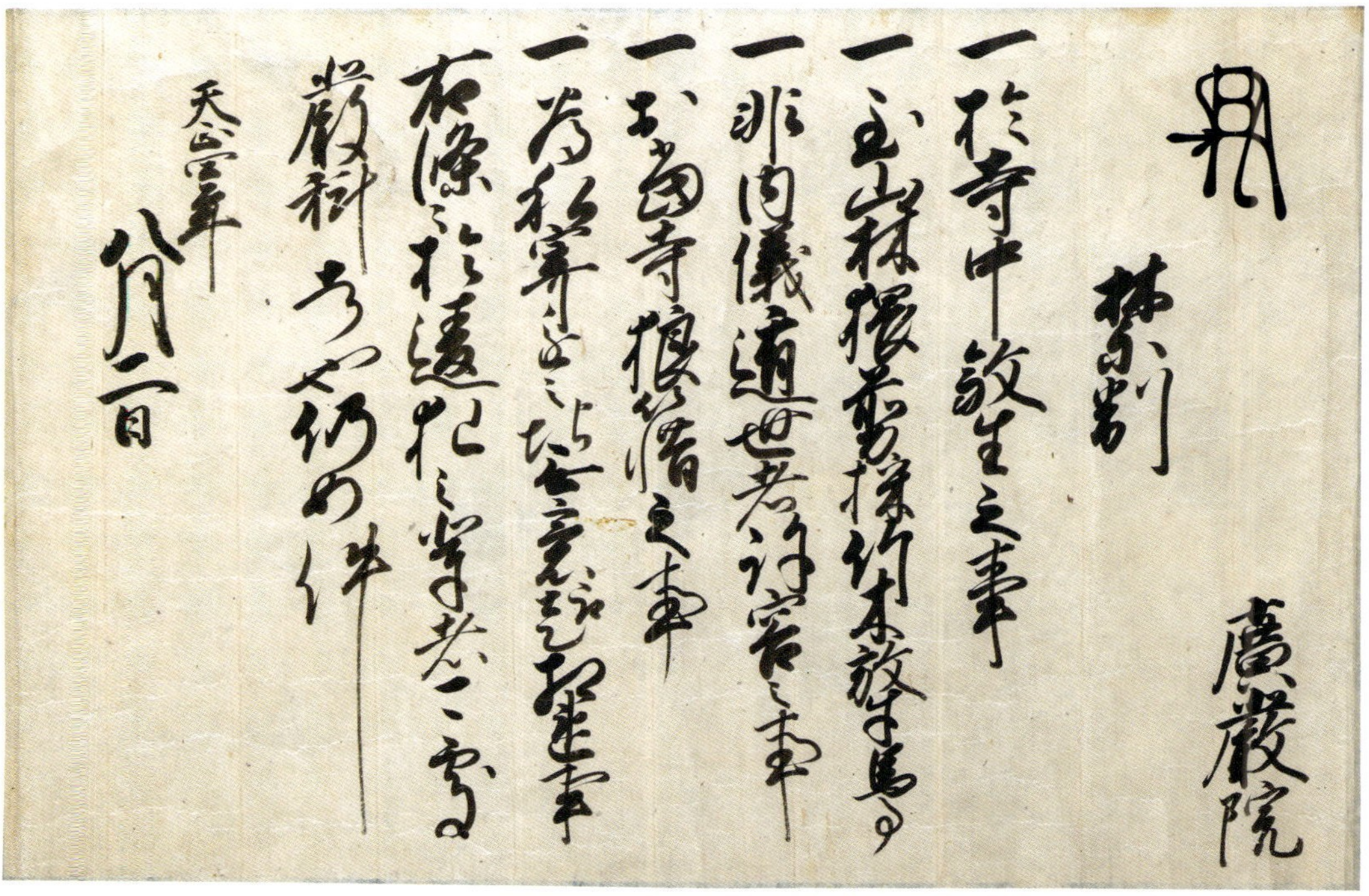

55
山梨県指定文化財
武田勝頼禁制《たけだかつよりきんぜい》
天正四年（一五七六）
笛吹市　廣厳院（山梨県立博物館寄託）

勝頼は領国内の寺社にも代替わりの証文を出しているが、この文書のように、同日付で所領安堵の判物と禁制の二通セットで出される事例が多い。また多くの場合は信玄時代の安堵を根拠に証文が出されたが、廣厳院は信玄以前の武田氏歴代による寄進等の由緒があったためか、「先祖累代の直判をもって」寺領を安堵するとしている。

新たな印判の創出

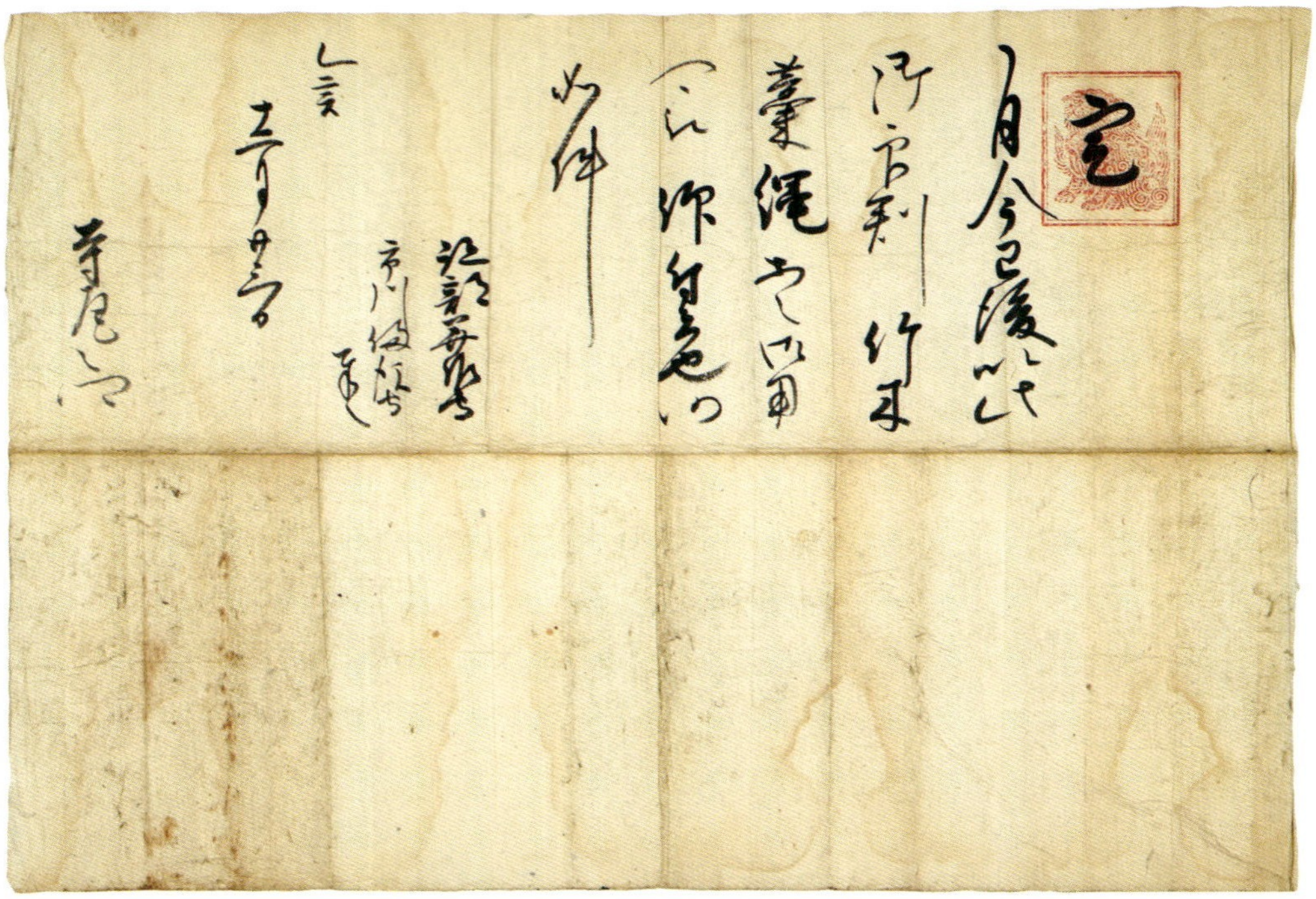

56
山梨県指定文化財
武田家朱印状《たけだけしゅいんじょう》
天正三年（一五七五）
個人（山梨県立博物館寄託）

勝頼が新たに作った獅子の絵が刻まれた朱印（獅子朱印）による文書。竹木や藁縄を徴収する際には、この印を押した文書で指示することを伝えている。長篠敗戦から半年余りと領国内の混乱も残る時期だが、勝頼は内政改革にも着手していた。獅子朱印による文書は、当初は本文書のように物資の調達などに用途が限定されていたようだが、次第に龍朱印状で発給する内容にも使われるようになる。最終的には、信玄が創始した龍朱印に代わる、武田氏の家印として用いることを考えていたのかもしれない。

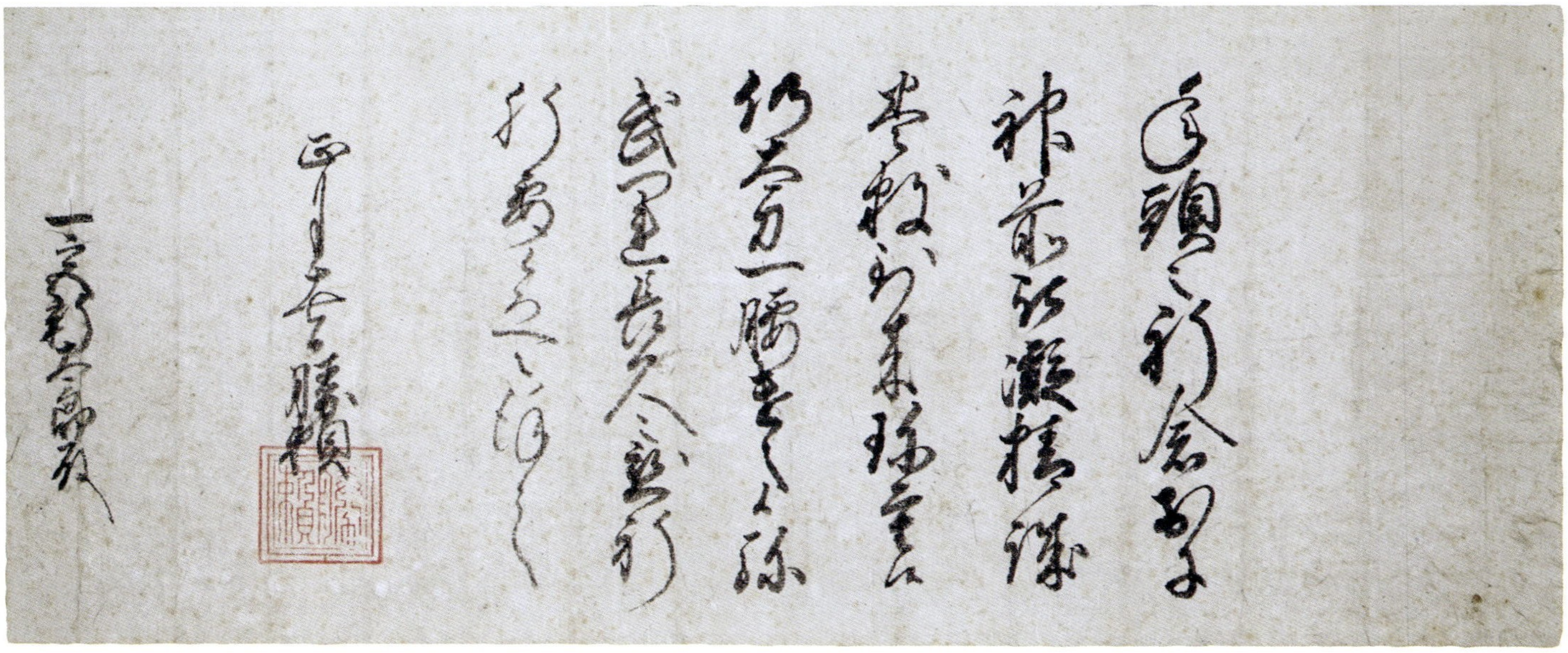

57
武田勝頼書状《たけだかつよりしょじょう》
天正九年または十年
（一五八一・八二）
山梨県立博物館

武田氏では当主の名字を刻んだ印も用いていたが、勝頼は、信玄の跡を継いでからしばらくの間、信玄の「晴信」印を使っていた。しかし天正八年（一五八〇）六月頃から、自身の名前を刻んだ朱印の使用を始めている。このころ、武田氏は上野（群馬県）東部で大きな戦果をあげており、勝頼は武田氏当主としての自信を深め、新たに自身の名前の印を使うことを決意したのかもしれない。用途は、本文書のように寺社への書状や、同盟国への外交関係文書に使われる例があり、これらは信玄による「晴信」印の使用と同じ傾向にあるが、それ以外にどのような用途を意図していたかは今後の課題である。

甲相同盟の強化

勝頼は様々な同盟策も講じていた。将軍足利義昭による甲斐武田・越後上杉・相模北条三氏の和睦交渉にも応じ、三和の実現はならなかったものの、上杉謙信との和睦を実現する。また安芸毛利氏とも同盟を結び、織田信長に東西から対峙する体制を整えた。同盟国である北条氏とも、さらなる同盟の強化を図っていく。

58
武田《たけだ》勝頼《かつより》妻子《さいし》像《ぞう》
戦国時代（十六世紀）
和歌山県　高野山持明院

勝頼とその夫人北条氏（桂林院殿）、嫡男信勝の三人を一幅の画面に収める。勝頼と信勝は花菱紋の付いた肩衣を着し、勝頼は月代《さかやき》を剃り、信勝は元服前の髪型で描かれる。夫人は紅葉模様の小袖に流水文の表衣を打ち掛け、片膝立の姿で信勝と向き合う。家族の平和な一時が感じられる作である。夫人は北条氏の当主氏政の妹で、武田氏からの強い要請によって輿入れしたとみられる。その時期はこれまで天正五年と考えられてきたが、近年の研究により、その一年前に輿入れしていた可能性が高い（この時十三歳）。武田氏と北条氏の同盟は、婚姻による縁戚関係を欠いた状態が続いていたが、この関係を強化することで、武田氏にとっては実現をみなかった三和と同等の効果が得られたのだろう。『甲陽軍鑑』では、春日虎綱がこの婚儀成立によって長篠以降初めて安心して眠れると語ったという。

桂林院殿に関わる？ 快川紹喜の墨蹟

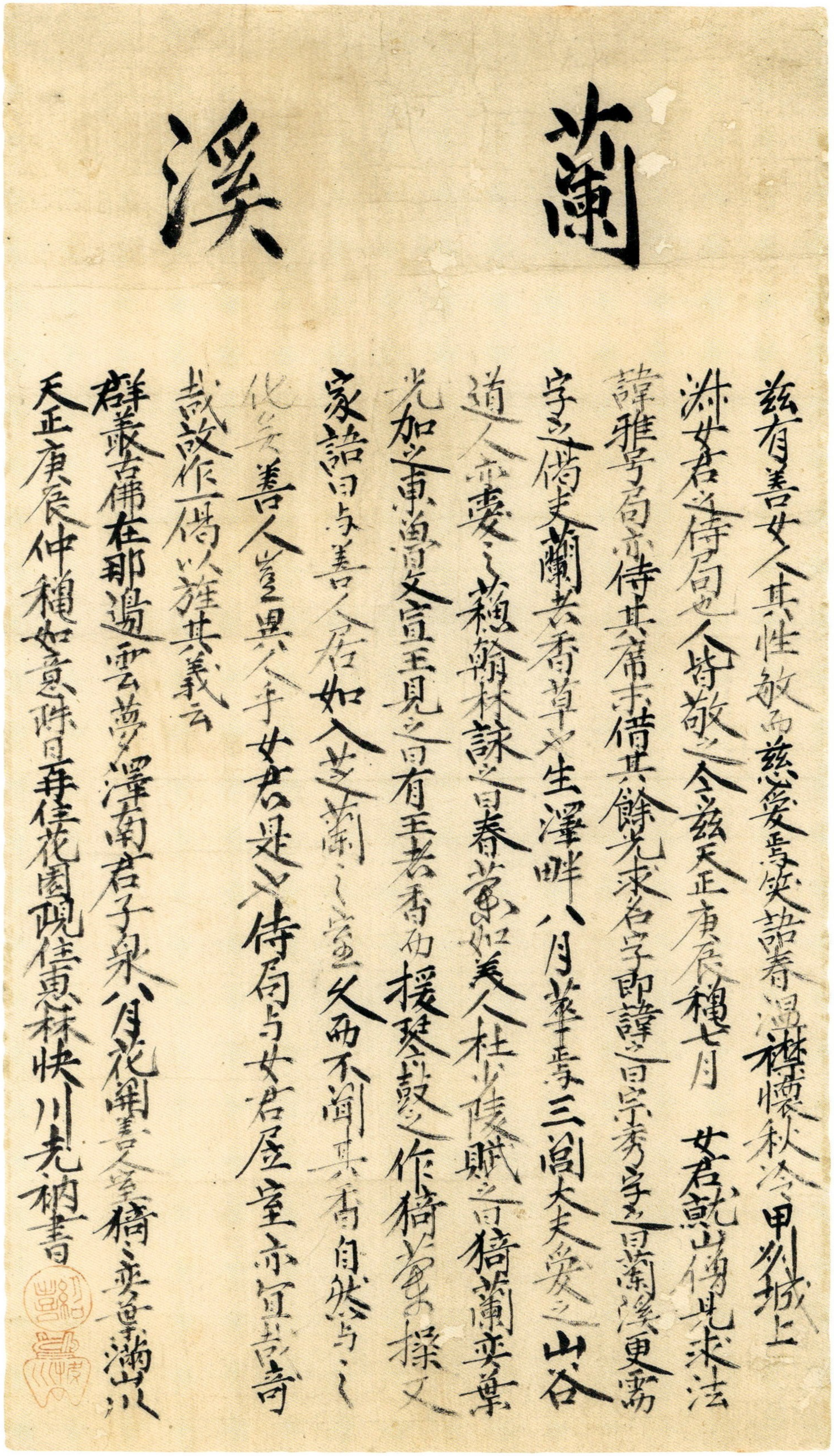
蘭渓

60

山梨県指定文化財

蘭渓字説《らんけいじせつ》

快川紹喜筆

天正八年（一五八〇）

身延町　南松院（山梨県立博物館寄託）

恵林寺住持快川紹喜が武田氏に関わる女性に法号「蘭渓宗秀」を授けた際に、その号の由来を説いて記した書。蘭渓の号を授かった女性は「甲州城上淑女君」の侍局であり、女君が法号を求めた際に、局も一緒に法号授与を依頼したという。その内容は、蘭の字を借りて女君の淑徳を称えたものであるとされる。確証は得られないものの、「甲州城上淑女君」は勝頼夫人桂林院殿に比定することが最も相応しいとの指摘がある。

大きく変わる対外情勢

長篠合戦後、勝頼は内政・外交・軍事など多岐にわたって改革・再建を進め、一定の成果をあげつつあった。その状況に重大な変化を与える事件が起こる。天正六年（一五七八）三月、隣国越後の上杉謙信が急死し、その養子である景勝（謙信の甥）・景虎（北条氏政の弟）が争う内乱となった（御館の乱）。そして勝頼も、越後の内乱に関わらざるを得なくなっていく。

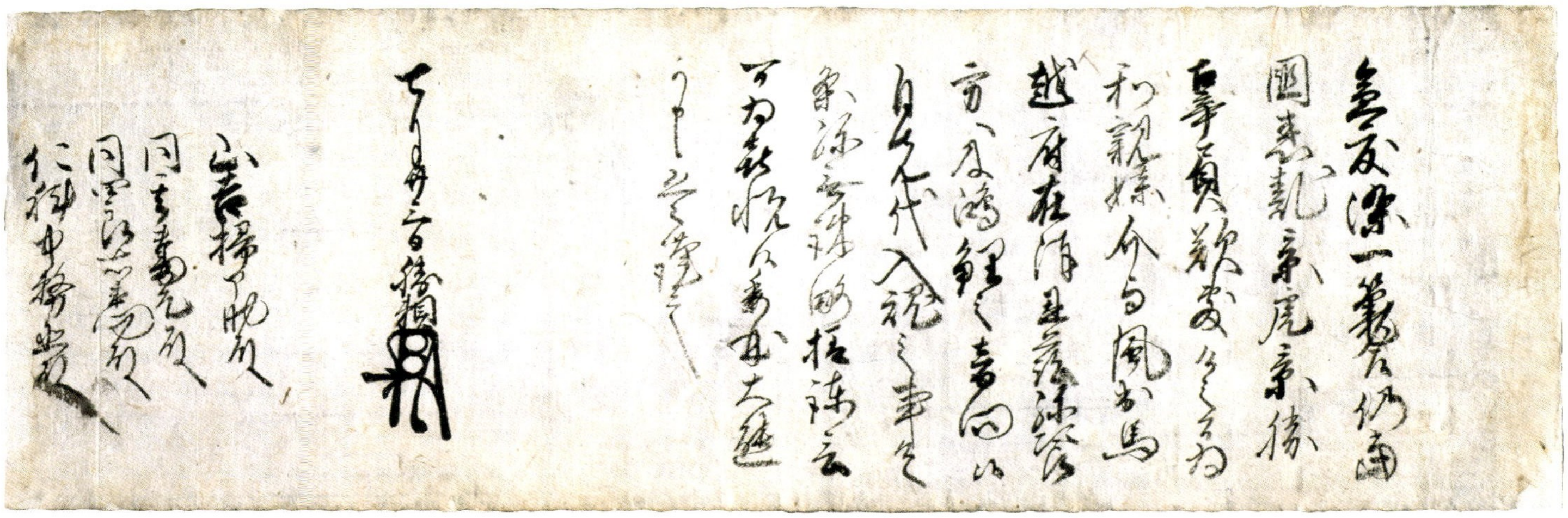

61
国宝
武田《たけだ》勝頼《かつより》書状《しょじょう》
天正六年（一五七八）
米沢市上杉博物館

勝頼が上杉景勝家臣に出した書状。上杉景勝・景虎の争いは嘆かわしいことであり、「和親媒介」のために出馬して越後に在陣していることを伝え、景勝への取り成しを依頼している。勝頼は相模北条氏から景虎支援を要請され、五月二十三日に先鋒として武田信豊を出陣させている。しかし六月に入ると、景勝方からの和睦交渉を受け入れ、勝頼は両者の和睦を仲介する立場へと方針を転換した。

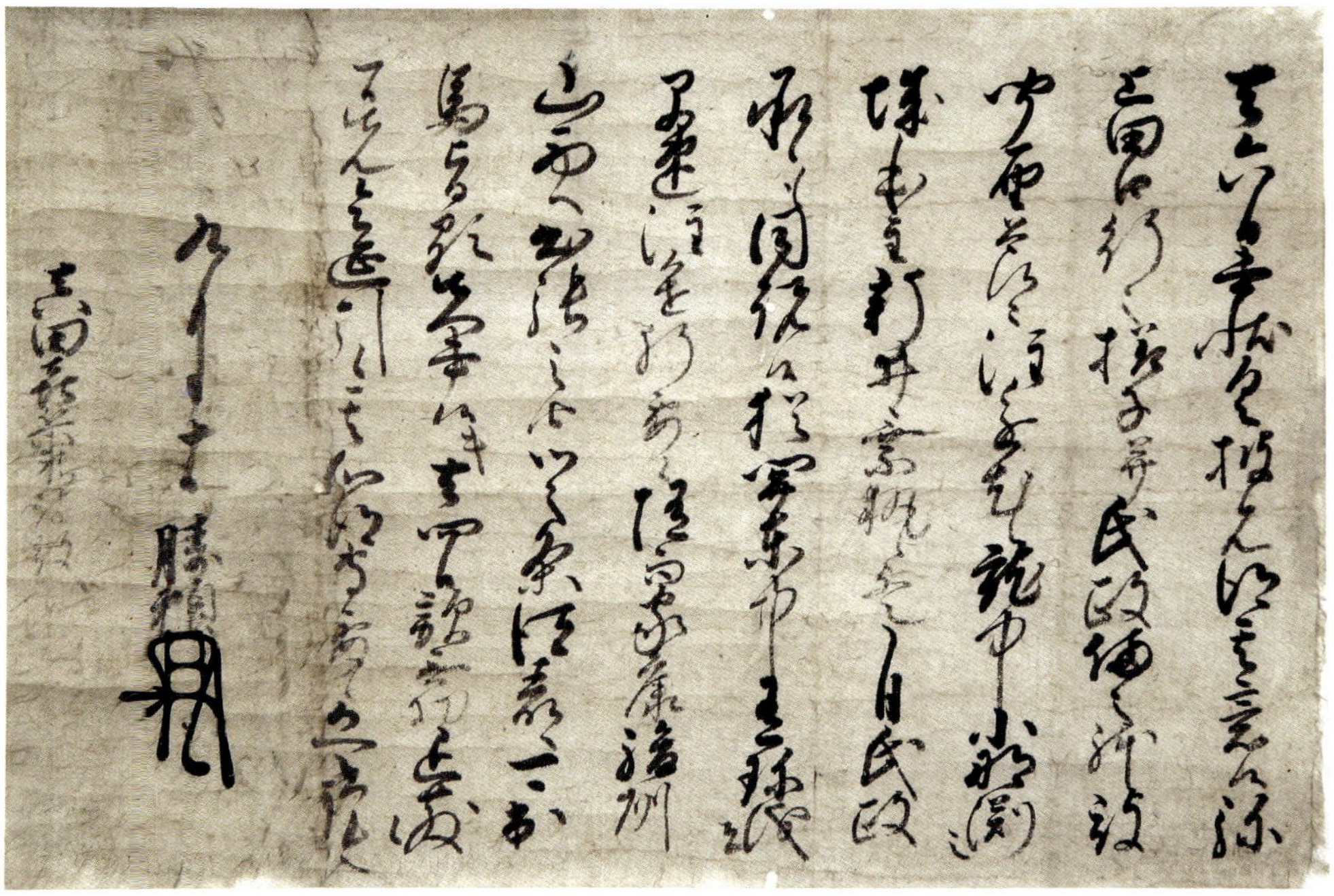

62
武田《たけだ》勝頼《かつより》書状《しょじょう》
天正六年（一五七八）
長野県　真田宝物館

勝頼の仲介により、上杉景勝と景虎は八月二十日に和睦した。しかしその二日後、徳川家康が勝頼の留守を狙って駿河に侵攻してきたため、勝頼は二十八日に越後を発たざるを得なくなった。本文書はその翌月、真田昌幸からの書状に対する返信で、上野国女淵城（群馬県前橋市）など関東の情勢に関するやり取りとともに、徳川家康の動向は大事に至らず、勝頼自身も出陣を延期したことを述べている。この時期の勝頼は、越後・上野・駿河と、多方面に目を配らなければならない状態だった。

コラム―⑤ 御館の乱と武田勝頼

前嶋　敏

天正六年（一五七八）三月、越後では上杉謙信が没し、その跡目を巡って上杉景勝と景虎が争うこととなった（御館の乱）。そして周知のとおり、翌年三月に景虎が滅亡し、さらにその翌年に景虎方の栃尾城や三条城が落城して、この争いは景勝の勝利におわる[1]。景勝の生涯において、この争いを乗り越えたことの意味は大きい。なお、景虎が相模北条氏の出身であったことから、この争いには北条氏およびその同盟相手である甲斐武田氏も深く関わっている[2]。本展は武田勝頼の生涯を振り返るものであり、御館の乱にも触れている。本稿では、この争いにおける勝頼の動向の一端とその影響について、越後国側の視点から確認したい。

＊

上杉謙信の没後間もなく、景勝は謙信の遺言と称して春日山城実城を占拠し、また景虎は御館に入り、対立は激しくなっていった（『上越市史』別編2、一四七七・一五二三等。以下『上越』〇〇とする）。そして、家中も景勝方・景虎方に分裂し、争いは大きなものとなった。なお景虎実兄の北条氏政は、武田勝頼に景虎への助力を依頼しており、その支援が期待できることから景虎についた諸将もいたとする指摘もある[3]。この争いでの勝頼の立場は注目される。

さて勝頼は、氏政の要請を受けて越後に進軍した。これに対し景勝は、その脅威を排除すべく、奥信濃と東上野の割譲、黄金の進上、姻戚関係を結ぶことなどを条件として勝頼に和睦を求めた（『上越』一五二四など）[4]。

〔史料1〕（新潟県立歴史博物館所蔵斎藤氏文書、『上越』一五五九）

芳墨快然候、抑被対当方、景勝無二可有御入魂之由、大慶候、於于勝頼も異于他可申合所存候条、弥御同心候様ニ諫言可為本望候、仍太刀一腰金覆輪・馬一疋蘆毛・青蚨千疋到来、珎重候、委曲小山田可申候、恐々謹言、

六月廿四日　　勝頼（花押）

斎藤下野守殿

史料1は、天正六年六月二十四日、勝頼が景勝方の斎藤朝信に送った書状である。景勝が和睦を求めてきたことを喜び、交渉に応じる意志がある旨を示している。なお、同日付ほぼ同文の文書が同じく景勝方の新発田尾張守宛にも送られている（『上越』一五六〇）。

ところで、勝頼はこれと並行して景虎方にも書状を送っていた。

〔史料2〕（山梨県個人所蔵文書）[5]

其表之鉾楯無際限候条、和策之儀可有如何之由、去比景虎へ以飛脚申之、定可為参着歟、于今無帰参候条、為曖愚存可申達、以龍花・得願両寺申候、宜為馳走祝着候、恐々謹言、

三月廿三日　　勝頼（花押）

堀江玄葉（蕃）頭殿

遠山左衛門入道殿

史料2は勝頼が景虎方の堀江玄蕃頭等に送った書状の写である。三月廿三日付となっているが、海老沼真治氏はこれを六月の写し誤りとする[6]。史料2は史料1の前日に発給されたと考えられる。本文書では、まだ回答を得ていないものの、勝頼が景勝・景虎和平を進言して

いたことが示される。さらに勝頼は、六月二十九日に越後府中に到着し、景勝に両者の和平を助言している（『上越』一五六九）。すなわちこの段階で勝頼は、争いの終結をはかるべく双方に和平を働きかけていた[7]。なお、景勝には和平する意志はなかったとみられており（『上越』一五七七）[8]、また勝頼の出陣経緯からしても、景虎側の反応も芳しかったとは考え難い[9]。和平には困難が多かったと思われる。しかし、結果的に和平は八月二十日に一旦成立する（『上越』一六一三）。また、勝頼の帰国以後間もなく破綻する（『上越』一六六六等）。これらのことからも、この和平における勝頼の役割の大きさがうかがわれよう。

＊　＊

和平の破綻以後、景勝は戦況を優位に進めて景虎を滅ぼし、また勝頼と景勝はそれ以後も交渉を進めて同盟が成立した（甲越同盟）。同盟は武田氏が織田信長によって滅亡するまで継続している[10]。勝頼の動向が当該期の越後国に与えた影響は小さくない。越後上杉氏を理解する上でも、さらに注視されるべきものと思う。

上杉景勝像（米沢市上杉博物館蔵）

1　『新潟県史』通史編2　中世、一九八七年、今福匡『「東国の雄」上杉景勝』KADOKAWA、二〇二一年、新潟県立歴史博物館『上杉景勝　その生涯』（展示図録）、二〇二三年、などを参照。
2　笹本正治『武田勝頼』ミネルヴァ書房、二〇一〇年、丸島和洋『武田勝頼』平凡社、二〇一七年、海老沼真治「武田勝頼」丸島和洋編『戦国武将列伝4　甲信編』戎光祥出版、二〇二四年、など参照。
3　前掲注1『新潟県史』参照。
4　前掲注1『新潟県史』など。なお前掲注2丸島氏著書では、東上野の割譲は事実ではないとする。
5　海老沼真治「御館の乱に関わる新出の武田勝頼書状」『戦国史研究』六五、二〇一三年による。
6　前掲注5海老沼氏論文。
7　前掲注2丸島氏著書では、勝頼は、北条氏の依頼を断ることはできないものの、対立が長期化した場合、武田氏領国が徳川氏らによる危険にさらされる可能性が高まると考え、和平提案に至ったとする。
8　前掲注1今福氏著書。
9　前掲注2海老沼氏論文など。
10　鴨川達夫『武田信玄と勝頼』岩波新書、二〇〇七年などでは、この時期の武田氏・上杉氏の関係について、織田信長勢力との関わりを指摘している。

甲越同盟の成立

勝頼が越後を去った直後、上杉景勝・景虎の争いは再燃し、翌年には景勝勝利、景虎敗死という形で収束した。この間、勝頼は景勝支持の姿勢に傾き、両者の関係が深まっていく。そして天正七年(一五七九)九月、勝頼異母妹の菊姫が景勝正室として越後へ輿入れし、ここに甲斐武田氏・越後上杉氏による軍事同盟(甲越同盟)が成立した。

63

国宝

跡部《あとべ》勝忠《かつただ》・市川元松《いちかわげんしょう》連署注文《れんしょちゅうもん》

天正七年(一五七九)
米沢市上杉博物館

武田家臣跡部勝忠と市川元松が上杉家臣長井昌秀へ送った、輿入れする菊姫に同行して越後へ移る付家臣と知行高のリスト。菊姫が甲府を出発したのは九月十七日で、勝頼が出陣中で甲府を留守にしている最中のことであった。そしてその九日後に、このリストを越後へ送り、越後へ移る武田家臣の情報を知らせたことになる。婚儀があわただしく進められていた状況が想起される。

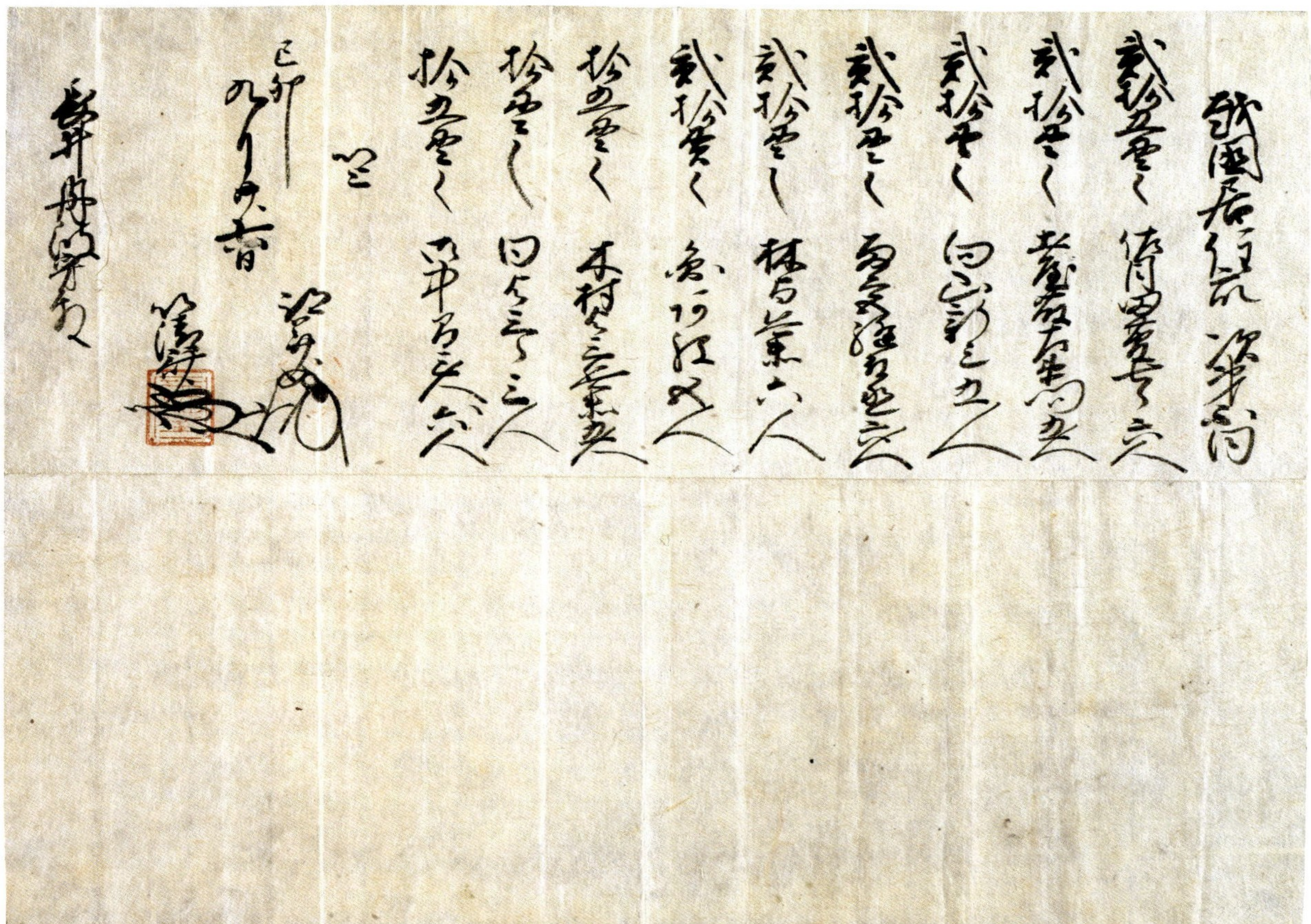

越国居住衆　次第不動
弐拾五貫文　佐目田菅七郎六人
弐拾貫文　土屋藤左衛門尉五人
弐拾貫文　向山新三五人
弐拾貫文　雨宮縫殿丞六人
弐拾貫文　林与兵衛六人
拾五貫文　円阿弥五人
拾貫文　木村与三兵衛五人
拾五貫文　同与三郎三人
　　　　　御中間三人へ六人
以上
己卯
九月廿七《六》日　跡美(朱印・花押)
　　　　　以清斎(朱印・花押)
長井丹波守殿

甲越同盟の成立以降、武田・上杉両氏は互いの軍事行動の状況等を伝えるため、頻繁に文書のやり取りを行っていた。現在残る勝頼関係文書の中でも、上杉氏関係の文書が数多く遺されている。

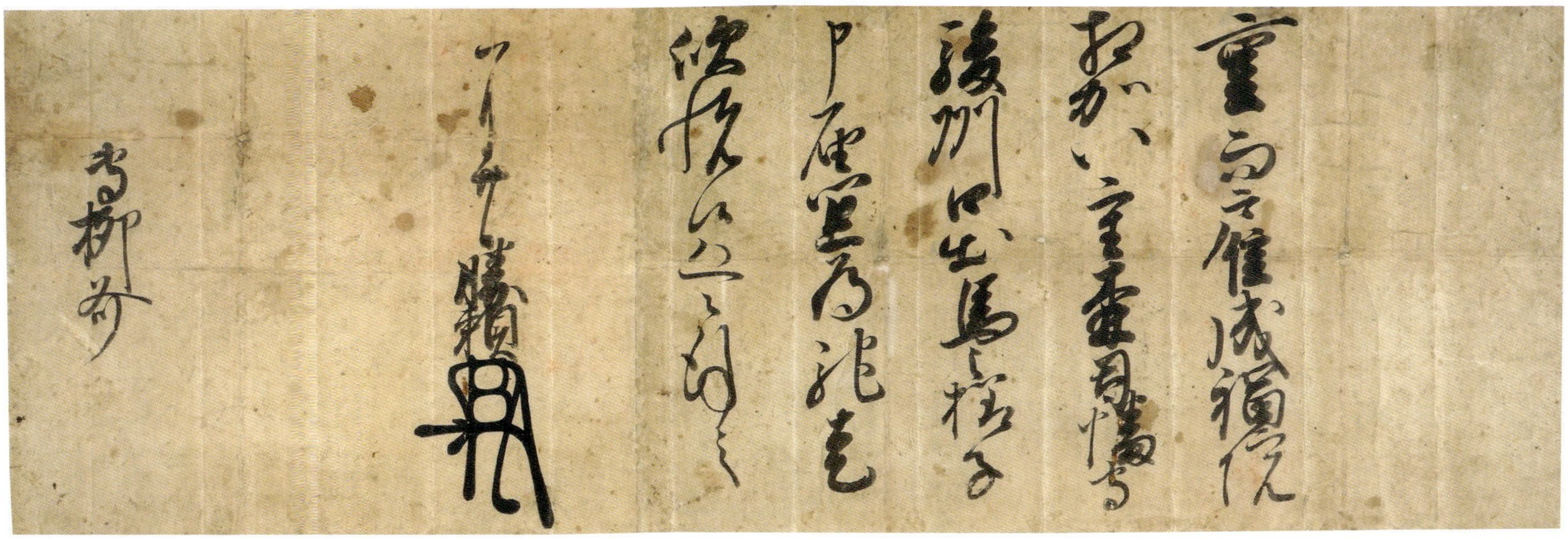

64

武田《たけだ》勝頼《かつより》書状《しょじょう》

天正七または九年（一五七九・八一）

山梨県立博物館

勝頼が上杉家臣山崎秀仙に出した書状で、成福院・八重森家昌を派遣して駿河方面の軍事行動の様子を伝えさせる旨を述べている。八重森家昌は西国方面の使者を務めていた人物で、甲越同盟交渉の使者としても頻繁にその名が見える。また成福院はもと将軍足利義昭の使僧で、武田氏にも雇われて使者の役割を果たしていた。

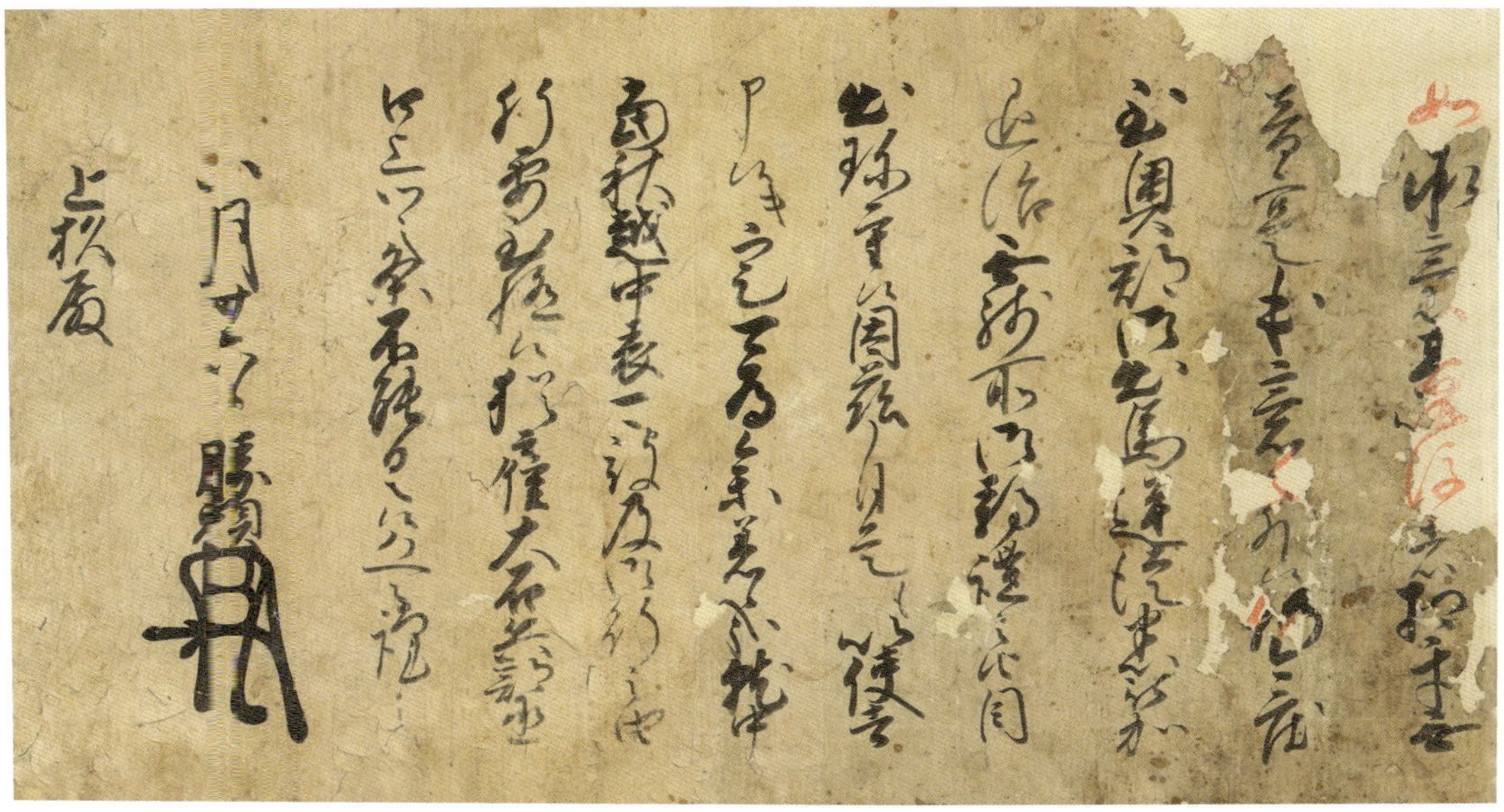

65

武田《たけだ》勝頼《かつより》書状《しょじょう》

天正八年（一五八〇）

山梨県立博物館

勝頼が上杉景勝に出した書状。越後奥郡（実際には中郡、新潟県中越地方）の平定を祝すとともに、景勝が越中国（現富山県）へ出陣するとの報に対し、その行動は肝要至極との考えを示している。この頃、景勝は越後国内の反攻勢力を鎮圧するとともに、越中方面では織田軍の攻勢に対処するなど多忙であり、相互に音信が滞ることもあったらしい。

拡大する武田両国

越後における内乱に介入した勝頼は、その過程で上杉領の一部を自身の領国に併合した。武田氏はこの時に、はじめて信濃国全土を支配下に収めたのである。また越後西浜（新潟県西端部）方面も手に入れ、武田領国は太平洋から日本海までつながったのである。

66
武田《たけだ》家《け》朱印状《しゅいんじょう》
天正七年（一五七九）
長野県立歴史館

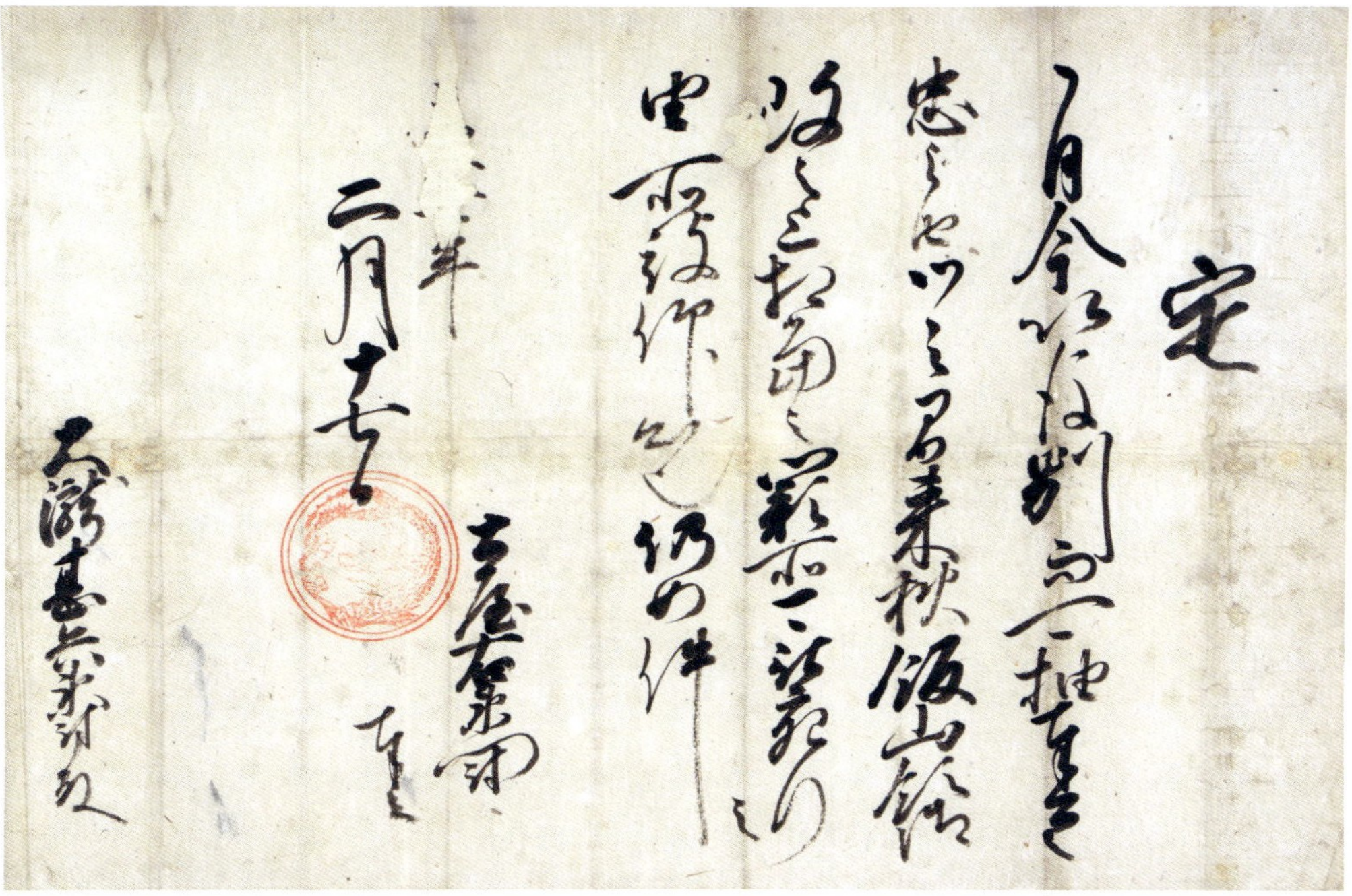

武田氏が信濃水内郡の国衆大瀧信安に出した朱印状。信安は上杉氏に従属していたが、御館の乱で武田・上杉両氏が和睦して信濃飯山領（飯山市ほか）が武田氏の領有となったことにともない、武田氏に従属することとなった。この朱印状では、武田への奉公を申し出たことに対して、秋に飯山領の改めを行ったうえで、相当の所領を与えることを伝えている。

67
武田《たけだ》勝頼《かつより》判物《はんもつ》
天正八年（一五八〇）
甲府市　遠光寺

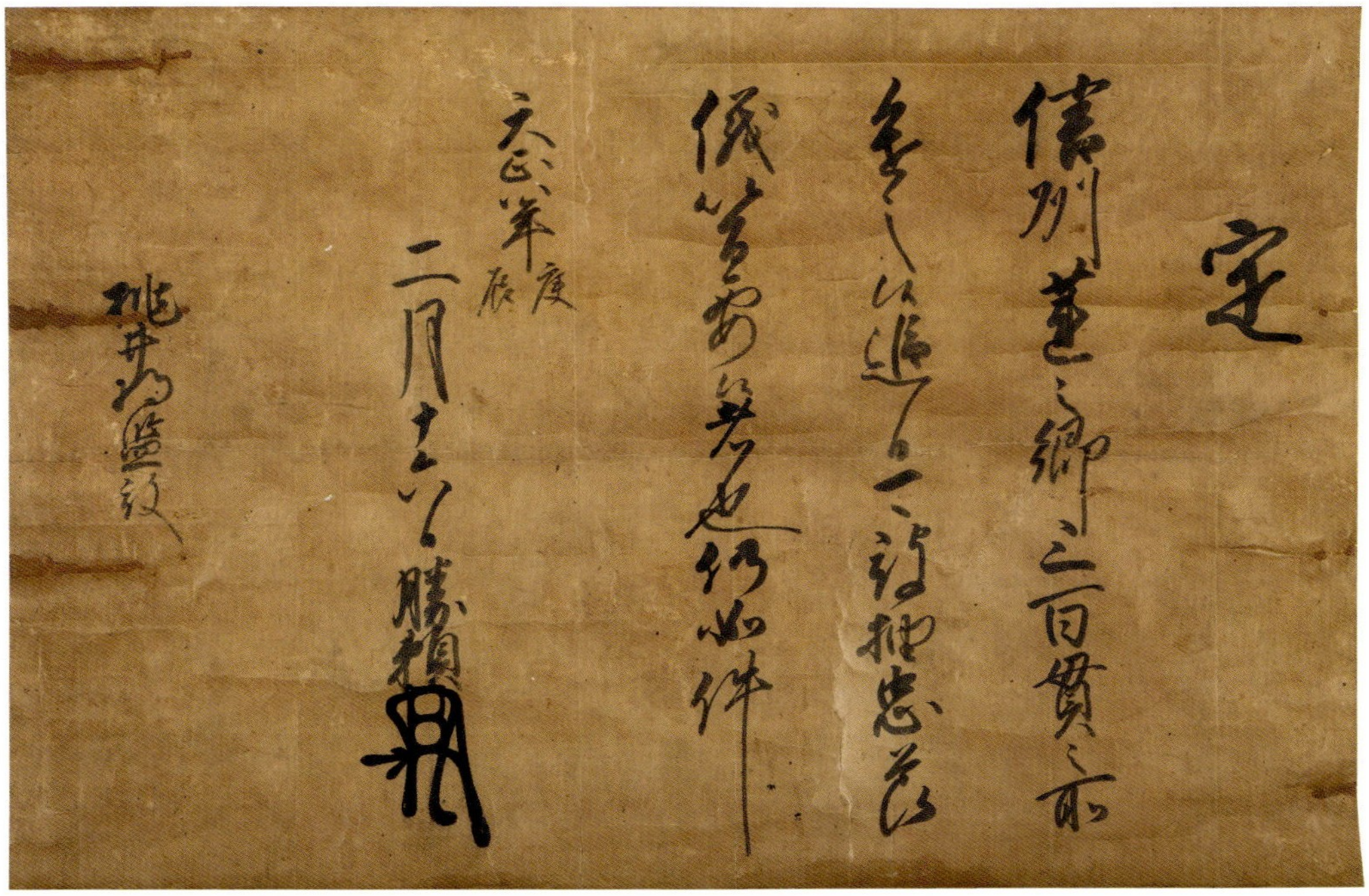

勝頼が家臣の桃井将監《もものいしょうげん》に対し、信濃蓮郷《はちす》（飯山市）において三〇〇貫の所領を与えることを伝えた文書。蓮郷は武田・上杉両氏の和睦により武田方に編入された飯山領の一部である。桃井将監は武田信豊の姪婿といわれ、信豊とともに信濃で大きな影響力を有する家臣のひとりとなっていた。この所領給付は、編入されたばかりの飯山領に、武田の重臣を配置するという性格を有していた可能性も考えられよう。

甲相同盟の破綻

勝頼にとって越後の内乱は、上杉氏との同盟という新たな関係が構築された一方、北条氏出身の上杉景虎を支援しなかったことにより、北条氏との関係悪化という結果をもたらした。北条氏との関係は回復することなく、天正七年（一五七九）九月に駿河・伊豆国境付近で対陣・開戦し、両者の同盟（甲相同盟）は崩壊した。

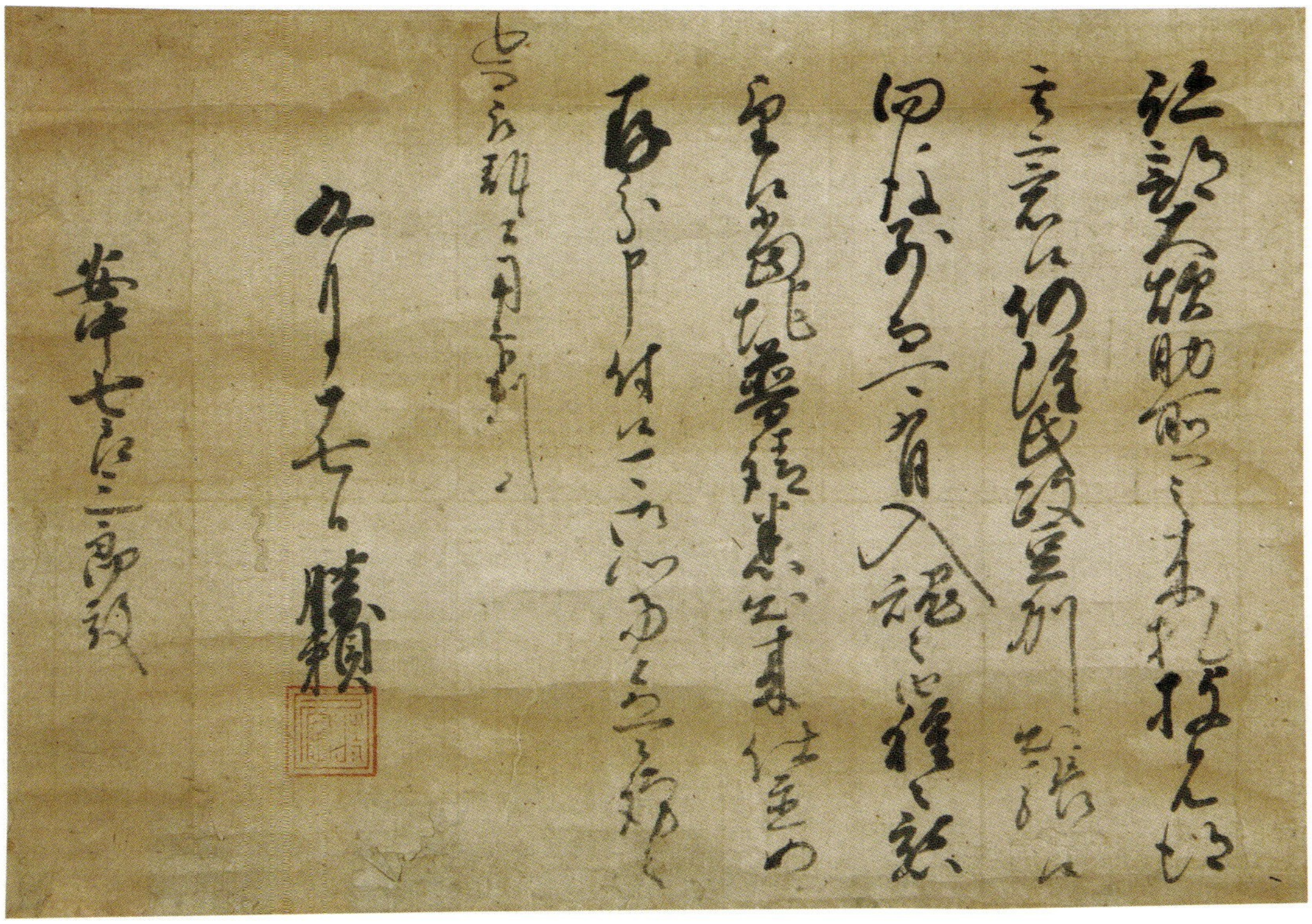

68
武《たけ》田《だ》勝頼《かつより》書状《しょじょう》
天正七年（一五七九）
甲州市　慈雲寺

勝頼が上野国衆の安中氏に対して出した書状。北条氏政が伊豆に出陣してきたが、今後も武田との友好を維持したいと「懇望」してきたから安心して欲しいなどと述べている。実際にはすでに北条氏との戦闘が始まっていたが、関東における武田方国衆の動揺を抑えるため、あえてこのような内容を書いたものとみられる。署判は朱印で済ませているが、それは勝頼が現在取り乱した状況にあるためと断っている。この頃、徳川家康も駿河へ兵を進めており、勝頼は北条・徳川両氏と戦わなければならず、文字通り取り乱れていたのだろう。

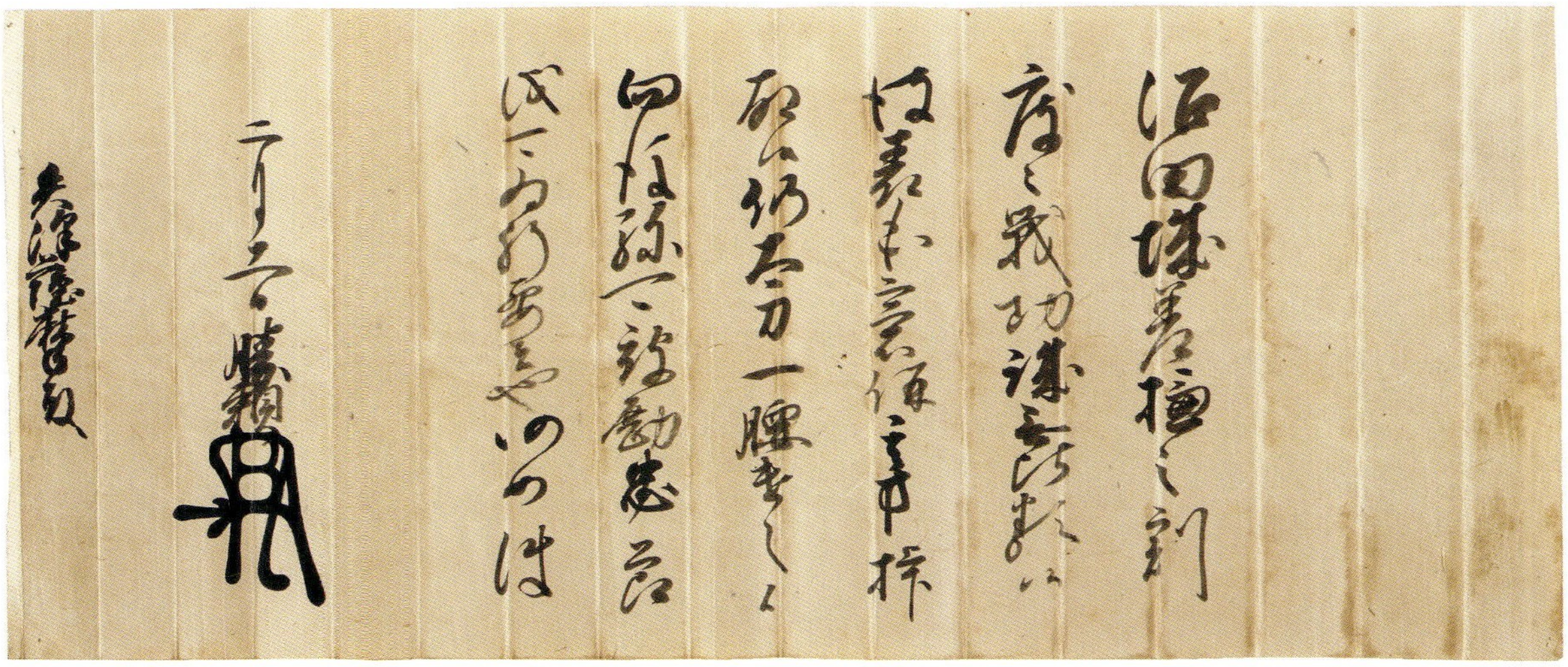

（懸紙）

69
武《たけ》田《だ》勝頼《かつより》書状《しょじょう》
天正九年（一五八一）
長野県　真田宝物館

北条氏との戦いは上野でも展開した。本文書は勝頼が沼田城（群馬県沼田市）攻略に際し戦功のあった武将に対し、太刀一腰を与える旨を伝えている。宛所は「矢沢薩摩守（頼綱）」とあるが、本文とは筆が異なるとみられ、本来の宛所は別人物だった可能性もある。ただし、矢沢頼綱が沼田領経略に大きく活躍したことは間違いない。

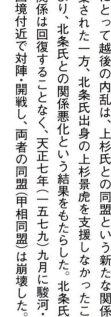

上野での勢力拡大

北条氏との同盟決裂後、勝頼は駿河方面では北条・徳川両氏と敵対したため苦戦を強いられた。一方で上野方面では、新たに常陸佐竹氏と同盟を結んだこともあって武田氏有利に進む。中でも岩櫃城代真田昌幸は、上野利根郡の経略など、武田氏勢力の拡大に大きく貢献する。この結果、勝頼は上野の大部分を掌中に収め、武田氏の領国は父信玄時代の最盛期に匹敵する規模となったのである。

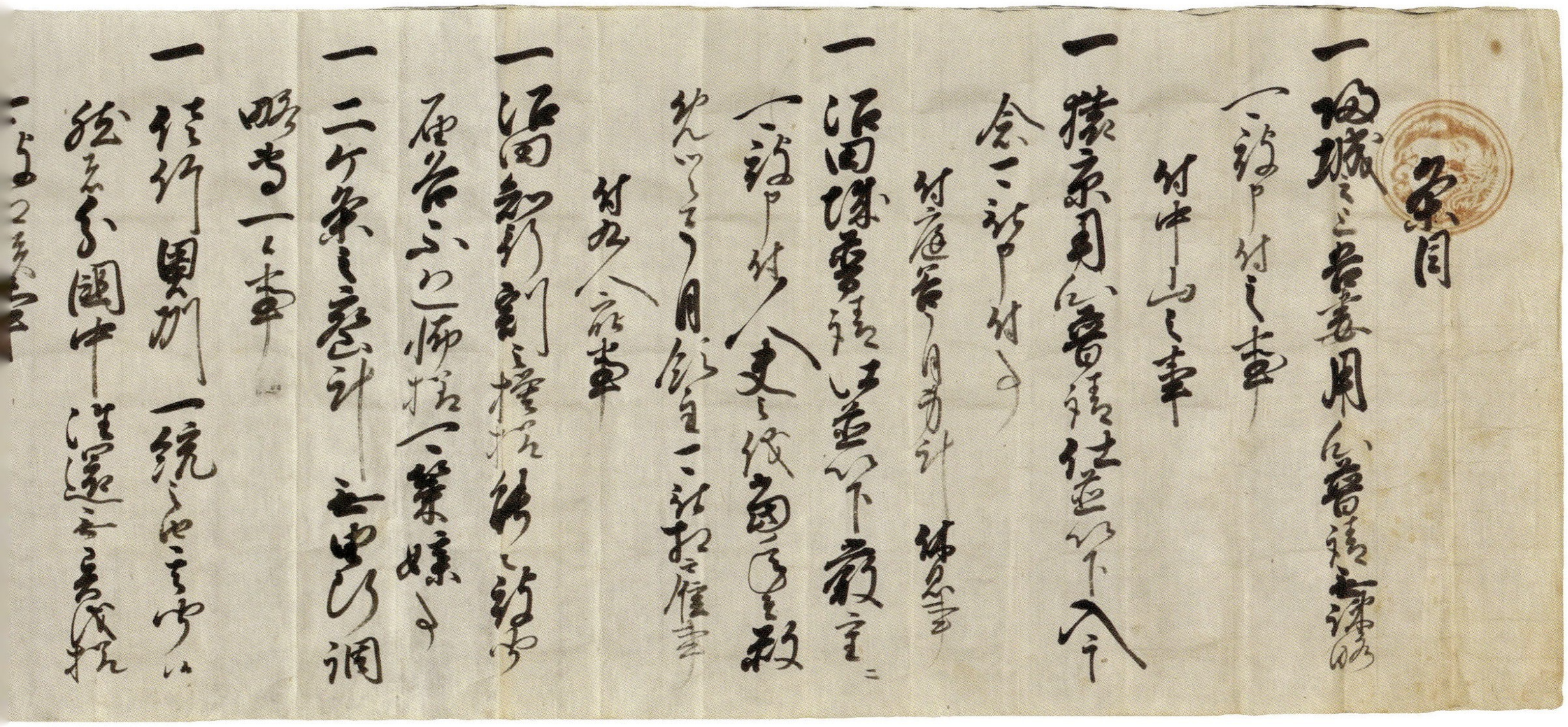

70

長野県宝

武田《たけだ》家《け》条目《じょうもく》

天正九年（一五八一）

長野県　真田宝物館

武田氏が真田昌幸に対して吾妻郡・利根郡および群馬郡北部の統治指針を一四か条にわたって示した文書。武田氏は各地の郡司・城代らに「在城定書」と呼ばれる文書を渡して軍政の方針を示し、権限を委ねていた。ここでは、吾妻郡内や猿《さる》ヶ《が》京《きょう》城《じょう》（群馬県みなかみ町）・沼田城の普請の実行、沼田領内の知行割、佐竹氏や奥州方面への交渉等に関する方針が示されている。昌幸はこの条目を得たことで、従来の岩櫃城代という立場とともに利根郡の軍政に関する権限も加えられ、上野北部の二郡を委ねられる「北上野郡司」としての地位を得た。

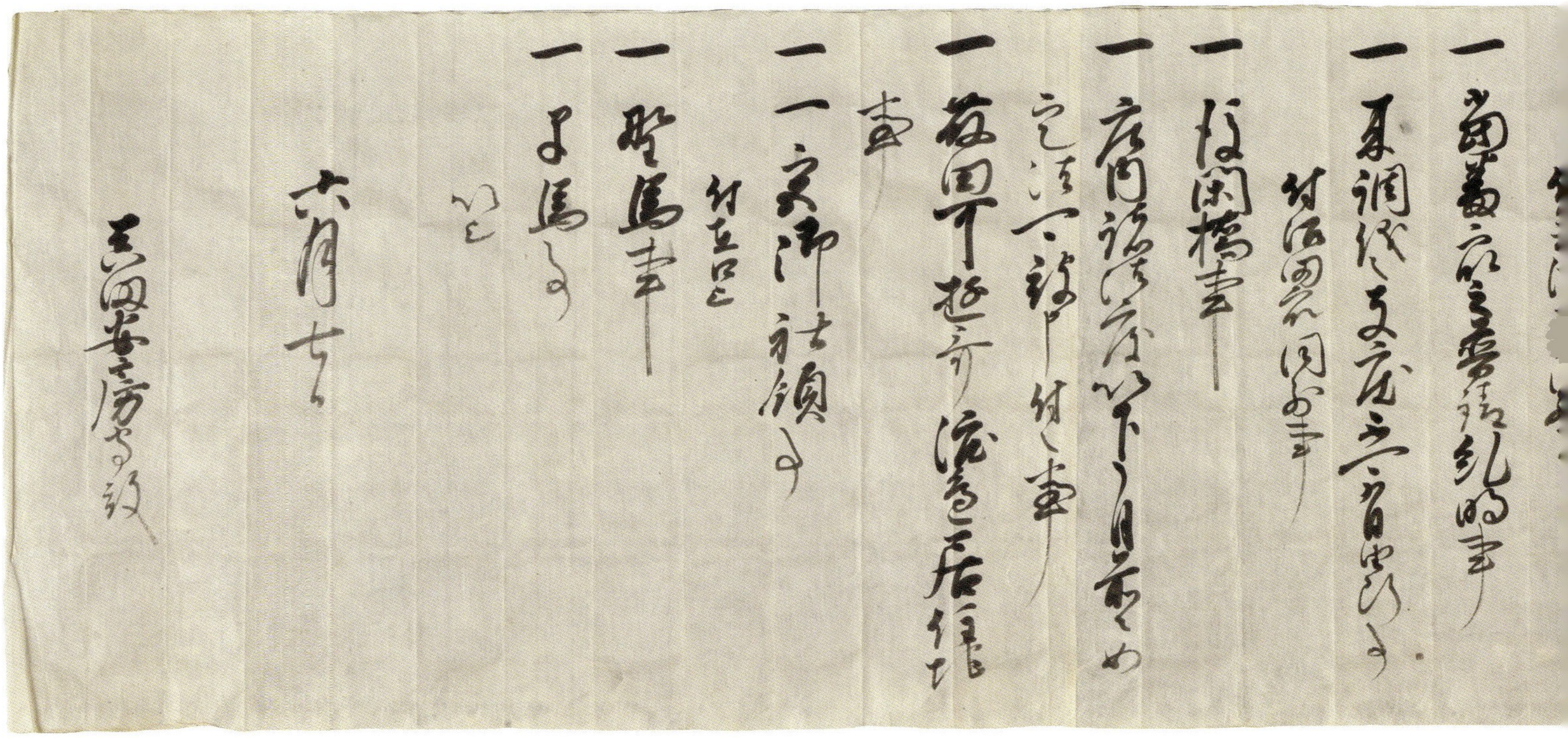

条目

一、帰城之上、吾妻用心普請、無疎略可被申付之事
　付、中山之事
一、猿京用心普請仕置以下、入于念可被申付事
　付、庭谷自身計休息事
一、沼田城普請仕置以下、厳重ニ可被申付、人夫之儀、当年者赦免候間、自領主可被相雇事
　付、九人衆事
一、沼田知行割之模様、能々被聞届、各不恐怖様可策媒事
一、二ヶ条之密計、無由断調略専一候事
一、佐竹奥州一統之由其聞候、然者分国中往還無異儀様、可被相談事
　付、会津表同前事
一、当番衆之普請糺明事
一、来調儀之支度不可有由断事
　付、沼田衆同前事
一、後閑橋事
一、庄内諸法度以下、自前々如定法可被申付之事
一、藤田・可遊斎・渡辺居住地事
一、一宮御社領事
　付、在口上
一、野馬事
一、早馬事
以上
六月七日
真田安房守殿

語り継がれた上野での戦い

71 上州膳《じょうしゅうぜん》の城《じょう》素《す》肌《はだ》攻《ぜ》めの図《ず》

歌川芳虎筆
元治元年（一八六四）
山梨県立博物館

天正八年に勝頼が上野に出陣し北条方の膳城《ぜんじょう》（前橋市）を攻略したという史実をもとに、城攻めの状況を描いた錦絵。なぜこの城攻めが後世に絵画のモチーフになったかと言えば、『甲陽軍鑑』に取り上げられた題材で、かつ素肌攻めという珍しい形で攻略したと伝えられたからであろう。ここでいう素肌とは、兵士が鎧を脱いだ状態のことをいう。勝頼が攻撃目標として膳城をはじめとする東上野諸城を見まわる際、城攻めはしないとして兵の武装を解かせていたところ、膳城から足軽が出てきて戦闘になった。勝頼は制止しようとするも、すでに土屋勢などが城中に攻め入り、城を攻略したという。

膳城攻めは武田軍の武勇を誇る逸話のようにみえるが、『甲陽軍鑑』では必ずしも良い話として論じてはいない。この出陣は遠江高天神城からの救援要請を断るためのもので、勝頼は高天神城に向かって織田信長との戦いになることを恐れていたという。また勝頼の制止も聞かずに城へ突撃した兵たちを「強すぎたる大将」である勝頼と重ねて、勝頼も早く嫡子信勝に跡を譲って、自分は家老のような立場で（素肌攻めの兵たちと同じように）先陣を務めたほうが良いと評している。

この時の出陣は、同盟者である佐竹氏と連携したもので、勝頼の一存で行ったわけではなく、まして高天神城を救援しない口実としての出陣ということはあり得ないだろう。しかし勝頼が上野への対応に時間を割かれ、高天神城への救援が思うようにできていない状況にあったことも事実であり、このことが勝頼の命運を左右することにもなった。

コラム―⑥　武田勝頼と側近家臣

～「強すぎたる大将」を支えた忠臣たち～

深沢　修平

洋の東西を問わず、権力をめぐる歴史をみていると、時折現れる人たちがいる。本来就くはずのなかった権力の地位に、様々な運命のいたずらによって昇り詰めた類の人たちである。すなわち成り上がりの権力者たちである。武田勝頼もその数奇な運命によって、武田一門の武将「諏方勝頼」から、武田本宗家当主へと成り上がった人物と言ってよい。

そして、成り上がりの権力者たちは、その権力を確立するため側近たちを重用しがちである。武田勝頼も側近を頼みとし、戦国大名として生き残りを計った。

武田勝頼と側近

武田勝頼の側近というと、跡部勝資と長坂虎房（釣閑斎光堅）の両名がまず想起される。両名は、江戸時代のロングセラーである『甲陽軍鑑』において、武田氏滅亡の責任者として指弾されるためだ。

同書は、勝頼について「強すぎたる大将」と形容し、跡部・長坂のように勝頼の意に沿うようなことばかりを言う側近たちが台頭する背景として描き、信玄以来の家中の伝統が失われていく因果を記している。

近年の研究によって、勝頼期における両者の権限の高さが裏付けられた。特に跡部勝資は軍事・内政のみならず外交面で豊富な事績を一次史料上に遺しており、『甲陽軍鑑』の描くその権勢に非常な説得力が与えられた。だが、武田家臣に焦点をあてた諸研究は、跡部・長坂以外の側近たちによる多様な役割をも浮き彫りにした。

例えば保科氏出身の内藤昌月である。長篠合戦で敗死した養父内藤昌秀の跡を継ぎ、上野箕輪城代となったことで知られるが、彼に期待されたのは、勝頼と昌秀の関係をむすぶ、いわば鎹（かすがい）の役割であった。

元亀四年（天正元年・一五七三）に新たな武田氏当主となった勝頼だったが、信玄が取り立てた重臣たちとの関係は不穏であった。殊に昌秀とはひと悶着あったようで、勝頼は昌秀に起請文を送り、「佞人」による讒言を取り上げないことや、勝頼と疎遠であった人物であっても重んじていくことを誓っている。虚実定かではないが、『甲陽軍鑑』には長坂と昌秀による刃傷寸前の喧嘩のエピソードが記される。勝頼周辺と、領国各地の支配を担っていた重臣たちとは空間的にも心理的にも隔たった状況にあったことは間違いなく、双方の信頼関係の構築が求められた。

内藤昌秀の養子となった昌月は、勝頼が「諏方勝頼」であった頃からの側近である。かつて勝頼が治めていた高遠には、勝頼生母を祀る乾福寺（建福寺）があり、昌月が奉者を務めた朱印状が同寺に発給されていることから、勝頼に近しく信頼あつい人物であったとうかがえる。このような人物が内藤氏に養子入りしたのだから、勝頼の狙いは明確であろう。勝頼は側近と信玄以来の譜代重臣との縁戚関係を構築することで、自身の地位さらには武田家中の安定を図ったのだ。

武田勝頼と土屋昌恒

勝頼側近のなかで、もっとも勝頼からの恩寵と信認を受け、政権中枢に位置づいたのは土屋昌恒と言ってよい。武田氏滅亡時に、最期まで勝頼に付き従い、迫りくる織田勢に対し奮闘を尽くした人物である。その武勇は『甲陽軍鑑』や『甲乱記』といった武田氏側の軍記類はもちろん、『信長公記』や『三河物語』等、敵側の文献でも特記される。そして現在でも「土屋惣蔵片手千人斬り」の伝説が、甲州市の山中において石碑として伝えられている。

このように昌恒は武功の忠臣としてすでに名高い。だが近年、昌恒は単なる武有の人ではなく勝頼政権を様々な形で支えた、吏僚としての働きが際立ってきた。

昌恒は、兄土屋昌続が、やはり長篠合戦で敗死することで土屋氏を後継したのだが、大敗北後の領国維持のために奮闘する。

例えば、武田氏の研究においては、個々の家臣が奉者を務めて発給される、奉書式朱印状の点数がその家臣の権限を示す重要な指標となっている。昌恒は天正三年(一五七五)の土屋氏後継以来、奉者として活動し、現在までに確認できるその豊富な奉書点数は、昌恒の側近としての躍進と与えられた権限の広さを示している。それこそ跡部勝資にも劣らぬ側近筆頭の地位を得た数値的な証となるだろう。

最期まで勝頼に従い田野で「片手千人斬り」の武名を遺した土屋昌恒の碑(甲州市大和町)

また特異な事例として、天正四年(一五七六)、木曾氏家臣団が連名で提出した起請文がある。信濃の国衆である木曾義昌が謀叛に動いた場合、その情報を武田氏の「甲府御奏者」に報告することが誓約されている。この「甲府御奏者」とは昌恒であった。その史料的価値が高く評価される『甲乱記』は、天正十年(一五八二)正月に、義昌謀叛の知らせが昌恒の許に急報されたとする。勝頼は、自身の権威を動揺させるに違いない情報を、側近である昌恒に誘導させることで、情報収集を図り、領国あるいは自身の地位保全を図ったのだ。

さらには岡部元信の娘が土屋昌恒に嫁いだ。元信は駿河先方衆の勇将であるが、この縁組によって武田氏と岡部元信の紐帯が強まり、元信は長篠敗戦後における武田氏の駿河・遠江防衛の要となる。

このように長篠敗戦後における昌恒の台頭ぶりは際立っている。『甲陽軍鑑』は昌恒について、勝頼の「御座を直す」側近とし、勝頼と昌恒の親密な間柄を記す。昌恒こそ勝頼による側近政治の象徴と理解することもできるだろう。

最後に、勝頼の恩寵を立脚点に、武田家中の権力中枢に位置づいた土屋昌恒だが、なぜ跡部・長坂とは異なり、『甲陽軍鑑』の弾劾対象とはならなかったのか。様々な要因が考えられるのだが、昌恒の血脈は武田氏滅亡後、徳川家に取り立てられ、ついには幕府老中を輩出する家柄となる。故に近世徳川権力との関係が、『甲陽軍鑑』の作者たちに少なからず作用したのだろう、というのが現在の私の見立てであるが、もはや紙幅も尽きた。興趣つきない研究課題として提示するにとどめ、この小文を閉じたい。

《参考文献》
深沢修平「武田勝頼」(丸島和洋編『武田信玄の子供たち』所収、宮帯出版、二〇二二年)
同「長篠合戦後における武田氏の側近取次 ―土屋右衛門尉昌恒を中心に―」(『武田氏研究』五二号、二〇一五年)

第五章 新府築城

天正九年（一五八一）、勝頼は新たな武田の本拠として、甲府の北西、韮崎の地に城を築いた。新府城と呼ばれるこの城は、防衛のための城郭としてだけでなく、戦国大名武田氏の新首都となることを目指して作られたものと考えられる。城の周囲には家臣団の屋敷なども設けられ、城下町は「甲府」にかわる「新府（新府中）」として整備されようとしていた。しかし、勝頼が新府で過ごした日々は極めて短期間で終わり、城は炎に包まれてしまったため、詳しい状況は未解明の部分が多い。勝頼はどのような構想で新府を建設したのか。遺された資料を手がかりに考える。

新府城跡遠景

新府城の完成と移転

新府城の築城に関わる記録は多くはないが、城が完成したことを伝える勝頼の書状が残されており、城は天正九年（一五八一）九月頃に完成、勝頼が城に入ったのは十二月後半頃であった。そして新府城の完成は同盟関係にある諸国にも伝えられ、武田の新たな本拠であることを広く知らしめていた。

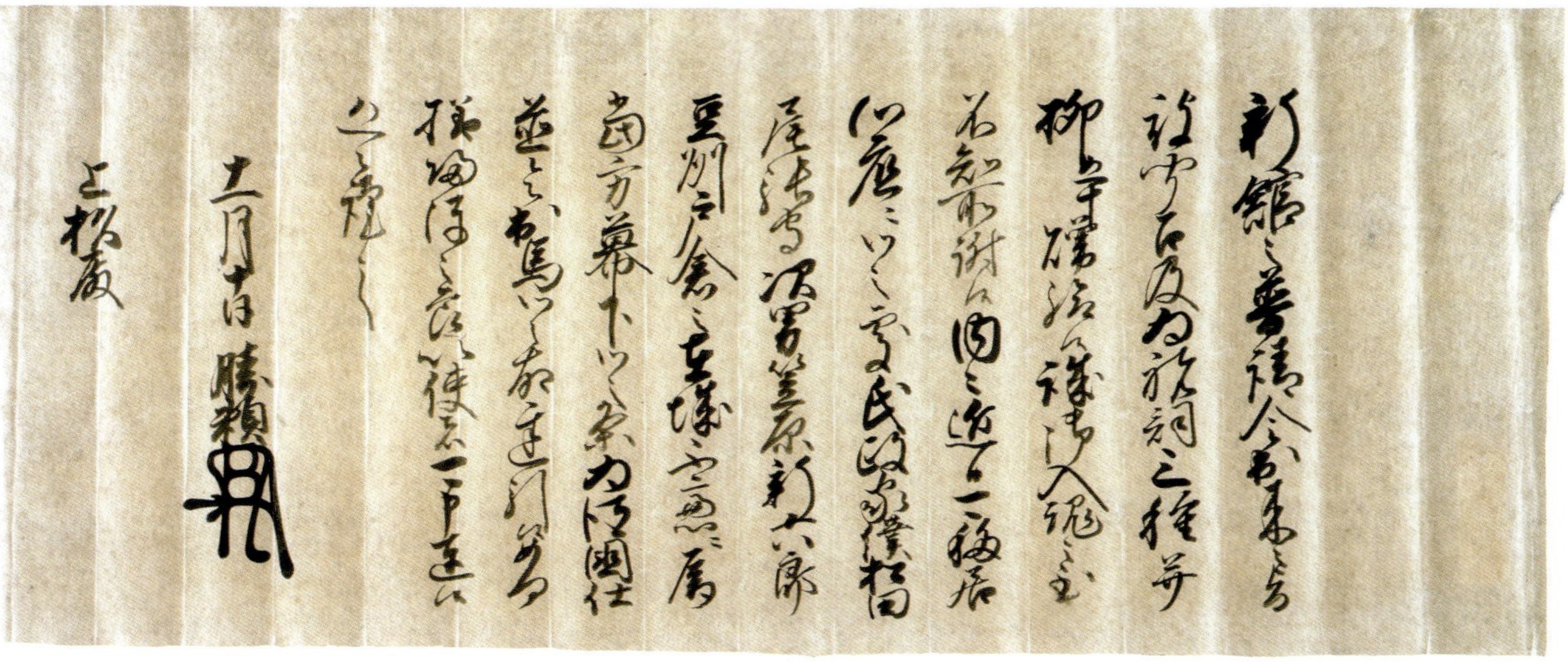

72
国宝
武《たけ》田《だ》勝頼《かつより》書状《しょじょう》
天正九年（一五八一）
米沢市上杉博物館

勝頼が上杉景勝に出した書状。「新館の普請」が完成したことを聞き及んだ景勝が祝いの品を届けたことに対し礼を述べている。また勝頼は近日中に移転しようと考えていたが、北条氏の家臣笠原新六郎が突然武田に従属したことを受けて急きょ伊豆へ出陣したため、移転が遅れていることも伝えている。新府城の完成は九月頃には公にされていたようだが、勝頼の移転は予定より遅くなった。

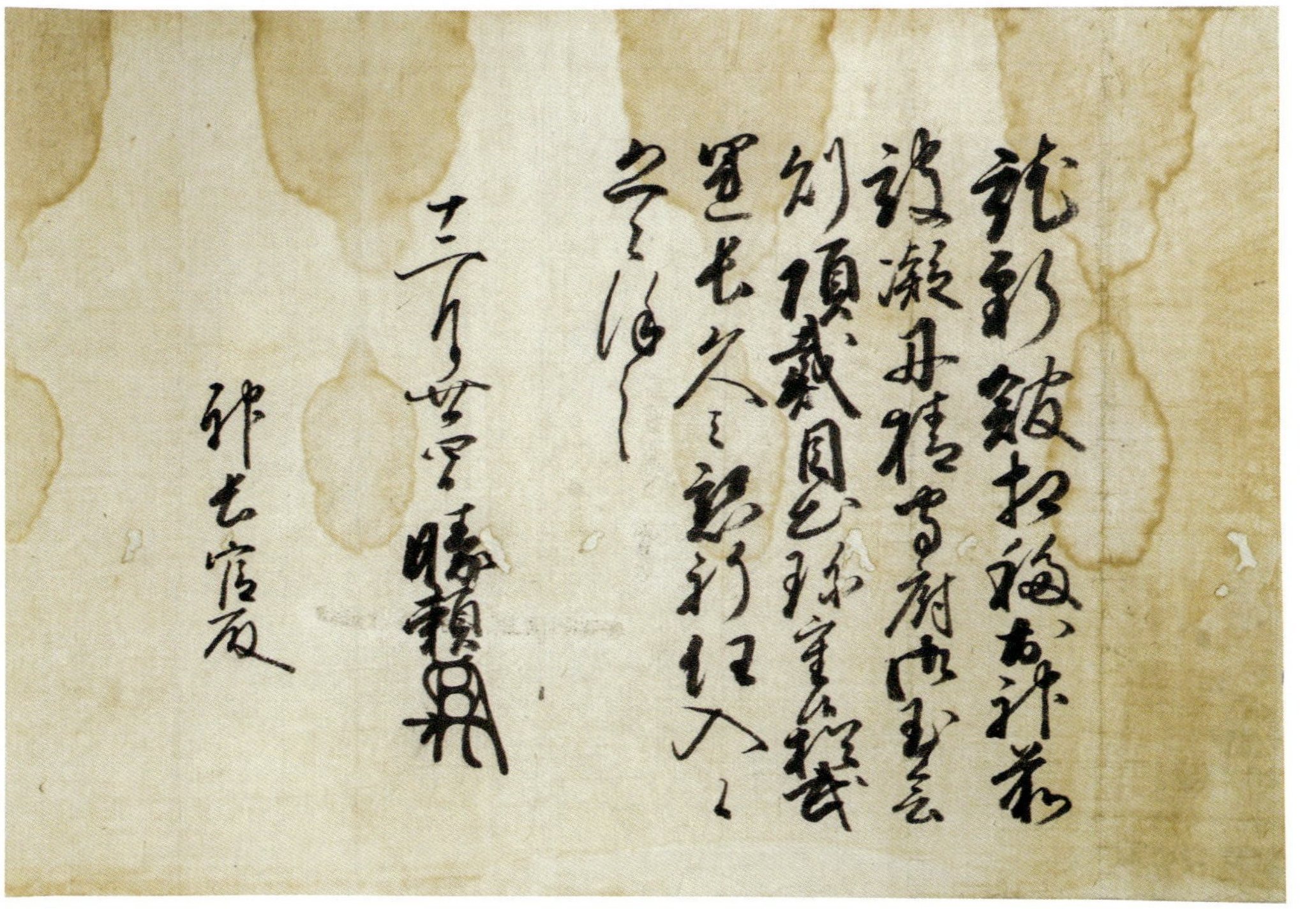

73
武《たけ》田《だ》勝頼《かつより》書状《しょじょう》
天正九年（一五八一）
茅野市神長官守矢史料館

勝頼が「新館」へ移ったことにつき、諏方上社神長官の守矢氏から祈祷の守符等が送られたことに対する礼状。十二月二十四日付で、勝頼が新府城に入ったことを示す史料としては最も古い日付である。急な出陣から帰国した勝頼は、慌ただしく新府城へと移ったのだろう。

絵図からさぐる新府城の姿

江戸時代以降に描かれた新府城の絵図は少なからず残されている。現代的な視点では必ずしも正確とは言えないものもあるが、失われた城の姿を復元するための手がかりが隠されている可能性がある。

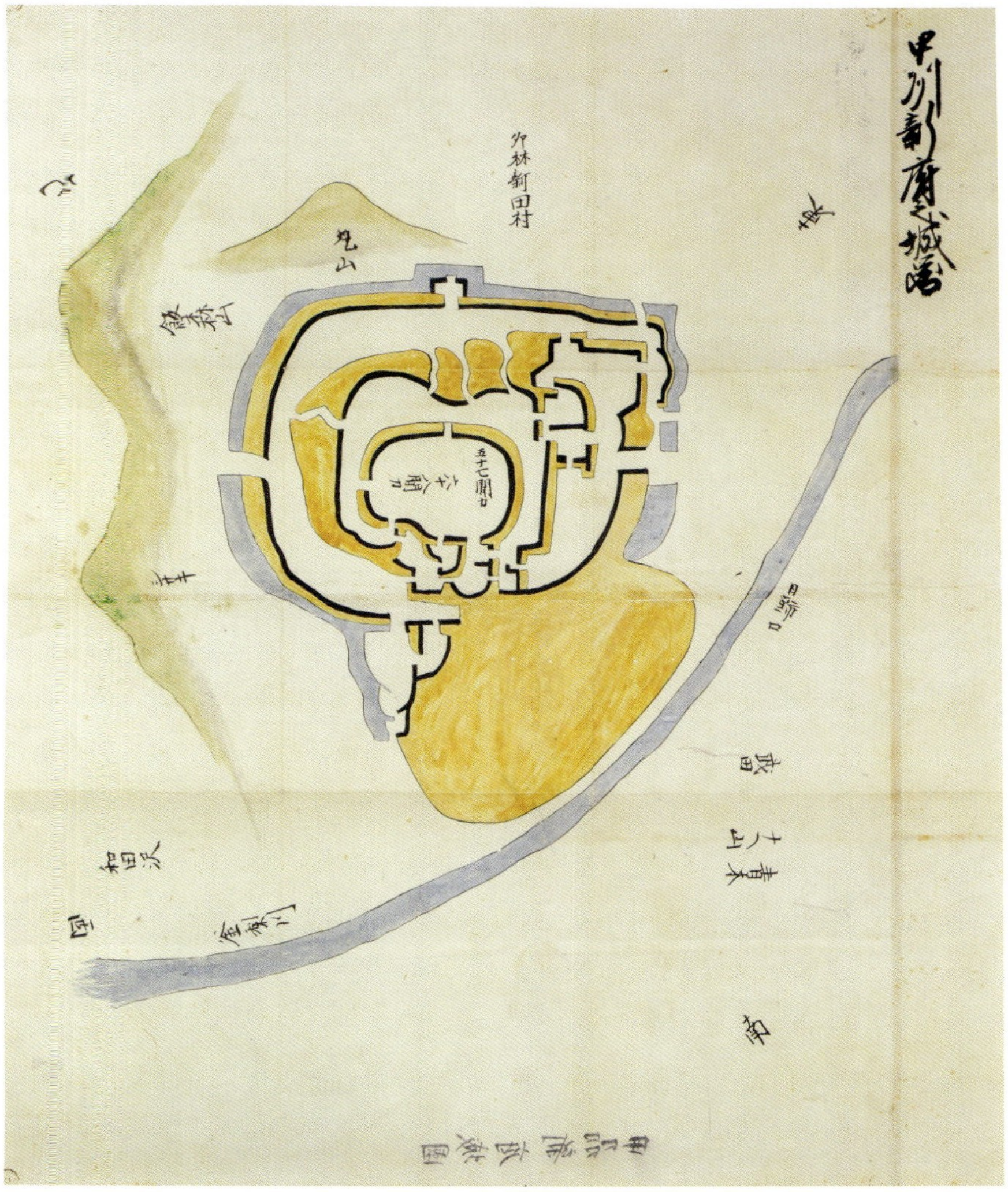

74
甲州《こうしゅう》新府《しんぷ》之《の》城図《じょうず》
江戸時代
甲州市　恵林寺（信玄公宝物館保管）

恵林寺に伝わる新府城の絵図。城の周りには堀が巡らされているが、南（西か）側は黄色で着色されたものが大きく張り出しており、七里岩の崖を示したものか。北側には堀や土塁が大きく断絶した箇所があるが、ここは二か所存在する出構を表現した可能性が高い。また北西隅には現在の乾門と桝形虎口に相当する遺構を描き、そこから帯上の曲輪で城を一周するような構造など、現状の遺構と共通する部分も少なくない。

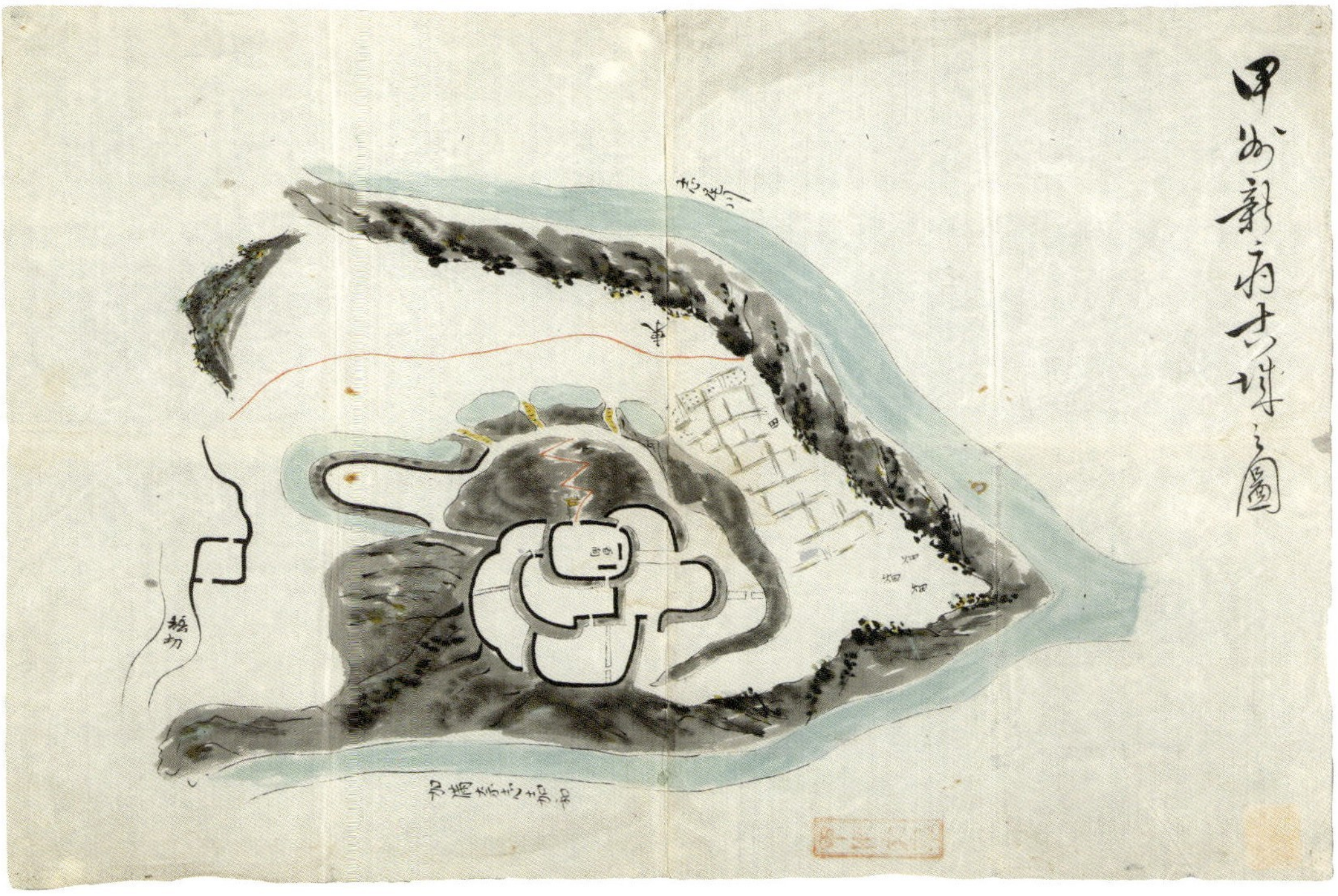

75
甲州《こうしゅう》新府《しんぷ》古城《こじょう》之《の》図《ず》
江戸時代か
山梨県立博物館

「甲州文庫」に含まれる新府城の絵図。北側（左側）に描かれる突出した曲輪状の表現は、出構を示したものか。その西側は釜無川まで断崖として表現されており、№74と共通する描き方をしている可能性がある。また、図の左端には土塁と堀・虎口が、城の北側を遮るように描かれている。この北側の防衛線は、他の城絵図にもよく見られる表現である。

最も詳細な？新府城図

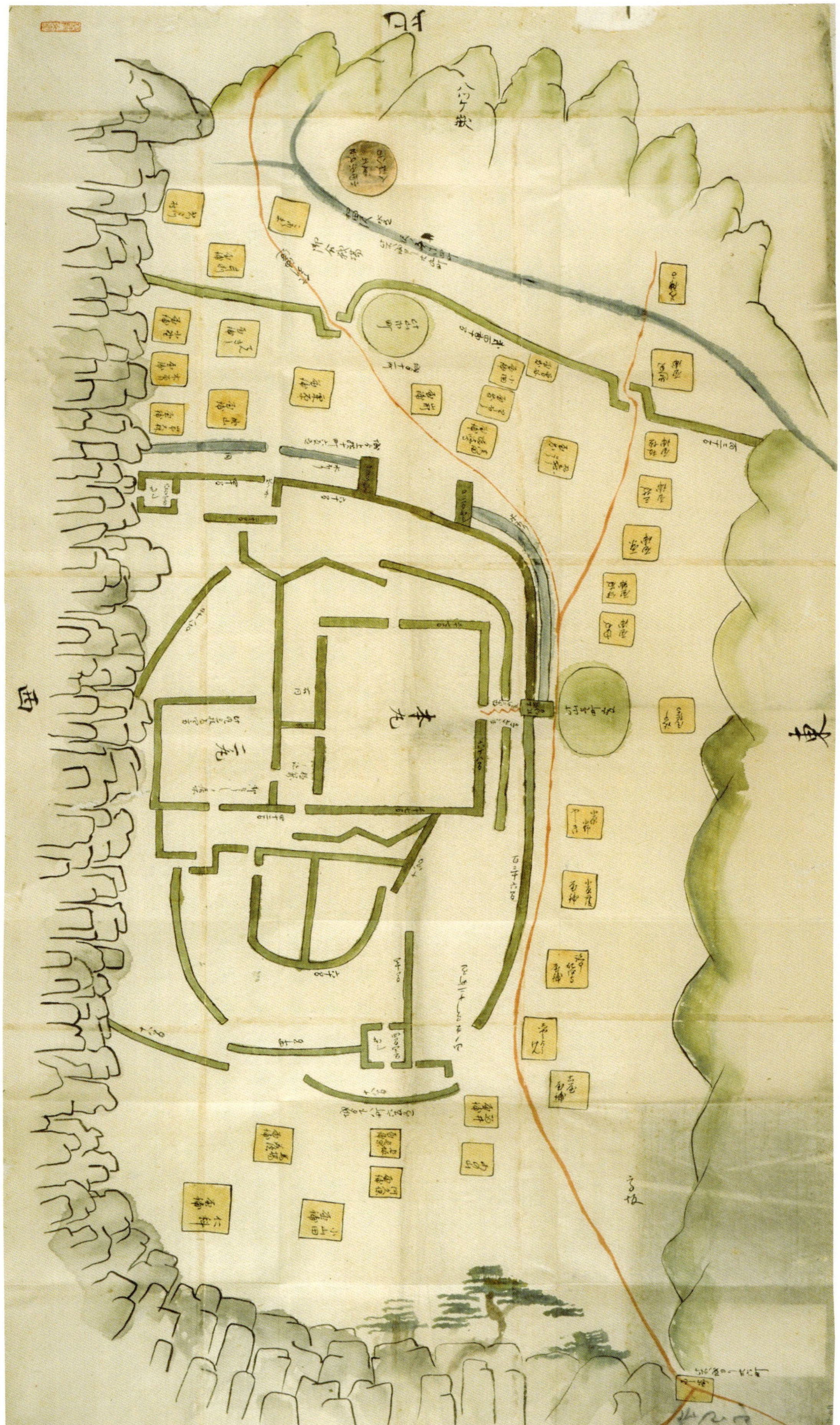

76
韮崎城図《にらさきじょうず》
江戸時代
名古屋市蓬左文庫

尾張徳川家に伝わった城絵図類のうちの一枚。中央に新府城を、その周囲には武田家臣団の屋敷の配置などを示した図。ほぼ同じ構図のものが国立国会図書館にも伝わっており、現存する新府城絵図の中でも最も詳細に描かれた絵図のひとつに類することができよう。城の構造も現在の調査の成果と共通する部分が多く、確度の高い図とみられる。また一番北側に丸囲みで「小田原氏直陣所人数八万」と書かれている点が注目される。この絵図の祖本が、武田氏滅亡後、徳川家康と北条氏直が甲斐国巨摩郡北部で対陣した頃の状況を描いた可能性を示唆するものといえよう。

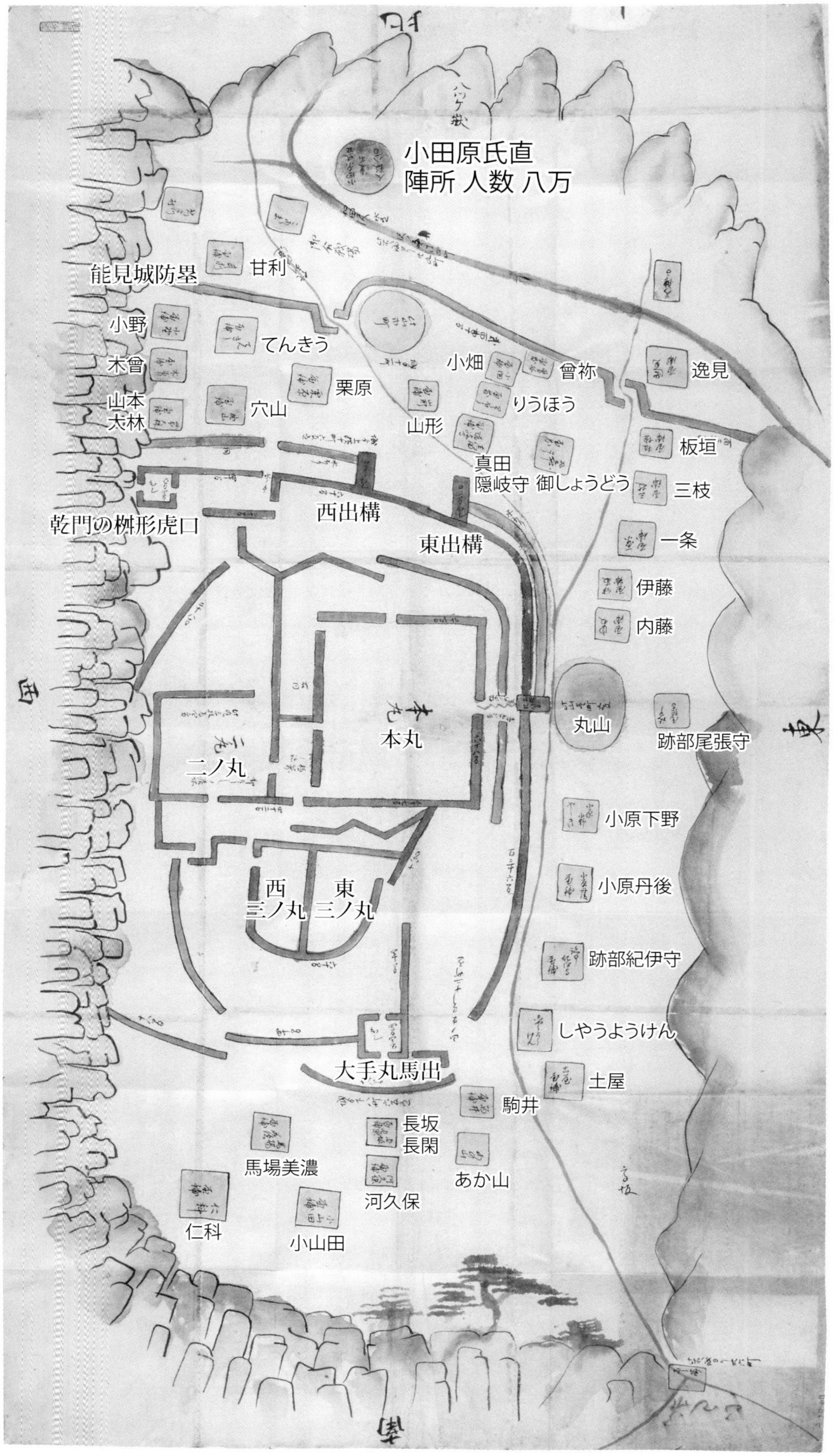

小田原氏直
陣所 人数 八万
能見城防塁
甘利
小野
てんきう
木曾
山本
大林
穴山
栗原
小畑
曾祢
逸見
りうほう
山形
板垣
真田
隠岐守
御しょうどう
三枝
乾門の桝形虎口
西出構
東出構
一条
伊藤
内藤
本丸
丸山
跡部尾張守
二ノ丸
小原下野
小原丹後
西
三ノ丸
東
三ノ丸
跡部紀伊守
しやうようけん
大手丸馬出
土屋
駒井
長坂
長閑
あか山
馬場美濃
河久保
仁科
小山田

77

甲州新府《こうしゅうしんぷ》

近代（十九世紀）か

東京大学史料編纂所

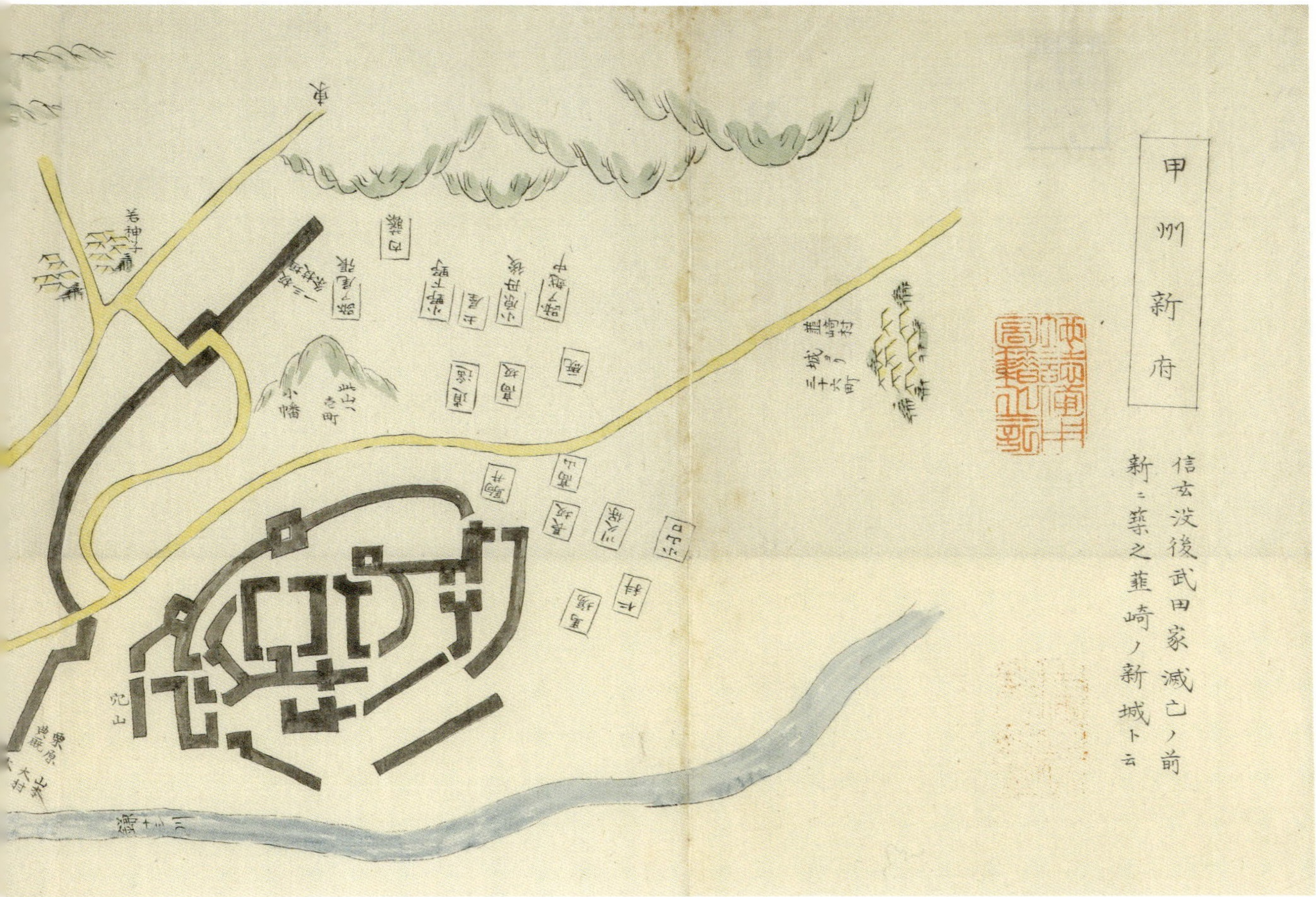

旧内務省地理局地誌課によって収集・作成された絵図類のうち、新府城とその周辺を描いた図。城の構造はかなり簡略化されているものの、№76などと共通するところも少なくない。また城の周囲には家臣団の屋敷地の位置も示されており、すべてではないが、№76に見える屋敷の配置と重なるところがある。江戸時代を通じて城周辺の屋敷地の伝承が残されていたことを想起させる。

新府城北側から撮影（出構は新府城の特徴の一つ）（平成21年撮影）

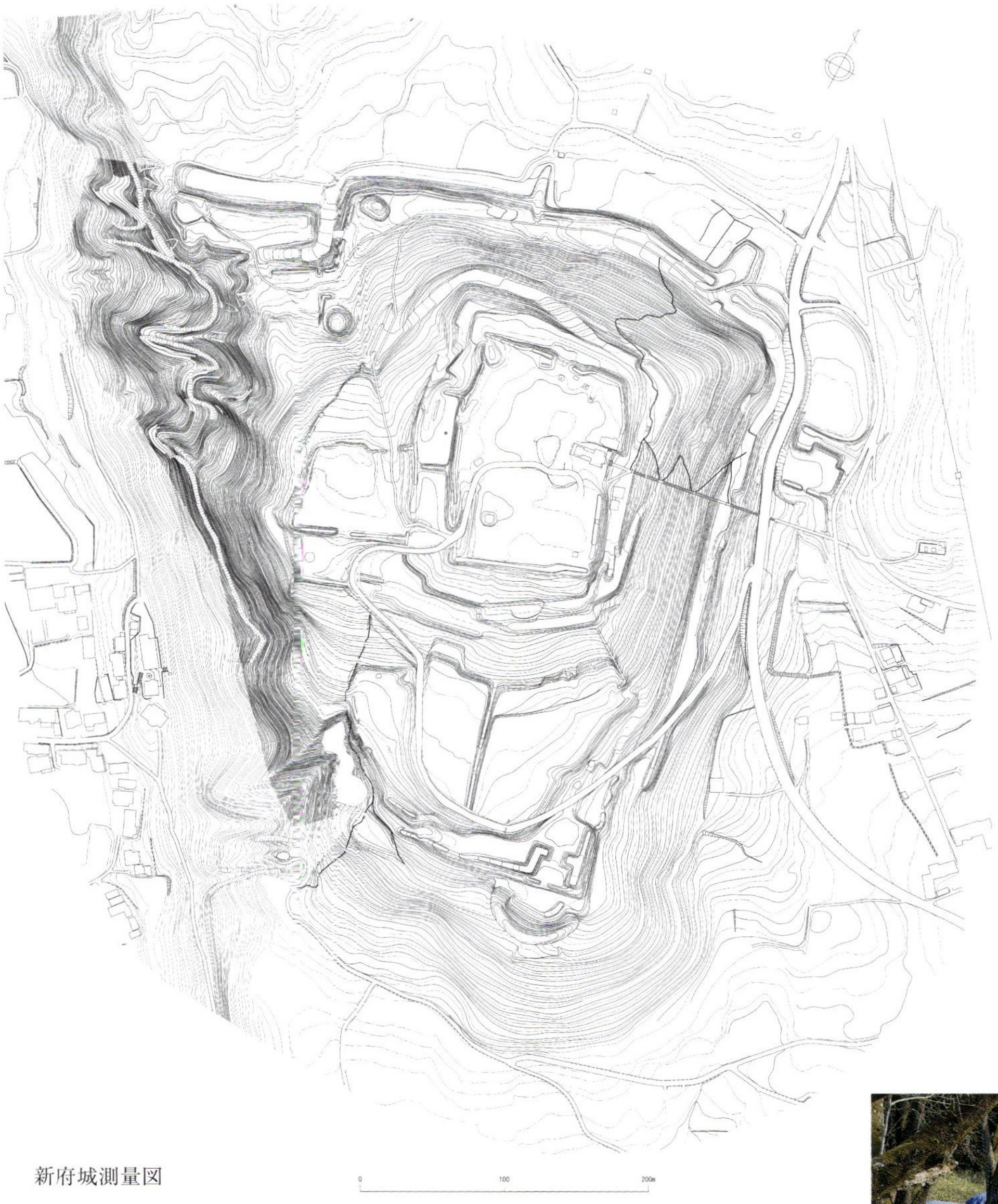

新府城測量図

新府城乾門炭化材出土状況（平成 12 年撮影）

新府城本丸石築地（令和 5 年撮影）

出土品にみる新府城

青磁・染付など陶磁器類

甕と内耳鍋

砥石・鉄砲弾・ガラス玉など

燃えた乾門の木材と火を受けて変質した遺物

78

新《しん》府《ぷ》城《じょう》跡《あと》出《しゅつ》土《ど》品《ひん》

戦国時代(十六世紀)
韮崎市教育委員会

新府城では平成十三年(二〇〇一)から史跡整備等に伴う発掘調査を継続している。調査は本丸、二の丸、三の丸、乾門の曲輪、出構、大手丸馬出などで行われ、様々な遺構・遺物が検出されている。青磁・染付など輸入陶磁は破片だが当時の高級品も含まれている。また乾門では激しく燃えた木材も検出され、他の調査地でも火をうけて変質した遺物が多く確認できる。これらは実際に城が火にかけられていたことを物語っていよう。また最近の調査では、ガラス玉など珍しい遺物も確認されている。

青磁・天目茶碗・染付などの陶磁器類

かわらけ　右の4点は信濃東部で生産されるかわらけの形態に類似する

茶入・白磁・青磁など

碁石

79

隠岐殿遺跡出土品《おきどのいせきしゅつどひん》

戦国時代(十六世紀)
韮崎市教育委員会

隠岐殿遺跡は新府城の北東約五〇〇メートルに位置し、新府城と同時期の遺跡とみられる。発掘調査では輸入陶磁が数多く出土し、天目茶碗や茶入などの茶器も確認されるなど、比較的身分の高い人物の屋敷であった可能性がある。また出土したかわらけの中には、形態が甲斐のものではなく、信濃東部のものに類似するものも多く確認されている。これら遺物の性格や小字名「隠岐殿」から、本遺跡は武田家臣加津野隠岐殿昌春(後の真田信尹)の屋敷跡との指摘もある。

コラム―⑦　武田勝頼の築城した新府城

閏間　俊明

新府城は、武田勝頼がそれまでの拠点であった武田氏館跡（甲府市）から新たな府中の拠点として韮崎の地に築いた、武田氏最後であり、勝頼在城三か月足らずという短命の城である。

①新府城築城の開始時期と新府城利用時期の現在

新府城の築城に関しては、真田昌幸書状を根拠として天正九年（一五八一）の二月頃から普請がおこなわれ、十月十八日には普請完成し、十二月二十四日頃に入城したとされてきた。しかしながら、近年、その真田昌幸書状の年代について異なる見解が多くの研究者から指摘されている。すなわち、勝頼入城後の天正十年の追加の普請に伴うものだという説である。発給年がない以上慎重にならざるを得ないが、築城開始時期の根拠はなくなり、再考にせまられている。これは築城開始時期の問題にとどまらない。天正十年となれば、勝頼入城後に新府城は大きく手が加えられたということになる。これまで新府城の構造的変化の画期は勝頼築城時と武田氏滅亡後の天正壬午の戦いで徳川家康が本陣として利用した二期が想定されていたが、その二つの間にもう一つ構造的変化があった可能性が高まったといえる。

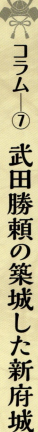

②発掘調査で見えてきた新府城の姿とその課題

新府城の画期を考える上で興味深い成果が発掘調査で得られている。

（1）本丸　新府城の中核的な郭であり、東西九〇メートル、南北一五〇メートルの規模を持つ。まず画期を示す成果として、北側中央にある虎口の調査がある。門を支える礎石が確認されているが、その礎石自体は火を受け、さらに周辺には熱により破砕した石片が多数散乱していた。柱としての形状のわかるようなものは皆無であったが、新府城が焼失したことを明らかに示すものである。そして、焼失後の礎石の上は壁土や陶磁器などを含む土で強固に整地されていた。これは、燃え残りの柱を片付けつつ整地し新たな施設を設けた結果である。

新府城本丸北側虎口礎石検出状況

門の焼失は勝頼が新府城を出る際、礎石上の整地は家康が本陣を構えた際と言い換えることができ、新府城の二つの画期が考古学的に証明できたことになる。次に、本丸の内部の空間利用の具体的な姿を示す一端として、本丸の東側土塁に沿って石築地で囲まれた蔵の存在が想定できる。また、本丸の北西部には平坦な石を敷いた施設の存在も明らかとなりつつある。調査面積が全体におよんでいないため建物配置などの具体的な姿は今後の調査の蓄積によるが、家康の本陣整備に伴う片付けがされながらも、勝頼段階の建物跡が残っていることは明らかといえる。さらには、本丸内での炭化したコメ・アワ・ソバの出土は城内で蓄えられていたこと、青磁双魚文盤、青磁琮形瓶、褐釉龍文壺をはじめとする貿易陶磁器などの茶器やかわらけ、碁石などは城内で必要とされていた道具を具体的に提示している。また、出土品には表面が熱により変容しているものや焼けた壁土などが多数あり、勝頼が新府城を出る際に火をかけ、北側虎口の門と同様に本丸内の建物も焼失したことを生々しく伝えている。

（2）大手丸馬出　新府城の南の玄関口に位置付けられ、武田氏の城の特徴とも位置付けられる。現在整備され、往時の土塁の姿がよみがえっているが、整備前でも土塁の存在感は強かった。丸馬出に守られた東西一五メートル、南北一〇メートルという新府城の虎口空間最大級の桝形虎口があり、それに見合う門の存在が期待されたが、調査では城内側も城外側でも礎石はおろか礎石設置のための窪みやぐり石や炭化した木材なども検出することが全くできなかったのである。このように建物の存在を裏付ける調査成果がない一方で、丸馬出の空間とその下方に作られた三日月堀を結ぶ斜面では路面自体の確認はできなかったものの、側溝を持つ道の存在が確認されている。

このようなことから、大手丸馬出周辺は作事が行われる前の状態であり、『甲陽軍鑑』や『信長公記』に記される「新府城は未完である（＝半造作）」ことを示すと指摘されてきた。だが、新府城は梶原政景の書状に「追而甲府ニ者、号韮崎地被築新城、去月普請悉出来候」とあるように天正十年十月には諸国に披露され、実際勝頼が十二月末に入城していることは「未完」とは齟齬がある。武田氏滅亡時の城に対する評価を短命であったとはいえ新府城全体の評価とするにはもう少し丁寧なアプローチが必要である。

（3）乾門　新府城の北西隅に位置する桝形虎口である。城外側の一之門では一対の柱穴、城内側の二之門では六個の礎石が確認された。大手丸馬出とは異なり、炭化した門の柱や礎石自体が熱により赤色化し、周辺には釘が散乱し、門の焼けた状態が生々しく発掘されている。その一方で本丸の北側虎口に見られた門焼失後の整地は確認できない。燃え残りの柱が虎口空間の片側に片付けたかのようにやや寄っていたものの、焼失後に乾門の再整備は行われていなかったことがうかがえ、家康の本陣整備が城全体には及んでいない姿が浮かびあがってくる。

（4）城外の近年の調査　新府城周辺については『甲斐国志』に外郭として能見城や屋敷跡の存在が記録され、現地でも土塁などを確認できる。しかしながら、その年代については、勝頼在城時なのか天正壬午の乱に伴うのか解明には至っていない。その中で、『国志』には記載のない隠岐殿遺跡で、礎石建物二棟、掘立柱建物一棟などで構成される新府城と同時期の屋敷跡が確認されている。城下についても、城内同様に時期的な画期が考古学的に把握されつつある。

新府城跡は史跡整備に伴う発掘調査が継続して実施されている。地面に埋もれた往時の姿の一部が現代にあらわれる度に解明と同時に新たな疑問が生まれる。多くの方々との関わりの中で、一つ一つの課題が丁寧に解き明かされていくことを期待したい。

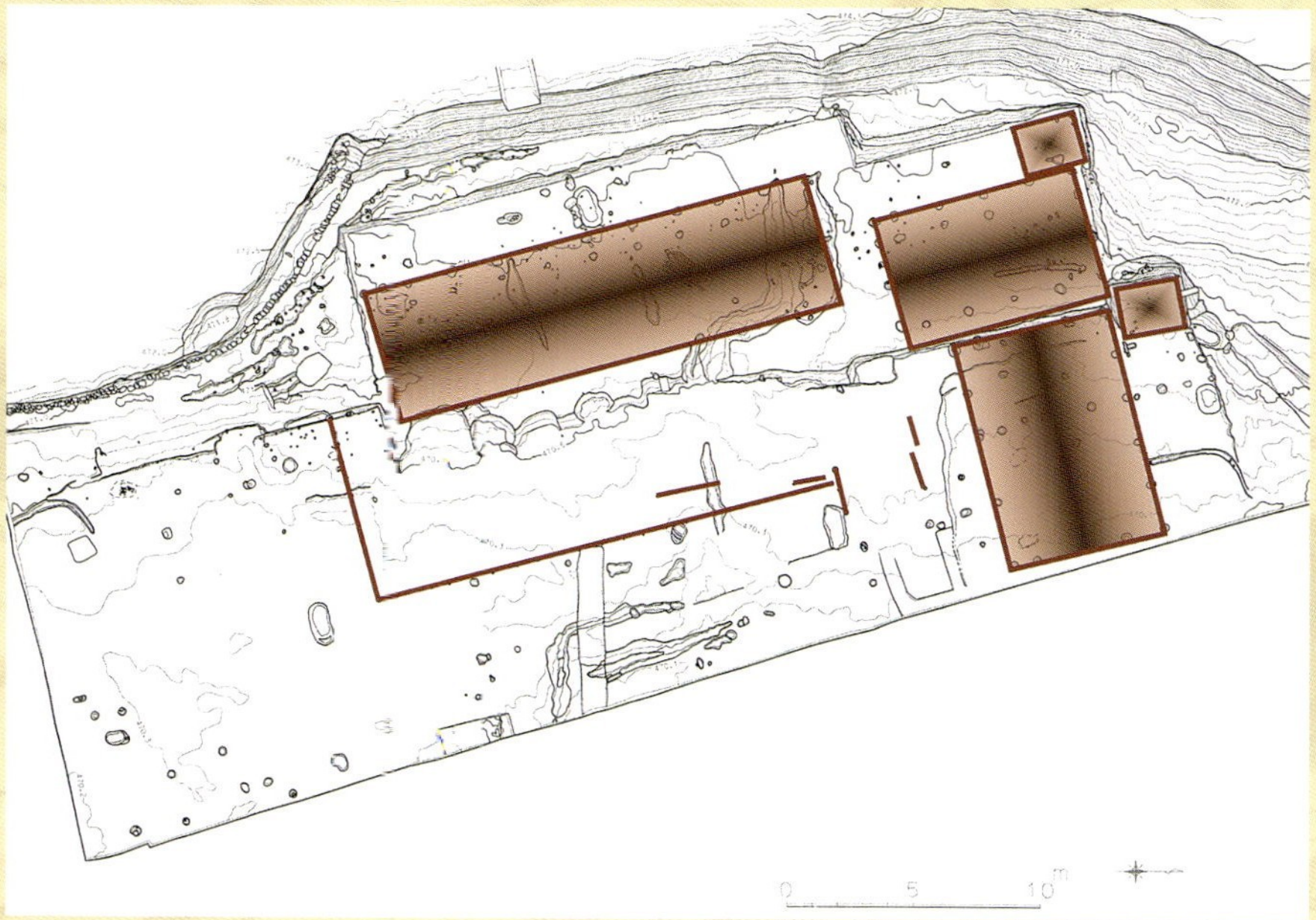

隠岐殿遺跡建物配置図

築城の開始？完成後も工事？

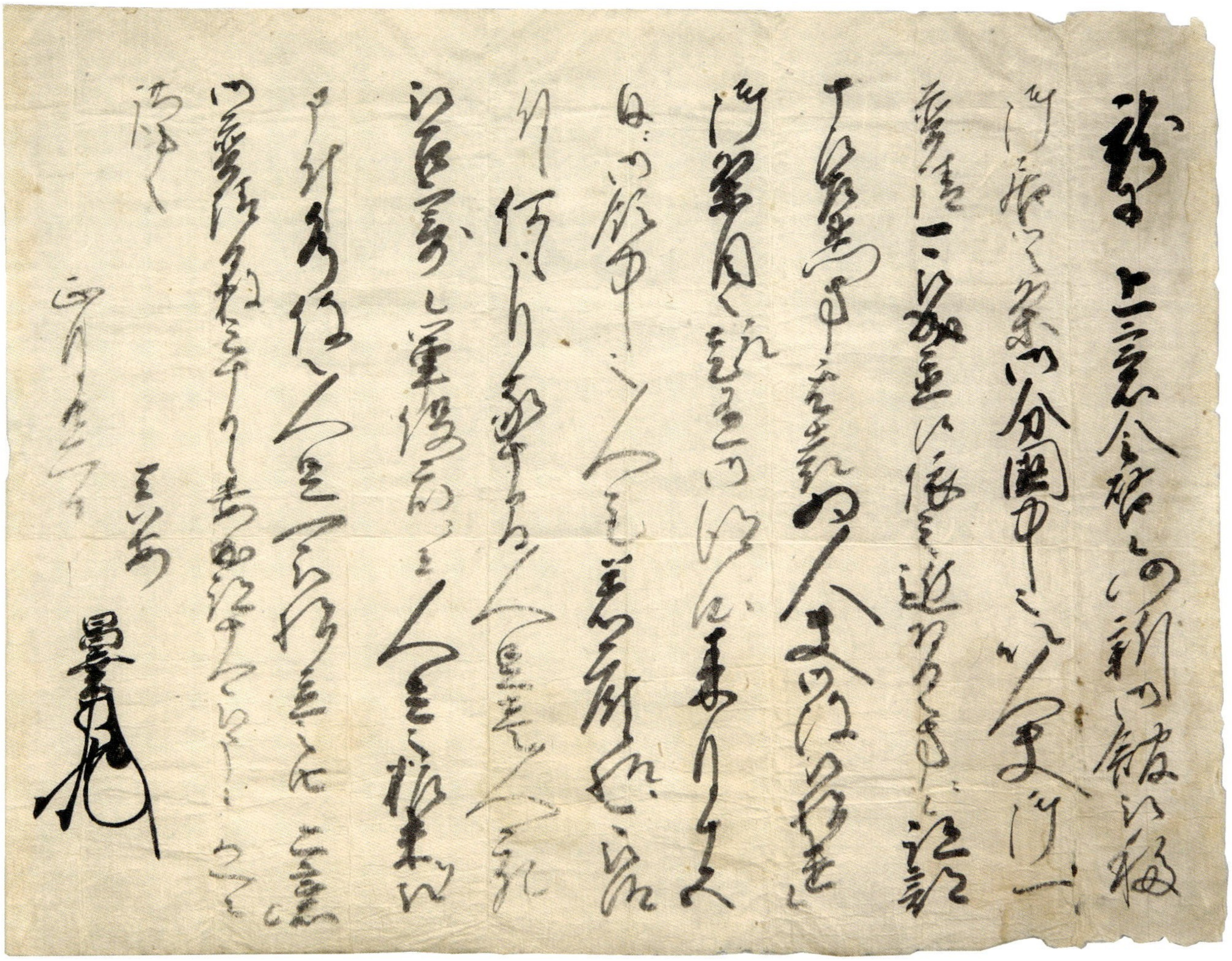

80 真田《さなだ》昌幸《まさゆき》書状《しょじょう》

天正十年か（一五八二）
韮崎市教育委員会

勝頼の「新御館」移転につき、普請のため分国中の人足が動員されることを伝えた真田昌幸の書状。人足は翌月十五日に新府に集まること、家一〇軒につき一人を出すこと、普請日数は三〇日であることなどが示されている。年代は従来、天正九年に比定され、新府城の普請が始まったことを示す資料とされてきたが、近年天正十年のものとするべきとの指摘がなされている。天正十年に比定すれば、勝頼が新府へ移転した後も、城の普請が続いていたことになる。年代によって意味合いは変わってくるものの、新府城の普請に関わる数少ない資料として貴重なものである。

就于　上意令啓候、仍新御館被移
御居候条、御分国中之以人夫、御一
普請可被成置候、依之近習之方ニ候跡部
十郎左衛門方其表為人夫御改被指遣候、
御条目之趣有御得心、来月十五
日ニ御領中之人々も着府候様ニ、可被仰
付候、何も自家十間人足壱人宛
被召寄候、軍役衆ニ者人足之粮米ヲ被
申付候、水役之人足可被指立之由　上意候、
御普請日数三十日候、委曲跡十可被申候、恐々
謹言

正月廿二日　昌幸（花押）

真安

第六章 滅亡への道

天正十年（一五八二）、新府城で新年を迎えた勝頼は、その月末に木曾氏謀反の報を受け、間もなく織田・徳川両軍が武田領への侵攻を開始する。それからわずか一か月半後の三月十一日、勝頼らは田野《たの》（甲州市大和町）で最期を迎え、戦国大名武田氏は滅亡する。勝頼と最期をともにした人々は、わずか四十名余であったという。甲斐をはじめ中部・関東地方に巨大な領国を築き上げた勝頼は、なぜこれほどの短期間で滅亡に追い込まれてしまったのか。そして人々は、滅びゆく勝頼をどのように見ていたのか。

天目山勝頼討死ノ図（No.93、部分）

高天神落城の衝撃

甲相同盟の崩壊以降、武田氏は駿河・遠江方面で苦戦を強いられていた。とくに遠江の要衝高天神城は、天正八年（一五八〇）十月ごろから徳川方によって完全に包囲され、武田方からの支援は途絶えた。限界を迎えた城中では、翌年正月に徳川方への降伏を申し入れた。徳川からの報告を受けた織田信長は、高天神城の処遇について恐ろしい提案をしたのである。

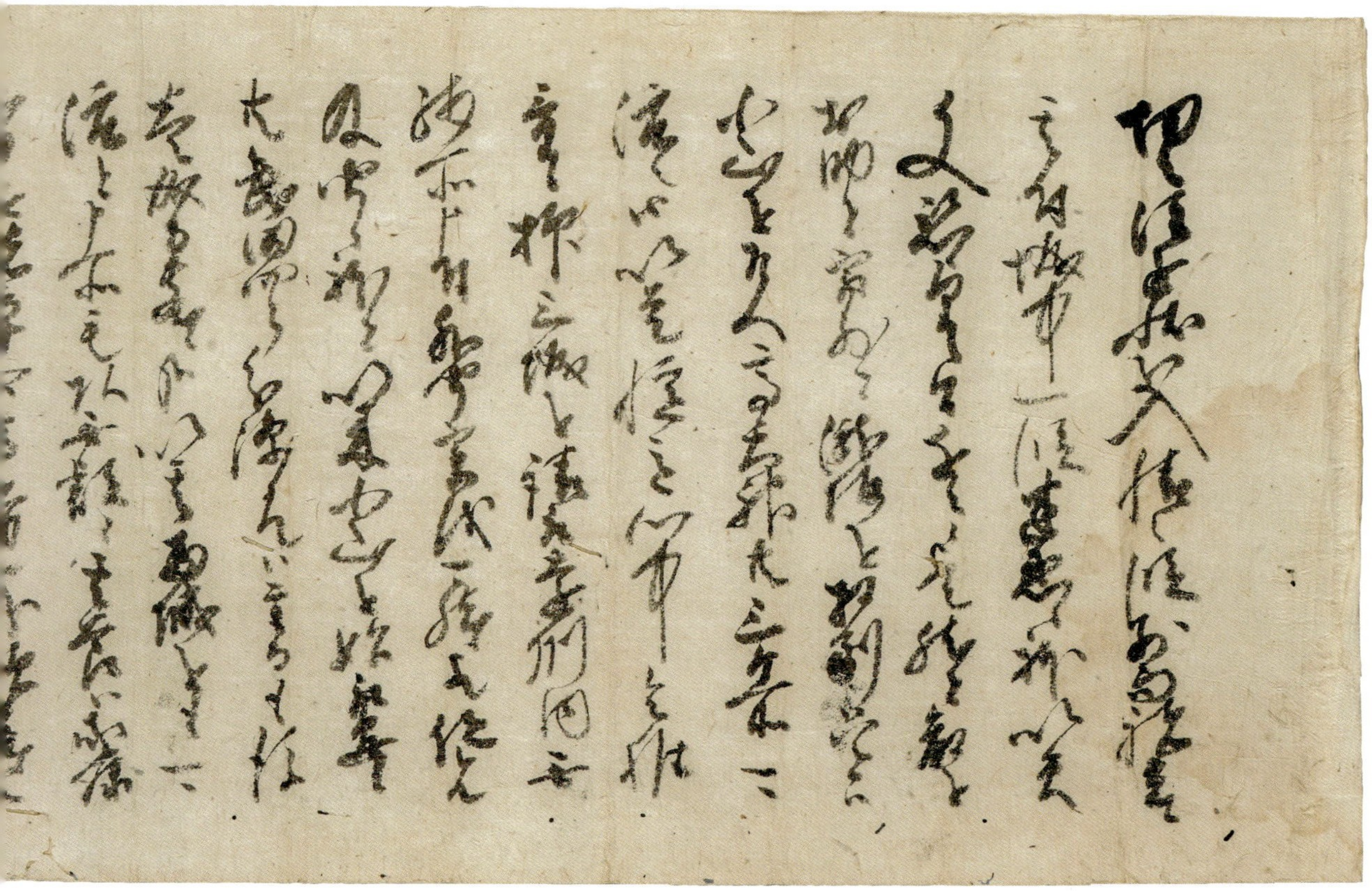

81
織田《おだ》信長《のぶなが》朱印状《しゅいんじょう》
天正九年（一五八一）
個人（茨城県立歴史館寄託）

信長が、高天神城攻めに加わっていた配下の水野忠重に出した書状。高天神城が矢文をもって降伏を申し入れてきたことを受け、自身の考えを述べている。降伏を受け入れることはもっともなことであるが、それでは信長自身が一・二年のうちに武田を攻める際、頑強に抵抗され苦戦するかもしれない。降伏を認めず、一気に勝頼が援軍として出兵してくれれば、勝頼を討つこともできるし、援軍を出さなければ、勝頼は城を見捨てたことになり、その情報が駿河国中に広まれば、小城を維持するのも難しくなるだろう、というものである。

　信長は高天神城の降伏をあえて認めないことで、勝頼が城を見殺しにしたという形を作り、武田領内の動揺を生み出そうとしたのである。そして実際に勝頼は救援を差し向けることができず、城は三月二十二日に落城、城兵はわずかな脱出・生存者をのぞいて皆殺しとなる。信長の考えどおり、勝頼は城を見殺しにした形となってしまった。

現在の高天神城

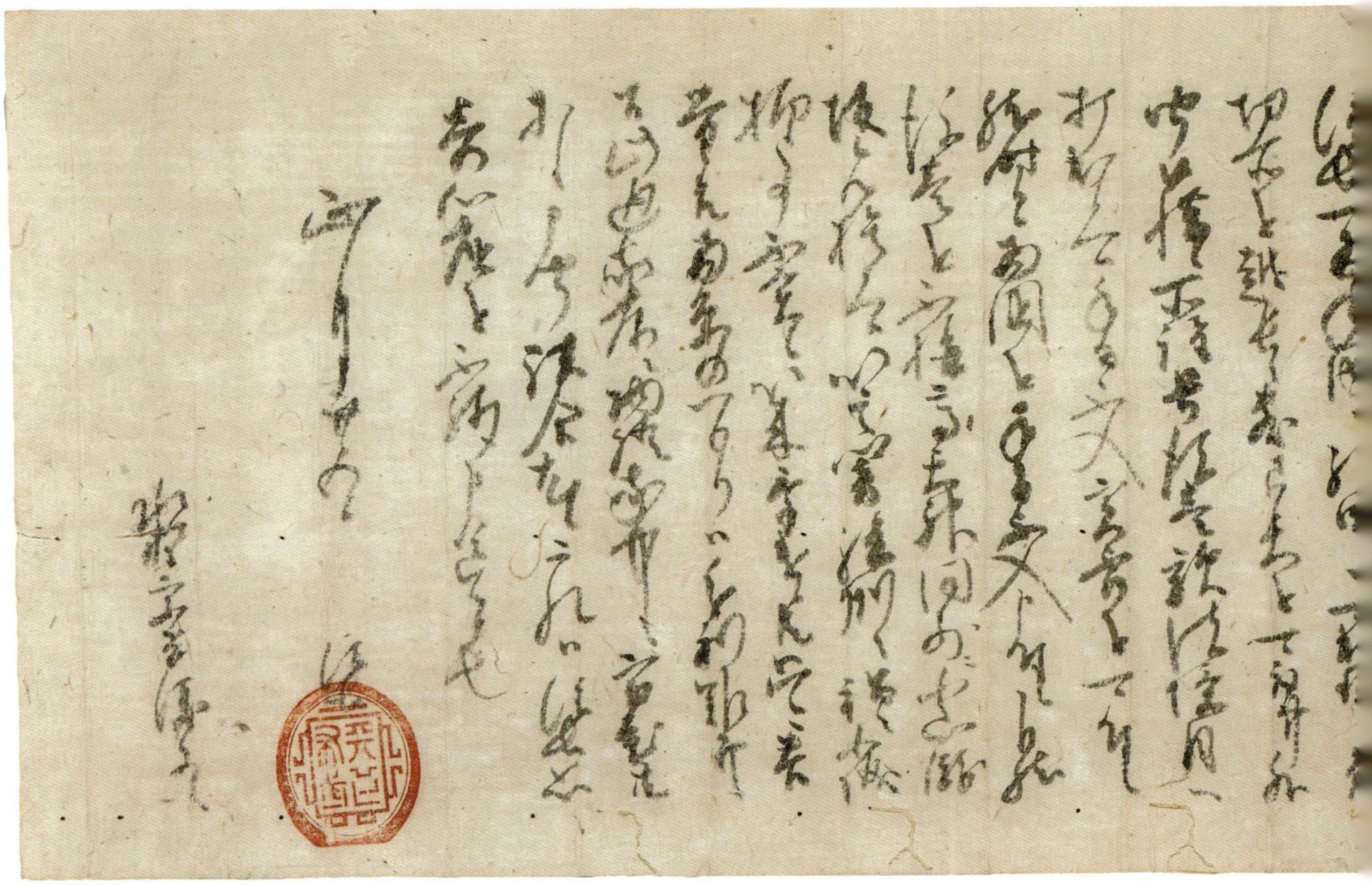

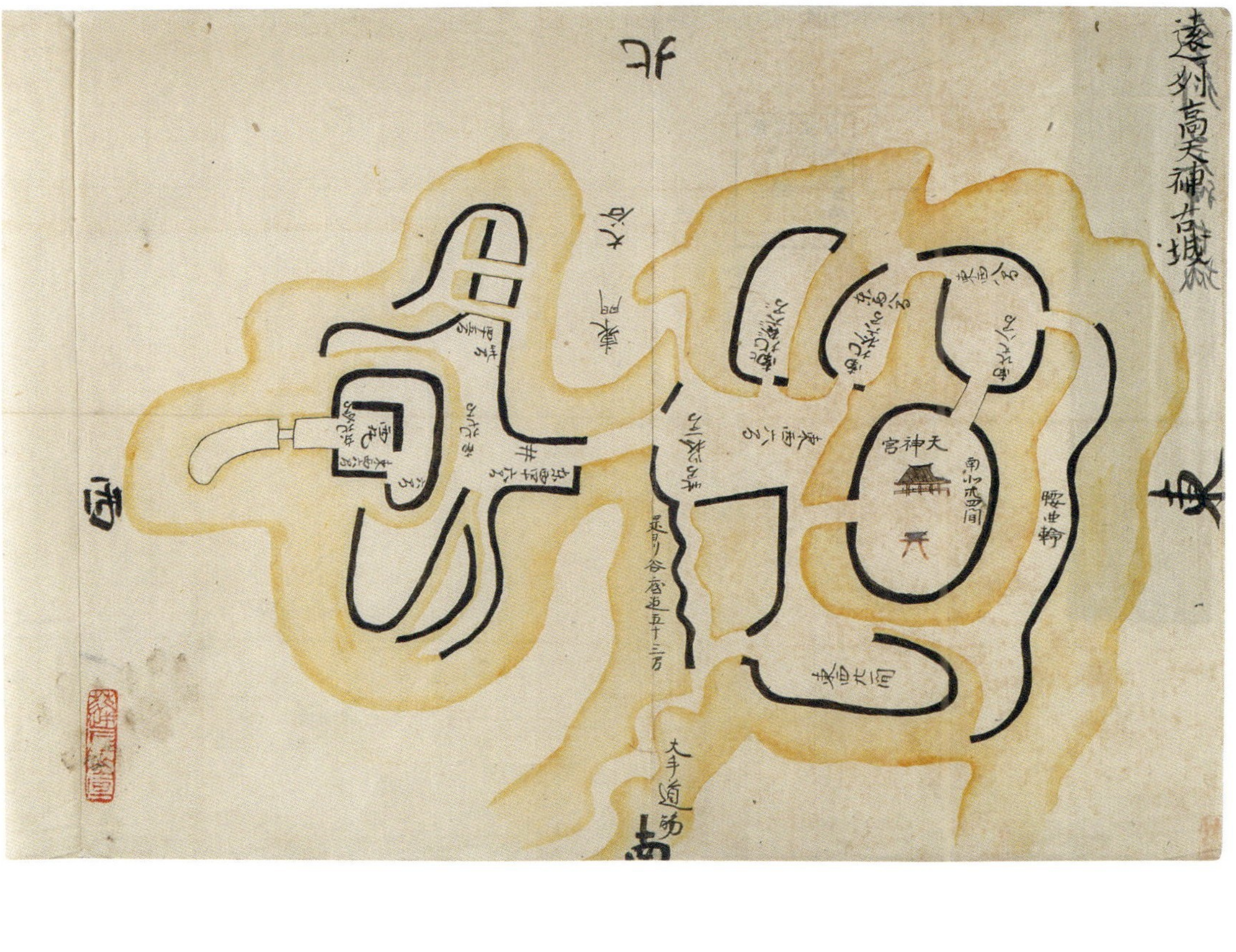

82
遠州《えんしゅう》高天神《たかてんじん》古城図《こじょうず》
江戸時代
名古屋市蓬左文庫

高天神城は遠江における交通の要衝に位置し、武田氏が天正二年（一五七四）に攻略して以降、遠江における対徳川の最前線として重要視された。城の構造は東西二つの断崖状の峰に配され、主郭は東峰に所在したと考えられる。西峰の二の郭は、土塁や空堀・堀切等によって小規模な郭を複雑にしていたとみられる。絵図でも東西の郭の違いが読み取れよう。また城内には井戸が存在し、絵図でも一か所描かれている。

勝頼討伐を画策する 織田信長

織田信長は、高天神城攻めの段階で、一両年のうちに武田領へ攻め込む意思を示していた。そして天正九年(一五八一)十二月、信長は武田攻めを決断し、徳川方へも兵粮の準備を指示した。勝頼が新府城へ移転したころ、信長による武田攻めの準備は着々と進められていたのである。

83

織田《おだ》信長《のぶなが》像《ぞう》(模本)

慶応二年(一八六六)

東京国立博物館

京都大雲院に伝わる信長像の模本。大雲院は織田信長・信忠父子の菩提を弔うため、正親町天皇の勅命によって創建された寺院で、画像のほか、織田信忠の木像等も伝えられる。本像も創建と同時期に制作されたものとみられ、束帯姿で半ば神格化された像容だが、細長い顔立ちは他の信長像と共通する。

Image : TNM Image Archives

84

織田《おだ》信長《のぶなが》・信忠《のぶただ》像《ぞう》(模本)

近代か

長野県立歴史館

大徳寺惣見院に伝わる信長像と、大雲院に伝わる信忠像の模本を一幅に仕立てる。信長が武田攻めを決断した際、信忠は信長に先んじて出陣し、信長も心配するほどの速さで武田領の奥深くへ侵攻していった。

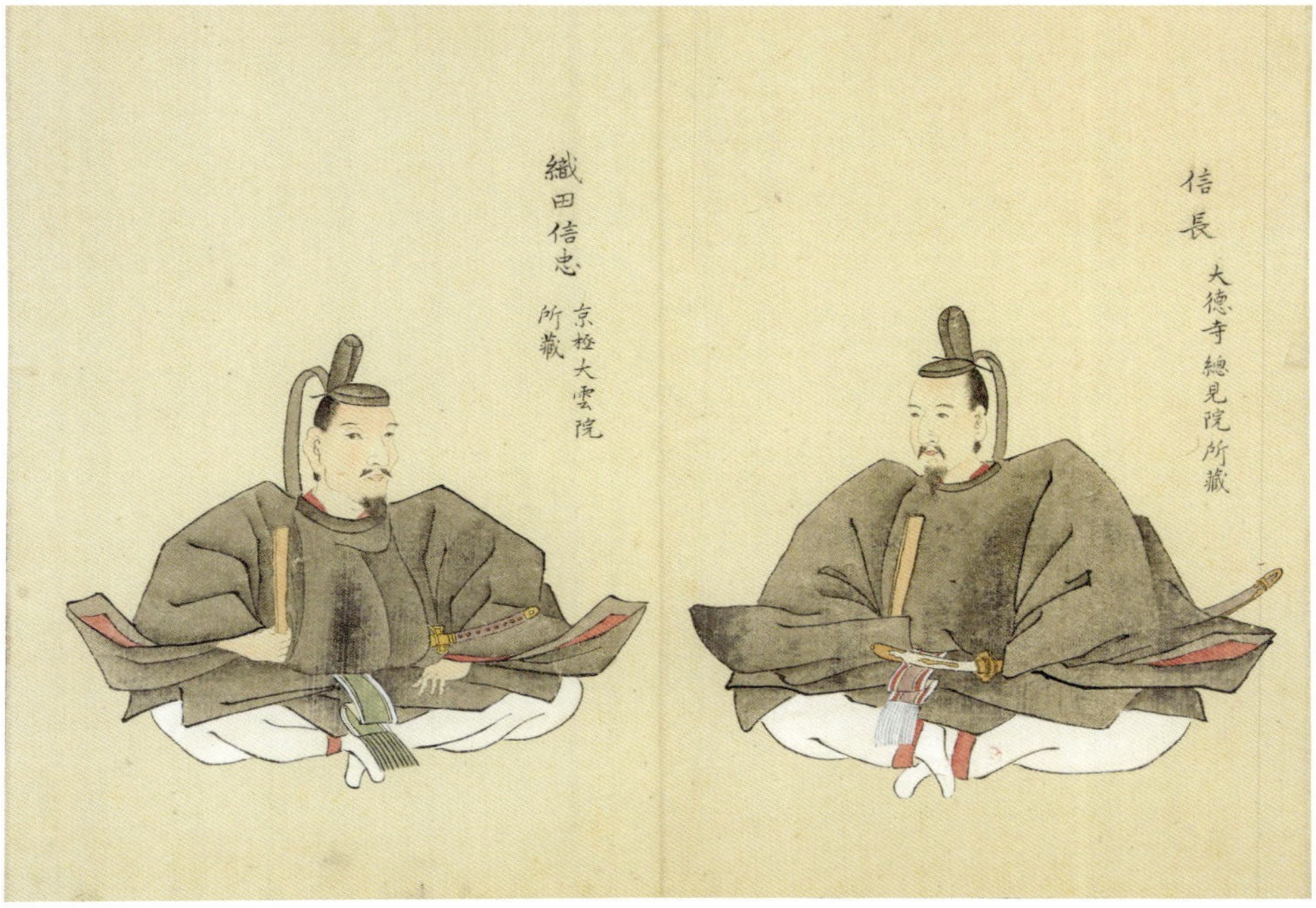

高天神落城後も武田は健在？

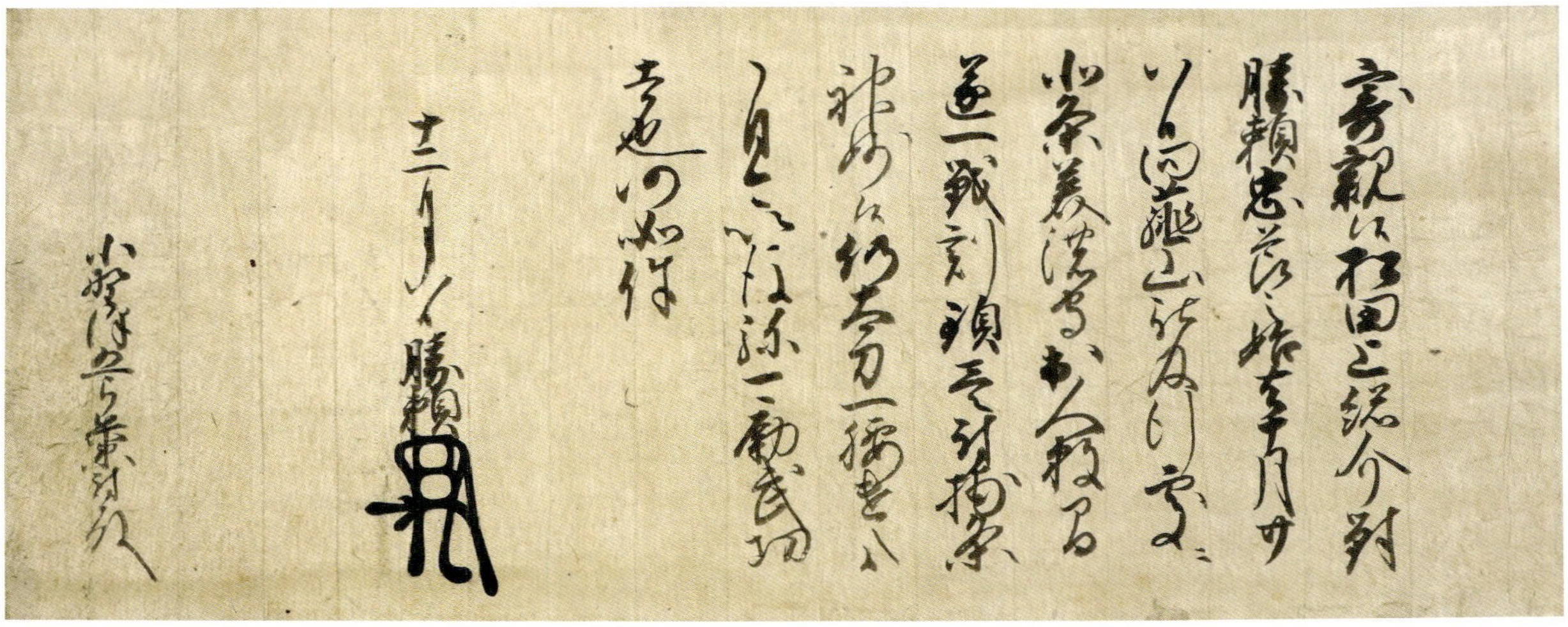

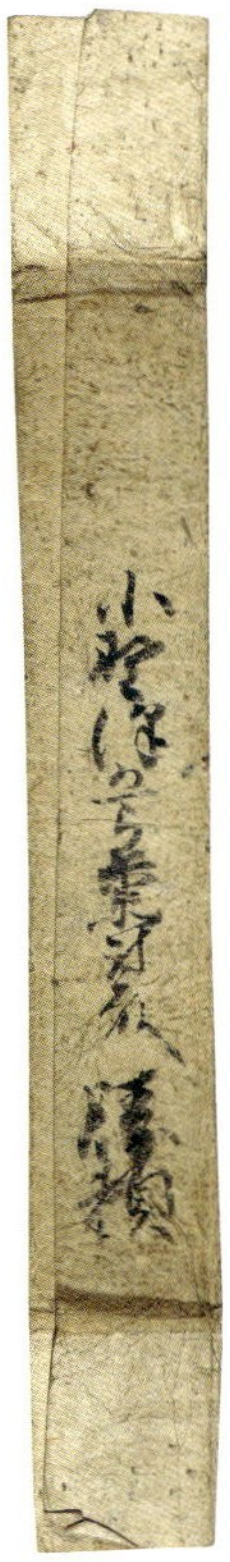

（懸紙）

85
武田《たけだ》勝頼《かつより》感状《かんじょう》
天正九年（一五八一）
山梨県立博物館

天正九年十月、北条氏の重臣のひとりで伊豆戸倉（静岡県清水町）城代の笠原政晴（松田上総介）が、突如武田氏に服属を申し出た。そしてその証として韮山城を攻撃し、勝頼もその援軍として急きょ出陣した。この文書では、笠原配下の小野澤氏が韮山城攻めで戦功をあげたことに対し、勝頼が恩賞として太刀を遣わす旨を伝えている。高天神落城で勝頼の名声は失墜したかに見えたが、特に関東方面では武田の優勢が続いており、武田氏を頼ろうとする勢力が消えたわけではなかった。

信濃木曾氏への対策

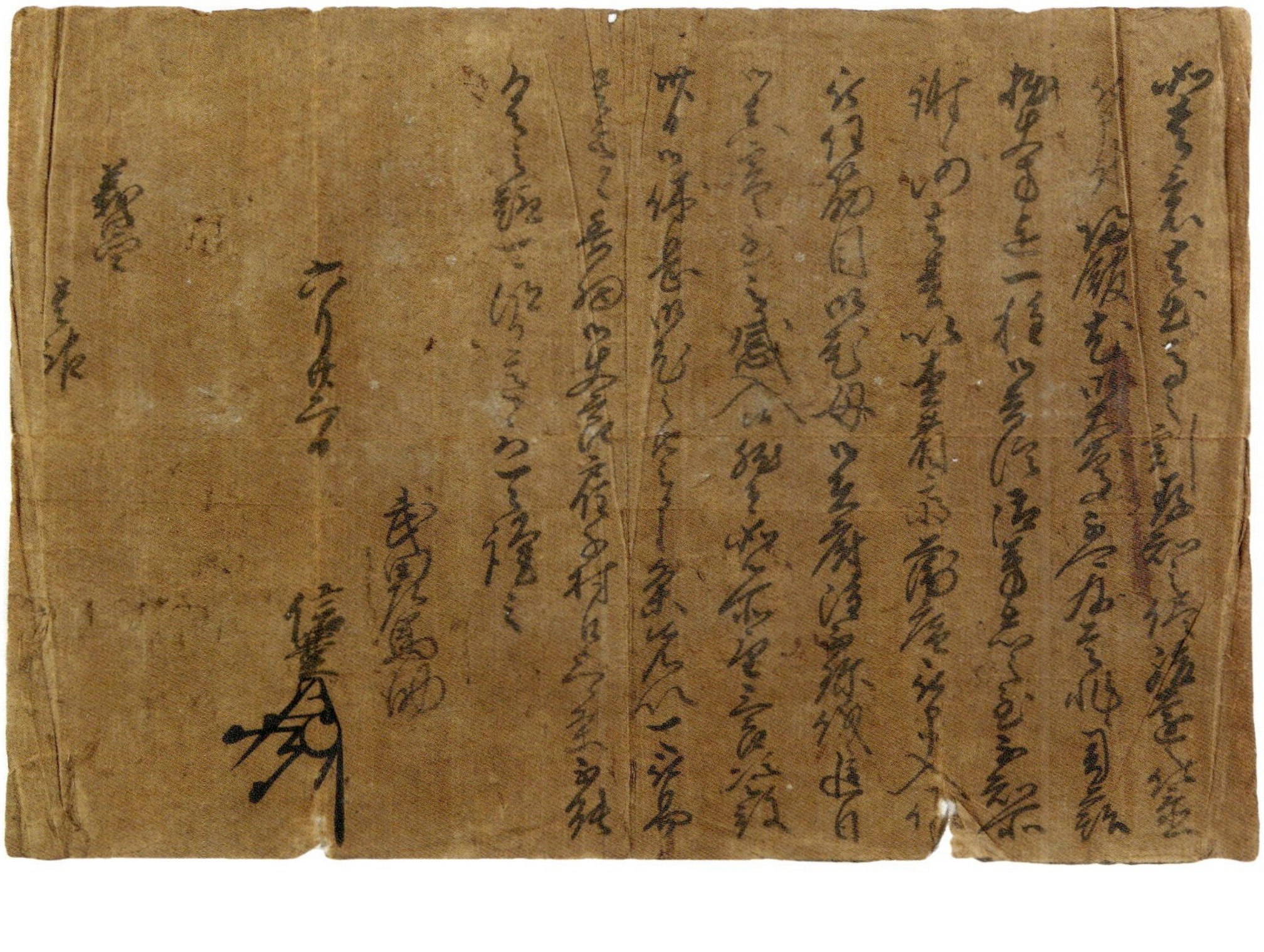

86
武田《たけだ》信豊《のぶとよ》書状《しょじょう》
戦国時代（天正三年以降）
個人（山梨県立博物館寄託）

武田氏一門の武田信豊が木曾義昌に出した書状。義昌の老母が在府したことについて謝意を示し、義昌の希望どおり三郎次郎を信濃に戻すことを伝えている。木曾義昌は信玄の娘を妻に迎え、一門に準ずる待遇を受けたが、長篠敗戦後に木曾領が織田領国と直に接することとなり、勝頼も義昌が織田方に内通することを警戒していた。この書状の中でも、老母の在府について「珍しいことではないが」と断っているものの、証人として義昌実母が送られてきたことは、武田氏にとって歓迎すべきことだったのだろう。

木曾義昌の謀反

天正十年(一五八二)正月二十七日、勝頼のもとに木曾義昌が謀反を起こし織田氏に内通したとの報せがもたらされた。勝頼にとって、もっとも恐れていた事態が起こったのである。新府での初めての正月を過ごしていた勝頼は、謀反への対処を迫られた。

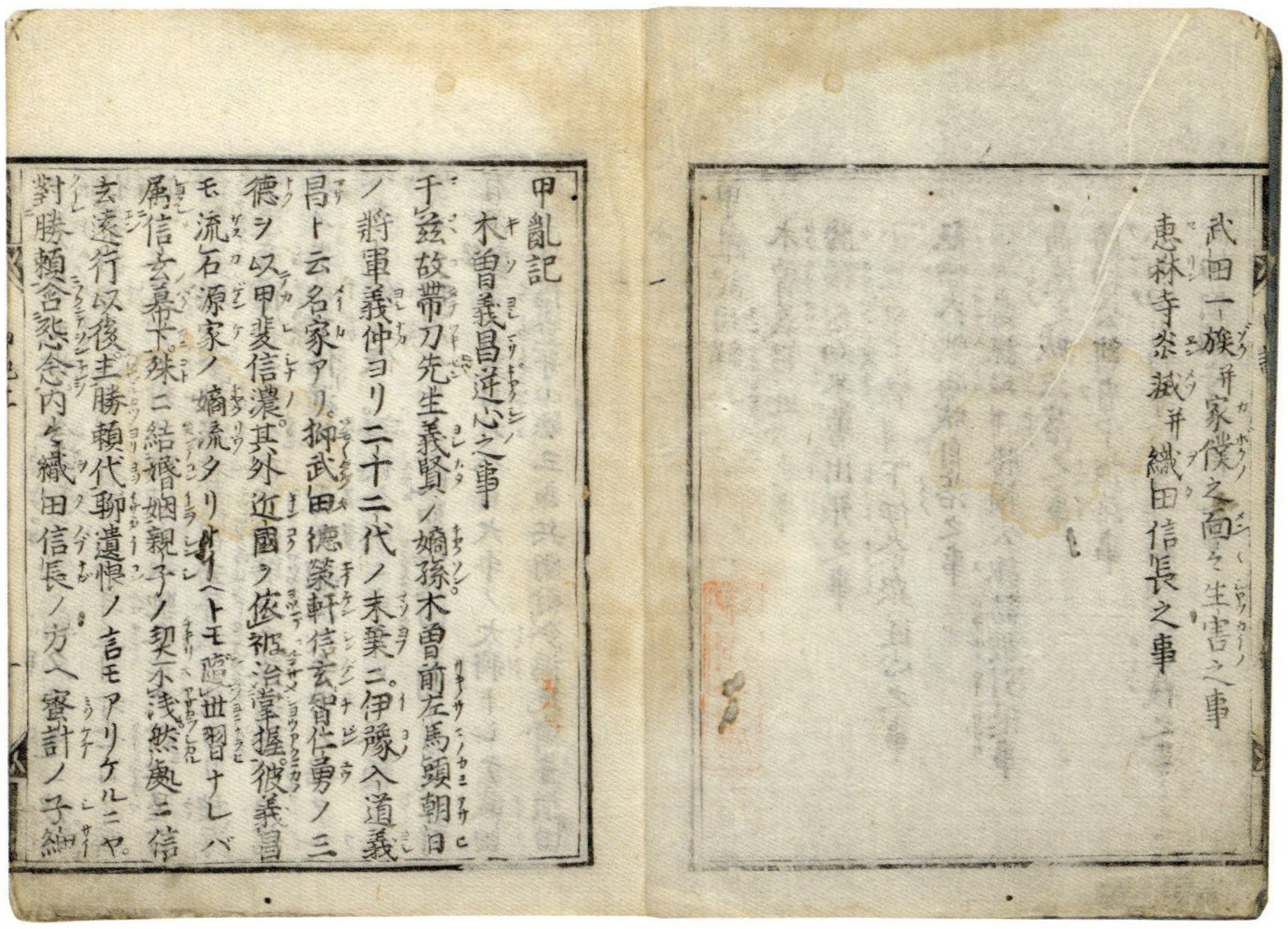
武田一族并家僕之面々生害之事
恵林寺炎滅并織田信長之事

甲亂記
木曾義昌逆心之事
于玆故帯刀先生義賢ノ嫡孫木曾前左馬頭朝日
ノ將軍義仲ヨリ二十二代ノ末葉ニ伊豫入道義
昌ト云名家アリ。抑武田德榮軒信玄智仁勇ノ三
德ヲ以甲斐信濃其外近國ヲ悉治掌握。彼義昌
モ流石源家ノ嫡流タリシヘトモ隨世習ナレバ
属信玄幕下殊ニ結婚姻親子ノ契不浅然與ニ信
玄逝行以後主勝頼代聊遺恨ノ言モアリケルニヤ。
對勝頼含愁念内々織田信長ノ方ヘ密計ノ子細

87
甲乱記《こうらんき》
正保三年(一六四六)刊
山梨県立博物館

武田氏滅亡の経緯を記した書物で、写本の中には天正十年八月に小田原で記したとの奥書を有するものがあり、祖本は武田氏滅亡直後に成立した可能性がある。物語は義昌の謀反から始められており、武田氏滅亡は義昌謀反から始まったという筆者の認識を表していよう。謀反の情報は義昌家臣の千村左京進がもたらしたが、これは義昌に逆心ある時には勝頼に報告するよう、以前から木曾氏家臣に求めていたことであった。

88
武田《たけだ》勝頼《かつより》木曾《きそ》左馬之助《さまのすけ》信州《しんしゅう》和田《わだ》塩尻峠《しおじりとうげ》合戦図《かっせんず》
歌川貞秀筆　元治元年(一八六四)
山梨県立博物館

義昌謀反の報を受けた勝頼は諏方に出陣し、義昌を討つべく木曾路を進み、二月十六日に鳥居峠(塩尻市)で木曾勢と衝突した。しかし織田の援軍を得ていた木曾勢を破ることはできず、武田軍は多くの損害を出し撤退した。本図はその合戦を題材にしたもの。勝頼を左下に描き、諏訪湖を画面の中央に大きく据え、その奥に富士山と八ヶ岳が描かれている。作者の歌川貞秀は幕末から明治にかけて作例を多く残しているが、上空から下を見たかのように描き出した俯瞰図を得意としており、その手法が本図にも活かされている。

勝頼夫人の願い

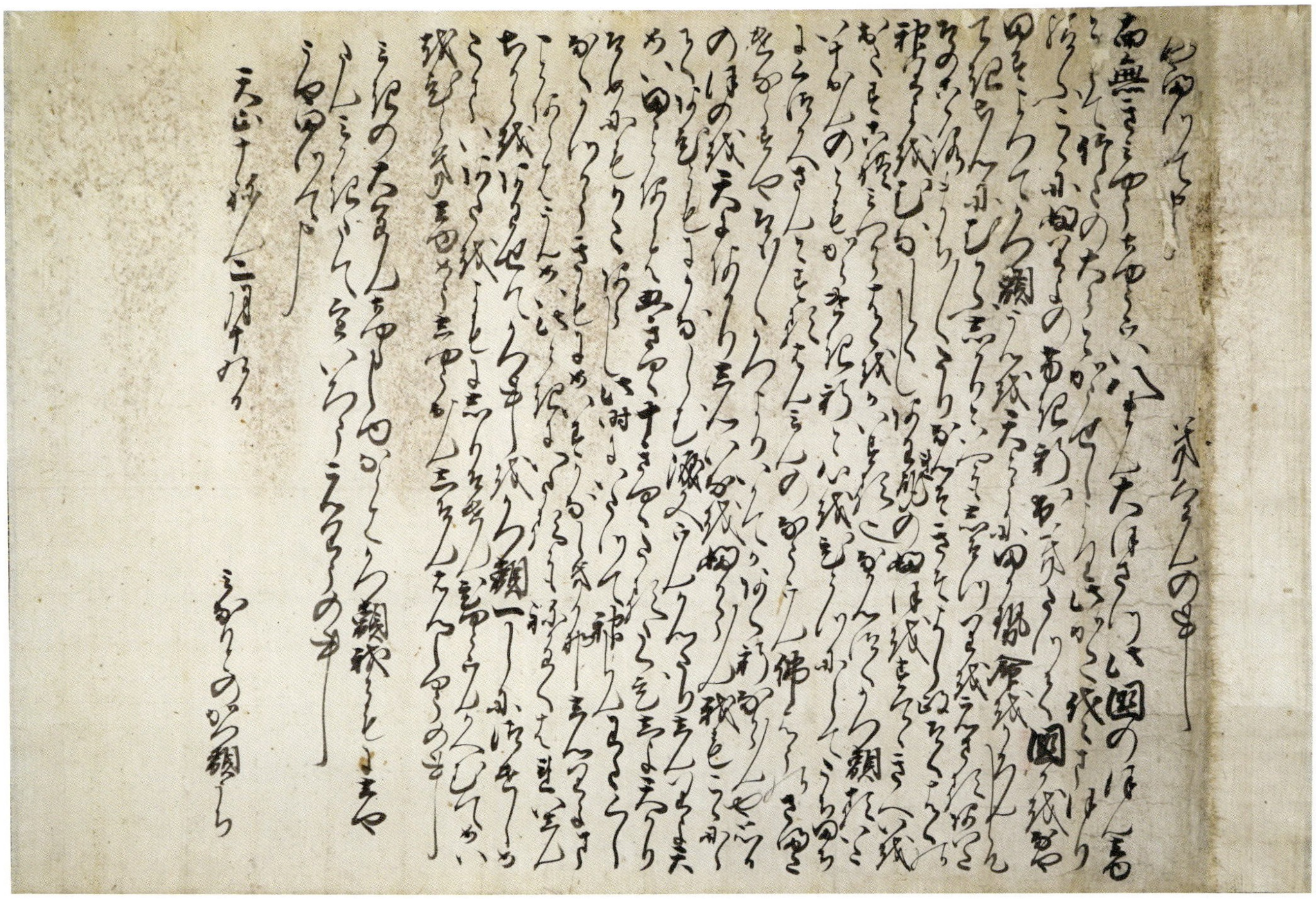

武田八幡宮

89

山梨県指定文化財

武田《たけだ》勝頼《かつより》夫人《ふじん》願文《がんもん》

天正十年（一五八二）

韮崎市　武田八幡宮

勝頼夫人北条氏（桂林院殿）が勝頼の武運を祈願して武田八幡宮へ収めた願文。木曾義昌が謀反し、勝頼がこれを討つために出陣するも敗れたとの報が夫人のもとに届いたことを受けて書かれたのだろう。神の御加護を求め、大願成就の暁には社壇等を建立することを誓った。夫人が自ら筆をとって記したものとも、夫人に仮託して後世に作られたものともいわれるが、勝頼の危機を前に、夫人の切実な願いが表現されていることは間違いなかろう。

上杉氏への支援要請

織田・徳川軍が迫る中、武田氏が唯一頼みとできる同盟者は、越後の上杉景勝であった。上杉家文書には、勝頼や家臣たちが上杉氏に援軍を要請した文書が残されている。

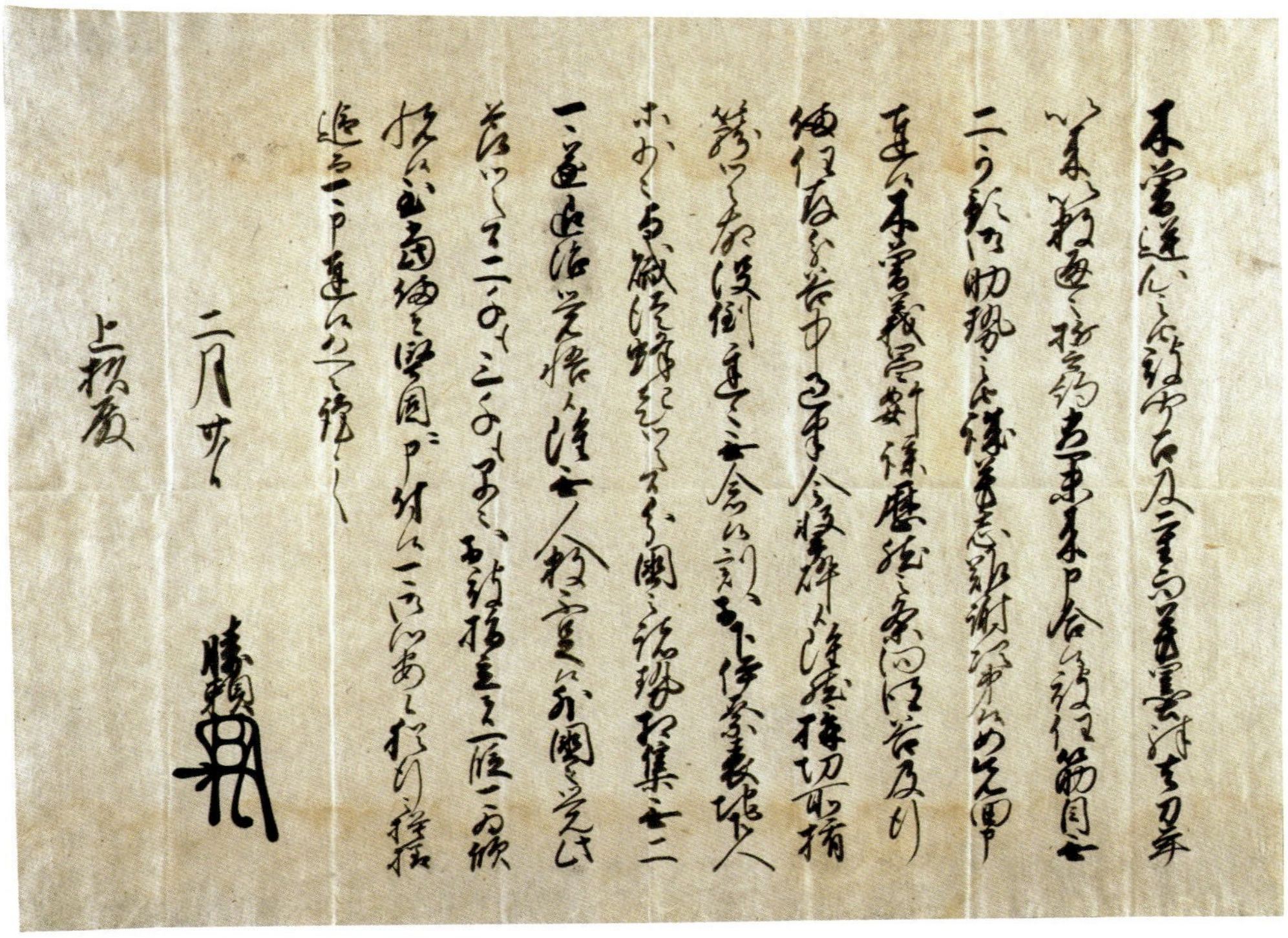

90

国宝

武田《たけだ》勝頼《かつより》書状《しょじょう》

天正十年（一五八二）

米沢市上杉博物館

勝頼が上杉景勝に宛てて出した書状。木曾義昌謀反の報に接した景勝からの軍事支援の申し出に謝し、義昌や下伊那で蜂起した反武田の賊徒を討伐する意思を伝える。そのうえで、武田の兵は十分足りているとしつつも、他国への聞こえもあるため、二千人でも三千人でも早々に派遣してもらえればありがたいと述べる。勝頼は最後に自陣は堅固であるから安心してほしいと述べているが、この書状の三日前には下伊那の拠点大島城が陥落するなど、信濃の情勢は切迫度を増していた。

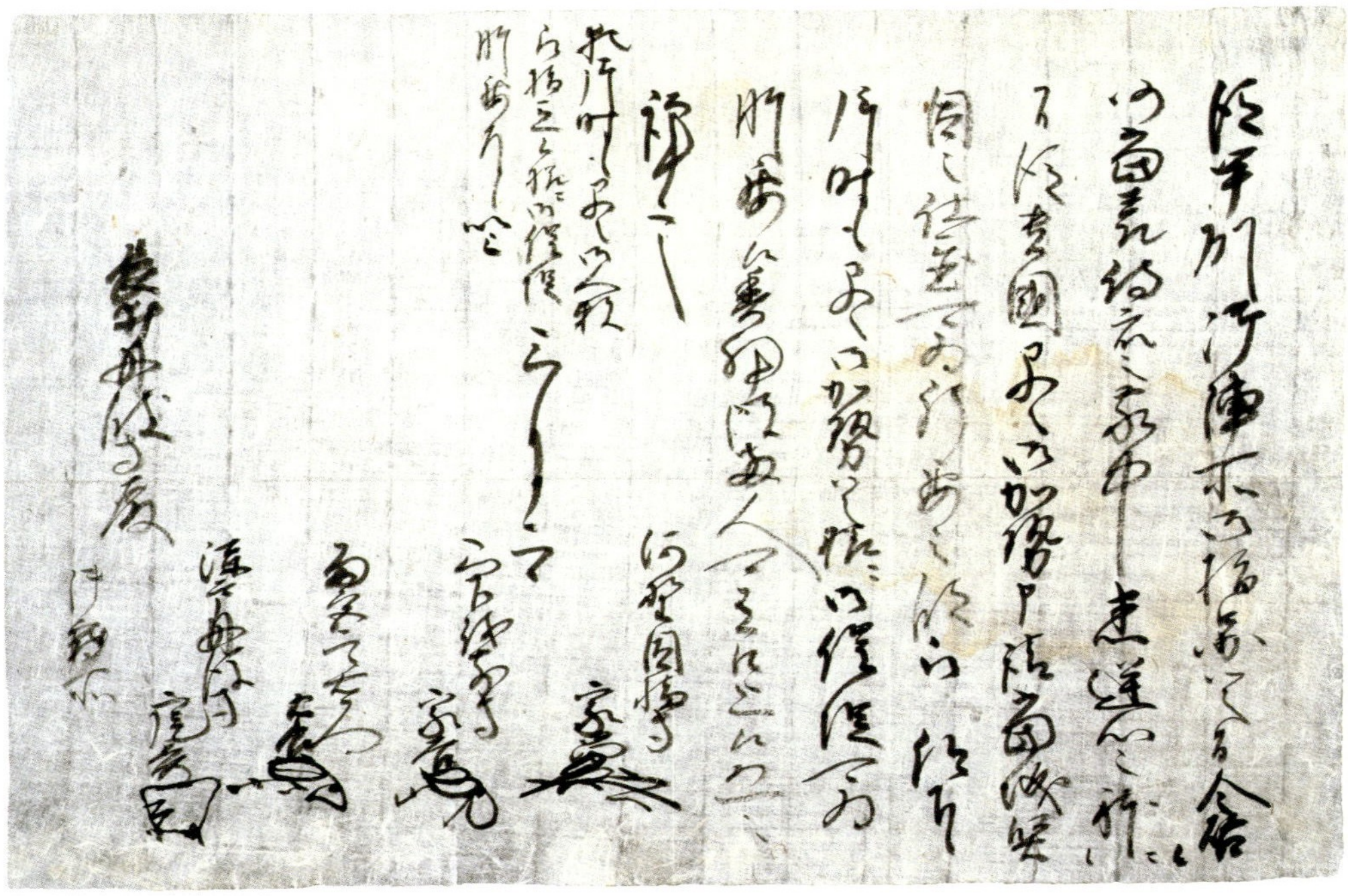

91

国宝

河野《こうの》家昌《いえまさ》他《ほか》連署状《れんしょじょう》

天正十年（一五八二）

米沢市上杉博物館

武田家臣河野家昌ら四名が、上杉家臣長井丹波守に対して武田への援軍派遣を依頼した書状。武田領国では「悉く逆心」の状況にあるため一時も早く援軍を出してもらうよう、景勝への取りなしを求めている。本文・追伸と重ねて「片時も早々」の言葉を用いている点など、緊迫感が伝わってくる。そしてこの書状が、武田氏として出された文書として確認できる最後のものとなる。この書状の翌日、勝頼は抗戦を断念し、新府城を放棄して岩殿城（大月市）へと向かった。

上杉氏も、越中における織田氏の攻勢や越後国内での謀反など、容易に武田へ加勢できる状況ではなかった。ようやく上杉の援軍が信濃に入ったのは三月五日のことで、すでに勝頼は新府城を放棄し、武田領国は事実上崩壊していた。

穴山梅雪の謀反

二月二十五日、穴山梅雪(信君)は甲府においていた妻見性院殿(信玄息女)ほか人質を奪還して河内領に移し、武田に対する謀反の姿勢を明らかにした。梅雪は長篠合戦以降、駿河・遠江方面の軍事を担う立場であったが、おそらくは高天神落城後に、勝頼を見限り織田信長・徳川家康との接触を始めていた。また、自身の嫡男勝千代と勝頼息女との婚儀の話も取りやめにされるなど、勝頼への不信を募らせていたようだ。御一門衆の重鎮である梅雪の離反を受け、勝頼は諏方上原城から新府城に戻らざるを得なくなった。

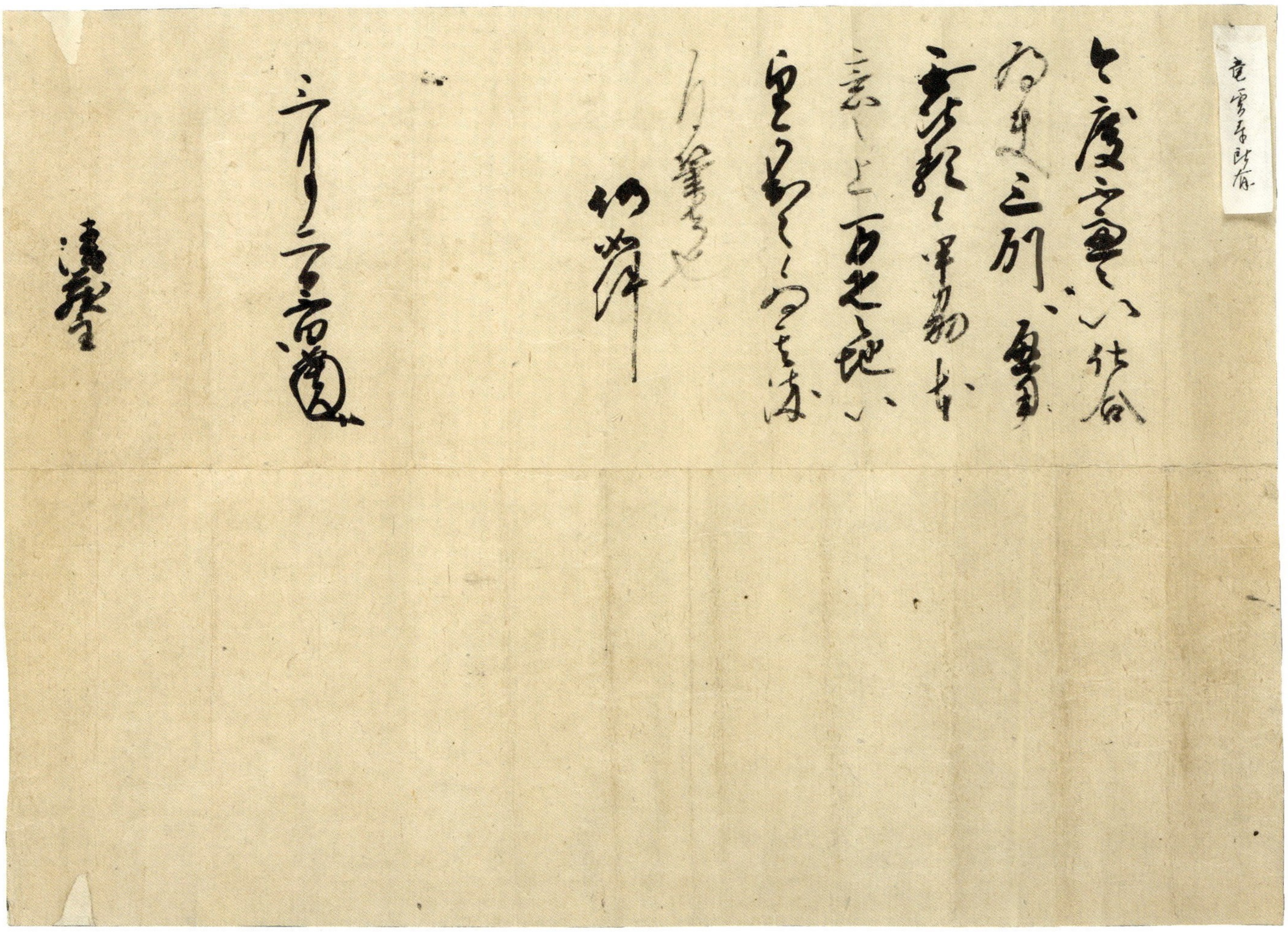

92
身延町指定文化財
穴山《あなやま》不《ふ》白書状《はくしょじょう》
天正十年(一五八二)
身延町　龍雲寺

穴山不白(梅雪)が徳川家康との交渉に尽力した僧に対し自筆で謝意を述べた書状。梅雪は武田から離反した後、家康と交渉を重ね、自身の進退の保証について確約を得ようとしており、それが成就したのであろう。書状の冒頭では、現在の状況を「不慮の仕合わせ」と、武田の視点に立った書き方をしている一方、「甲州本意の上は」と、梅雪が甲斐を領有するかのような表現も用いており、梅雪の微妙な立場と心情がうかがわれる。

武田氏滅亡——勝頼の最期

天正十年（一五八二）三月三日に新府城を放棄した勝頼の一行は、重臣小山田信茂の支配する郡内（大月市）を目指して東へ進むも、信茂の謀反により笹子峠（甲州市・大月市）が封鎖され、完全に行き場を失った。勝頼が最期の地として入ったのが田野（甲州市大和町）である。三月十一日、勝頼は最期の決戦を遂げ、嫡男信勝、夫人北条氏とともに没した。戦国大名武田氏はここに滅亡した。勝頼たちの最期は、様々な絵画や物語で語り継がれていく。

93

天目山勝頼討死《てんもくざんかつよりうちじに》ノ《の》図《ず》

二代歌川国綱（二代国輝）筆

文久元年（一八六一）

山梨県立博物館

武田氏が滅亡した最期の戦いを描いた図。多くの矢を受け家臣とともに敗走する勝頼の姿が描かれているが、どんよりともやがかかったような黒色の背景が、敗戦であることを強調している。右端には馬上の勝頼、そして勝頼に最後まで付き従った土屋昌恒ら家臣が描かれているが、その顔は険しく、悔しさがにじみでている。作者の二代国綱は幕末から明治にかけて活躍した浮世絵師で、慶応元年（一八六五）頃に二代国輝に名を改めたとされる。

勝頼の最期の戦いは田野で行われたが、その上流部にある古刹・天目山栖雲寺（室町期の守護武田信満が関東での戦乱に敗れ自害した地）の存在から、後世には天目山の戦いなどと称されるようになった。

94

勝頼於天目山遂討死図《かつよりてんもくざんにおいてうちじにをとげるず》

月岡芳年筆

慶応元年（一八六五）

個人

天目山の戦いで敗れた勝頼が自害をするところが描かれている。鳥居畑に陣を張り、織田軍相手に最後まで奮闘した勝頼軍であったが、最後は勝頼を含め、主従ともども自害をして果てた（討ち取られたとする記録もある）。本図には、すでに命を絶った家臣ら、そしてこれから最期の時を迎える勝頼の、鬼気迫る表情が描かれている。作者の月岡芳年は、幕末から明治時代に名を馳せた浮世絵師であり、「血みどろ絵」と称される凄惨な錦絵を描いたことでも知られている。

コラム—⑧　勝頼が描かれた浮世絵

松田　美沙子

武田信玄が描かれた絵画資料は多く残されており、中でも錦絵にその姿を見る機会が多い。信玄個人の肖像画から始まり、信玄と家臣団が描かれた武田二十四将図といった集合武将図、武田氏と上杉氏の激しい戦いの様子が表された川中島合戦図など、バラエティーに富んでいるのも特徴である。

それでは、信玄の息子である勝頼はどうだろうか。例えば、信玄を中心に据えた「武田二十四将図」(№6)などを見ると、信玄のすぐそばに勝頼の姿を見ることができる。なお、「武田勝頼二十四将図」(№110)は勝頼を中心とし家臣らが描かれた集合武将図だが、信玄の二十四将図が多く残されているのに対し、勝頼の同作例はほぼ見当たらない。残念ながら、集合武将図に限らず、勝頼が描かれた錦絵は信玄が描かれたものと比べ、数はあまり多くはない。

これより、勝頼が描かれた錦絵について紹介していくが、まずは天正十年(一五八二)の天目山の戦いを描いた作例について取り上げたい。この戦いは武田氏が滅亡した合戦であり、「天目山勝頼討死ノ図」(№93)には勝頼が敗走する姿が、「勝頼於天目山遂討死図」(№94)には勝頼が切腹する様子が描かれ、その最期が悲哀を込めて表されている。その他、勝頼が上野国膳城を攻撃した際の様子が表された「上州膳の城素肌攻めの図」(№71)なども挙げられるが、信玄と謙信の一騎討ちが題材となった川中島合戦図などと比べると、勝頼が戦う姿が描かれた錦絵というのは、圧倒的に数が少ない。

勝頼が題材となった錦絵は、こうした合戦の場面ではなく、後世歌舞伎の演目となった、『本朝廿四孝《ほんちょうにじゅうしこう》』から取られたもののほうが実は多い。『本朝廿四孝』は人形浄瑠璃の作品として、明和三年(一七六六)、大坂竹本座で初演されたあと、歌舞伎にも移され上演された。この作品は、近松門左衛門の『信州川中島合戦』をもとに、中国の二十四孝の故事などを取り入れて、信玄と謙信の争いを脚色したものである。全五段のうち四段目が特に有名で、ヒロインの八重垣姫(父は謙信で、勝頼の許婚《いいなずけ》であるという設定の架空の姫)が、死んだ偽勝頼(本物の勝頼は箕作と名付けられ庶民として育つ)の菩提を弔うために香をたく場面(「十種香《じしゅこう》」)と、同じく姫が勝頼の窮地を救うため、謙信の館にあった諏訪法性の兜を盗み出し、霊狐とともに凍った諏訪湖を渡る場面(「狐火」)は、たびたび錦絵の題材にもなっている。山梨県立博物館でも「狐火」を題材とした錦絵を所蔵しており、例えば「大日本六十余州之内 甲斐 八重垣姫」(参考図版1)には、狐火に囲まれた八重垣姫と、コマ絵に勝頼が表されている。八重垣姫の情熱的な恋を描いた四段目は人気が高く、それゆえ錦絵の題材になりやすかったのだろう。

勝頼が主役というよりも、上演される歌舞伎の宣伝目的で作られた錦絵の中に登場するような形であり、勝頼よりも八重垣姫が大きく描かれていることも多い。また、あくまでも脚色された物語の登場人物のひとりという位置付けであることから、勝頼の実像を表したものとはいえない。それでも、死後何百年も経っていながら、父信玄同様、錦絵に描かれた勝頼の姿が後世の人々の目にとまり、記憶に残り続けたといえるのではないだろうか。

(参考図版1)歌川豊国・国明筆「大日本六十余州之内 甲斐 八重垣姫」
(天保14～弘化4年(1843～47)、山梨県立博物館蔵)

武田氏滅亡の記録

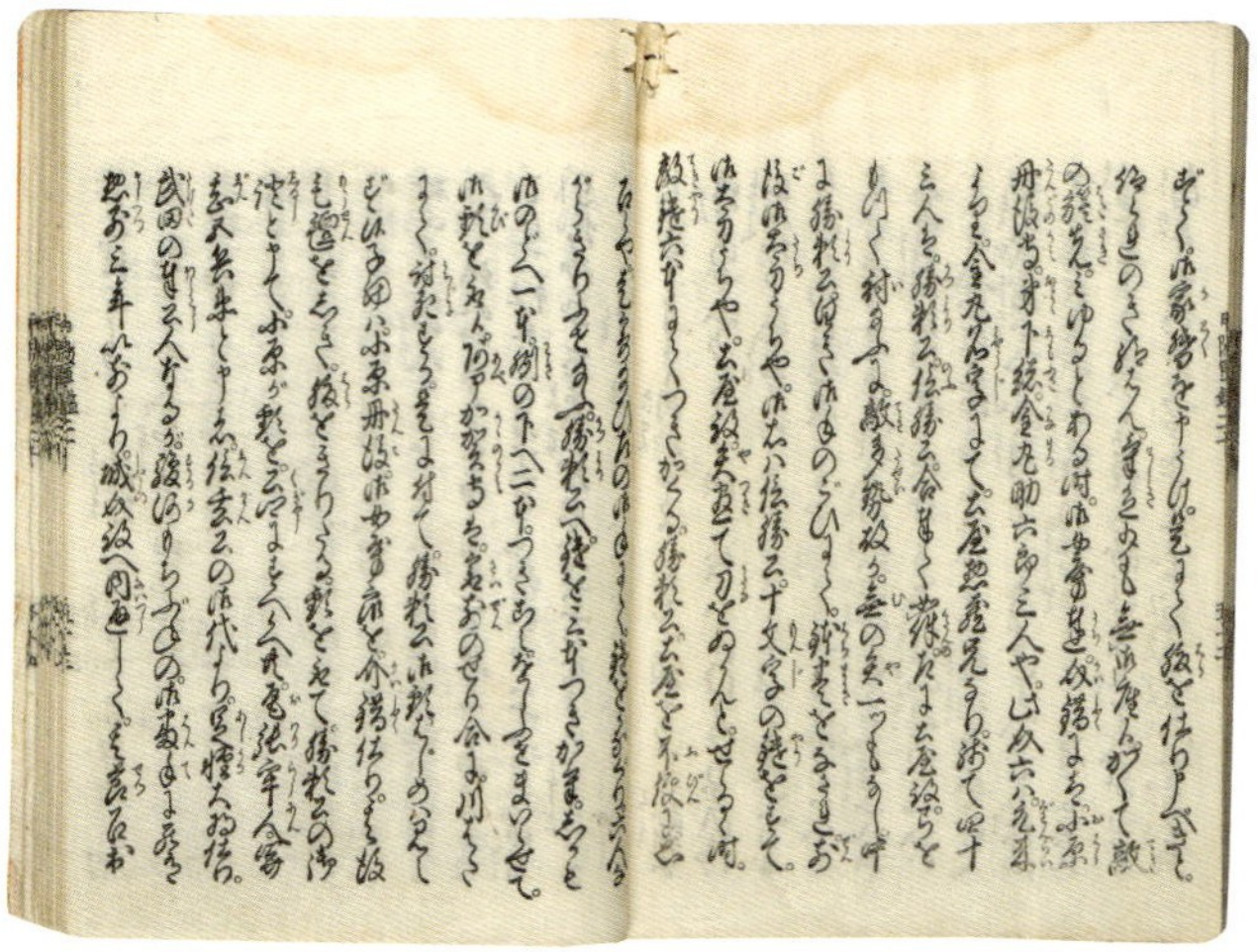

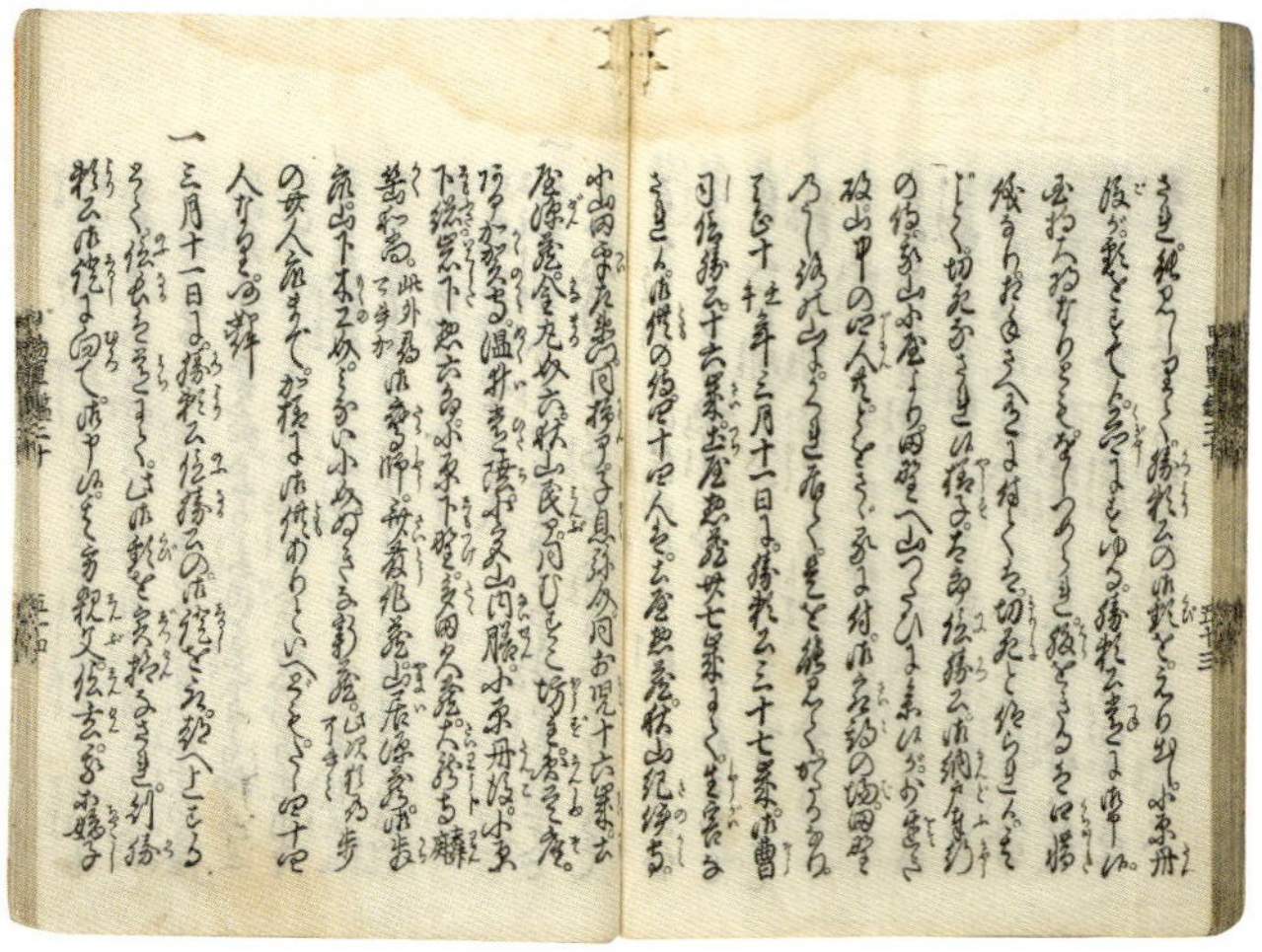

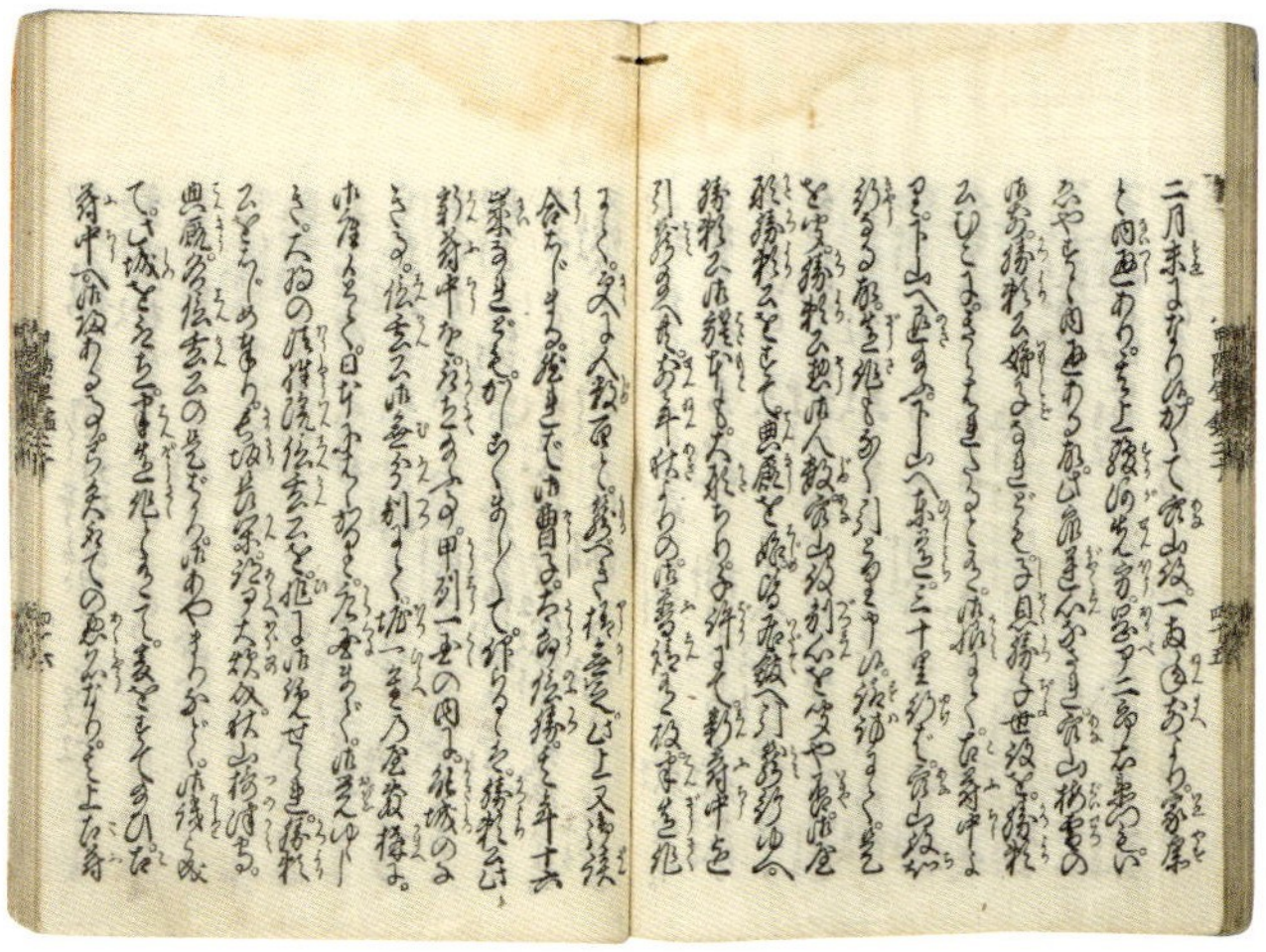

95

甲陽軍鑑《こうようぐんかん》　巻第二十

江戸時代(十七世紀)刊
山梨県立博物館

武田から見た勝頼滅亡の記録である。三月十一日、進退窮まった勝頼は嫡男信勝に御旗・楯無を譲り東へ逃げるよう勧めたが断られ、最後の決戦に臨む。側近の土屋惣蔵が奮戦するも、敵の鑓六本を受け絶命する。勝頼は惣蔵を刺した鑓を切り捨てるが、自身も三本の鑓を受け討ち取られた。勝頼は以前から大将といえども最後に自害することを潔しとせず、切死を望んでいたという。そして最後の日の顛末は、田野への到着が遅れていた信勝の御納戸奉行が、密かに山中から見ていたという。最期まで勝頼に従っていたのは、侍四四人、女房衆二三人と記す。

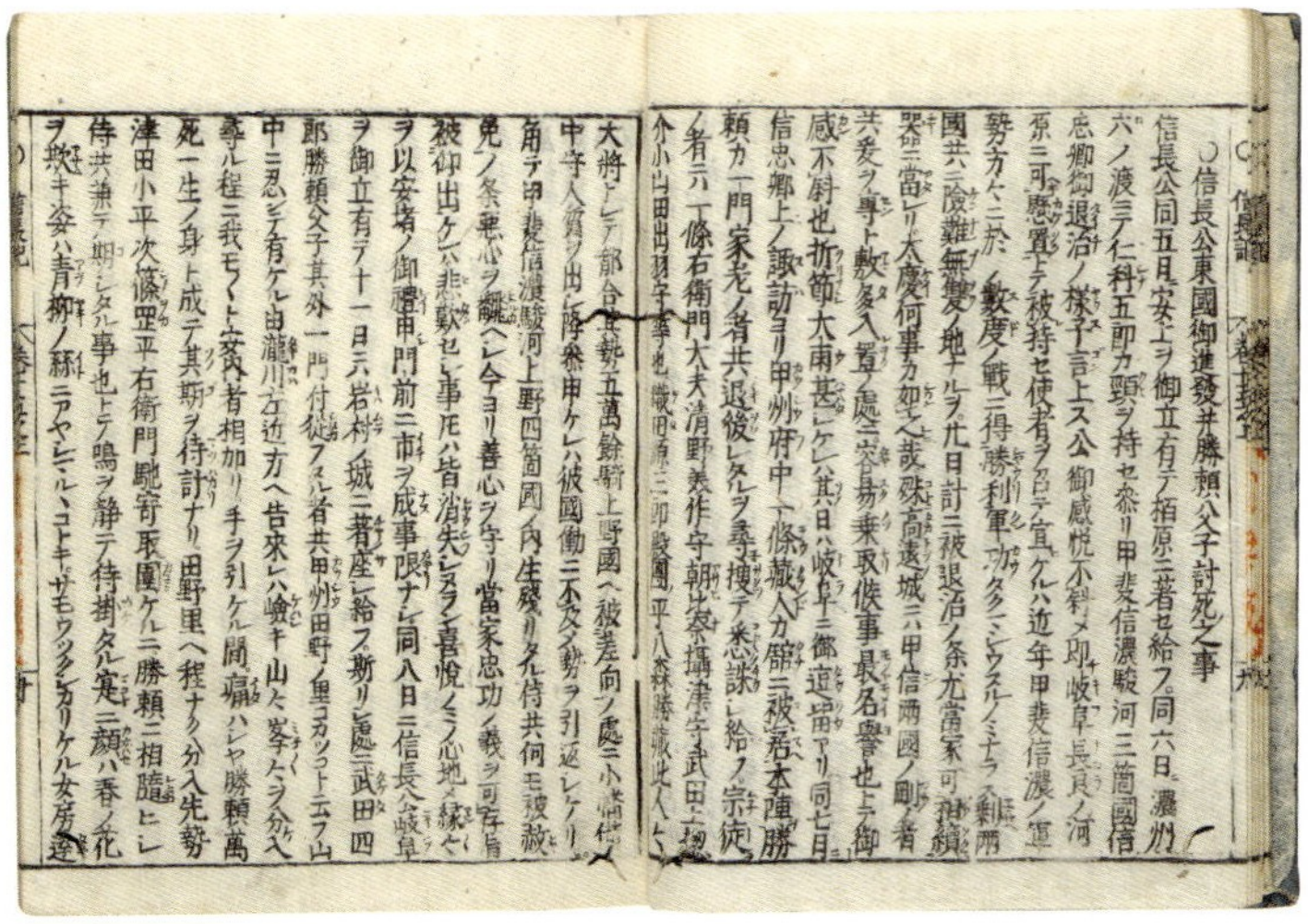

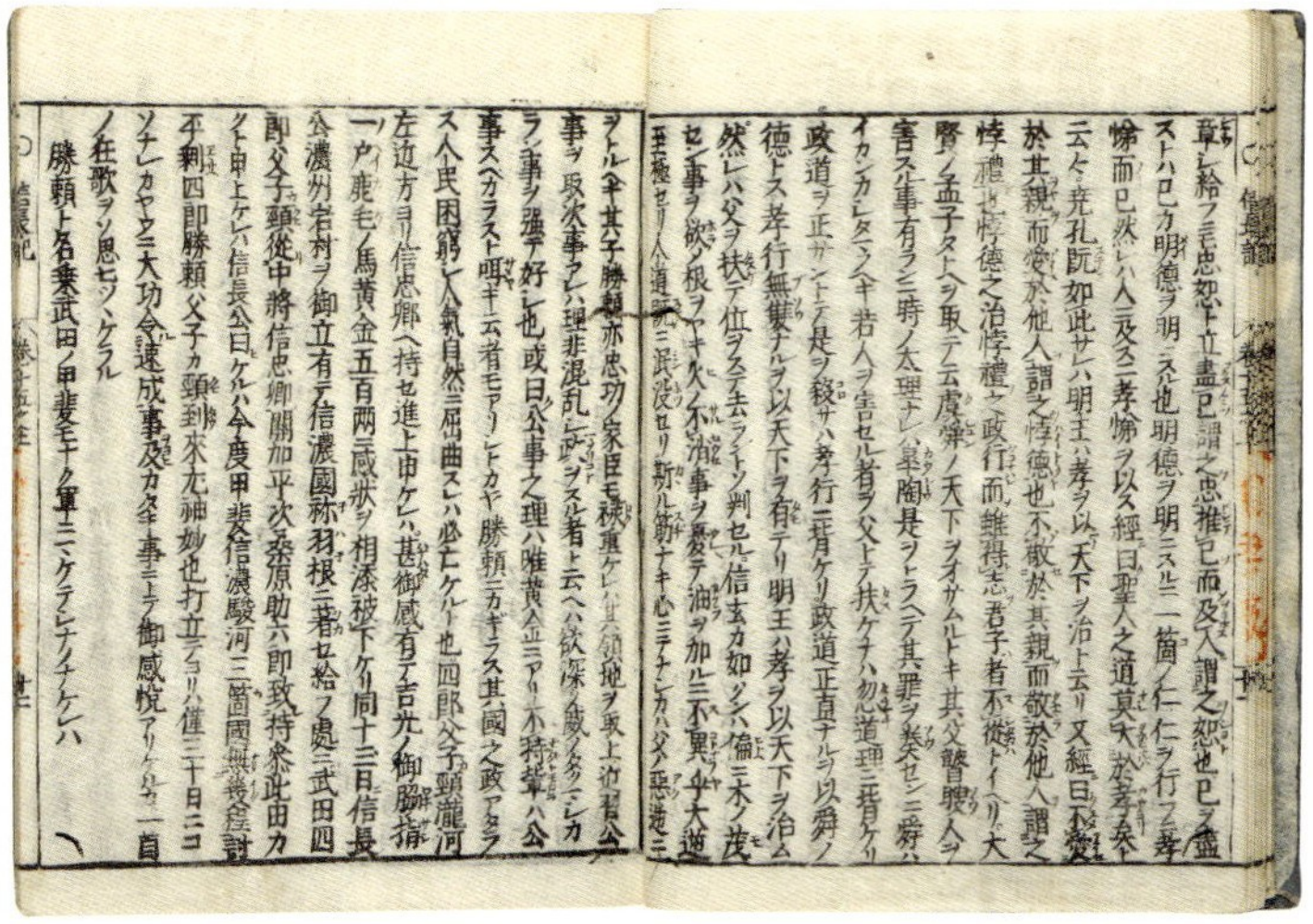

96

信長記《しんちょうき／のぶながき》

寛文十二年(一六七二)刊
山梨県立博物館

織田から見た勝頼滅亡の記録。織田家臣滝川一益らが勝頼の籠る田野を包囲し、最後の戦となった。勝頼らは自害したように読め、最後の武功を上げたものとして側近の土屋昌恒、大龍寺麟岳を特筆している。自害・討死した人々は、勝頼含む侍衆が四一人、女房衆五七人(太田牛一『信長記』では五〇人)とする。

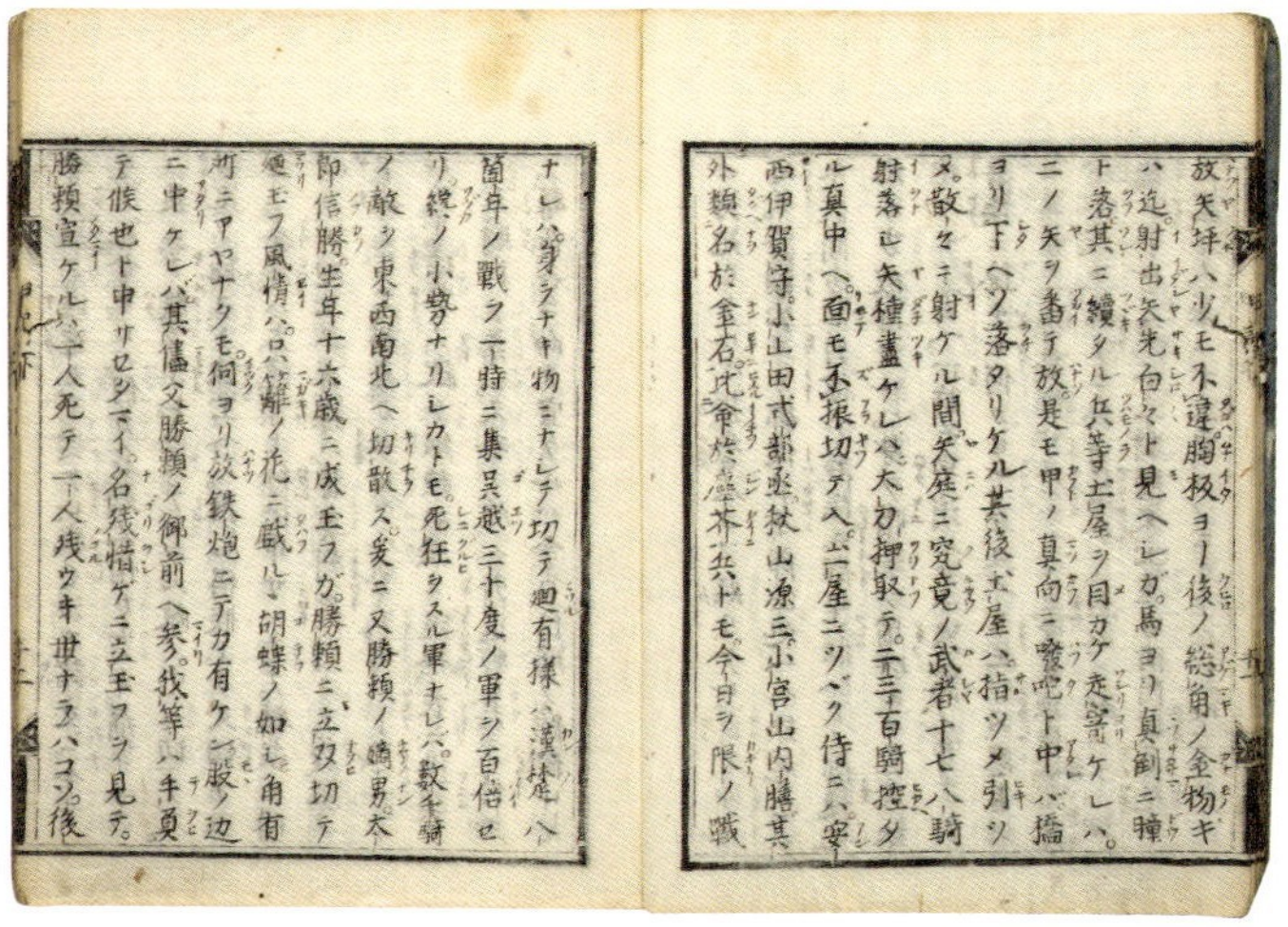

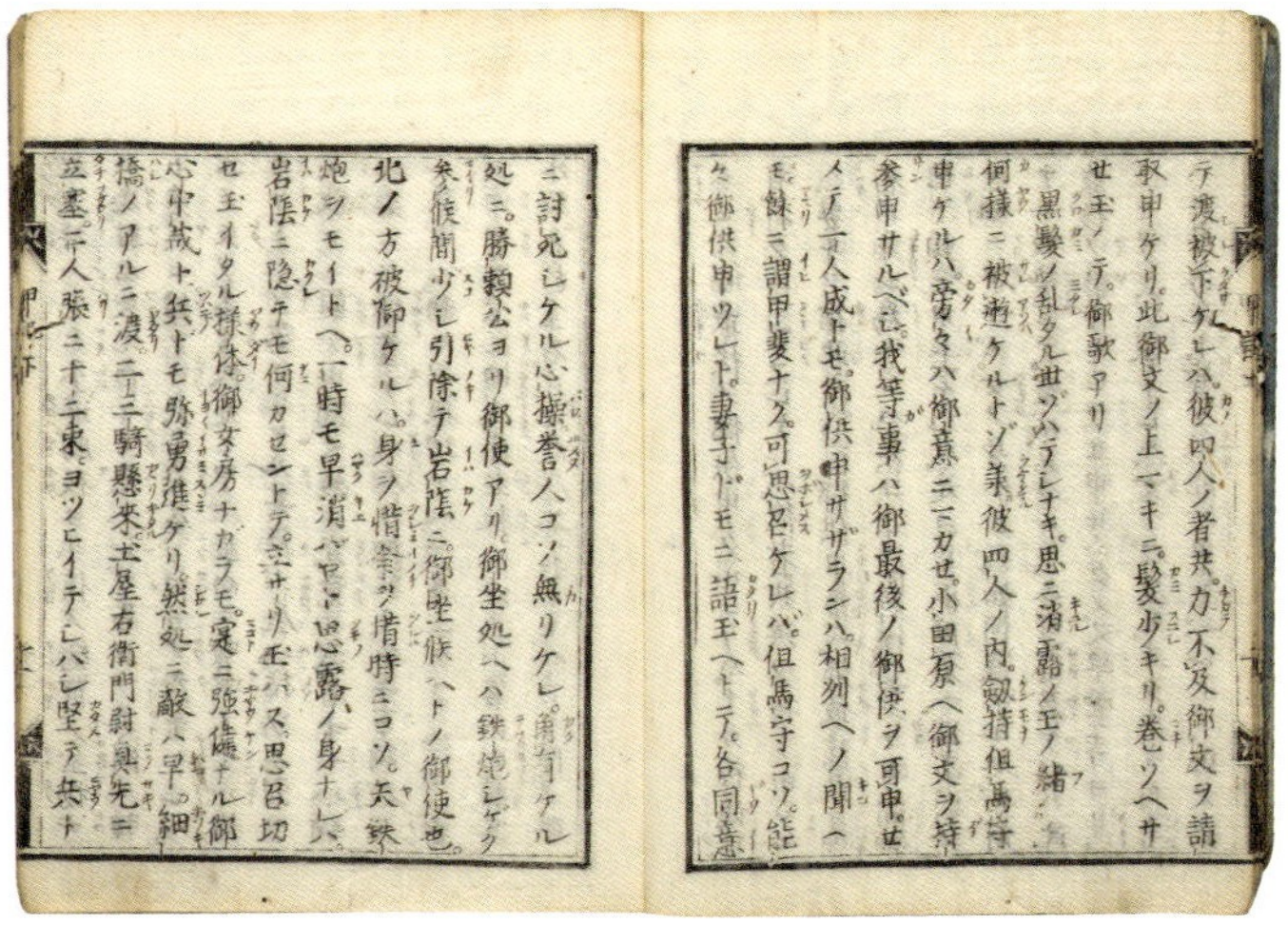

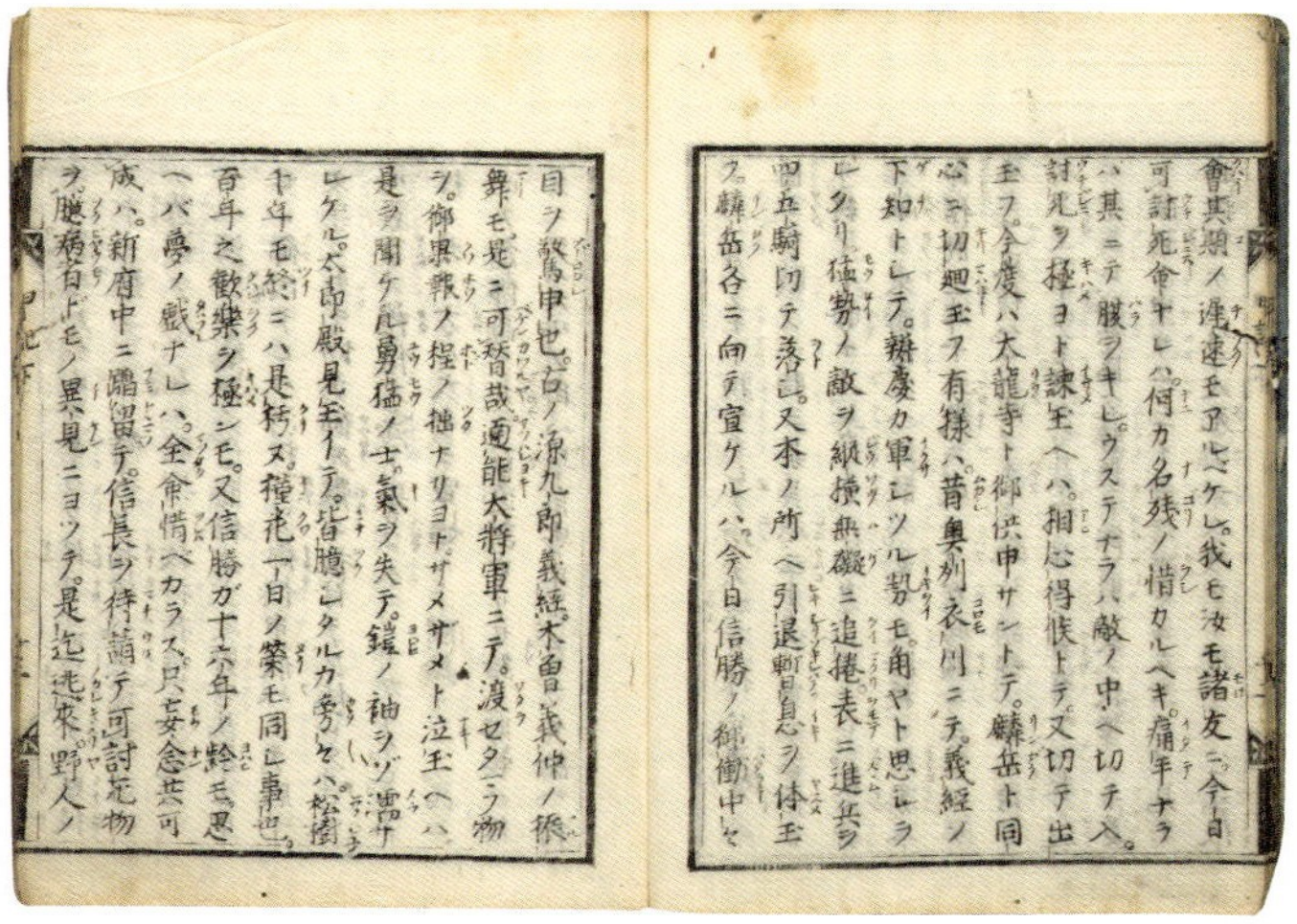

87
甲乱記《こうらんき》
正保三年（一六四六）刊
山梨県立博物館

武田から見た記録だが、筆者は滅亡の直前に勝頼夫人桂林院殿の命で北条氏のもとに遣わされた人物とみられ、勝頼らの最期の場面は物語的な要素が強い。その直前の場面として象徴的なのは、小山田の裏切りが明るみになった後、側近の土屋昌恒が跡部勝資ら老臣に対し、新府城に籠城して存分に戦った末に死すべきであったと苦言を呈した点があげられよう。この後、信勝が奮戦した末に自害する際にも、同じように新府で死ぬべきだったと言い遺している。武田家臣の中に、新府城を捨てるべきではなかったと考える者が少なくなかったことを示唆するものといえよう。

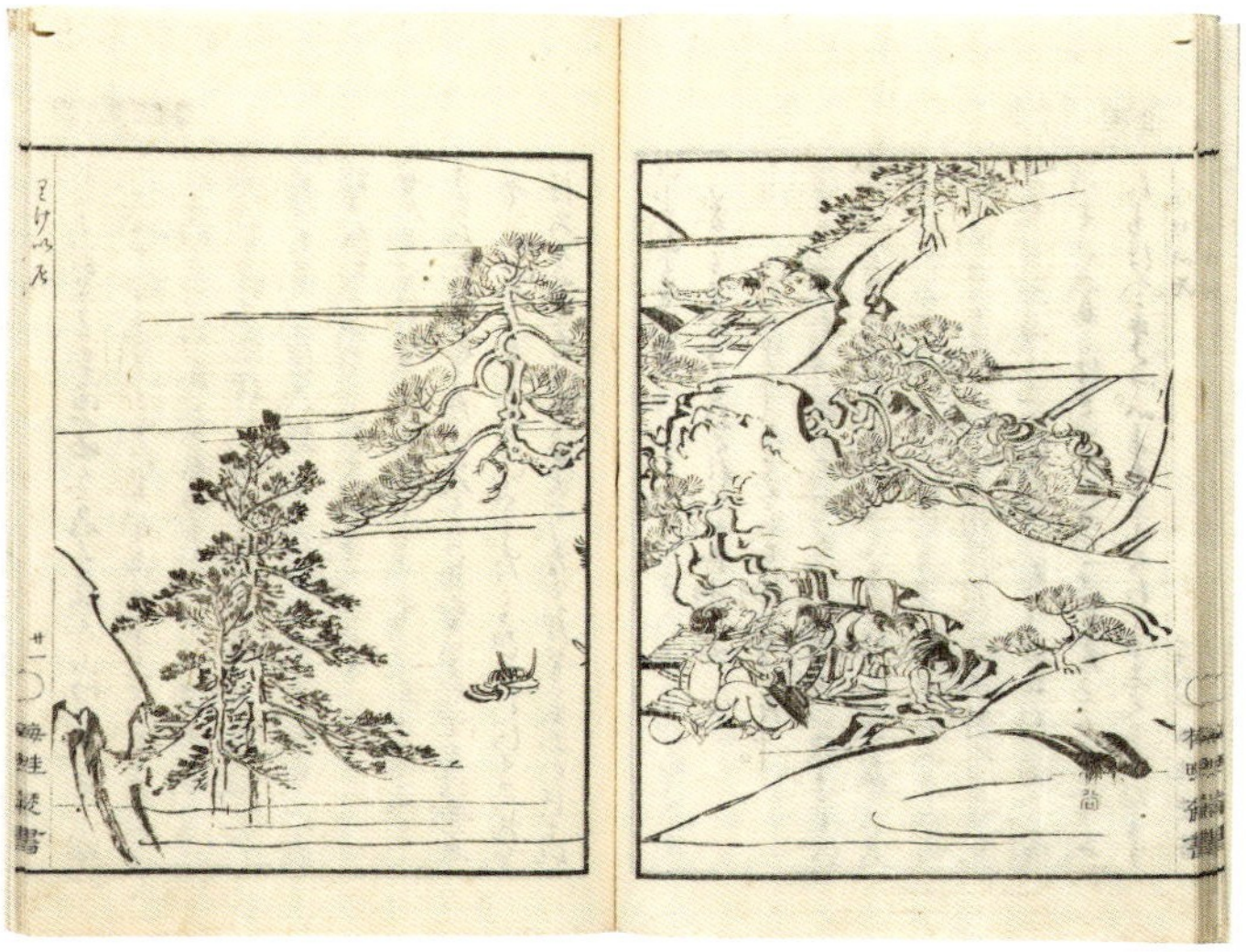

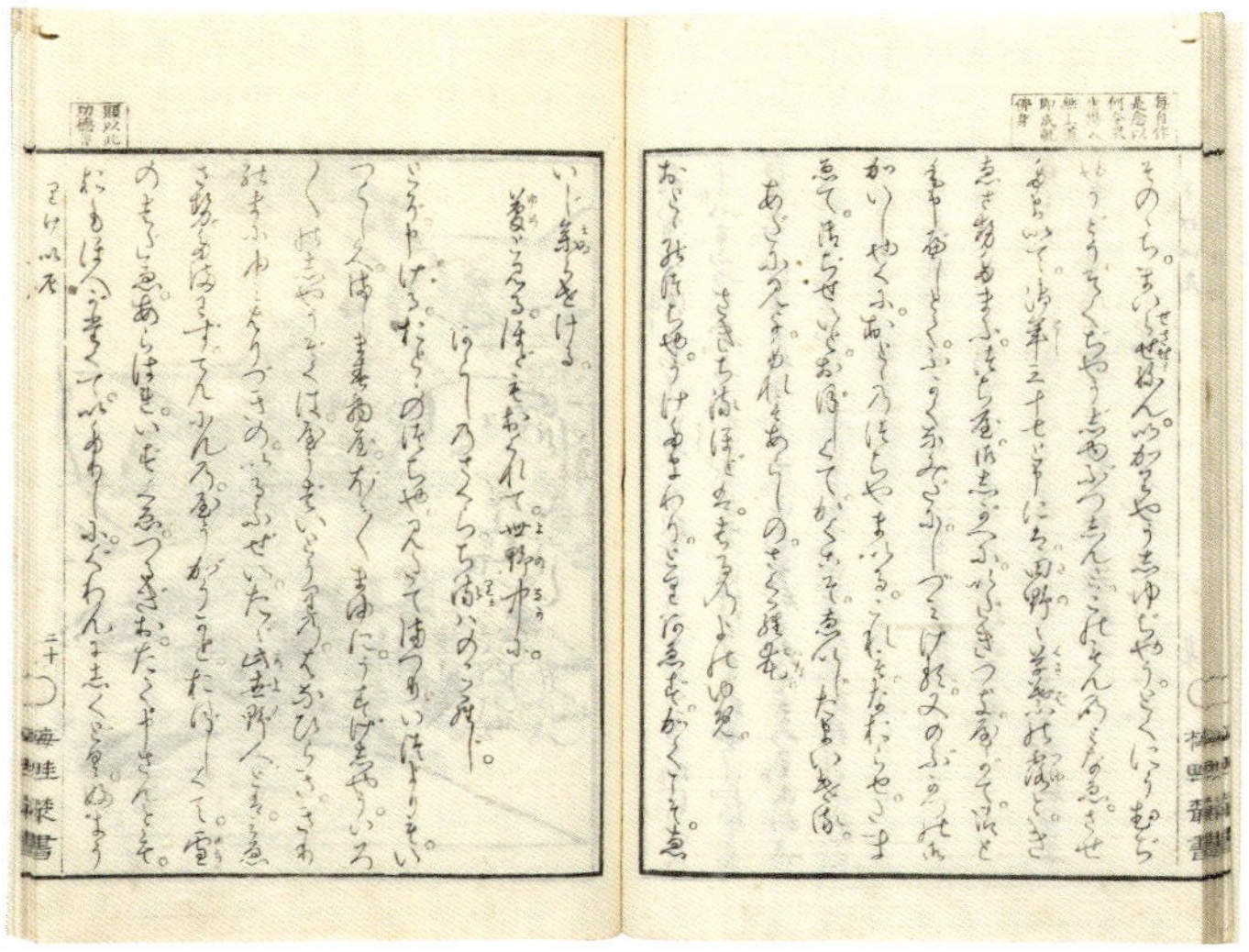

97
理慶尼《りけいに》の記《き》
天保八年（一八三七）刊
個人（山梨県立博物館寄託）

「武田勝頼滅亡記」「詠歌の書」ともいい、特に勝頼が勝沼大善寺に入って以降の有り様をかな主体で記す。勝頼の最期は、家臣とともに奮戦した末、土屋に介錯させて自害したと記す。作者とされる理慶尼は戦国期に実在した女性で、かつては勝沼武田信友（武田信虎弟）の息女といわれてきたが、実際には勝沼今井信甫正妻の母であることが明らかになっている。武田氏滅亡時には相当な高齢とみられ、勝頼らの死後に本書を著して高野山へ送ったという。一方で後世に理慶尼の名を借りて創作されたものとの指摘もある。

信長・家康の甲州仕置

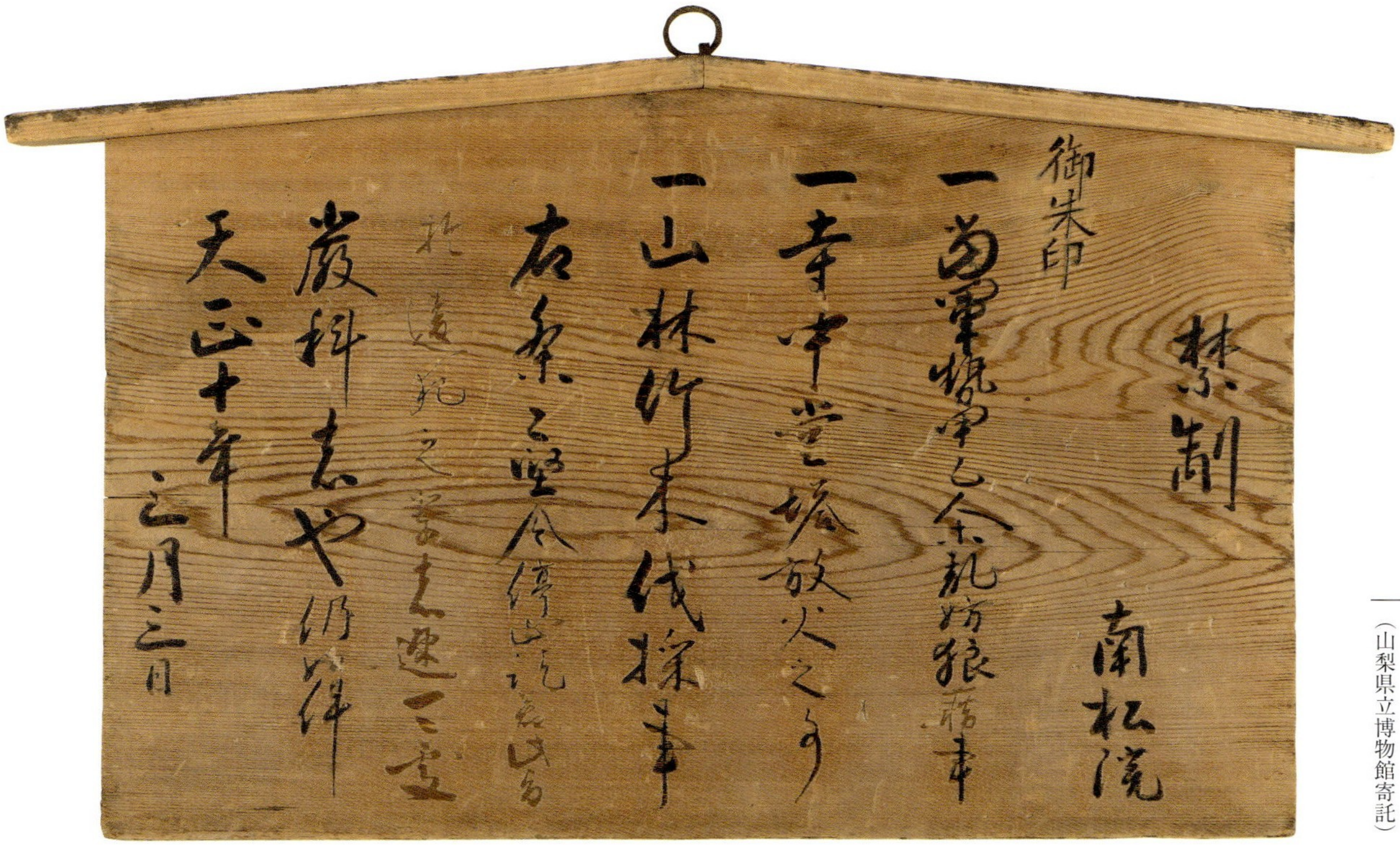

98
山梨県指定文化財
徳川家康禁制《とくがわいえやすきんぜい》
天正十年（一五八二）
身延町　南松院
（山梨県立博物館寄託）

穴山領から甲斐に入った徳川家康が、富士川を遡るように甲府盆地へと進む途中、郷村や寺社に兵の乱妨狼藉等を禁止する制札を発した。穴山氏の菩提寺南松院には、紙の禁制とそれを写した木札の両方が残されている。家康が制圧した河内領（富士川流域）では、寺社などの被害はほとんどなかったといわれている。

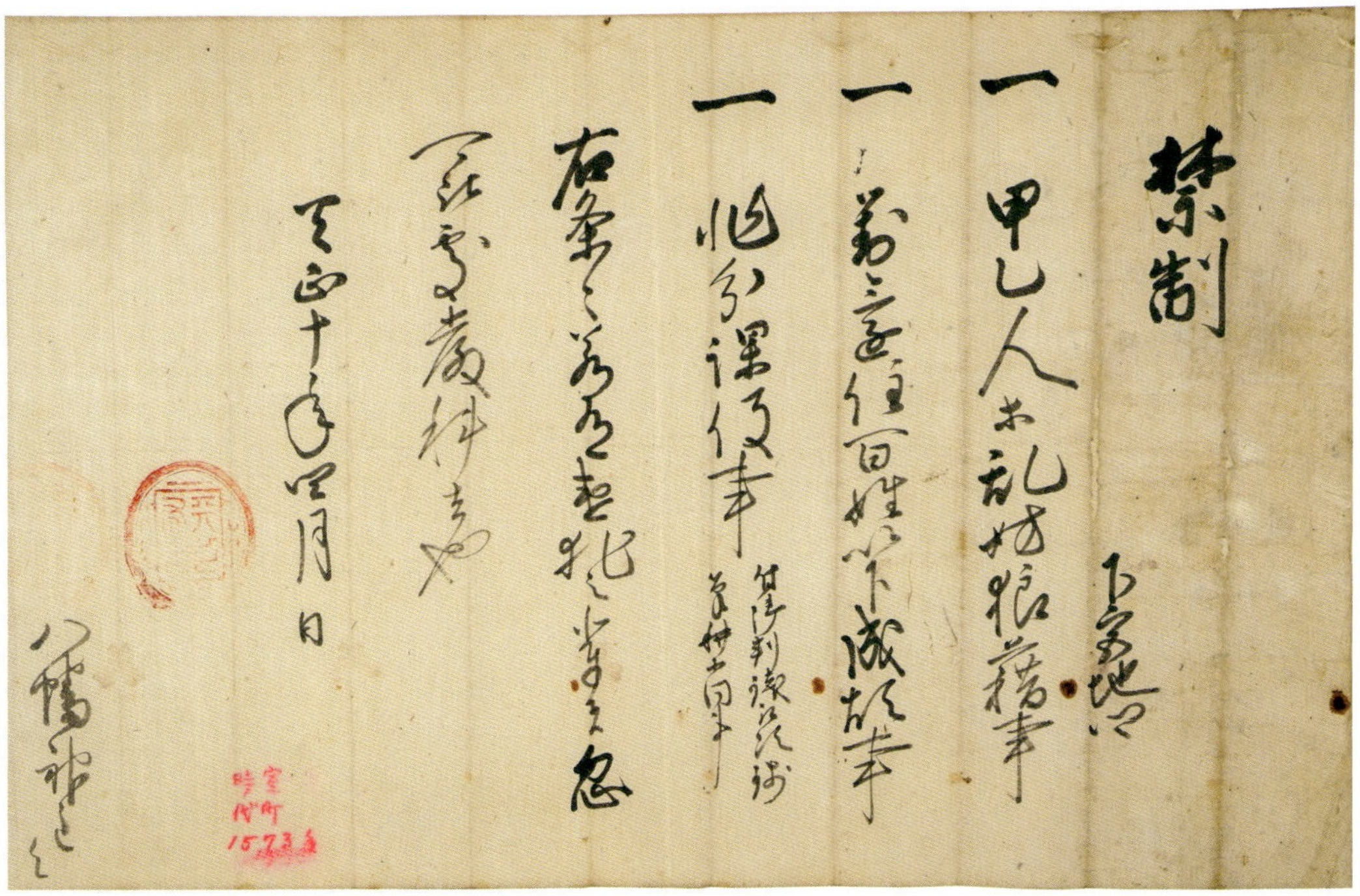

99
織田信長禁制《おだのぶながきんぜい》
天正十年（一五八二）
山梨県立博物館

信長が甲斐に入ったのは四月二日のことで、四月付けで出された信長禁制が県内各地に残されている。信長の禁制では、三条目の付けたりとして、禁制の発給にかかっていた各種手数料を取らないという文言が加えられていることが注目されている。甲斐の郷村や寺社はこぞって信長の禁制を得て、安全を確保しようとしたのだろう。一方で、武田氏とつながりの深い寺社は織田軍による攻撃の対象となり、大きな被害を出したところも少なくなかった。

恵林寺炎上

武田氏滅亡後の四月三日、武田信玄の菩提寺である恵林寺(甲州市)は、織田氏に敵対した武将を匿っていたとして焼討ちを受けた。住持快川紹喜をはじめ多くの僧が山門に幽閉されたまま、火をかけられたのである。劫火のなかで快川たちは最後の問答を繰り広げ、後世に伝わる言葉を遺して火定した。

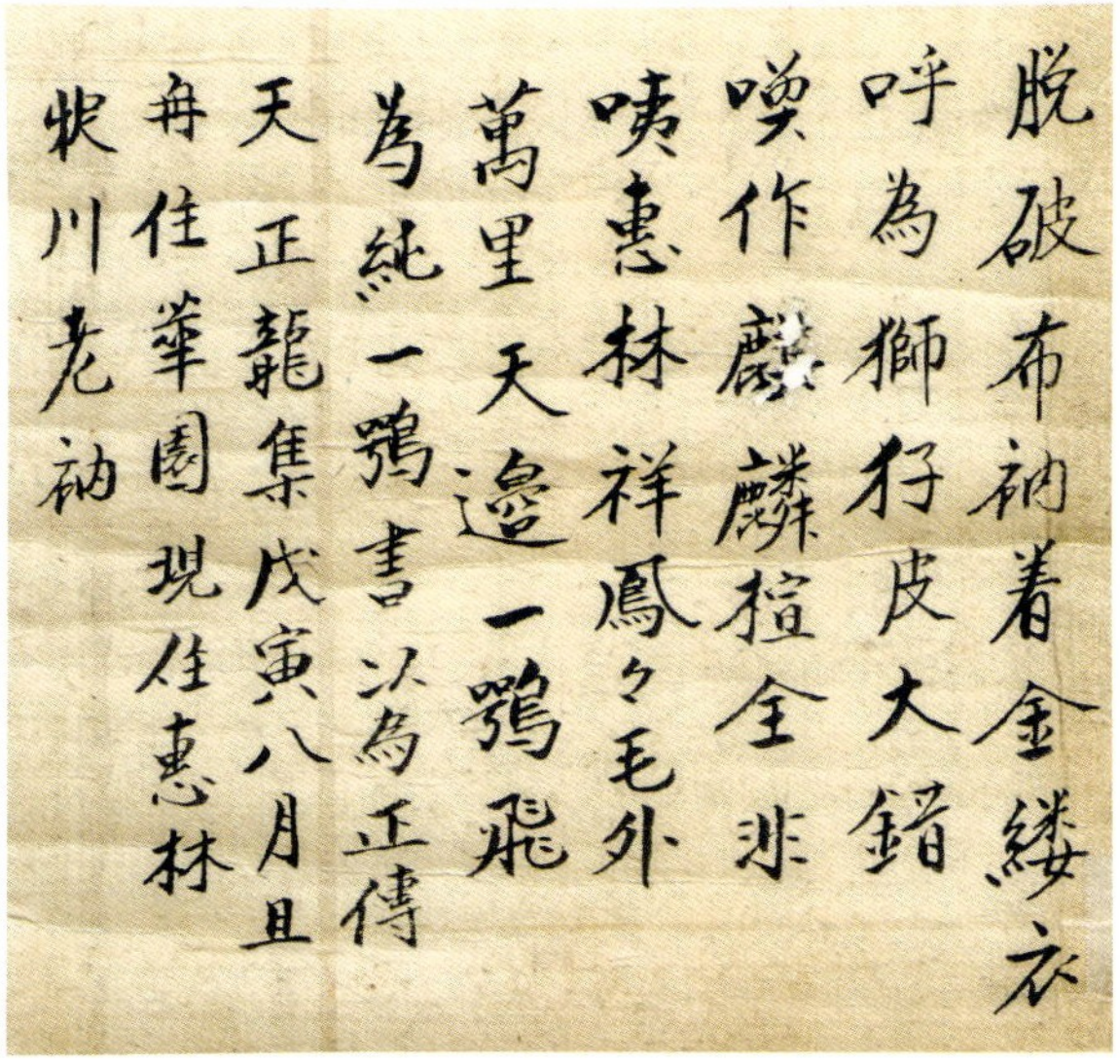
脱破布衲着金縷衣
呼為獅仔皮大錯
喚作麒麟楦全非
噴恵林祥鳳々毛外
萬里天邊一鶚飛
為純一鶚書以為正傳
天正龍集戊寅八月旦
再住華園現住恵林
快川老衲

画像裏面にある賛の写

現在の恵林寺山門

100

甲州市指定文化財

快川紹喜像《かいせんしょうきぞう》

天正六年(一五七八)

甲州市　恵林寺(信玄公宝物館保管)

恵林寺住持快川紹喜の頂相。上部の賛は失われたと思われていたが、近年、赤外線撮影等調査によって残っていることが確認され、写として伝えられたものと内容が一致することが判明した。快川は信玄の強い要請によって恵林寺住持に就任し、信玄は同寺を菩提寺に定め、臨済宗妙心寺派に改派した。快川は改派後最初の住持として中興初世に位置づけられる。勝頼時代にも、織田信長との和睦(甲濃和親)交渉に関与するなど、武田氏への協力を惜しまなかった。

焼討ちの際に快川が発した遺偈として「安禅不必須山水、滅却心頭火自涼」が知られているが、『甲乱記』(No.87)によると、これは快川との問答のなかで別の僧(高山玄寿)が発したものとされる。燃えさかる山門の中で誰が述べたかを確定することは難しいだろうが、快川をはじめ火定した僧たちが遺した偈として広く知られるようになったことは間違いない。

なお、『甲乱記』は恵林寺の炎上をもって物語を終えている。武田氏と恵林寺が一体のものであることを示しているといえよう。

勝頼の遺品を送った僧

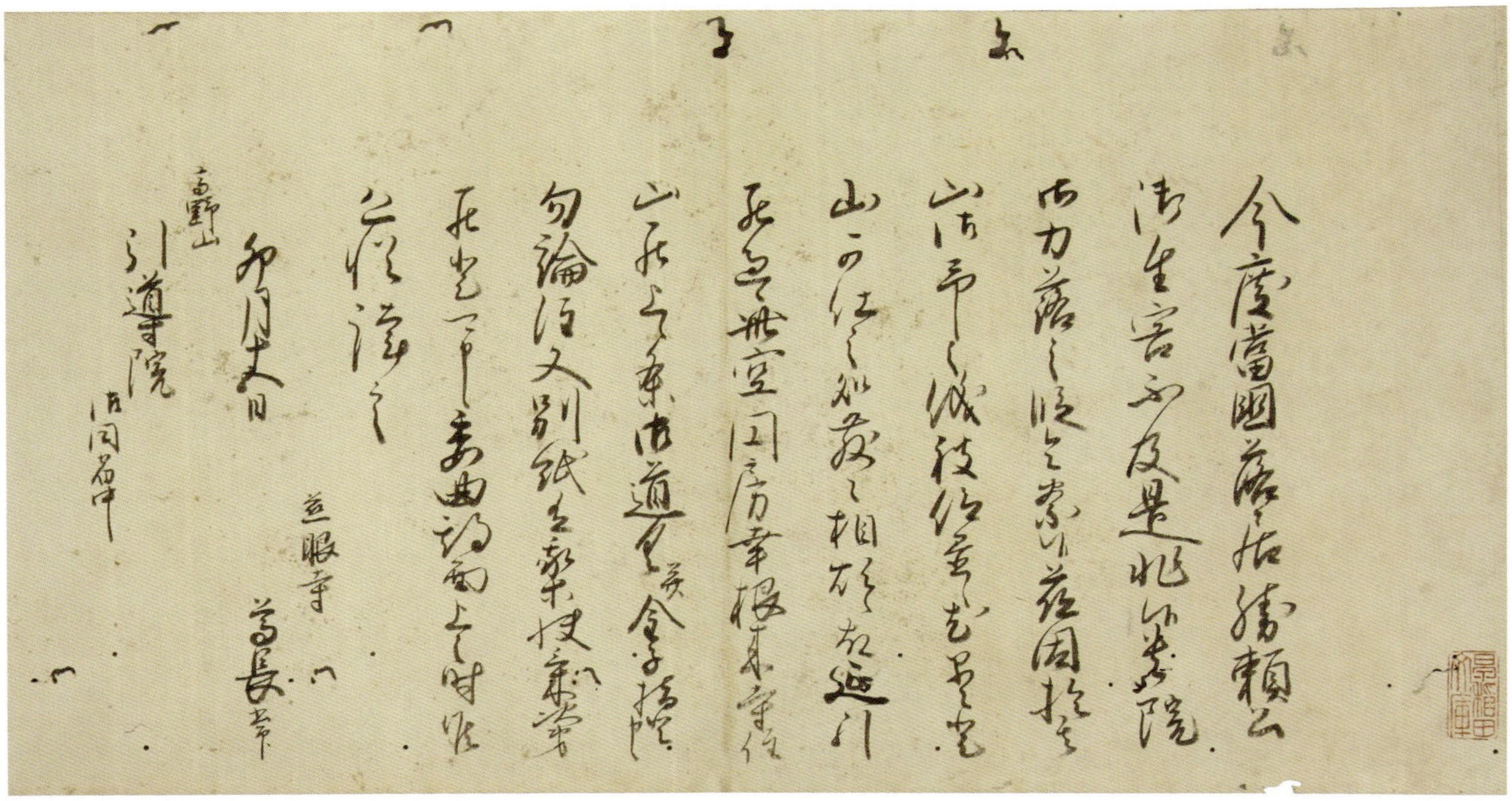

101
慈《じ》眼《げん》寺《じ》尊《そん》長《ちょう》書《しょ》状《じょう》写《うつし》
原本は天正十年（一五八二）
早稲田大学図書館

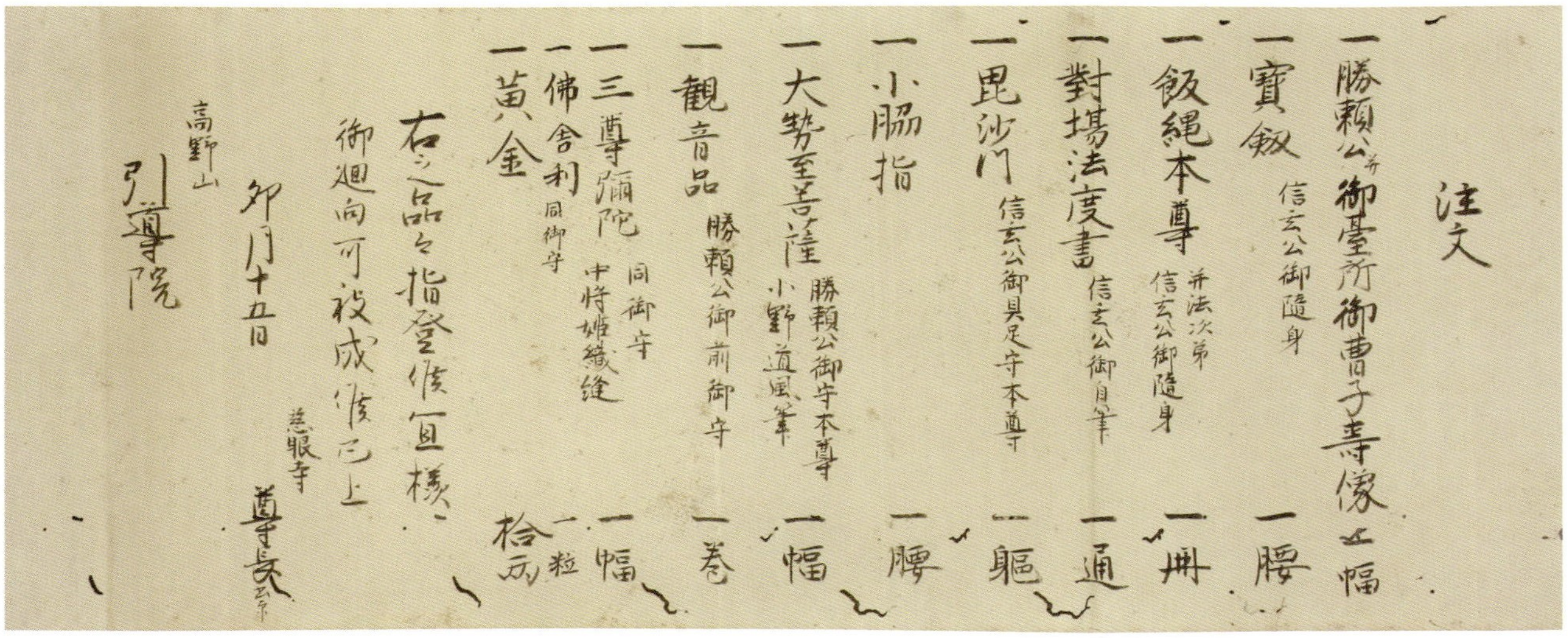

注文
一　勝頼公并御臺所御曹子寿像　一幅
一　寶釵　信玄公御随身　一腰
一　飯縄本尊　并法次第　信玄公御随身　一冊
一　對揚法度書　信玄公御自筆　一通
一　毘沙門　信玄公御具足守本尊　一躯
一　小脇指　一腰
一　大勢至菩薩　勝頼公御守本尊　小野道風筆　一幅
一　観音品　勝頼公御前御守　一巻
一　三尊弥陀　同御守　中将姫織縫　一幅
一　佛舎利　同御守　一粒
一　黄金　拾両
右之品々指登候、宜様御廻向可被成候、已上
卯月十五日　慈眼寺　尊長（花押）
高野山
引導院

102
慈《じ》眼《げん》寺《じ》尊《そん》長《ちょう》廻《え》向《こう》注《ちゅう》文《もん》写《うつし》
原本は天正十年（一五八二）
早稲田大学図書館

武田氏滅亡の約一か月後に、甲斐慈眼寺（笛吹市）の僧尊長が、高野山引導院（現持明院）に勝頼の遺品を送ることを書状で伝えた。別に遺品目録を添え、勝頼と妻子の寿像（No.58）など一一件の遺品を記している。慈眼寺は新府城と勝沼大善寺の間に位置しており、勝頼が新府から東へ向かう途次に遺品を預けたものか。その経緯は明らかでないが、高野山に勝頼の遺品が伝わるのは、尊長の尽力によるところが大きいといえよう。

穴山梅雪の主張

勝頼を見限って織田・徳川についた穴山梅雪は、信長による家臣への武田旧領分配の結果、本領である河内領の確保に成功した。その後間もなく、生母南松院殿（信玄実姉）の十七回忌を迎えた法要を執り行った。

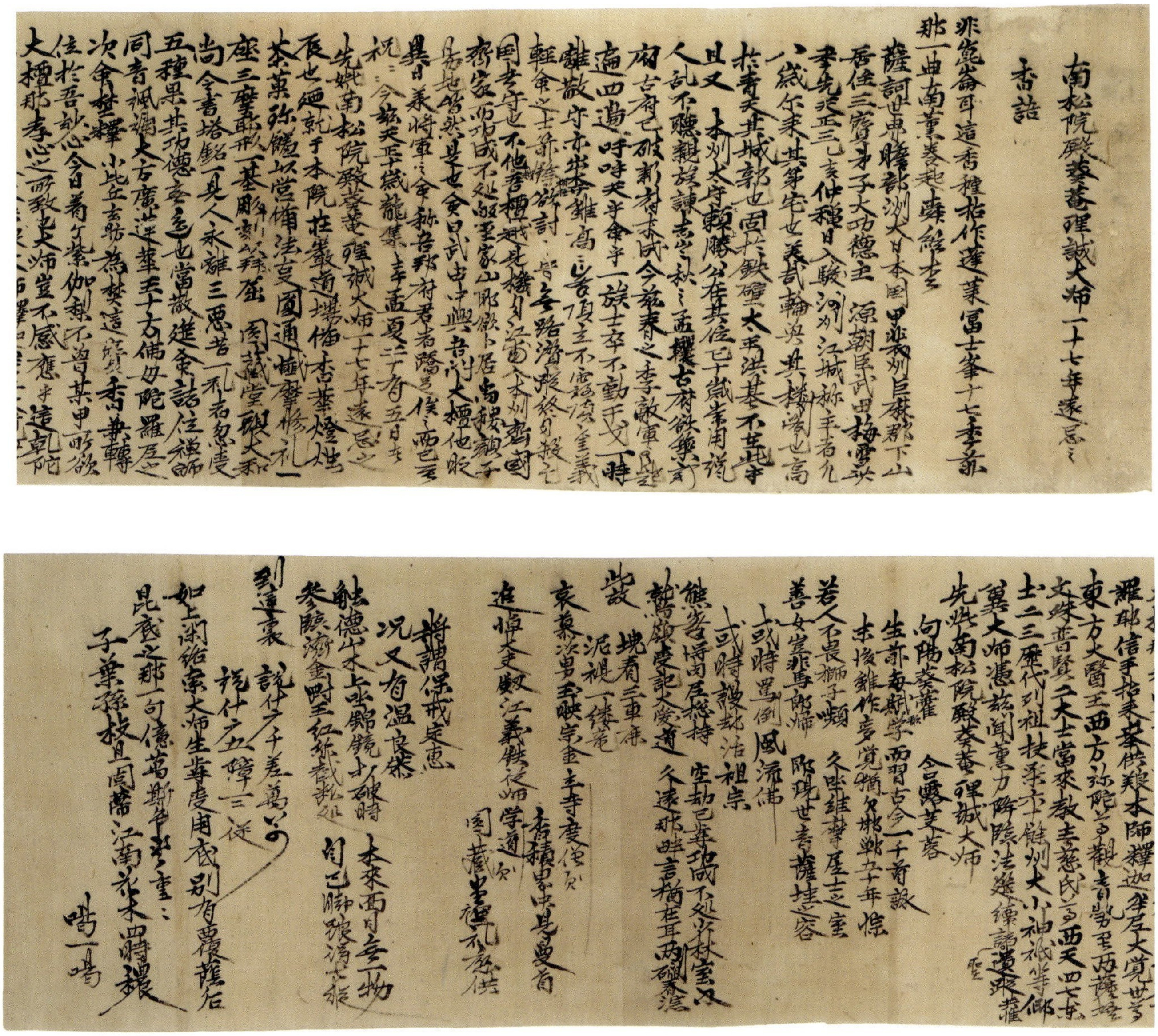

103

山梨県指定文化財

南松院殿十七回忌香語《なんしょういんでんじゅうしちかいきこうご》

天正十年（一五八二）

身延町　南松院（山梨県立博物館寄託）

南松院殿の十七回忌に執行した法要で、南松院住持明院祖芳が仏前で説いた法語の記録。その冒頭には穴山梅雪の意向を汲んだ言葉がならべられている。太守である武田勝頼は家督を継承して十年の間、讒人ばかりを重用して親族の諫めを聞かず、古府（甲府）を壊して新府を作ったが、城は未完のまま敵に攻められ、一族家臣は戦うことなく離散し、ついに武田は亡国の憂き目にあったと述べる。これらは梅雪が武田から離反したことを正当化するという一面はあるものの、讒人＝勝頼側近の重用や、新府築城に対する家臣の反発は実際に存在したようだ。そして武田氏滅亡という現実を前に、梅雪は自身が武田を再興する意思を明らかにしている。

勝頼は「日本に隠れなき弓取」

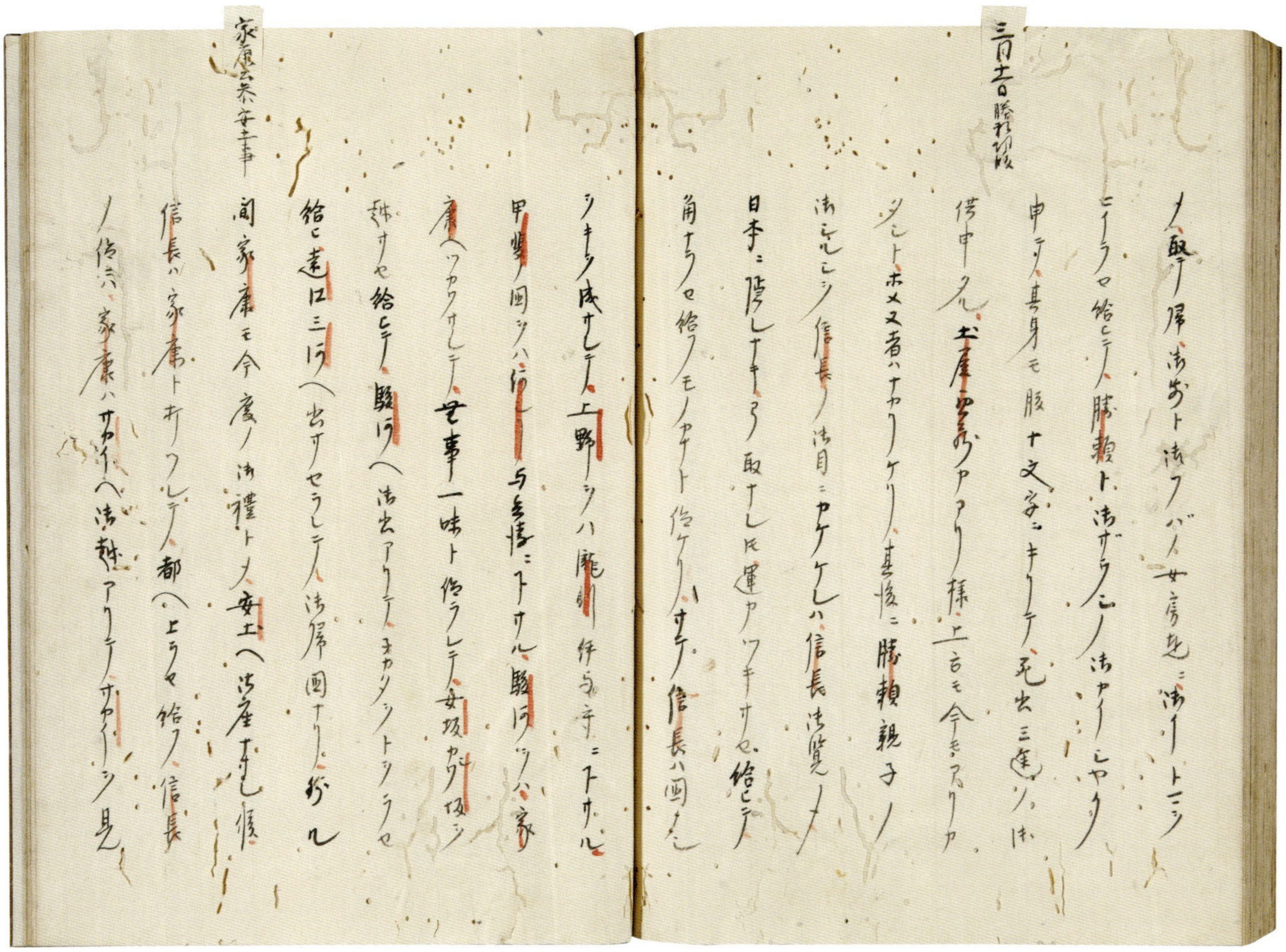

104
三河物語《みかわものがたり》
江戸時代(十七世紀)写
名古屋市蓬左文庫

『三河物語』の作者大久保忠教は、武田との戦いも幾度となく経験した歴戦の武士であり、武田氏滅亡についても徳川の視点から記される。織田信長が勝頼の首を見分した際に語った、「日本に隠れ無き弓取なれども、運が尽きさせ給いて、かくならせ給うものかな」との言葉を書き留めたことでも著名である。これが本当に信長の言葉であったかは慎重を要するが、少なくとも忠教のように武田との戦いを生き抜いた徳川武士が感じた、勝頼への印象と捉えることはできるだろう。そして信長の言葉とすれば、勝頼を滅ぼした張本人である信長が、誰よりも勝頼を評価していたことになろう。

コラム⑨ 同時代人による勝頼評

海老沼　真治

二〇二三年の大河ドラマ「どうする家康」では、岡田准一さん演じる織田信長が、勝頼の実力は信玄を上回ると評価していたことが印象的だった。本展においても、勝頼の評判に関わる資料を紹介してきたところだが、それらを含めあらためて勝頼と同時代を生きた人々による評価を見ていきたい。

信玄が元亀四年（一五七三）四月に死去し、勝頼が跡継ぎになったことが露見すると、信玄と敵対していた武将たちは勝頼を甘く見ていたようだ。織田信長は同年九月に毛利氏への書状で「甲州之信玄病死候、其跡之躰難相続候（武田信玄が病死しました。武田は長続きしないでしょう）」と述べている（『織田信長文書の研究』四〇一号、以下『信長』と番号を略記）。また上杉謙信も翌年正月の書状で「例式四郎経略名之下ニ候（いつもながら勝頼の武略はその名に劣る）」と、勝頼を完全に侮ったような書き方をしている（『上越市史 別編1』一一八三号）。その翌年、勝頼による東美濃侵攻や遠江高天神城の攻略によって、信長・謙信の勝頼に対する評価は大きく変わる。それを示すのが上杉氏へ出された織田信長書状（No.30）である。本史料についてはすでに第二章で紹介しているので繰り返さないが、信長や謙信が、勝頼を油断ならざる相手と認めたことがうかがわれる。

次に隣国の相模北条氏政の言葉をみよう。天正七年（一五七九）に同盟が破綻して以降、両者は駿河や上野で抗争を繰り広げるが、上野では武田が優位に立ち、それまでの西上野に加えて沼田城や厩橋城などを次々と支配下に収めた。こうした状況の中で、北条氏政は弟氏邦に対し「此分に候者、当方終ニハ可向滅亡候歟、上州勝頼之物ニ罷成候共、慥氏政へ随身之様ニ者有間敷候（このままでは北条は滅んでしまうだろう。上野が勝頼の手に落ちれば、氏政に従う者（上野国衆）はいなくなるだろう）」と強い危機感を示していた（『戦国遺文後北条氏編』二一四一号）。勝頼は駿河で苦戦を強いられたとはいえ、関東における勢いは北条氏にとって大きな脅威であり、それゆえ氏政はこの後、織田信長への従属という策をとることになる。

ここでまた織田信長の言葉に移ろう。有名な高天神城攻めにおける朱印状（No.81）を取り上げる。本史料も大変著名なもので、特に勝頼が城を見殺しにした形をとらせることを指示した部分がよく利用される。ここでは、その少し前の内容に注目したい。

まず「武田四郎分際にてハ、重而も後巻成間敷候哉、以其両城をも可渡と申所毛頭無疑候、」という部分である。信長は勝頼が置かれている状況（分際）を見極め、勝頼が援軍に来ることはなく、高天神城降伏にあたり小山・滝坂の二城も渡すとの申し出は間違いないと判断している。

その上で信長は「信長一両年内ニ駿・甲へ可出勢候条、切所を越、長々敷弓矢を可取事、外聞口惜候、」と述べている。一両年中に武田攻めを実行する考えであるが、武田の厳重な防御線（切所）の突破を行うような長期戦（長々敷弓矢）ともなれば、信長の外聞に支障があるという。降伏を受け入れればこの後も頑強な抵抗をうけ、味方は苦戦するかもしれないということだろう。つまり信長は、武田攻めを決意しながらも、苦戦を予想していたことになる。

また、信長が予想した武田の抵抗の有り様は、信玄が遺言したという信長対策そのものであることに気付く。『甲陽軍鑑』の該当部分を見ると「信長とは切所を構え対陣を長く張り候はば、あなたは大軍・遠陣ならば、五畿内・近江・伊勢人数草臥れ、無理なる働き仕る時分、一しほつけ候はば、立て直す事有間敷候」とある（巻第十二、No.18）。切所を構え長期戦に持ち込み、大軍で遠征する織田軍を疲労させてから反撃せよということだろう。

信長が信玄の遺言を承知しているとは思えないが、「信玄の掟を守る」（No.30）勝頼であれば、必ずこのような抗戦をするはずと見込んでいたということであろうか。いずれにせよ、高天神城の降伏拒絶指示は、その後の戦いで武田がどのような抵抗をするかを信長が予想し、そうした防戦を不可能にしておこうとする意図を明確に読み取ることができる。それは信長が勝頼を十分すぎるほど警戒していたことの表れといえるのではないか。

その翌年、信長はついに武田攻めを開始する。先陣となった嫡男信忠の進撃の前に信濃の諸城の多くは戦わずして自落し、出陣から一か月ほどで勝頼を滅亡へ追い込んだ。長期戦に持ち込ませないために講じた信長の策が、信長の想定以上に効果を発揮したということだろう。しかし信長は、最後まで勝頼への警戒を緩めることはなかった。信長の目には、信忠の快進撃は焦って先を急いでいるように見えたらしい。信忠を補佐する宿老の滝川一益や河尻秀隆に対して、再三にわたって信長の到着を待つよう指示し、武田攻めに細心の注意が必要であると伝えていた。三月一日の時点でも、信長は河尻に「幾重も〳〵弱敵あなとり候てハ、不可然儀肝心候（繰り返しになるが、勝頼を弱敵と侮ってはならない）」と伝えていた（『信長』九七三号）。

信長の警戒が解かれるのは、勝頼が新府城を放棄して逃亡したとの知らせが入ってからのことである。信長はその報を受け、三月八日に柴田勝家に出した書状の中で「四郎事、彼等代々の名をくだし候（四郎は先祖代々の名を貶めてしまった）」と述べている（『信長』九七六号）。信長は、勝頼が必ず決戦を仕掛けてくるはずだと考えていたが、それすら果たせず滅亡したのは、名門武田の名を汚したと断じたのである。裏を返せば、信長は最後まで勝頼の武勇を高く評価しており、その力を発揮できなかったことを批判したといえよう。

武田勝頼墓所（甲府市　法泉寺）

本章最後の資料は、『三河物語』において信長が勝頼の首を見分した際に発したとされる言葉を紹介した。本展の副題としても用いたもので、意訳すると「勝頼は日本でもその名が知れ渡る名将だったが、運が尽きてこのようになってしまったのだろうか」となる。この言葉からは、勝頼が滅んだのは「運が尽きた」ためであり、それ以外は他の戦国大名と変わるところはなかったと、信長をはじめとする当時の人々が考えていたと読み取れるだろう。ただし、勝頼の「運」は自然に尽きたものではあるまい。信長は勝頼の実力を認めるがゆえに、その「運」を奪うため、あらゆる手段を講じた結果ということができるのではないか。

《参考文献》

平山　優「同時代史料からみた武田勝頼の評価」（韮崎市・韮崎市教育委員会編『新府城の歴史学』新人物往来社、二〇〇八年）

同　『武田氏滅亡』（角川選書、二〇一七年）

丸島和洋『武田勝頼　試される戦国大名の「器量」』（平凡社、二〇一七年）

終章
勝頼を偲んで

武田氏滅亡やその後の動乱を経て甲斐を領有した徳川家康は、勝頼終焉の地となった田野に、勝頼ら戦没者を弔うための寺院を建立させた。この寺は後に景徳院と号し、武田氏滅亡に殉じた人々への供養が行われてきた。そして現代も多くの人々が参拝し、勝頼に思いを馳せる聖地となっている。

勝頼墓所出土経石

武田勝頼墓所

景徳院山門

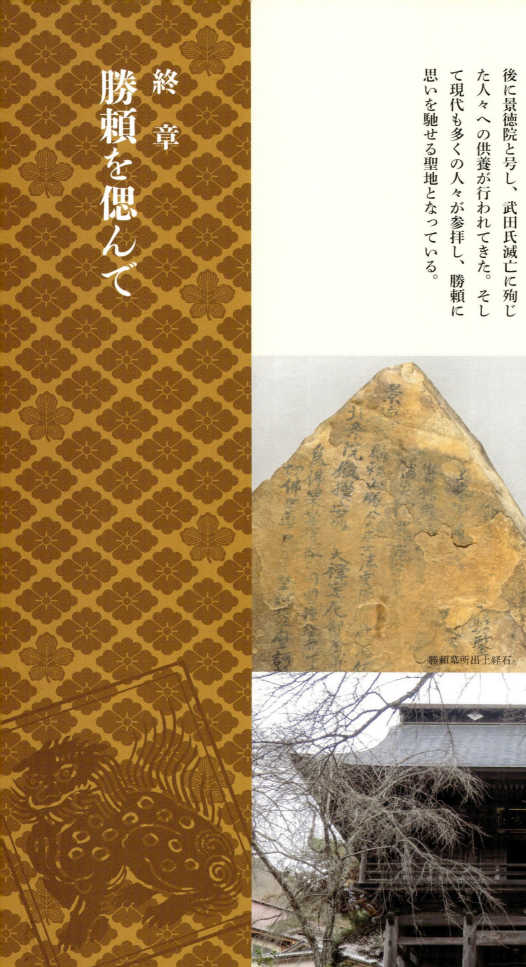

景徳院の建立

徳川家康は、勝頼らの御霊を手厚く供養することで、甲斐の人心掌握に努めたといわれる。甲斐における武田の影響力をよく理解していたのだろう。供養にあたり家康は、様々な指示を出していた。

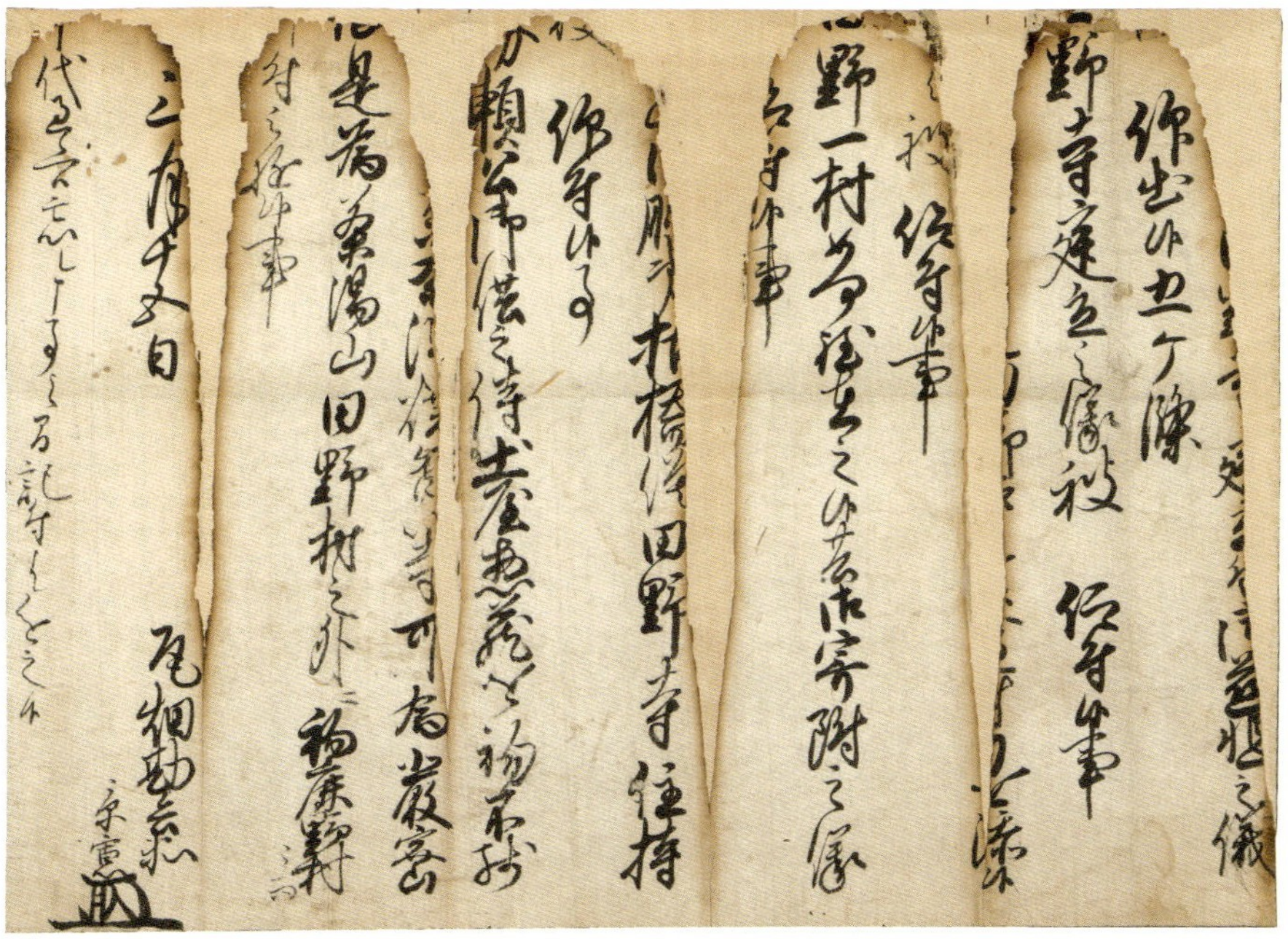

105
小幡景憲覚書《おばたかげのりおぼえがき》
江戸時代（十七世紀）
甲州市　景徳院

武田遺臣で『甲陽軍鑑』の出版に携わったことで知られる小幡景憲が、徳川家康による田野寺＝景徳院建立に関する命令の内容を記した覚書。家康の指示は、甲州先方衆（家康に従った甲斐の武田遺臣）が建立に尽力すること、田野村一村を寺領とすること、勝頼とともに戦死した小宮山内膳の弟で廣嚴院住持を務める拈橋《ねんきょう》を景徳院住持に迎えること、勝頼に殉じた家臣らについても全て位牌を立てて供養を行うことなどであったという。

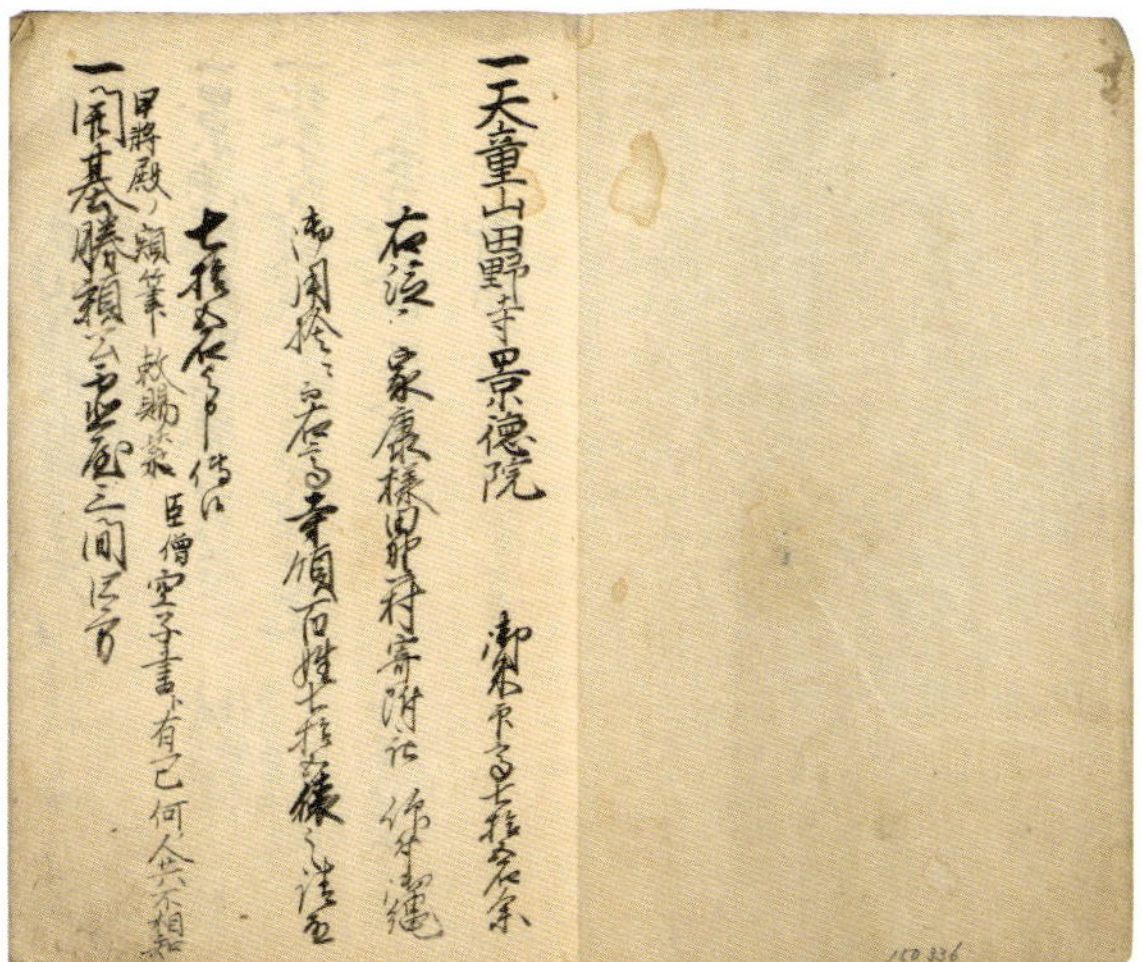

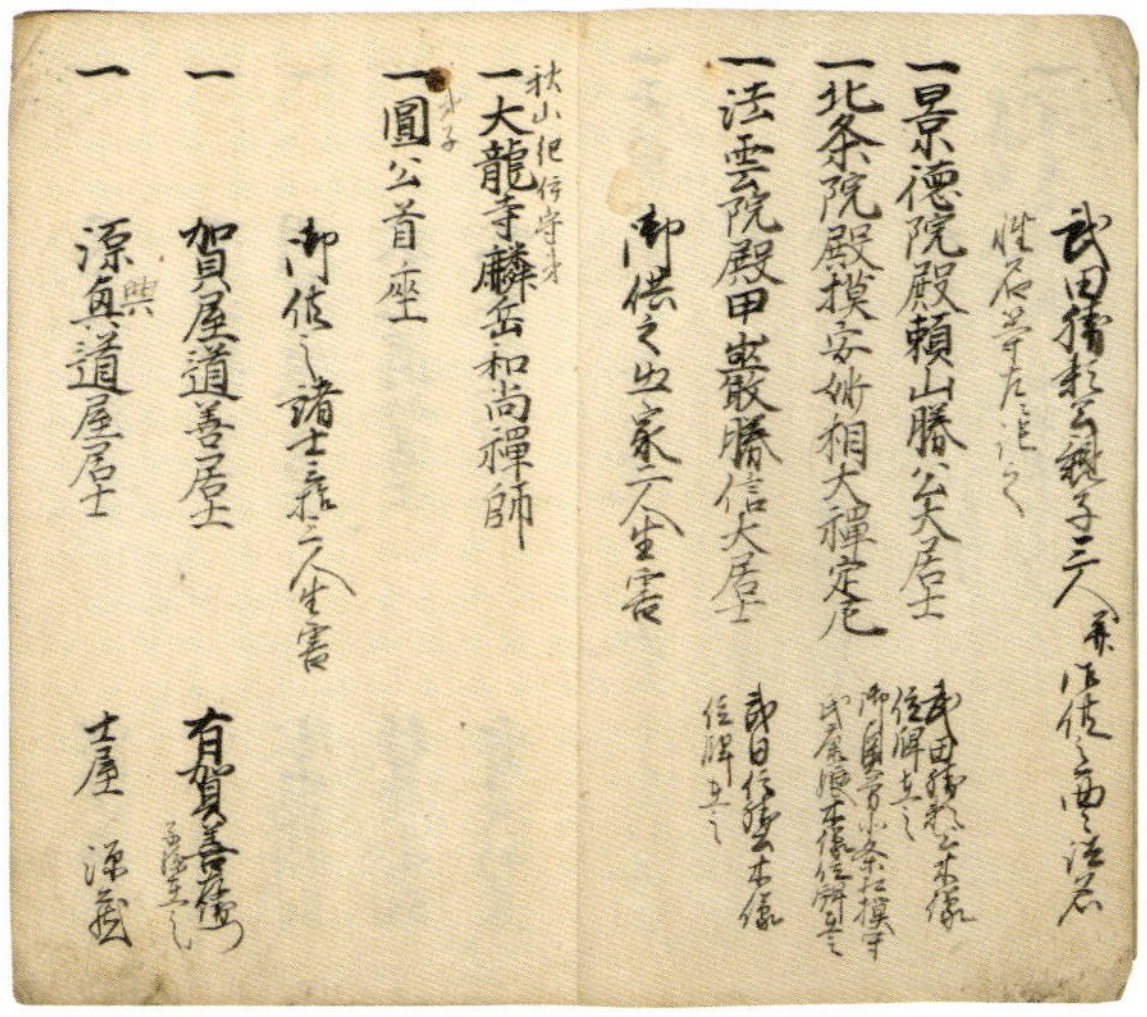

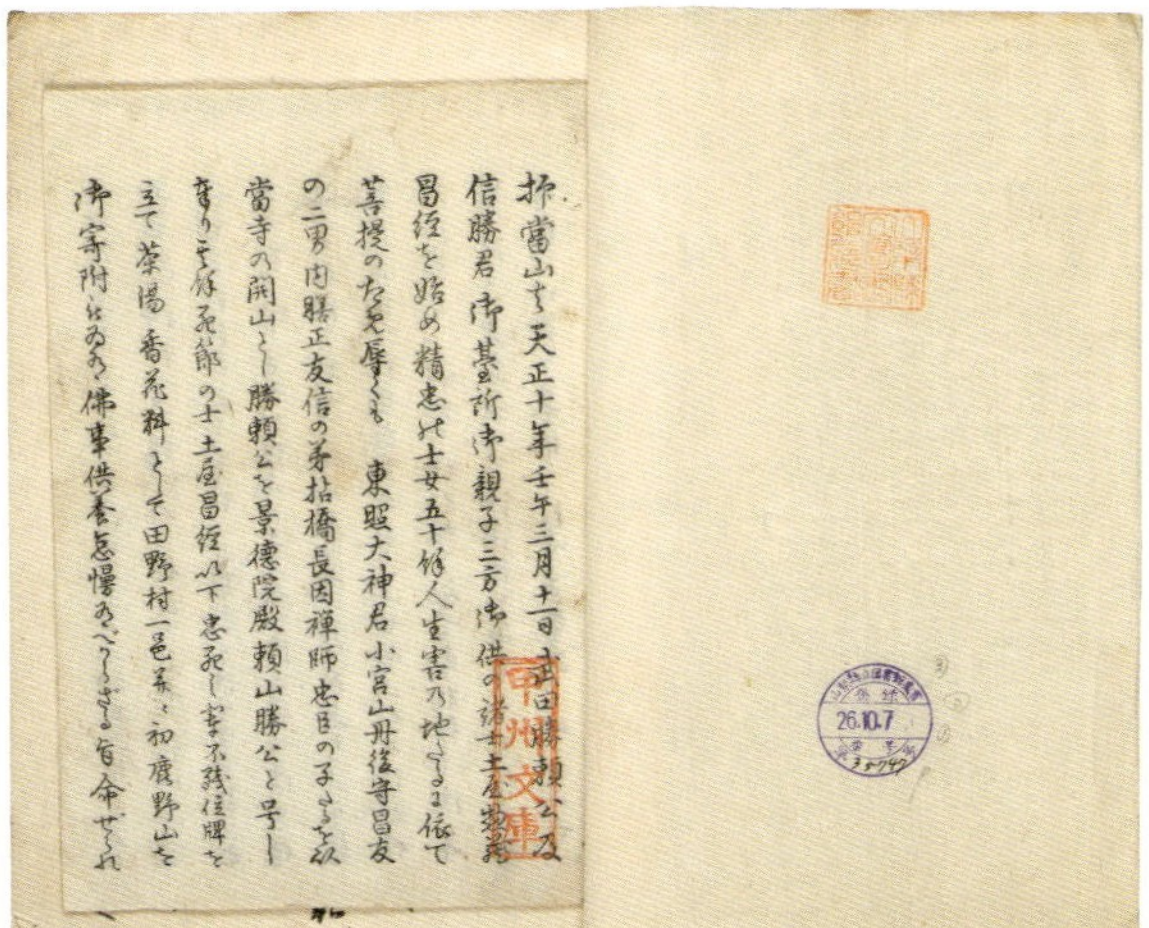

106
景徳院略縁起《けいとくいんりゃくえんぎ》・景徳院略記《けいとくいんりゃっき》
天保六年（一八三五）ほか
山梨県立博物館

景徳院の創建の由来や境内諸堂の概略、伝来の古文書等が記される。創建の由来では徳川家康による田野村の寄進から始まり、拈橋が開山となって創建されたこと、小幡景憲の覚書（No.105）などについて記される。また諸堂の記録では、第一に勝頼らをまつる甲将殿をあげており、景徳院において最も重要な施設であったことを物語る。

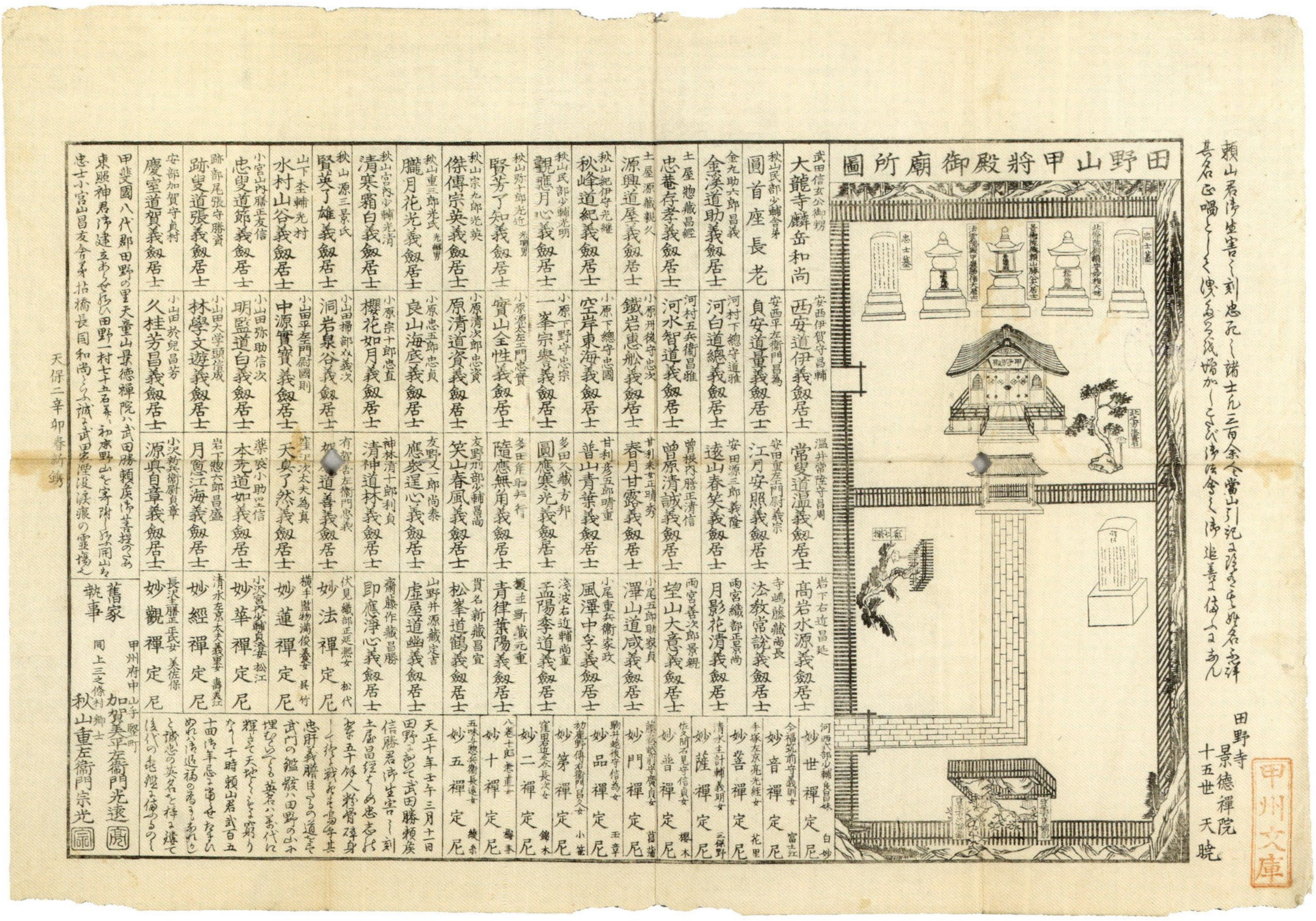

107
田野山《たのさん》甲将殿《こうしょうでん》御廟所図《ごびょうしょず》

天保二年（一八三一）
山梨県立博物館

家康は勝頼に殉じた人々全ての位牌を立てて供養することを命じたといい（№105）、甲将殿はそれら位牌を安置する施設であった。本図では甲将殿の図と、殿内に納められる位牌一つひとつに刻まれた戒名等を列記している。ここには七五柱の名が記されているが、右欄外の注記によると、寺の記録では三〇〇名余りの死者があったというが、歳月を経てその名が失われてしまった人も多くおり、勝頼二百五十回忌を前に判明した人名を増補し、新たに作り直したものであるという。これ以前に作成されたとみられる廟所図では五一柱分の名が記されていた。

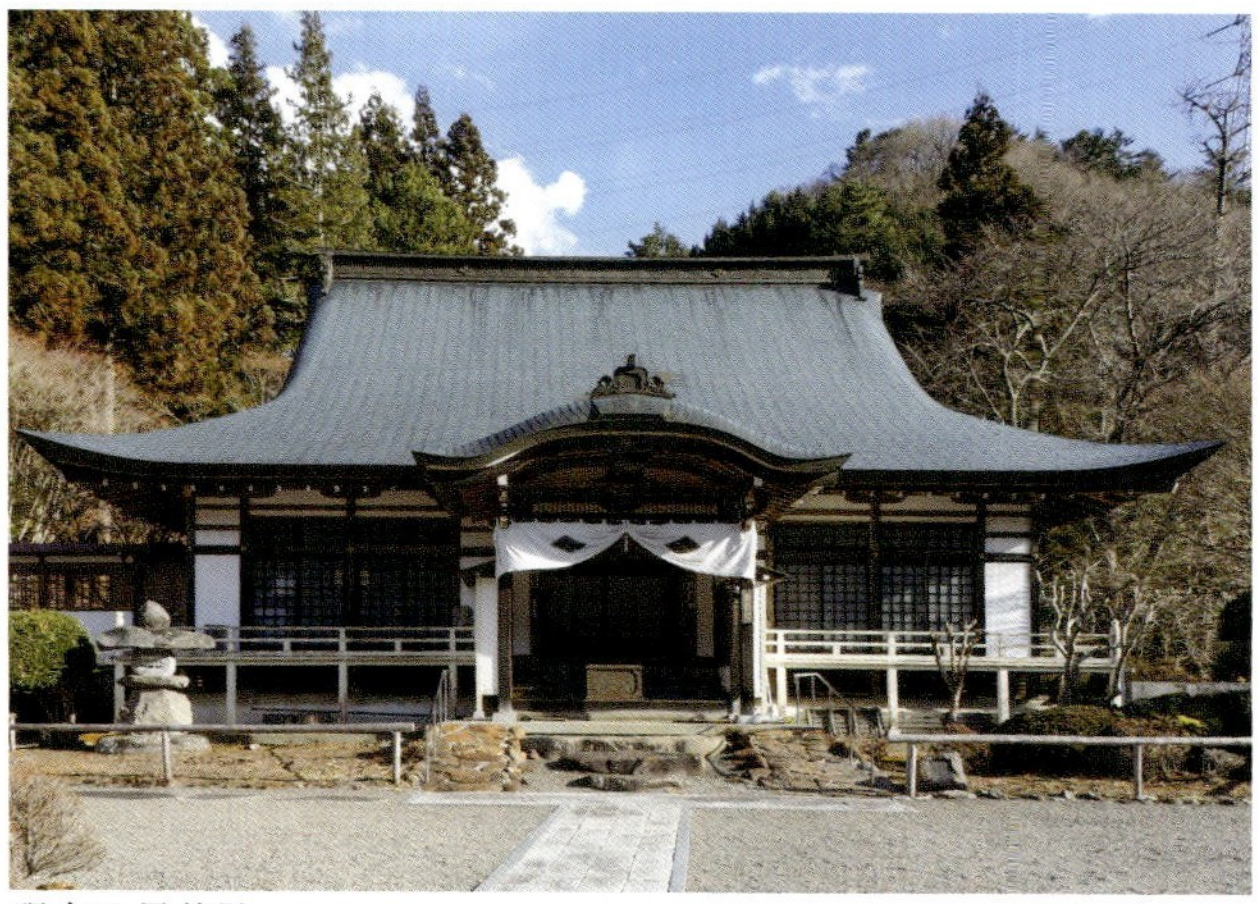
現在の景徳院

勝頼生害石

甲将殿

四五〇年、三人は一緒

武田勝頼像

武田信勝像

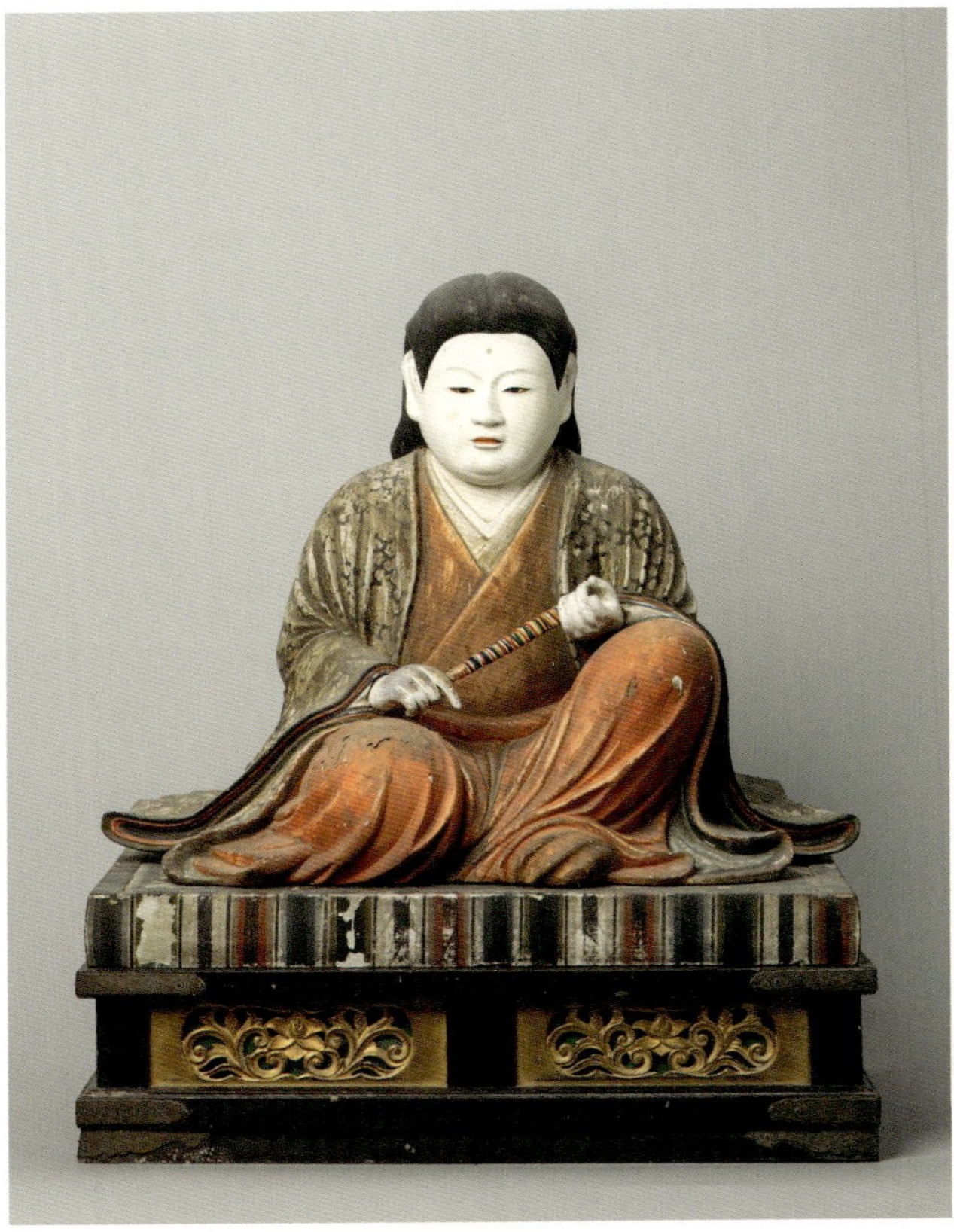

武田勝頼夫人像

信勝像台座裏面

108

武田《たけだ》勝頼《かつより》妻子像《さいしぞう》

大仏師左京作
江戸時代(十八世紀か)
甲州市　景徳院

勝頼と夫人北条氏、嫡男信勝の彫像で、甲将殿の本尊というべきものである。本像の存在は文化十一年(一八一四)に成立した『甲斐国志』にも「勝頼・夫人・信勝ノ影像三躯」と記されている。本展準備のため行った調査で、信勝像の台座裏に「大仏師　左京作」の墨書銘が確認された。仏師左京の名は江戸時代前・中期に確認でき、複数人が襲名しており作者の確定は難しいが、いずれも京都七条仏師の系譜を引く者である。信玄を模して作られた恵林寺の不動明王像が、近世から七条仏師康清の作といわれ(実際にはその弟康住であることが近年判明した)、本像もその例に倣って七条仏師に制作を依頼した可能性があろう。

勝頼への祈りを込めた五千個の石

勝頼たちの死去から約二〇〇年後の安永四年（一七七五）、景徳院では新たな供養塔が建立される。建立にあたり、人々は死者の冥福を祈って石に経典の文字を書き、供養塔の下に埋めていた。それから二三〇年余り後の現代、江戸時代の人々による勝頼への祈りに、再び光が当てられた。

109

武田《たけだ》勝頼《かつより》墓所《ぼしょ》出土《しゅつど》経石《きょうせき》

安永三〜九年（一七七四〜八〇）

甲州市教育委員会

武田勝頼と妻子の供養塔と、その左右にある「殉難者供養塔」の下に納められていた、法華経等の経典の文字を書いた石で、総数は五四〇〇点余にのぼる。平成十八年（二〇〇六）に行われた墓所の解体修理の際に発見された。年号が書かれた石もあり、供養塔建立の前年から経石の書写が行われていたことがわかる。また右側の殉難者供養塔からは、勝頼・夫人・信勝の戒名などを記したひときわ大きな五角形状の石板が出土し、その裏面には安永九年の年記も確認された。供養塔の整備と経石の書写埋納が、数年にわたって行われていたことを示していよう。また安永八年には山門も再建されており、景徳院では勝頼ら戦没者の二百回忌を控えて、勝頼墓所とともに境内全体の整備が進められていたことがうかがわれる。

なお、現在の墓所の下には、平成二十一年の修理完了時に、約三〇〇〇人から協力を得て書かれた「平成の経石」が納められている。

戒名等を墨書した石板（表面）

（裏面）

経石

景徳院山門（安永8年再建）

武田勝頼墓所（中央の3基は安永4年建立）

さまざまな勝頼の姿―おわりに

110
武《たけ》田《だ》勝頼《かつより》二《に》十《じゅう》四《し》将《しょう》図《ず》
歌川豊国筆
江戸時代（十九世紀）
山梨県立博物館

勝頼を中央最上段に据え、その家臣らを配した集合武将図。信玄を中心に描き出した二十四将図は掛幅や浮世絵版画の形で残っているものが多いが、勝頼のものはほぼ見られず、貴重なものである。なお、信玄の二十四将図に描かれることの多い山本菅助は、信玄の生前、第四次川中島合戦で戦死していることもあり、描かれていない。一方、勝頼時代に特に重用され批判の対象となった跡部勝資・長坂虎房が描かれている点は、本図の特色となろう。なお武藤喜兵衛と真田安房守（ともに真田昌幸）が併存している点は気にしないこととする。

111
おかぶと（カナカンブツ）
江戸～明治時代（十九～二十世紀）
山梨県立博物館

かつて甲斐国独自の節句人形として用いられた「おかぶと／カナカンブツ」と呼ばれる張り子の飾り物で、面の部分は様々な歴史上の人物を象って作られた。本資料は勝頼を象った面である。父信玄の面は目をいからせた不動明王にも通じるような風貌であるのに対し、勝頼の面は面長で、切れ長の目が特徴的である。これは現存する勝頼の肖像にも通じるものがあり、江戸時代以降の人々が抱く勝頼のイメージを反映したものといえるのかもしれない。

コラム―⑩ 温泉から出て裁判をした勝頼

笹本　正治

寛永三年（一六二六）十月に信濃国筑摩郡小池（松本市）の草間三右衛門尉が書いた、内田（松本市・塩尻市）との間で生じた争論の記録を読んで、私は武田勝頼を高く評価するようになった。三右衛門尉が記した最初の争論は永禄四年（一五六一）の北内田・小池・白川（松本市南東部）の水争い、次は天正四年（一五七六）十月の小池と内田の境争いであるが省略する。

注目の争論は天正八年（一五八〇）四月に内田の領主との間で起きた。小池の者たちが前々から入っていた内田山で草木を刈ろうとすると、内田の領主桃井将監が制止した。小池方は内田の百瀬志摩定代を通じて将監に、「これまで小池の人たちも山へ入って草を刈っていたのだから、入れた方がいい」と口添えしてもらったが、彼は「去年から勝頼公に対して加増を申し入れているけれども、知行が下されないのでこのようにした」と聞き入れなかった。

小池の者たちは七月二十七日に武田家に訴えようと甲斐へ行ったが、折から越後で上杉謙信が亡くなり、景虎と景勝の間で跡目相続の争い（御館の乱）が起き、武田勢が加勢のために出馬したので、やむなく帰郷した（実際に御館の乱が起きたのは天正六年から翌年にかけて）。小池衆が十月七日に再度甲斐に行き様子を述べたところ、役所は内田衆を呼び寄せて、二十六日に桜井右衛門尉・今井新左衛門が奉行として、御料理の間で決破《けっぱ》（対決・審理）したが、判決を出さなかった。翌日、再び今井新左衛門と安西平左衛門尉が奉行となって御弓の間で審理した。しかし、信玄弟の信繁の子信豊の姪婿で、武田家中でも有力者の将監が訴訟自体を否定したため、下知が出ないままに月末になり、小池の住民は郷里に帰った。

翌年正月十一日、小池の者たちは改めて甲府へ行き、奉行衆に申し出た。するとまた奉行を替えられ、工藤堅随斎《けんずいさい》（源左衛門か）と原隼人助《はやとのすけ》（佑）が奉行になり、馬屋の北の三軒目で再び審理がなされた。けれども、双方の主張が金槌論（金槌で釘を打つように、何度も同じことを繰り返して言い争う）となり、実地検分をすることになった。検使として田辺佐渡の派遣が決まり、二月九日に松本に旅立った。彼は土屋加賀・土橋源之丞・関口喜兵衛の案内で山々道々を調査し、双方の主張を聞いて帰った。

二月九日に小池の者たちは甲斐へ赴き、奉行衆へ判決を求めた。すると、奉行衆が田辺佐渡を召し寄せて尋ねたが、判決は出なかった。その後も小池の住民は食い下がり、勝頼が三月十五日に志摩《しま》の湯（甲府市湯村温泉）へ湯治に行った際、権現の舞屋で双方を呼び出して様子を聞くことになった。

小池の人々は勝頼の湯治先まで行って判決を求め、勝頼が応じざるを得なくなったのであろう。田辺佐渡から、「山道・田畑の様子を検分したところによると、小池の人々の主張が正しいようです」と細かく報告がなされたこともあって、勝頼は「小池の者が内田山で草木を刈っても良い」と判決を下した。ただし、「御岳で神慮《しんりょ》（神のみ心）を伺ってから帰るように」と命じた。

加賀美の大坊（加賀美山法善寺の住職。南アルプス市）が奉行衆にいろいろと取り成して、「小池の者たちは信濃での神慮を希望しているので、小野神社（塩尻市北小野）で神慮をさせて欲しい」と求めた。奉行衆が「勝頼公の下知がないけれども、小野で神慮をするように」と応じたので、小池衆は小野神社で「山については熊井の境沢を境界にして、この中では一谷一沢残らず刈ってきた」と文書にも書き載せて、神慮を行った。

争論は極めて具体的に細部に至るまで描写されている。武田家の家臣の名前や活動の有様が出ているが、それは他の史料からも確認される。書かれている内容も当時の社会慣行に合致しているので、御館の乱に年号の誤りがあり、事件があってから五十年を経てから書かれたものではあるが、記載は武田家の時代の事実を伝えていると私は判断する。

勝頼は内田と小池の山争論の判決を下し、御岳で神慮をしてから帰るようにとつけ加えたが、誓いに際して御岳金桜神社の鐘を鳴らす習俗は『甲陽軍鑑』に記載があり、戦国時代には鐘などの金属を鳴らして誓約することが一般的であった。勝頼は両者の言い分を聞き、調査員を現地に派遣した上で判決を下した。もしどちらかが嘘をついていれば、判決は異なったものになるので、関係者が嘘を言っていないと証明する必要がある。神に誓い嘘でないことを確認せよとの命令である。

これに対して信濃の小池衆は、信濃に鎮座する小野神社（塩尻市）での神慮を希望し、加賀美の大坊（南アルプス市　法善護国寺）の取り成しで、小野神社で神慮を行った。百姓たちは武田家役人に信濃の人間だから自国信濃でこれを行いたいと主張し、認めさせた。当時の人々にとって国の意識はそれほど強く、勝頼もこれを容認せざるを得なかったであろう。なお、小野神社の別当寺（神仏習合に基づいて神社に設けられた神宮寺の一つ）であった長久寺には、勝頼が永禄七年（一五六四）十一月に寄進した梵鐘があったので、その鐘が撞かれた可能性がある。

勝頼は戦争に疲れ休みをとるため温泉に入っていたのに、信州の百姓たちが来て、争論の裁決をして欲しいと求めた。勝頼は現在でいうならば、山梨県など四県の知事を兼ねる立場である。百姓たちの求めは、休暇中で温泉に入っている知事に、約束も取りつけないで突然訪ね、会って欲しいというようなものである。現在では面会は叶わないであろうが、勝頼はこれに応じ、即座に裁判を実施し、しっかりした理由に基づいて判決を行い、自分の親戚を負けにした。

我々は戦国大名と聞くと、何となく絶大な力を持ち、思うがままに家臣を動かし、百姓に対しても強圧的な態度で応じるように思いがちだが、少なくとも勝頼は異なる。彼は百姓の上に立って領国統治をし、社会の正義に縛られていた。戦国大名といえども百姓の意志を無視して、自分勝手に、公としての立場を捨てて行動はできなかったのである。

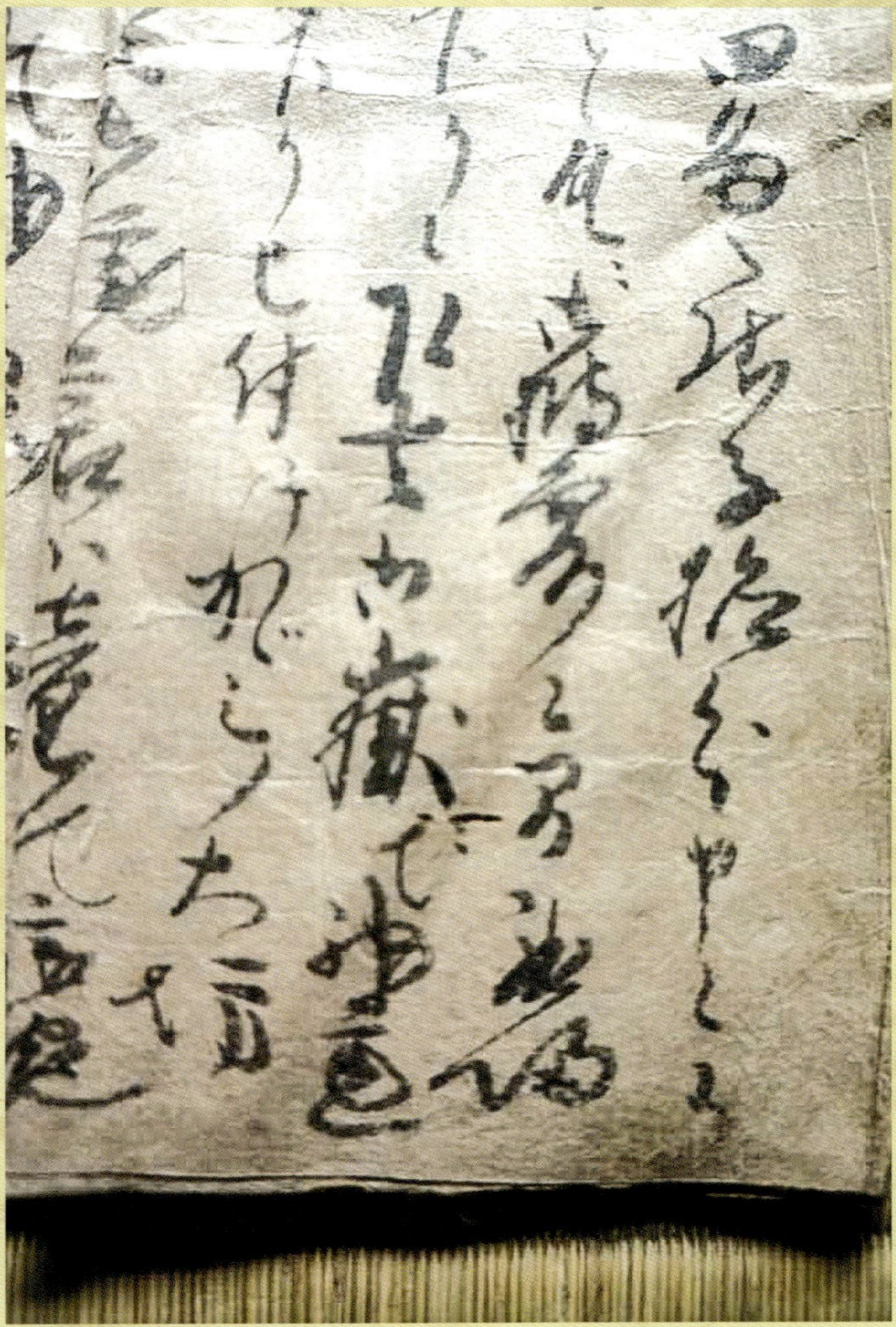
草間三右衛門尉による争論の記録（草間家文書）。
3行目に「御嶽で神慮」とある。

資料編

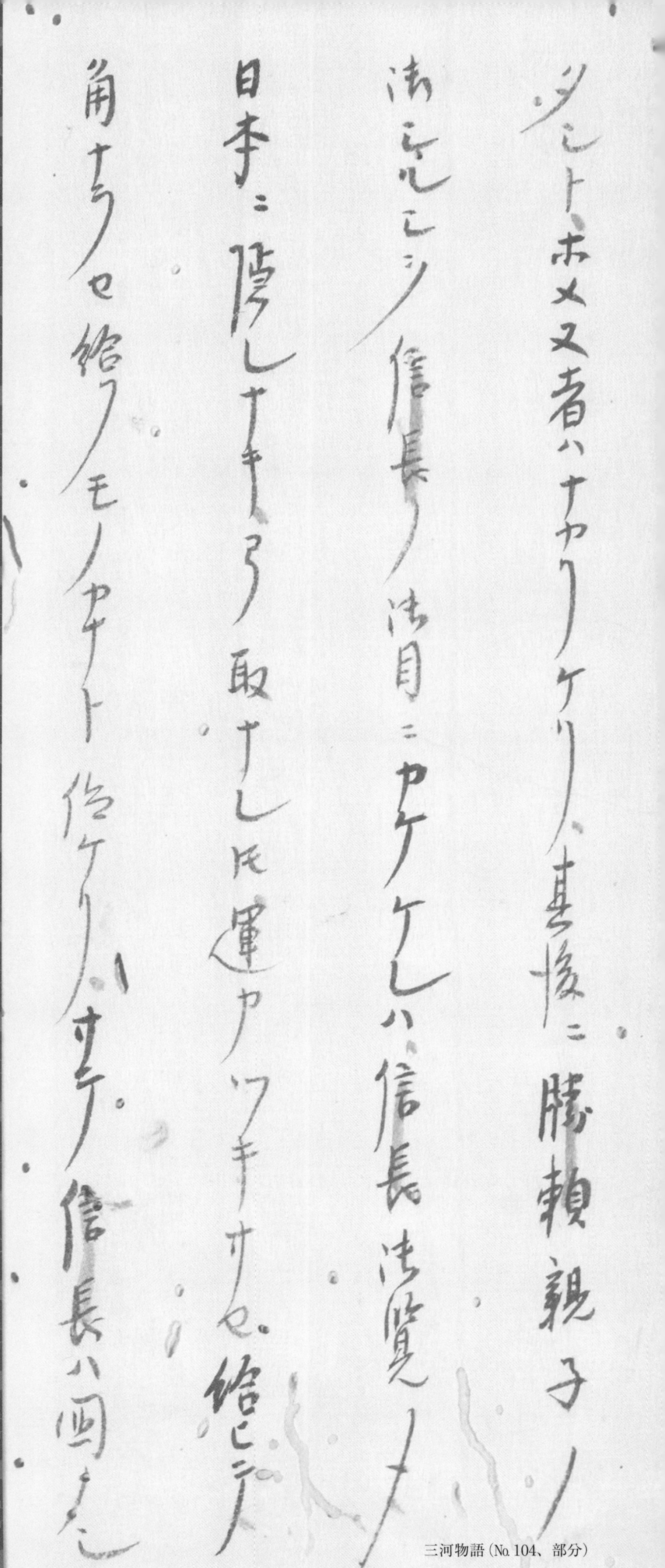

三河物語（№104、部分）

◉武田氏略系図　信昌—勝頼◉

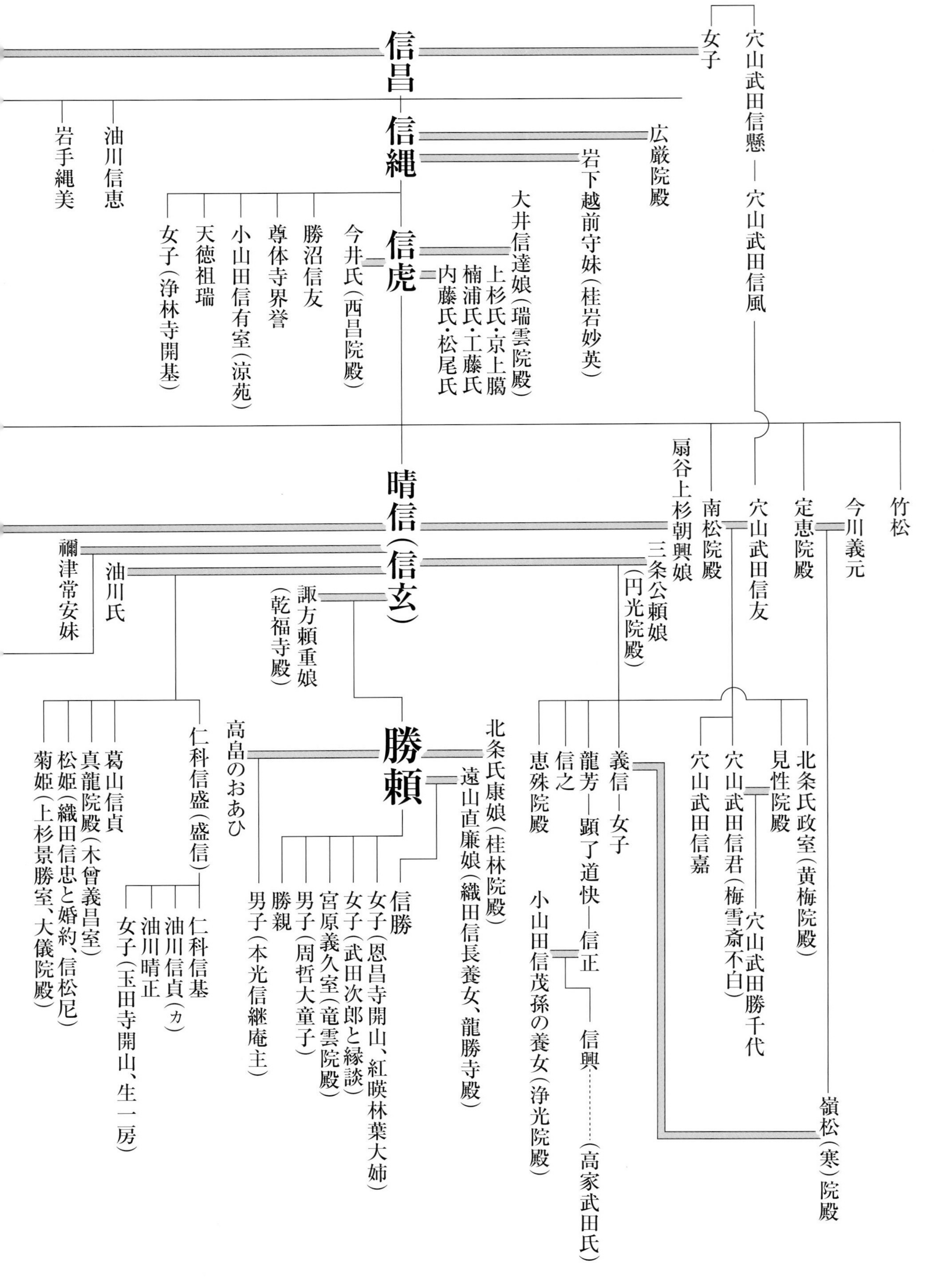

丸島和洋『武田勝頼』所収系図をもとに作成

帰雲軒宗存
宝屋玉長老（海島寺開山）
松尾信賢 ― 武田信虎側室
女子（油川・岩手生母カ）
小山田信長 ― 弥太郎 ＝ 葛山氏娘カ
信有（涼苑） ＝ 武田信縄娘

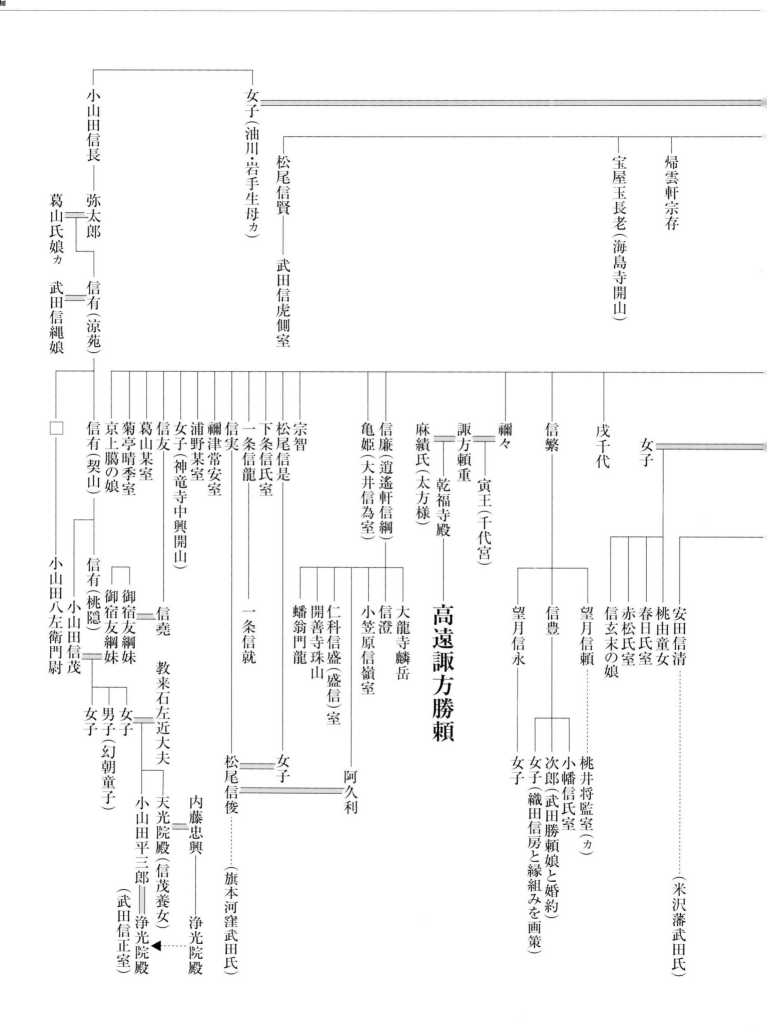

女子 ＝
安田信清 …（米沢藩武田氏）
桃由童女
春日氏室
赤松氏室
信玄末の娘
戌千代
信繁
望月信頼 … 桃井将監室（カ）
信豊 ― 小幡信氏室
次郎（武田勝頼娘と婚約）
女子（織田信房と縁組みを画策）
望月信永 ― 女子
禰々 ＝ 諏方頼重 ― 寅王（千代宮）
麻績氏（太方様） ＝ 乾福寺殿
高遠諏方勝頼
信廉（逍遙軒信綱） ― 大龍寺麟岳
信澄
小笠原信嶺室
阿久利
仁科信盛（盛信）室
開善寺珠山
蟠翁門龍
亀姫（大井信為室）
宗智
松尾信是 ― 女子
下条信氏室
一条信龍 ― 一条信就
信実 ― 松尾信俊 …（旗本河窪武田氏）
松尾信俊 ＝ 女子
松尾信俊 ＝ 阿久利
禰津常安室
浦野某室
女子（神竜寺中興開山）
信友 ― 信堯 ＝ 御宿友綱妹
葛山某室
菊亭晴季室
京上臈の娘
信有（契山） ― 信有（桃隠）
小山田信茂 ＝ 御宿友綱妹
女子 ＝ 教来石左近大夫
男子（幻朝童子）
女子
天光院殿（信茂養女） ＝ 内藤忠興 ― 浄光院殿
小山田平三郎 ＝ 浄光院殿（武田信正室）
□ ― 小山田八左衛門尉

●武田勝頼関連略年表●

年号	西暦	勝頼年齢	月	内容(関連する展示資料番号)
天文10年	1541		6月	武田信玄が父信虎を追放して武田家当主の座に就く。
天文11年	1542		4月	諏方頼重夫人禰々(信玄妹)が嫡男寅王丸を生む。
			7月	信玄が諏方頼重を攻め、甲府へ連行した後に自害させる。この後、信玄は諏方頼重息女(乾福寺殿)を妻に迎える。
			9月	信玄が高遠頼継と諏方宮川橋で戦い、大勝する。
天文14年	1545		4月	信玄が高遠城の高遠頼継を攻め、頼継は17日に城を捨てて逃亡する。
天文15年	1546	1		この年、諏方頼重息女が男子を出産(勝頼誕生)。
天文17年	1548	3	4月	高遠頼継が甲府に出仕し、翌日宝鈴を鳴らして武田に臣従を誓う。
天文21年	1552	7	8月	高遠頼継死去。
弘治元年	1555	10	11月	勝頼生母乾福寺殿死去。
永禄5年	1562	17	6月	勝頼が高遠諏方氏を継承して高遠城に入る(諏方勝頼)。9月には埋橋氏の権益を認める文書を出す(No.7)。
永禄7年	1564	19	2月	勝頼が望月信頼(武田信繁子息)とともに上野岩櫃城に入る(No.10)。
			11月	信濃二之宮小野神社に梵鐘を奉納する(No.9)。
永禄8年	1565	20	10月	信玄嫡男義信の謀反が発覚し、義信は幽閉される。
			11月	織田信長養女遠山氏(龍勝寺殿)を勝頼の妻に迎える。
永禄10年	1567	22	10月	信玄の嫡男義信が死去する。
			11月	勝頼の妻龍勝寺殿が男子を出産する(武王丸・後の信勝)。
永禄11年	1568	23	3月	信玄の北信濃・越後侵攻に同陣する(No.13)。
			8月	甲駿国境を警備する栗原氏に駿河の情勢を尋ねる書状を出し、「諏方四郎勝頼」と署名する(No.14)。
			11月	高野山成慶院に対し高遠領の住民の宿坊とすることを決める(No.11)。
			12月	信玄が駿河へ侵攻する。甲駿相の三国同盟崩壊。

永禄12年	1569	24	8月	信玄が関東へ侵攻する。10月に相模三増峠で北条軍と戦い、勝頼も参戦したという。
			12月	信玄が再度駿河へ侵攻。蒲原城攻めで勝頼が信豊（武田信繁子息）とともに活躍する（No.16）。
元亀2年	1571	26	4月	信玄が将軍足利義昭に勝頼への偏諱と任官を求める（実現せず）。
			9月	勝頼の妻龍勝寺殿が死去する。11月に高野山へ竜勝寺殿の供養を依頼した記録に、「高遠諏方勝頼」と記される。
			12月	相模北条氏との同盟が復活する。※このころ、勝頼が信玄後継者となることが正式に決定（武田勝頼）。
元亀3年	1572	27	10月	信玄が徳川家康を攻めるため出陣する。翌月、勝頼は駿河での内政に関わる文書を出す。
			12月	武田軍が遠江三方原で徳川軍と戦い大勝する。勝頼も参戦したという。
元亀4年 天正元年	1573	28	正月	信玄が将軍足利義昭に信長・家康を討伐するよう要請する。義昭は翌月に信長と敵対することを決断する。
			4月	12日、信玄が帰国中に信濃伊那郡で死去。勝頼らに「三年秘喪」などを遺言したという。これにより勝頼が家督を継承する。23日、重臣内藤昌秀に讒言を信じない等の約束をした起請文を出す（No.19）。
			7月	将軍足利義昭が織田信長に降伏して京都を退去する。8月には越前朝倉氏、9月には近江浅井氏が信長によって滅ぼされる。
			8月	三河国衆奥平定能・信昌父子が武田を離反して徳川に従属する。
			9月	長篠城が徳川方に奪還される（No.20）。
天正2年	1574	29	正月	東美濃へ侵攻し、2月初旬までに明知城などを攻略する（No.24、25）。
			5月	遠江へ出陣し、高天神城を包囲、翌月降伏させる（No.26）。
			9月	大坂本願寺等の要請を受け、遠江に再侵攻する。
天正3年	1575	30	3月	山県昌景が高野山に参詣して信玄の位牌を奉納する。三河岡崎の大岡弥四郎が武田への内通を申し出る。これを受けて勝頼は4月に出陣することを表明し、家臣に参陣を求める（No.34）。このころ、足利義昭が「甲相越三和」を呼びかける。
			4月	勝頼が三河へ出陣するも、大岡弥四郎の謀反が発覚し、弥四郎は成敗される。武田軍は岡崎から東三河の吉田城に標的を変える。
			5月	1日、武田軍が長篠城を包囲。13日に織田信長が徳川支援のため出陣する。16日、鳥居強右衛門が処刑される。20日、勝頼・信長ともに家臣に手紙を出して勝利への自信を語る（No.36）。21日、有海原において両軍が衝突、武田方は多くの死者を出して敗退する。
			6月	徳川軍による遠江攻撃により、光明城が自落する。翌月以降も犬居城、諏訪原城等が陥落する。
			8月	遠江出陣にあたり、信濃伊那郡の防衛体制を保科正俊に指示する。
			10月	越後上杉氏との和睦が成立する。

年号	西暦	勝頼年齢	月	内容（関連する展示資料番号）
天正3年	1575	30	11月	美濃岩村城が織田方に降伏し、城代秋山虎繁が処刑される。
			12月	獅子朱印を用いた朱印状の発給を始める（No.56）。
天正4年	1576	31	4月	甲府で信玄の本葬儀を行い、信玄の死を公表する。
			5月	長篠戦死者の後継者に対する軍役定書を一斉に発給する（No.49）。
			6月	足利義昭が安芸毛利氏とともに「甲相越三和」を再度呼びかける。
			9月	安芸毛利氏との同盟が成立する（甲芸同盟）。
				この年、北条氏政の妹桂林院殿を妻に迎え、甲相同盟の強化を図る。
天正5年	1577	32	2月	高天神城将として駿河先方衆岡部元信を配置する。
天正6年	1578	33	3月	越後上杉謙信が死去。家督は養子の景勝が相続する。
			5月	13日、上杉景勝と同景虎の間で後継者争いが起こる（御館の乱）。23日、相模北条氏からの景虎支援要請を受け、武田信豊が出陣。ついで勝頼も出陣する。
			6月	上杉景勝が武田に和睦を要請、勝頼もこれを受諾し、景勝・景虎の和睦調停に乗り出す（No.61）。
			8月	勝頼の仲介により景勝・景虎の和睦が成立する。この後、徳川家康による駿河侵攻を受け、勝頼は帰国する。まもなく景勝・景虎の和睦は破綻する。
天正7年	1579	34	4月	12日、信玄七回忌の法要を執り行う。24日、上杉景虎が敗死し、御館の乱が終結する。
			8月	快川紹喜らによる武田・織田間の和睦交渉が行われる。
			9月	甲相同盟が破棄され、駿河・伊豆国境で北条軍と対陣する。北条氏政は徳川家康と同盟を結ぶ。勝頼妹菊姫が上杉景勝に輿入れするため甲府を出発する。これにより上杉氏との同盟が成立する（甲越同盟、No.63）。
			10月	常陸佐竹氏との同盟が成立する（甲佐同盟）。翌月、佐竹氏を仲介として織田氏との和睦交渉（甲江和与）を行うが、翌年春までに頓挫する。
			12月	嫡男武王丸が元服して信勝を称す。これに伴い、家臣に新たな官途・受領名が与えられる。
天正8年	1580	35	3月	真田昌幸の調略により上野利根郡の国衆小川可遊斎が武田に従属する。
			6月	「勝頼」朱印の使用を始める（No.57）。
			8月	真田昌幸の調略により上野沼田城を攻略する（No.69）。

			9月	佐竹氏と連携して東上野に侵攻。翌月には膳城を攻略する。
			10月	徳川軍が高天神城の包囲を完成させる。
天正9年	1581	36	正月	高天神城が降伏を申し出るも、織田信長はこれを受け容れないよう指示を出す（No.81）。城は3月22日落城する。
			9月	新府城が完成し、翌月同盟国へ周知する（No.72）。
			10月	北条氏重臣笠原政晴が武田に従属したことを受けて伊豆へ出陣する（No.85）。
			12月	24日、勝頼が新府城に本拠を移す（No.73）。
天正10年	1582	37	正月	22日、新府城普請のための人夫動員が命じられる（No.80）。27日、信濃国衆木曾義昌の謀反の報が伝えられる。
			2月	2日、木曾氏討伐のため諏方上原まで出陣する。11日、織田信忠が岐阜を出陣して信濃へ向かう。16日、信濃鳥居峠で木曾軍と戦うも撃退される。17日、伊那大島城が自落する。19日、勝頼夫人桂林院殿が勝頼の武運を祈る願文を奉納する（No.89）。20日、上杉景勝に援軍を要請する（No.90）。25日、穴山梅雪が武田を離反する（No.92）。28日、勝頼は梅雪離反を受け新府城に戻る。
			3月	2日、高遠城が陥落する。同日、武田家臣河野家昌らが上杉氏に援軍を要請する（No.91）。3日、勝頼は新府城を放棄して郡内岩殿城を目指し、翌日には駒飼宿に入る。10日、小山田信茂が離反して笹子峠を封鎖する。11日、織田家臣滝川一益が田野にいる勝頼を攻撃し、勝頼・信勝・桂林院殿らが自害または討死し、戦国大名武田氏は滅亡する。14日、織田信長が勝頼父子の首を検分する。
			4月	3日、恵林寺が焼き討ちされ、快川紹喜らが示寂する。15日、慈眼寺尊長が勝頼遺品を高野山に奉納する（No.101、102）。25日、穴山梅雪が生母南松院殿の十七回忌法要を行い、武田を滅亡させた勝頼を非難し、自身の正当性を主張する（No.103）。

◉資料翻刻◉

※対象は古文書とし、図版内に翻刻を掲載したものは省略した。

7―諏方勝頼判物

（勝頼花押）
埋橋分
以上、合四拾七貫八百八十七文
右之内
拾七貫文、保科源六郎／恩地可相済、残分ハ／
蔵へ可納、此外いかけ／分可致奉公之旨申／候
間、如前々引得ニ／出置者也、仍而如件
永禄五壬戌
九月廿三日
埋橋弥次郎

10―北条氏康書状

於今度国府台□□□申［　　］／預使者候、殊太
刀一腰贈給候、珍重満足候、／景虎去七日退散佐
野口迄、［　　］／□□江城迄納馬候、就中四
郎殿・三郎殿／始申、各至于岩櫃御越山由、無際
限陣労／御大儀察入候、此上景虎引散ニ付者、／
定而信玄御父子可□□帰府候、自／小田原可申承
［（候、恐々謹言カ）］
（永禄七年）二月十三日　氏康（花押）
小山田弥三郎殿

11―諏方勝頼朱印状

高遠領之貴賤、此已前／於高野山無宿坊仁、向／

後者成慶院江令寄附之／状、仍如件
永禄十一年戊辰
十一月朔日　勝頼（朱印）
成慶院

13―諏方勝頼書状

就沓屋之大方死□□御書中候、則／御陣下へ進上
申候、将又先日之以後、御／陣之模様珍説無之候
条、不申入候、重而／御左右候者自是可令申候、其
境目珍／敷子細候者、御注進尤候、恐々謹言
（永禄十一年カ）三月廿九日　四郎　勝頼（花押）
栗原伊豆殿
御報

14―諏方勝頼書状

急度令飛札候、仍駿陣觸［　　］／重而被差越
目付候哉、其後如何共／無御注進候、無御心許存
候、雖不及申候、／其御城之御用心等、普請以下
不可有□／油断候、案内者之儀候間、美作・豊後
／両人何事も御尋、御注進可然存候、恐々／謹言
（永禄十一年カ）八月十六日　諏方四郎　勝頼（花押）
栗原伊豆殿
御陣所

16―武田信玄書状

就于蒲原落居、早々御音問／祝着候、抑去六日当

城宿放火候キ、／例式四郎・左馬助聊爾故無紋ニ
／城へ青登候、寔恐怖候処、不／思儀ニ乗崩、城
主北条新三郎兄弟・／清水・笠原・狩野介已下之
凶徒、惣而／当城ニ所栖籠之士率不残討捕候、／当
城之事者海道第一之／嶮難之地ニ候、如此輙達本
意候、非人作候、／剰味方一人も無恙候、可御心
易候、／恐々謹言
（永禄十二年）十二月十日　信玄（花押）
徳秀斎
御返報

20―武田勝頼書状

急度染一筆候、抑今度長篠為／後詰、至遠州行之
儀憑入候処ニ、／始中終御肝煎之由、祝着候、因
茲彼／表無残撃砕、本望満足候、雖然長篠／存外
之仕合、無念千万候、去十四日各／其地へ帰城、
自翌日普請被　仰付候／趣、肝要至極候、随而蒲庵
演説之／分者、御煩之由、無心許候、為服用、牛黄
円／五貝進之候、無油断被加保養尤候、／恐々謹
言
（天正元年）九月十八日　勝頼（花押）
左衛門大夫殿

21―武田家朱印状

定
今度長篠籠城之砌、励／無類之戦功頸一被討捕条、
神／妙被思召候、殊去五月於井伊／谷、別而忠信之

由御悦喜候、／然而三州御本意之上、於／西三河之内必相当之地一所／可被宛行之趣、被　仰出者也、／仍如件

元亀四癸酉
十一月廿三日（龍朱印）奉之
山県三郎兵衛尉
伊藤忠右衛門尉殿

24—六角承禎書状

至遠山口御進発、殊／於彼表敵城数ヶ所被／責落旨、其聞候、不始于／今、無比類義大慶不過／之候、此表之事家光差／下候砌、具可令申候、去朔／日・二日為調略敵以猛／勢取寄近々与相城／十二仕候、堀柵結廻候、／及一戦責事不成故候／歟、右之働候、其表御行／於火急者、当城之儀猶以可相踏堅固候、無御隔／心有姿示給候者、尤可為／欣悦候、弥御入魂所希候、勝頼江以直札申入候、委／曲落合可申候、恐々謹言

（天正二年）二月廿一日　承禎（花押）
武田左衛門大夫殿
進之候

25—六角高盛書状

至遠山口御進発之由、／殊於彼表敵城数ヶ所／被責落旨、不珍無比／御働御名誉大慶不／過之候、就中此表之／儀落合罷下刻、具／啓達候、然而去朔日・／二日以猛勢敵取寄相／城十二仕、堀柵結廻候、／雖然無指義候、当城弥／堅固候、其表御行之／様子委預示候者、可／為本望候、此節御入／魂頼存外無他候、勝頼へ／捧愚札候、御取成可畏／存候、猶落合可申入候、／恐々謹言

（天正二年）二月廿一日　高盛（花押）
武田左衛門大夫殿
御宿所

26—武田勝頼書状

任小笠原所望、誓詞遣之候、可／被相渡候、其外合力并領知等之／儀も一々令領掌候、条目之通有／得心、弥可然様御異見尤候、恐々／謹言

（天正二年）五月廿三日　勝頼（花押）
玄蕃頭

27—武田家朱印状

定

以忠節在所退出、神妙被思召候、／仍勝間田上庄之内門原・のへ・安堀／名職事、如瀬尾善左衛門尉時、田畠／悉相抱、百姓役厳重可相勤、然而／船壱艘之分、除公用諸役有御／免許之由、被　仰出者也、仍如件

天正二甲戌
六月廿七日（龍朱印）奉之
土屋右衛門尉
長谷河惣兵衛尉

28—武田家朱印状

（龍朱印）定

遠州山名庄諸井郷之内領／家方寺社領共百貫文之所、従／徳川家康時被抱来之由言上候／間、自今以後も不可有御相違候、／畢竟嗜武具可被抽戦功之趣、／被　仰出候者也、仍如件

天正二年甲戌
七月九日　跡部大炊助奉之
伊達与兵衛尉殿

追而、有被申掠旨、後日訴人為出来者、／重而被聞召合、可被加御下知候、又当知行／之内、以先忠有拘置人者、以自余之／地、可被捕（補）之者也

29—三好存康書状

（懸紙うわ書）
「　三好孫六郎
武田玄蕃頭殿　存康
御宿所　」

態令啓候、仍今度至／遠州高天神被取詰／被任御存分之由珍重候、／就其以直札申候、可然様／御取成肝要候、為御音／信喉輪五懸進之候、／誠祝儀迄候、将又其表／於尾濃御行専一候、爰／元之儀大坂相談得　／上意計策無油断候、／向後尚以深重可申／談候、恐々謹言

（天正二年）八月十日　存康（花押）
武田玄蕃頭殿
御宿所

31—武田勝頼書状

氏政・氏照向厩橋被及御／行之由候条、以使者申候き、因茲／其方へも染一筆候処、態／回札珍重候、其表無相替儀、遂／日貴国御本意候由、大慶

候、／仍遠州陣已来過半在陣／故無音、併相似等
閑候、猶氏照へ宜／取成可為祝着候、恐々謹言
（天正二年）八月十七日　勝頼（花押）
近藤出羽守殿

32―武田勝頼書状

織田至長嶋張陣、因茲／後詰之儀従貴門預御／催
促候、最年来云申合筋／目、又願証寺へ云入魂之意
趣、／更非可令見除候歟、但去夏／信長向其口、
動干戈候条、／為御手合遠州出張、永々／在陣、
至于去月下旬帰鞍、／諸卒不得休其労候間、／出
馬遅々無念至極候、雖然／涯分催人衆候条、近日
／尾三表へ可及行、於門主／御前此等之趣御取成可
為／祝着候、随而荒木中嶋表へ／取出候処、被及一
戦、凶徒／百余人被討留之由、心地好候、／猶長
嶋へ後詰、聊無油断候、／入于念候、此節候間、門
跡／御助成極貴辺諌言候、恐々／謹言
（天正二年）八月廿四日　勝頼（花押）
（下間）□□上野法眼御房
回章

36―武田勝頼書状

当陣之様子無心許之旨、態飛脚祝着候、／万方属
本意候間、可為安堵候、然者長篠之／地、取詰候
処、信長・家康為後詰雖／出張候、無指儀及対陣
候、敵失行之術、一段／逼迫之躰候条、無二彼陣へ
乗懸、信長・家／康両敵共、此度可遂本意儀、案
之内候、／猶其城用心別而可被入于念事、可為／肝
要候、恐々謹言

五月廿日　勝頼（花押）
長閑斎

42―武田勝頼書状

長延寺所へ態預音問候、快／然候、如承意□比三州
長篠之／地取詰候処、織田・徳川為／後詰打出候
条、累年之願／望令満足候間、則時ニ乗懸、／遂一
戦、宗者数多討捕、乗／其利、信長至陣前押寄候
／処、構陣城籠居候間、入／人数之砌、当手之先
衆聊／失利候、仍近日向遠州出馬候／間、於此度
者、無二尾・三国中へ／令乱入、可決是非候、於本
／意者無疑候、猶其表籌／策等被入于念、可被達本
／意儀肝心候、恐々謹言
（天正三年）八月十日　勝頼（花押）
岡修理亮殿

49―武田家朱印状

（龍朱印）定　軍役之次第
一、鉄炮　可有上手歩兵之放手、壱挺ニ玉薬三百放宛可支度　壱挺
一、持鑓　実共ニ二間々中たるへし　壱本
一、長柄　実共ニ三間、木柄歟打柄歟実五寸朱志て有へし　弐本
一、小幡　壱本
已上道具数五
右何茂具足甲手蓋喉輪指物有へし、／如此調武具、
可勤軍役者也、仍如件
（天正四年）五月十二日
山本十左衛門尉殿

50―穴山信君朱印状

於其郷もちり（筌）／別而馳走之由／言上候、猶諏方部
／宮内左衛門尉助言／次第、奉公可令／者也、仍
如件
辰（天正八年）　江尻（「栄」朱印）
八月廿五日
彦左衛門
右近助
与兵衛

51―武田家朱印状

定
船役銭事、有訴人、／前々百疋宛雖沙汰来、／両
浦之儀者別而就致奉公、／向後船壱艘三十疋可／進
納之旨、所被仰下也、仍如件
天正五年　真田喜右兵衛尉
二月廿七日（龍朱印）　奉之
武藤三河守
江尻
清水　両浦

52―武田信堯判物

其方甥次郎三郎／成人候間、如申定／新左衛門尉
名跡之分、／無相違相渡之、／軍役之奉公可／為
勤之者也、仍／如件
六月三日　信堯（花押）
三井右近丞殿

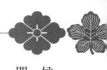

53―武田勝頼判物

定

一、江尻之内　平尾平三分　四拾四貫八百七十五文

一、蘆崎分　増分共　拾弐貫文

一、江尻之内屋敷　蓮池分　三貫五百文

一、岡清水屋敷　津渡野彦四郎分　弐貫文

一、北矢部　岡部小次郎分　三拾弐俵

一、村上与一屋敷　府中小阿弥小路　弐百七十五文

一、村松之内宮之一分　蒜生分　七十弐俵壱斗四升

一、同所屋敷銭反銭　同　弐貫九百八十一文

一、へひつか　同　八斗塩

一、長崎之内　同　三拾弐俵一斗四升

一、同所畠、屋敷銭共　同　五貫弐百五拾文

一、下郷之内　同　三拾壱俵

一、畠銭此内山少有　同　壱貫文

一、下方阿野庄荒原新田　同　弐拾俵

一、花蔵領　大岩宮之内　百七十五俵

一、田尻之内　大石左京亮分、長首座抱　四拾貫百五十文

一、清水屋敷　料所分　壱貫文

一、石河長土呂　由井隼人・蒲原雅楽助分　弐拾三貫五百文

一、駿府神門屋敷　蒜生分　壱間

已上

法性院殿以直判、右如此被下／置之上者、自今以後聊不可有／相違、畢竟不慕先方可励／武勇条、可為肝要者也、仍如／件

天正四年丙子

八月十四日　勝頼（花押）

追而雖如此相渡、有申掠旨者、／重而可聞合、況敵地へ内通、或為／武辺之奉公未熟者、可悔還者也

土屋木工左衛門尉殿

54―武田勝頼判物

定

以先祖累代直判、寺産并／山林以下寄進状歴然之／上者、縦雖為卓錐之地、永／不可有相違之状如件

天正四年八月二日　勝頼（花押）

廣厳院

55―武田勝頼禁制

（勝頼花押）

禁制　廣厳院

一、於寺中殺生之事

一、至山林猥剪採竹木、放牛馬事

一、非内儀遁世者許容之事

一、於当寺狼藉之事

一、為私寄進之地、無意趣相違事

右条々於違犯之輩者、可処／厳科者也、仍如件

天正四年

八月二日

56―武田家朱印状

（獅子朱印）

定

自今已後以此／御印判、竹木／藁縄等之御用／可被仰付者也、仍／如件

（天正三年）乙亥

十二月廿三日　跡部美作守　市川備後守　奉之

寺尾之郷

57―武田勝頼書状

年頭之祈念、於于／神前被凝精誠、／巻数到来珍重候、／仍太刀一腰遣之候、弥／武運長久之懇祈／肝要候、恐々謹言

正月十七日　勝頼（「勝頼」朱印）

一宮新太郎殿

61―武田勝頼書状

急度染一筆候、仍当／国惑乱、景虎・景勝／辛負歎敷候間、為／和親媒介与風出馬、／越府在陣、因茲弥次郎／方へ及鴻鯉之音問候、／自先代入魂之

事候／条、弥無疎略様、諫言／可為喜悦候、委曲
大熊／可申候、恐々謹言
（天正六年）七月廿三日　勝頼（花押）
山吉掃部助殿
同玄蕃允殿
同四郎右衛門尉殿
仁科中務丞殿

62―武田勝頼書状

去六日書状具披見、得其意候、弥／上田口行之様
子并氏政備之躰被／聞届、節々注進尤候、就中小
那淵之／城、本主新井乗執候歟、自氏政／承候も同
説候、猶関東中有珍儀者、／早速注進肝要候、随
而家康駿州／山西へ出張之由候条、彼表へ可出／馬
旨、顕先書候キ、去四日敵無功退散候／間、先令延
引候、其心得専要候、恐々謹言
（天正六年）九月十日　勝頼（花押）
真田喜兵衛尉殿

64―武田勝頼書状

（端裏貼紙）「勝頼ヨリ専柳斎江」
重而雁成福院、／相加八重森因幡守、／駿州口出馬
之様子／申届、宜為馳走／欣悦候、恐々謹言
八月廿日　勝頼（花押）
専柳斎

65―武田勝頼書状

［如］承意、其［以後］者相互無／音、寔本意
［之］外候、仍今度／至奥郡御出馬、逆徒悉被加
／退治、無残所御静謐之由、目／出珍重候、因茲
自是も以使／者申候キ、定可為参着候哉、就中／当
秋越中表可被及御行之由、／肝要至極候、猶雁大
石兵部丞／口上候条、不能具候、恐々謹言
（天正八年）八月廿六日　勝頼（花押）
上杉殿

66―武田家朱印状

定
自今以後、別而可抽奉公之／忠之由候之間、来秋飯
山領御／改之上、相当之闕所可被充行之／由、所
被仰出也、仍如件
土屋右衛門尉
（天正七）□□□年　奉之
二月十七日（龍朱印）
大滝甚兵衛尉殿

67―武田勝頼判物

定
信州蓮之郷三百貫之所／進之候、追日可被抽忠節
／儀簡要候者也、仍如件
天正八年庚辰
二月十六日　勝頼（花押）
桃井将監殿

68―武田勝頼書状

跡部大炊助所へ之来札披見得／其意候、仍雖氏政
豆州出張候、／向後別而可有入魂之由種々懇／望
候、当地普請悉出来仕置如／存分申付候、可御心
易候、恐々謹言
追而取乱候間、用印判候
（天正七年）九月十七日　勝頼（「晴信」朱印）
安中七郎三郎殿

69―武田勝頼書状

（懸紙うわ書）「矢沢薩摩守殿　勝頼」
沼田城差捲之刻、／度々戦功誠無比類候、／彼表
本意併其方抃故候、／仍太刀一腰遣之候、／向後
弥可被励忠節／儀、可為肝要者也、（後筆カ）「仍如件」
（天正九年）二月十一日　勝頼（花押）
（後筆カ）「矢沢薩摩殿」

72―武田勝頼書状

（懸紙うわ書）「上杉殿　勝頼」
（端裏）「（墨引）」
新館之普請令出来之旨、／被聞召及、為祝詞三種
并／柳五十贈給候、誠御入魂之至、／不知所謝候、
内々近日可移居／心底ニ候処、氏政家僕松田／尾
張守次男笠原新六郎、／豆州戸倉之在城、不慮ニ
属／当方幕下候条、為彼国仕／置、令出馬候故、
遅引候、如何／様帰陣之節、以使者可申達候、／
恐々謹言

（天正九年）十一月十日　勝頼（花押）

上杉殿

73　武田勝頼書状

就新館相移、於神前／被凝丹精、守府・御玉会／則頂戴、目出珍重候、猶武／運長久之懇祈任入候、／恐々謹言

（天正九年）十二月廿四日　勝頼（花押）

神長官殿

81　織田信長朱印状

（包紙うわ書）

「高天神之時

信長様之御書　壱通」

切々注進状、被入情之段、別而祝着候、／其付城中一段迷惑候躰、以矢／文懇望之間、近々候歟、然者、命を／於助者、最前ニ瀧坂を相副、只今ハ／小山をそへ、高天神共三ヶ所可／渡之由、以是慥意心中令推／量候、抑三城を請取、遠州内無／残所申付、外聞実儀可然候歟、但見／及聞候躰ニ、以来小山を始取懸候／共、武田四郎分際にてハ、重而も後／巻成間敷候哉、以其両城をも可／渡と申所毛頭無疑候、其節ハ家康／気遣、諸卒可辛労処、歎敷候共、／信長一両年内ニ駿・甲へ可出勢候条、／切所を越、長々敷弓矢を可取事、外／聞口惜候、所詮号後巻敵彼境目へ／打出候ハヽ、手間不入実否を可付候、／然時者、両国を手間不入申付候、自然／後巻を不構、高天神同前ニ小山・瀧／坂見捨候へハ、以其響駿州之端々小城／拘候事不実候、以来気遣候共、只今苦／労候共、両条のつもりハ分別難弁候／間、此通家康ニ物語、家中之宿老共／にも申聞談合尤候、これハ信長思／寄心底を不残申送者也

正月廿五日　信長（朱印）

水野宗兵衛とのへ

85　武田勝頼感状

（懸紙うわ書）

「　小野澤五郎兵衛尉殿　勝頼　」

寄親候松田上総介、対／勝頼忠節之始、去十月廿／八日向韮山被及行処ニ、／北条美濃守出人数間／遂一戦刻、頸壱討捕条、／神妙候、仍太刀一腰遣之候、／自今以後弥可励武功／者也、仍如件

（天正九年）十二月八日　勝頼（花押）

小野澤五郎兵衛尉殿

86　武田信豊書状

如貴意去出馬之刻、存知之侭駿遠之仕置／被申付、貴館尤御大慶不可及是非候、因茲／拙夫方迄一種御音信、御芳志之至不知所／謝候、仍去春以松看斎・蒲庵被申入候／被任筋目、御老母御在府、雖不珎儀候、追日／御真実之至被感入候、然者如御所望三郎次郎殿／卅日御休息御尤之由被申候条、先以可被易／貴意候、委細御使節雇千村口上候条、不能／具之趣、可得御意候、恐々謹言

武田左馬助

六月廿二日　信豊（花押）

義昌

貴報

89　武田勝頼夫人願文

□（う）やまつて申　きくわんの事

南無きミやうちやうらい八まん大ほさつ、此国のほんしゆ／として、竹たの太郎とかうせしより此かた、代々まほり／給ふ、こゝにふりよのけき新出きたつて国かをなや／ます、よつてかつ頼うんを天とうにまかせ、命をかろんして／てきちんにむかふ、しかりといへともしそつりをえさるあいた、／そのこゝろまち〳〵たり、なんそきそよし政そくはくの／神りよをむなしくし、あわ身のふほをすててきへいを／おこす、これミつからは、をかいする也、なかんつくかつ頼るいた／い十おんのともから、けき新と心をひとつにして、たちまち／にくつかへさんとする、はんミんのなうらん、仏はうのさまた／けならすや、そも〳〵かつよりいかてかあく新なからんや、思ひ／のほのを天にあかり、しんいなをふかゝらん、我もこゝにし／てあひともにかなしむ、涙又らんかんたり、しんりよ天／めいまことあらは、五きやく十きやくたるたくひ、しよ天かり／そめにもかこあらし、此時にいたつて神かんわたくし／なく、かつかうきもにめいす、かなしきかな、しんりよま／ことあらは、うんめい此ときにいたるとも、ねかわくはれいしん／ちからをあわせて、かつ事をか

つ頼一しにつけしめ／たまい、あたをよもにしり
そけん、ひやうらんかへむてめい／をひらき、し
ゆめうしやうおん、しそんはんしやうの事
ミきの大くわんちやうしゆならは、かつ頼我とも
に、しや／たんミかきたて、くわいろうこんりう
の事
うやまつて申
天正十ねん二月十九日　ミなもとのかつ頼うち

90　武田勝頼書状

木曾逆心之由、被聞召及、重而芳墨、殊去寅年／以
来、以数通之誓約、尽未来申合候被任筋目、無／
二可預御助勢之由、誠芳志難謝次第候、如先回申
／達候、木曾義昌奸謀歴然之条、向彼谷及行、／
備任存分、谷中過半令撃砕候、雖然構切所楯／籠
候故、没倒遅々、無念候刻、於下伊奈表地下人／
等少々与賊徒蜂起候間、分国之諸勢相集、無二／
可遂退治覚悟候、雖無人数不足候、外国之覚此／
節候間、二千も三千も早々於被指立者、一段可為欣
／悦候、至当備者、堅固ニ申付候、可御心安候、猶
行之模様、／追而可申達候、恐々謹言
（天正十年）二月廿日　勝頼（花押）
上杉殿

91　河野家昌他連署状

従甲州御陣所御指図候間、令啓候、／仍当表侍衆
之家中、悉逆心之躰ニ候／間、従貴国早々御加勢申
請、当城堅／固之仕置、可為肝要之段、被　仰下
候、／片時も早々御加勢候様ニ、御催促可為／肝要
候、委細彼両人可有口上候、恐々／謹言
猶片時も早々御人数／被指立候様ニ御催促／肝要存候、以
上
河野因幡守
（天正十年）三月二日　家昌（花押）
山下越前守
家吉（花押）
雨宮二郎右衛門尉
忠辰（花押）
漆戸丹後守
虎秀（花押）
長井丹波守殿
御宿所

92　穴山不白書状

今度不慮之仕合、／為使三州へ通用／無比類候、
甲州本／意之上、万疋之地以／望可出之候、為其
染／自筆者也、仍如件
（天正十年）三月二日　不白（花押）
清蔵主

98　徳川家康禁制

禁制　南松院
御朱印
一、当軍勢甲乙人等乱妨狼藉事
一、寺中堂塔放火之事
一、山林竹木伐採事
右条々堅令停止訖、若此旨／於違犯之輩者、速
可処／厳科者也、仍如件
天正十年
三月三日

99　織田信長禁制

禁制　下宮地郷
一、甲乙人等乱妨狼藉事
一、対還住百姓以下成煩事
一、非分課役事付御判銭取次銭筆耕等同事
右条々若有違犯之輩者、忽／可被処厳科者也
天正十年四月　日
（「天下布武」朱印）
八幡神主
参

101　慈眼寺尊長書状写

今度当国落居、勝頼公／御生害、不及是非候、貴
院／御力落之段令察候、兹因於其／山御弔之儀被
仰置候、尤早々登／山可仕之処、散々相煩候故、
延引／罷過候、此空円坊幸根来寺住／山罷上候
条、御道具并金子指登申候、／勿論注文別紙有、
我等快気次第／罷登可申候、委曲期面上之時候、
／恐惶謹言
（天正十年）卯月十五日
慈眼寺
尊長（花押）

高野山
引導院
御同宿中

102 慈眼寺尊長廻向注文写

注文
一、勝頼公并御台所・御曹子寿像　一幅
一、宝剣 信玄公御随身　一腰
一、飯縄本尊 并法次第 信玄公御随身　一冊
一、対場法度書 信玄公御自筆　一通
一、毘沙門 信玄公御具足守本尊　一躯
一、小脇指　一腰
一、大勢至菩薩 勝頼公御守本尊 小野道風筆　一幅
一、観音品 勝頼公御前御守　一巻
一、三尊弥陀同御守 同御守 中将姫織　一幅
一、仏舎利 同御守　一粒
一、黄金　拾両
右之品々指登候、宜様／御廻向、可被成候、
已上
（天正十年）
卯月十五日　慈眼寺
尊長（花押）
高野山
引導院

105 小幡景憲覚書

家康様田野寺建立付御慈悲之儀／被　仰出候
五ヶ条
一、田野寺建立之儀被　仰付候事
二、甲州先方衆、田野寺建立付力を添候／様ニと被
仰付候事
三、田野一村如何程有之候共、御寄附之儀／被　仰付候事
四、小宮山内膳弟拈橋僧、田野寺住持／被　仰付候事
五、勝頼公御供之侍土屋惣蔵を初不残／位牌を立、茶湯焼香等可為厳密、／依是為茶湯山田野村之外ニ初鹿野村ニ而／御付被遊候事
尾畑勘兵衛
三月十五日　景憲（花押）
年代過候ヘバ忘レ申事候間、記付候て進之候
※欠損部分の文字は写本から補っている

◉出品資料一覧◉

◉国宝、○県指定文化財、◇市町村指定文化財

No.	指定	資料名	作者	時代	員数	法量（縦×横cm）	所蔵者
序章　勝頼は「強過ぎたる大将」か？							
1		甲陽軍鑑　巻第六		江戸時代（十七世紀）刊	一冊	二六・六×一九・〇	山梨県立博物館
2		武田勝頼像	松本楓湖筆	明治四年（一八七一）	一幅	一三〇・六×五一・七	恵林寺（信玄公宝物館保管）
3		武田勝頼像（複製）		原資料は文政十三年（一八三〇）	一幅	九五・一×四〇・八	法泉寺
第一章　諏方の子から武田家家督へ							
4		武田源氏一統系図		大正五年（一九一六）写	一冊	二七・三×一九・三	山梨県立博物館
5		武田信玄像		江戸時代	一幅	一一七・八×五三・五	山梨県立博物館
6		武田二十四将図	石湖筆	江戸時代	一幅	九九・〇×五四・三	南松院（山梨県立博物館寄託）
7		諏方勝頼判物（永禄五年九月二十三日、埋橋弥次郎宛）		永禄五年（一五六二）	一通	三一・三×四五・一	個人（伊那市立高遠町歴史博物館寄託）
8		高遠城図		近代写	一鋪	五二・四×三七・七	伊那市立高遠町図書館
9	◇	梵鐘		永禄七年（一五六四）	一口	総高　九一・〇 口径　五六・〇	小野神社
10		北条氏康書状（二月十三日、小山田弥三郎宛）		永禄七年（一五六四）	一通	二七・九×四〇・〇	山梨県立博物館
11		諏方勝頼朱印状（永禄十一年十一月朔日、成慶院宛）		永禄十一年（一五六八）	一通	三〇・八×四三・二	高野山成慶院
12		甲陽軍鑑　巻第十下		江戸時代（十七世紀）刊	一冊	二六・六×一九・〇	山梨県立博物館
13		諏方勝頼書状（三月二十九日、栗原伊豆宛）		永禄十一年（一五六八）	一通	二七・二×二九・四	恵林寺（信玄公宝物館保管）
14		諏方勝頼書状（八月十六日、栗原伊豆宛）		永禄十一年（一五六八）	一通	二六・九×四一・四	個人
15		三増峠合戦図		江戸時代	一鋪	七〇・三×九三・八	山梨県立博物館
16		武田信玄書状（十二月十日、徳秀斎宛）		永禄十二年（一五六九）	一通	二五・〇×四二・六	恵林寺（信玄公宝物館保管）
17	○	紅糸威最上胴丸		戦国時代（十六世紀）	一領	胴高　三二・〇 草摺高　三〇・〇 胴廻り　八八・五 板札高　三〇・〇	富士山本宮浅間大社

No.	指定	資料名	作者	時代	員数	法量(縦×横cm)	所蔵者
第二章　信玄の遺言							
18		甲陽軍鑑　巻第十二		江戸時代(十七世紀)刊	一冊	二六・六×一九・〇	山梨県立博物館
19		武田勝頼起請文(元亀四年四月二十三日、内藤修理亮宛)		元亀四年(一五七三)	一通	二九・七×四七・〇	京都大学総合博物館
20		武田勝頼書状(九月十八日、左衛門大夫宛)		天正元年(一五七三)	一通	二六・七×四一・一	本成寺
21		武田家朱印状(元亀四年十一月二十三日、伊藤忠右衛門尉宛)		天正元年(一五七三)	一通	二九・五×四四・〇	山梨県立博物館
22		徳川家康像(模本)		原本は江戸時代(十七世紀)	一幅	九六・三×四二・八	東京大学史料編纂所
23		徳川家康像(模本)		原本は江戸時代(十七世紀)	一幅	九一・二×四一・〇	東京大学史料編纂所
24		六角承禎書状(二月二十一日、武田左衛門大夫宛)		天正二年(一五七四)	一通	八・三×二七・五	山梨県立博物館
25		六角高盛書状(二月二十一日、武田左衛門大夫宛)		天正二年(一五七四)	一通	八・一×三〇・三	山梨県立博物館
26		武田勝頼書状(五月二十三日、玄蕃頭宛)		天正二年(一五七四)	一通	二八・二×三四・三	個人(山梨県立博物館寄託)
27		武田家朱印状(天正二年六月二十七日、長谷河惣兵衛尉宛)		天正二年(一五七四)	一通	二八・六×四二・三	山梨県立博物館
28		武田家朱印状(天正二年七月九日、伊達与兵衛尉宛)		天正二年(一五七四)	一通	三三・八×四五・六	京都大学総合博物館
29		三好存康書状(八月十日、武田左衛門大夫宛)		天正二年(一五七四)	一通	本紙 一二・二×三九・〇 懸紙 二〇・三×八・七	山梨県立博物館
30		織田信長書状(六月二十九日)		天正二年(一五七四)	一通	一七・二×七七・二	長野県立歴史館
31		武田勝頼書状(八月十七日、近藤出羽守宛)		天正二年(一五七四)	一通	二五・〇×四一・一	山梨県立博物館
32		武田勝頼書状(八月二十四日、上野法眼宛)		天正二年(一五七四)	一通	一〇・八×四二・五	山梨県立博物館
第三章　長篠合戦							
33		大和孝宗書状(三月十五日、武田玄蕃頭宛)		天正三年(一五七五)	一通	本紙 一二・二×四四・二 懸紙 一二・九×一二・三	山梨県立博物館
34		武田勝頼書状(三月二十四日、安中左近大夫宛)		天正三年(一五七五)	一通	二五・五×三三・八	慈雲寺
35		落合左平次道次背旗(複元)		原資料は戦国時代(十六世紀)	一旒	一五〇・〇×一四〇・〇	国立歴史民俗博物館
36		武田勝頼書状(五月二十日、長閑斎宛)		天正三年(一五七五)	一通	二九・四×三九・六	東京大学史料編纂所

No.	指定	資料名	作者	時代	員数	法量（縦×横cm）	所蔵者
37	◇	長篠合戦図屏風		江戸時代（十七世紀）	一隻	一六五・二×三五〇・八	犬山城白帝文庫
38		長篠合戦図屏風（下絵）		江戸時代（十九世紀）	八幅	第一・八幅（各）一六六・四×五七・六 第二・七幅（各）一六六・四×六三・四	東京国立博物館
39		長篠合戦場図		江戸時代	一鋪	九六・六×一〇九・〇	山梨県立博物館
40	◇	長篠合戦戦装束経帷子		戦国時代（十六世紀）	一領	七八・〇×一〇六・〇	千曲市教育委員会
41		武田信玄陣立書		戦国時代（十六世紀）	一巻	二四・二×二六四・九	山梨県立博物館
42		武田勝頼書状（八月十日、岡修理亮宛）		天正三年（一五七五）	一通	一一・六×三八・三	真田宝物館
43		甲陽軍鑑　巻第六・十九		江戸時代（十七世紀）刊	二冊	二六・六×一九・〇	山梨県立博物館
44		信長記		寛文十二年（一六七二）刊	一冊	二六・七×一九・〇	山梨県立博物館
45		三河物語		江戸時代（十八世紀）写	一冊	二三・五×一六・五	名古屋市蓬左文庫
46		水野自記		享保十七年（一七三二）	一冊	二二・六×一五・五	個人（茨城県立歴史館寄託）
47		四戦紀聞（参州長篠戦記）		弘化三年（一八四六）刊	一冊	二五・二×一七・八	山梨県立博物館
48		日本戦史　長篠役		大正五年（一九一六）刊	一冊	二二・五×一五・八	個人

第四章　新たな体制へ

No.	指定	資料名	作者	時代	員数	法量（縦×横cm）	所蔵者
49		武田家朱印状（五月十二日、山本十左衛門尉宛）		天正四年（一五七六）	一通	三一・五×四一・四	個人（安中市学習の森ふるさと学習館寄託）
50		穴山信君朱印状（辰八月二十五日、彦左衛門ほか宛）		天正八年（一五八〇）	一通	二八・六×四二・六	個人（山梨県立博物館寄託）
51		武田家朱印状（天正五年二月二十七日、江尻・清水両浦宛）		天正五年（一五七七）	一通	三一・四×四五・八	京都大学総合博物館
52	◇	武田信堯判物（六月三日、三井右近丞宛）		戦国時代（天正年間か）	一通	二八・四×四一・八	個人（山梨県立博物館寄託）
53		武田勝頼判物（天正四年八月十四日、土屋木工左衛門尉宛）		天正四年（一五七六）	一通	三四・〇×一三八・七	早稲田大学図書館
54	○	武田勝頼判物（天正四年八月二日、廣厳院宛）		天正四年（一五七六）	一通	三一・九×五〇・二	廣厳院（山梨県立博物館寄託）
55	○	武田勝頼禁制（天正四年八月二日、廣厳院宛）		天正四年（一五七六）	一通	三三・六×五〇・〇	廣厳院（山梨県立博物館寄託）
56	○	武田家朱印状（乙亥十二月二十三日、寺尾之郷宛）		天正三年（一五七五）	一通	三二・〇×四六・一	個人（山梨県立博物館寄託）

No.	指定	資料名	作者	時代	員数	法量（縦×横 cm）	所蔵者
57		武田勝頼書状（正月十七日、一宮新太郎宛）		天正九年または十年（一五八一・八二）	一通	一八・二×四三・一	山梨県立博物館
58		武田勝頼妻子像		戦国時代（十六世紀）	一幅	八三・〇×三八・二	高野山持明院
59		武田勝頼妻子像（模本）		原本は戦国時代（十六世紀）	一幅	九四・八×三八・二	東京大学史料編纂所
60	○	蘭渓字説	快川紹喜筆	天正八年（一五八〇）	一幅	五六・〇×三一・二	南松院（山梨県立博物館寄託）
61	◉	武田勝頼書状（七月二十三日、山吉掃部助他三名宛）		天正六年（一五七八）	一通	一四・七×四三・八	米沢市上杉博物館
62		武田勝頼書状（九月十日、真田喜兵衛尉宛）		天正六年（一五七八）	一通	二八・四×四〇・八	真田宝物館
63	◉	跡部勝忠・市川元松連署注文（己卯九月二十六日、長井丹波守宛）		天正七年（一五七九）	一通	二九・一×四三・八	米沢市上杉博物館
64		武田勝頼書状（八月二十日、専柳斎宛）		天正七年または九年（一五七九・八一）	一通	一六・二×四六・三	山梨県立博物館
65		武田勝頼書状（八月二十六日、上杉宛）		天正八年（一五八〇）	一通	二〇・五×三七・〇	山梨県立博物館
66		武田家朱印状（天正七年二月十七日、大瀧甚兵衛尉宛）		天正七年（一五七九）	一通	三一・四×四六・二	長野県立歴史館
67		武田勝頼判物（天正八年二月十六日、桃井将監宛）		天正八年（一五八〇）	一通	三二・一×四八・二	遠光寺
68		武田勝頼書状（九月十七日、安中七郎三郎宛）		天正七年（一五七九）	一通	二八・八×四〇・五	慈雲寺
69		武田勝頼書状（二月十一日、矢沢薩摩守宛）		天正九年（一五八一）	一通	本紙 一五・七×三六・一 懸紙 二八・三×一一・二	真田宝物館
70	○	武田家条目（六月七日、真田安房守宛）		天正九年（一五八一）	一通	三一・九×一三九・七	真田宝物館
71		上州膳の城素肌攻めの図	歌川芳虎筆	元治元年（一八六四）	三枚続	三七・二×七三・〇	山梨県立博物館

第五章　新府築城

No.	指定	資料名	作者	時代	員数	法量（縦×横 cm）	所蔵者
72	◉	武田勝頼書状（十一月十日、上杉宛）		天正九年（一五八一）	一通	本紙 二二・〇×五二・二 懸紙 三四・八×一四・一	米沢市上杉博物館
73		武田勝頼書状（十二月二十四日、神長官宛）		天正九年（一五八一）	一通	二九・五×四〇・九	茅野市神長官守矢史料館
74		甲州新府之城図		江戸時代	一幅	五四・二×四四・一	恵林寺（信玄公宝物館保管）
75		甲州新府古城之図		江戸時代か	一鋪	三八・一×五六・〇	山梨県立博物館

No.	指定	資料名	作者	時代	員数	法量（縦×横cm）	所蔵者
76		韮崎城図		江戸時代	一鋪	一三三・八×七三・九	名古屋市蓬左文庫
77		甲州新府		近代（十九世紀）か	一鋪	一六・四×五三・八	東京大学史料編纂所
78		新府城跡出土品		戦国時代（十六世紀）	一式		韮崎市教育委員会
79		隠岐殿遺跡出土品		戦国時代（十六世紀）	一式		韮崎市教育委員会
80		真田昌幸書状（正月二十二日）		天正十年（一五八二）か	一通	二八・〇×三四・〇	韮崎市教育委員会
第六章　滅亡への道							
81		織田信長朱印状（正月二十五日、水野宗兵衛宛）		天正九年（一五八一）	一通	二九・〇×九〇・二	個人（茨城県立歴史館寄託）
82		遠州高天神古城図		江戸時代	一鋪	二七・二×三七・四	名古屋市蓬左文庫
83		織田信長像（模本）		慶応二年（一八六六）	一幅	一三〇・七×六五・一	東京国立博物館
84		織田信長・信忠像（模本）		近代か	一幅	三八・七×五四・五	長野県立歴史館
85		武田勝頼感状（十二月八日、小野澤五郎兵衛尉宛）		天正九年（一五八一）	一通	本紙 一三・六×三四・〇 懸紙 二二・二×七・二	山梨県立博物館
86		武田信豊書状（六月二十二日、義昌宛）		戦国時代（天正三年以降）	一通	二八・三×三九・八	個人（山梨県立博物館寄託）
87		甲乱記		正保三年（一六四六）刊	二冊	二六・八×一八・一	山梨県立博物館
88		武田勝頼木曾左馬之助信州和田塩尻峠合戦図	歌川貞秀筆	元治元年（一八六四）	三枚続	三六・七×七六・〇	山梨県立博物館
89	○	武田勝頼夫人願文（天正十年二月十九日）		天正十年（一五八二）	一通	三一・九×四五・六	武田八幡宮
90	◉	武田勝頼書状（二月二十日、上杉宛）		天正十年（一五八二）	一通	三六・三×四九・二	米沢市上杉博物館
91	◉	河野家昌他連署状（三月二日、長井丹波守宛）		天正十年（一五八二）	一通	二九・一×四三・八	米沢市上杉博物館
92	◇	穴山不白書状（三月二日、清蔵主宛）		天正十年（一五八二）	一通	三四・九×四七・一	龍雲寺
93		天目山勝頼討死ノ図	二代歌川国綱（二代国輝）筆	文久元年（一八六一）	三枚続	三五・五×七四・二	山梨県立博物館
94		勝頼於天目山遂討死図	月岡芳年筆	慶応元年（一八六五）	三枚続	三五・六×七三・五	個人
95		甲陽軍鑑　巻第二十		江戸時代（十七世紀）刊	一冊	二六・六×一九・〇	山梨県立博物館
96		信長記		寛文十二年（一六七二）刊	一冊	二六・七×一九・〇	山梨県立博物館

No.	指定	資料名	作者	時代	員数	法量(縦×横cm)	所蔵者
97		理慶尼の記		天保八年(一八三七)	一冊	二五・八×一七・八	個人(山梨県立博物館寄託)
98	○	徳川家康禁制(天正十年三月三日、南松院宛)		天正十年(一五八二)	一枚	総高 四二・〇 総幅 七二・〇	南松院(山梨県立博物館寄託)
99		織田信長禁制(天正十年四月日、八幡神主宛)		天正十年(一五八二)	一通	三二・二×四七・六	山梨県立博物館
100	◇	快川紹喜像		天正六年(一五七八)	一幅	八七・〇×三七・五	恵林寺(信玄公宝物館保管)
101		慈眼寺尊長書状写(卯月十五日、高野山引導院宛)		原本は天正十年(一五八二)	一通	縦二五・九	早稲田大学図書館
102		慈眼寺尊長廻向注文写(卯月十五日、高野山引導院宛)		原本は天正十年(一五八二)	一通	縦二五・九	早稲田大学図書館
103	○	南松院殿十七回忌香語		天正十年(一五八二)	一巻	二八・六×一三四・二	南松院(山梨県立博物館寄託)
104		三河物語		江戸時代(十七世紀)写	一冊	二九・六×二一・三	名古屋市蓬左文庫
終章 勝頼を偲んで							
105		小幡景憲覚書(三月十五日)		江戸時代(十七世紀)	一通	二六・五×三五・五	景徳院
106		景徳院縁起・景徳院略起		天保六年(一八三五)ほか	二冊	縁起二六・五×一六・九 略記二七・一×一七・七	山梨県立博物館
107		田野山甲将殿御廟所図		天保二年(一八三一)	一鋪	三七・五×五三・七	山梨県立博物館
108		武田勝頼妻子像	大仏師左京作	江戸時代(十八世紀か)	三躯	勝頼像:像高六六・〇 夫人像:像高四六・五 信勝像:像高六二・五	景徳院
109		武田勝頼墓所出土経石		安永三~九年(一七七四~八〇)	一式		甲州市教育委員会
110		武田勝頼二十四将図	歌川豊国筆	江戸時代(十九世紀)	一枚	四六・三×三四・五	山梨県立博物館
111		おかぶと(カナカンブツ)		江戸~明治時代(十九~二十世紀)	一面	総高 四四・〇 総幅 二九・二	山梨県立博物館

◉主要参考文献◉

【史料集・報告書・自治体史】

『愛知県史』資料編11（愛知県、二〇〇三年）
磯貝正義・服部治則校注『改訂甲陽軍鑑』上・中・下（新人物往来社、一九六五年）
酒井憲二編『甲陽軍鑑大成』（汲古書院、一九九四〜九八年）
『静岡県史』資料編8（静岡県、一九九六年）
柴辻俊六・黒田基樹・丸島和洋編『戦国遺文　武田氏編』全六巻（東京堂出版、二〇〇二〜二〇〇六年）
丸島和洋「『戦国遺文武田氏編』補遺」（『武田氏研究』四五号、二〇一二年）
同「『戦国遺文武田氏編』補遺（その2）」（『武田氏研究』五〇号、二〇一四年）
『上越市史』別編2　上杉氏文書集（上越市、二〇〇四年）
『大日本史料　第十編之三十』（東京大学史料編纂所、二〇二一年）
『山梨県史』資料編4〜7（山梨県、一九九九〜二〇〇五年）
『山梨県史』通史編2（山梨県、二〇〇七年）
甲州市文化財報告書7『山梨県指定史跡　武田勝頼の墓―経石出土に伴う総合調査報告書―』（甲州市教育委員会、二〇一〇年）

【書籍】

網野善彦監修、韮崎市教育委員会編『新府城と武田勝頼』（新人物往来社、二〇〇一年）
上野晴朗『定本武田勝頼』（新人物往来社、一九七八年）
金子　拓編『長篠合戦の史料学　いくさの記憶』（勉誠出版、二〇一八年）
金子　拓『長篠の戦い　信長が打ち砕いた勝頼の〝覇権〟』（戎光祥出版、二〇二〇年）
金子　拓『長篠合戦　鉄砲戦の虚像と実像』（中公新書、二〇二三年）
鴨川達夫『武田信玄と勝頼―文書にみる戦国大名の実像』（岩波新書、二〇〇七年）
黒田基樹『戦国大名と外様国衆』（文献出版、一九九七年。増補改訂版、戎光祥出版、二〇一五年）
黒田基樹『戦国大名　政策・統治・戦争』（平凡社、二〇一四年）
黒田基樹『武田信玄の妻、三条殿』（東京堂出版、二〇二二年）
笹本正治『戦国大名武田氏の研究』（思文閣出版、一九九三年）
笹本正治『戦国大名の日常生活―信虎・信玄・勝頼』（講談社選書メチエ、二〇〇〇年）
笹本正治『武田勝頼　日本にかくれなき弓取』（ミネルヴァ書房、二〇一一年）
柴辻俊六『戦国大名領の研究』（名著出版、一九八一年）
柴辻俊六『武田勝頼』（新人物往来社、二〇〇三年）
柴辻俊六編『戦国大名論集10　武田氏の研究』（吉川弘文館、一九八四年）
柴辻俊六編『新編武田信玄のすべて』（新人物往来社、二〇〇八年）
柴辻俊六編『戦国大名武田氏の役と家臣』（岩田書院、二〇一一年）
柴辻俊六・平山優編『武田勝頼のすべて』（新人物往来社、二〇〇七年）
柴辻俊六・黒田基樹・丸島和洋編『武田氏家臣団人名辞典』（東京堂出版、二〇一五年）
柴　裕之『戦国・織豊期大名徳川氏の領国支配』（岩田書院、二〇一四年）
柴　裕之『徳川家康―境界の領主から天下人へ―』（平凡社、二〇一七年）
柴　裕之『織田信長―戦国時代の「正義」を貫く』（平凡社、二〇二〇年）
須藤茂樹『武田親類衆と武田氏権力』（岩田書院、二〇一八年）
武田氏研究会編『武田氏年表　信虎・信玄・勝頼』（高志書院、二〇一〇年）
武田神社『図説　武田信玄公』（武田神社、一九九四年）
西川広平『武田一族の中世』（吉川弘文館、二〇二三年）
萩原三雄・本中眞監修、韮崎市・韮崎市教育委員会編『新府城の歴史学』（新人物往来社、二〇〇八年）
平山優・丸島和洋編『戦国大名武田氏の権力と支配』（岩田書院、二〇〇八年）
平山　優『中世武士選書5　穴山武田氏』（戎光祥出版、二〇一一年）
平山　優『長篠合戦と武田勝頼』（吉川弘文館、二〇一四年）
平山　優『検証　長篠合戦』（吉川弘文館、二〇一四年）
平山　優『武田氏滅亡』（角川選書、二〇一七年）
平山　優『戦国大名と国衆』（角川選書、二〇一八年）
平山　優『武田三代』（ＰＨＰ新書、二〇二一年）
平山　優『徳川家康と武田勝頼』（幻冬舎新書、二〇二三年）

平山優・花岡康隆編『戦国武将列伝４　甲信編』（戎光祥出版、二〇二四年）

藤本正行『信長の戦争『信長公記』にみる戦国軍事学』（講談社学術文庫、二〇〇三年）

藤本正行『長篠の戦い―信長の勝因・勝頼の敗因』（洋泉社、二〇一〇年）

藤本正行『再検証　長篠の戦い』（洋泉社、二〇一五年）

本多隆成『徳川家康と武田氏　信玄・勝頼との十四年戦争』（吉川弘文館、二〇一九年）

丸島和洋『戦国大名武田氏の権力構造』（思文閣出版、二〇一一年）

丸島和洋『戦国大名の「外交」』（講談社選書メチエ、二〇一三年）

丸島和洋『郡内小山田氏―武田二十四将の系譜―』（戎光祥出版、二〇一三年）

丸島和洋『戦国大名武田氏の家臣団―信玄・勝頼を支えた家臣たち―』（教育評論社、二〇一六年）

丸島和洋『武田勝頼―試される戦国大名の器量―』（平凡社、二〇一七年）

丸島和洋編『武田信玄の子供たち』（宮帯出版社、二〇二二年）

三浦一郎『甦る武田軍団　その武具と軍装』（宮帯出版社、二〇〇七年）

横山住雄『武田信玄と快川和尚』（戎光祥出版、二〇一一年）

山梨県立博物館監修・海老沼真治編『山本菅助の実像を探る』（戎光祥出版、二〇一三年）

【論文・史料紹介】

閏間俊明「「隠岐殿」という地名と遺跡―隠岐殿遺跡出土の戦国期のかわらけに関する予察―」（『武田氏研究』五五号、二〇一七年）

金子　拓「長篠の戦いにおける武田氏の「大敗」と「長篠おくれ」の精神史」（黒嶋敏編『戦国合戦〈大敗〉の歴史学』山川出版社、二〇一九年）

黒田基樹「戦争史料からみる戦国大名の軍隊」（小林一岳・則竹雄一編『戦争１（中世戦争論の現在）』青木書店、二〇〇四年）

海老沼真治「御館の乱に関わる新出の武田勝頼書状」（『戦国史研究』六五号、二〇一三年）

木下　聡「長篠合戦における織田方の首注文」（『戦国史研究』七一号、二〇一六年）

平山　優「長閑斎考」（『戦国史研究』五八号、二〇〇九年）

深沢修平「長篠合戦後における武田氏の側近取次―土屋右衛門尉昌恒を中心に―」（『武田氏研究』五二号、二〇一五年）

深沢修平「戦国大名武田氏の情報収集―先方衆謀叛の情報、その注進窓口に注目して―」（『武田史研究』六七号、二〇二三年）

丸島和洋「色川三中旧蔵本『甲乱記』の紹介と史料的検討」（『武田氏研究』四八号、二〇一三年）

丸島和洋「武田・毛利同盟の成立過程と足利義昭の「甲相越三和」調停―すれ違う使者と書状群―」（『武田氏研究』五三号、二〇一六年）

丸島和洋「諏方勝頼・望月信頼の岩櫃在番を示す一史料」（『武田氏研究』五七号、二〇一七年）

山下孝司「戦国大名武田氏と甲府―信虎、信玄、勝頼の城下町―」（『武田氏研究』五九号、二〇一九年）

【展示図録等】

『錦絵に見る戦国絵巻　武田信玄の世界』（山梨県立美術館、一九八八年）

『よみがえる　武田信玄の世界』（山梨県立博物館、二〇〇六年）

『大河ドラマ特別展　風林火山　信玄・謙信、そして伝説の軍師』（ＮＨＫプロモーション、二〇〇七年）

『信玄×信長―戦国のうねりの中で―』（滋賀県立安土城考古博物館、二〇二二年）

『滅却心頭火自涼―甲斐の名刹・恵林寺の至宝―』（花園大学歴史博物館、二〇一四年）

『甲斐の黒駒―歴史を動かした馬たち―』（山梨県立博物館、二〇一四年）

『武田二十四将―信玄を支えた家臣たちの姿―』（山梨県立博物館、二〇一六年）

『戦国の真田』（真田宝物館、二〇一六年）

『大河ドラマ特別展　真田丸』（ＮＨＫプロモーション、二〇一六年）

『川中島の戦い―上杉謙信と武田信玄―』（新潟県立歴史博物館、二〇一七年）

『山本菅助―真下家所蔵文書の発見―』（安中市学習の森ふるさと学習館、二〇一七年）

『生誕５００年　武田信玄の生涯』（山梨県立博物館、二〇二一年）

乾徳山恵林寺・信玄公宝物館監修、中野顕正・新津健一郎編『恵林寺歴代住職頂相集』（乾徳山恵林寺、二〇二二年）

『上杉景勝　その生涯展』（新潟県立歴史博物館、二〇二三年）

『大河ドラマ特別展　どうする家康』（ＮＨＫプロモーション、二〇二三年）

謝辞

本展の開催にあたり、ご所蔵者の皆様をはじめ、次の方々に多大なるお力添えを賜りました。ここに記し、深く感謝の意を表します。

安中市学習の森ふるさと学習館
伊那市立高遠町図書館
伊那市立高遠町歴史博物館
犬山城白帝文庫
茨城県立歴史館
恵林寺
遠光寺
小野神社資料館
京都大学総合博物館
景徳院
廣巌院
甲州市教育委員会
高野山持明院
高野山櫻池院・成慶院
高野山霊宝館
国立歴史民俗博物館
真田宝物館
慈雲寺
信濃国二之宮小野神社
信玄公宝物館
諏訪市博物館
武田神社
武田八幡宮
千曲市教育委員会
千曲市歴史文化財センター
茅野市神長官守矢史料館
茅野市八ヶ岳総合博物館
東京国立博物館
東京大学史料編纂所
長野県立歴史館
名古屋市蓬左文庫
南松院
新潟県立歴史博物館
韮崎市教育委員会
富士山本宮浅間大社
法泉寺
本成寺
米沢市上杉博物館
龍雲寺
早稲田大学図書館
阿部里美
阿部哲人
天野真志
新井寛子
石川楠緒子
入江俊行
植松瑞希
埋橋良平
小野紀男
小野正文
筧真理子
笠原裕子
草間　寛
工藤航平
窪田道忠
桑原さき子
櫻林郁之介
佐々木満
笹目礼子
佐野亨介
鈴木明子
鈴木正二
高木理久夫
寺岡希華
研谷昌志
野中愛理
半澤直史
福澤浩之
星子桃子
深沢広太
堀内　亨
真下正貴
松井直人
松本将太
水野勝之
三井弘之
南澤侑李
宮崎敏孝
宮下礼子
村石正行
村松圭子
柳川英司
山縣創明
山中さゆり

【コラム執筆者、講演会講師】
閏間俊明（韮崎市教育委員会文化財課）
笹本正治（長野県立歴史館特別館長）
平山　優（健康科学大学特任教授）
深沢修平（山梨学院高等学校教諭）
前嶋　敏（新潟県立歴史博物館専門研究員）
丸島和洋（東京都市大学教授）

（敬省略・五十音順）

山梨県立博物館開館20周年記念
特別展 **武田勝頼**

令和七（二〇二五）年三月十五日発行

編集・発行　山梨県立博物館
電話　〇五五―二六一―二六三一
〒四〇六―〇八〇一
山梨県笛吹市御坂町成田一五〇一―一

発　売　山梨日日新聞社
電話　〇五五―二三一―三一〇五
〒四〇〇―八五一五
山梨県甲府市北口二―六―一〇

印刷・製本　株式会社サンニチ印刷
電話　〇五五―二四一―一一一一
〒四〇〇―〇〇五八
山梨県甲府市宮原町六〇八―一

ISBN978-4-89710-843-8